Arne Raeithel

Selbstorganisation, Kooperation, Zeichenprozeß

Arne Raeithel 1943 – 1996

„Alle Menschen kennen das Schöne
 und daher rührt auch das Häßliche
Alle Menschen können Gutes als gut erkennen
 und doch gibt es auch das Schlechte

Also erzeugen Sein und Nichtsein einander
 Schwer und Leicht ergänzen einander
 Lang und Kurz gestalten einander
 Hoch und Tief verkehren einander
 Ton und Hall schwingen einander
 Vorher und Nachher folgen einander

Daher wirkt der Weise ohne Zwang
 und lehrt ohne Worte
Die zehntausend Dinge entstehen
 und vergehen immerfort

Hervorbringen
 und doch nicht besitzen
Wirken
 und sich doch keinen Verdienst anrechnen
Das Werk tun
 und es dann vergessen
 so wird es von Dauer sein"
 (Lao Tse, Tao Te King)

Arne Raeithel

Selbstorganisation, Kooperation, Zeichenprozeß

Arbeiten zu einer kulturwissenschaftlichen, anwendungsbezogenen Psychologie

Herausgegeben von Christian Dahme

unter Mitarbeit von Christoph Clases,
Martin Hildebrand-Nilshon und Falk Seeger

Springer Fachmedien Wiesbaden GmbH

Umschlaggestaltung: Horst Dieter Bürkle, Darmstadt

ISBN 978-3-531-13329-4   ISBN 978-3-663-07986-6 (eBook)
DOI 10.1007/978-3-663-07986-6

Inhalt

Vorwort

Der vorliegende Band ist eine Sammlung wichtiger Schriften von Arne Raeithel, der am 1. Dezember 1996 unerwartet verstorben ist. Sein Tod bedeutet für seine Familie einen außerordentlich schmerzenden Verlust. Auch seinen Freunden und Kollegen bringt sein Tod die traurige und schmerzliche Einsicht, wie viel die Zusammenarbeit, die Kommunikation und Konversation mit Arne Raeithel ihnen bedeutet hat. Nun bleibt nur noch die Kommunikation mit seinen Ideen, Entwürfen und Theorien, die er in zahlreichen Papieren ausgearbeitet hat. In ihnen läßt sich Arne Raeithels besonderer Stil, seine Furchtlosigkeit und Konsequenz bei der Bearbeitung großer Themen, wiederfinden.

Daß viele der hier versammelten Texte sehr verstreut, schwer zugänglich und zum Teil unveröffentlicht sind, ist für uns ein wichtiger Grund, sie der wissenschaftlichen Öffentlichkeit in dieser Form zugänglich zu machen. Als Herausgeber wollen wir damit auch etwas für einen guten Freund tun, von dem wir alle in immenser Weise profitiert haben. Ein zentrales Motiv für die Herausgabe dieser Texte ist jedoch zweifelsohne ihre große wissenschaftliche Aktualität für das Verständnis gegenwärtiger Entwicklungen der Psychologie in Theorie und Praxis. Weil Arne Raeithel die ihm gebührende Anerkennung durch die akademische Psychologie in Deutschland zu seinen Lebzeiten versagt blieb, erscheint es umso wichtiger, diese Arbeiten herauszugeben. Sie belegen, daß sein Denken unbeirrbar an der Lösung fundamentaler Probleme einer wissenschaftlichen, interdisziplinären, kulturhistorischen und gleichzeitig praktischen Psychologie ausgerichtet war, einer zukünftigen Psychologie, die heute international zunehmend Gestalt und Bedeutung gewinnt.

Einige der auffälligsten Eigenschaften von Arne Raeithel waren seine ungeheure Belesenheit, sein schier unerschöpfliches Wissen, seine Informiertheit über Politik und Technik, die mit der wunderbaren Fähigkeit gepaart waren, dem Gegenüber die Bedeutung komplexester Sachverhalte zu erklären und verständlich zu machen. Dem entsprach die Bandbreite der wissenschaftlichen Gebiete, die er in seinen theoretischen und praktischen Arbeiten heranzog. Sie beziehen sich auf Grundlagenforschung ebenso wie auf angewandte Forschung. Die Anwendungen reichen von der klinischen Psychologie bis zur Informatik und umfassen Konzepte, wie Entwicklung, System, Denken und die Themen Selbstorganisation, Kooperation und Zeichenvermitteltheit.

Geboren wird Arne Raeithel am 14. September 1943 in München als Sohn der Chemiker Dr. Hildegard und Dr. Armin Raeithel. Er besucht zunächst die Grundschule in München und dann in Duisburg, nachdem seine Eltern sich getrennt hatten und er bei seinem Vater in Duisburg wohnte. Hier absolviert er auch das Gymnasium.

Nach dem Abitur studiert er zunächst ein Semester theoretische Physik an der Technischen Hochschule in München, bevor er im Sommersemester 1964 mit dem Studium der Psychologie an der Universität München beginnt, das er im Wintersemester 1969 mit dem Diplom abschließt.

Die Berufstätigkeit als Wissenschaftler, die nun für ihn beginnt und die immer wieder durch Zeiten ohne feste Anstellung unterbrochen wird, ist durch eine Vielzahl von Kontexten gekennzeichnet. Alle diese Arbeits- und Projektzusammenhänge sind für Arne Raeithel immer mehr gewesen als bloßer Broterwerb. Er hat dabei zentrale Problemstellungen aufgenommen und es verstanden, sie in anderen Kontexten weiter zu verfolgen.

Von 1970 bis 1972 arbeitet er als wissenschaftlicher Angestellter am Forschungs-projekt "Schullaufbahnberatung" des Bayerischen Staatsministeriums für Unterricht und Kultus, das unter der Leitung der Professoren Schiefele und Oerter an der Universität München durchgeführt wurde. Daran schließt sich von Anfang 1973 bis Ende 1975 eine Tätigkeit als wissenschaftlicher Assistent an der Fakultät für Pädagogik, Psychologie und Philosophie der Universität Bielefeld im Studiengang Pädagogik an. Hier wirkt er mit großem Engagement in der Lehre im Bereich der empirisch-pädagogischen Methoden und der Diagnostik, in der Selbstverwaltung beim Aufbau der Fakultät für Pädagogik und in der Forschung, vor allem in dem Lehrforschungs-projekt "Entwicklung eines Modells der Kooperation zwischen Elternhaus und Schu-le", das mit großer studentischer Beteiligung als regionales Aktionsforschungs-projekt nach dem Modell der englischen community schools durchgeführt wurde. Die Zeit in Bielefeld markiert auch die Schritte in Richtung auf die Entwicklung einer kulturhistorischen Perspektive auf die Psychologie. Gleichzeitig entwickelt Raeithel eine Position in der erkenntnis- und wissenschaftstheoretischen Grundlage der Anwendung psychologischen Wissens, beschäftigte sich mit Fragen der mathe-matischen Modellierung in den Sozialwissenschaften, mit Problemen der damals entstehenden "Künstlichen Intelligenz" und mit ersten Versuchen mit LISP am Rechenzentrum der Universität Bielefeld.

Vom Mai 1977 bis März 1982 ist er dann, nach einer Phase ohne feste Anstel-lung, als wissenschaftlicher Assistent am Psychologischen Institut der Freien Uni-versität Berlin tätig. Seine Arbeitsgebiete schließen ein: diagnostische und empiri-sche Methoden der Psychologie, Mitarbeit am Lehrprojekt "Psychosoziale Beratung" (Professoren Bergold und Zaumseil) sowie Betreuung von empirischen Diplomarbei-ten und anderen Forschungsvorhaben. In dieser Zeit gewinnen die zwei zentralen Themen Gestalt, die Raeithel bis zu seinem Tode beschäftigen werden: die Grund-legung einer praktischen Psychologie auf kulturhistorischer Grundlage und die Entwicklung eines diagnostischen Verfahrens auf der Basis der "repertory grids" von G.A. Kelly. 1981 schließt er die Arbeiten an seiner Dissertation ab und promoviert an der Freien Universität Berlin zum Dr. phil. Die Dissertation erscheint unter dem Titel "Tätigkeit, Arbeit und Praxis - Grundbegriffe für eine praktische Psychologie" im Campus-Verlag, Frankfurt/Main.

Von Mai 1982 bis Dezember 1983 arbeitet er als wissenschaftlicher Angestellter in dem DFG-Projekt "Angst im Krankenhaus" (Prof. W. Schönpflug) am Institut für Psychologie der Freien Universität Berlin (FB Erziehungswissenschaften). Die Ar-beit in diesem Projekt ist vor allem für die Weiterentwicklung der Ansätze der Kelly-Grid-Technik fruchtbar. Hier bietet sich die Gelegenheit, diese Verfahren als

Skalierungstechnik zu erproben. Für die Auswertung der Skalen entwickelt Raeithel mit Hilfe des GENSTAT-Programmsystems eine neue Technik der quantitativ-algorithmisch gestützten qualitativen Einzelfallanalyse.

Von Januar 1984 bis März 1985 ist er zunächst arbeitslos und dann als selbständiger Psychologe in den Bereichen der Informationstechnologie und der Auswertung empirischer Untersuchungen tätig.

Von April 1985 bis Mai 1986 ist er wissenschaftlicher Angestellter im Projekt "Kerndefinitionen und Gegenstandskatalog Arbeitswissenschaften" (Professoren Luczak und Volpert). Nach vier Monaten ohne feste Anstellung ist er von Oktober 1986 bis September 1993 als Hochschulassistent im Arbeitsbereich "Theoretische und experimentelle Psychologie" (Prof. Rhenius) am Psychologischen Institut II der Universität Hamburg tätig. Neben seinem Engagement in der Lehre (Methodenlehre, Kognitionspsychologie und Forschungsmethoden) erzielt er in dieser Zeit wesentliche Fortschritte in praxisbezogenen Fragestellungen, die ihn bislang beschäftigt haben, wie die Programmierung eines Systems zur explorativen Datenanalyse von Kelly-Matrizen, die Gestaltung einer entsprechenden Benutzeroberfläche und die empirische Erprobung in ausgewählten Praxisprojekten. In diese Zeit fällt auch die Rezeption des Konnektionismus und der Theorie der Selbstorganisation, sowie die Rezeption der Semiotik von C.S. Peirce. Insbesondere die Vertiefung in die Pericesche Semiotik führt zur theoretischen Grundlegung einer Kommunikationstheorie der kulturhistorischen Psychologie. 1991 habilitiert er sich im Fach "Psychologische Methodenlehre" mit "Arbeiten zur Methodologie der Psychologie und zur Kelly-Matrizen-Methodik".

1993 erhält er einen Lehrauftrag an der Universität Bern und wird im November zum Privatdozenten an der Universität Hamburg ernannt. Seine Antrittsvorlesung zum Thema "Zur Naturgeschichte der Zeichenprozesse. Drei Stufen der Entwicklung von Kommunikation und Denken" ist als letzter Beitrag in diesen Band aufgenommen. Arne Raeithel führt in dieser Zeit ethnographische Studien über inner- und zwischenbetriebliche Kommunikation durch, arbeitet an der Entwicklung und theoretischen Begründung von Methoden der kooperativen Arbeit und ihrer Analyse und befaßt sich mit Fragen zur rechnergestützten kooperativen Arbeit.

Gleichzeitig ist er als selbständiger Psychologe im Bereich der Unternehmensberatung tätig, wobei er sein Konzept der kooperativen Modellproduktion für die formative Evaluation eines Organisationsentwicklungsprogramms nutzt.

In allem was Arne Raeithel tat, war er ein Theoretiker und Praktiker der Vernetzung und der Vielstimmigkeit. Er war ganz und gar Wissenschaftler, der mit unermüdlicher Hingabe und sagenhafter Konzentration an seinen Problemen arbeitete. Es ist ihm schwer gefallen zu akzeptieren, daß seine Leistungen von der akademischen Psychologie in Deutschland (ganz im Unterschied zu derjenigen des Auslands) bei Bewerbungen im Anschluß an seine Habilitation nicht gewürdigt wurden. Mit unterschiedlichen Begründungen, die sich allerdings nie auf die Sache und die Wissenschaft bezogen, wurde ihm die Berufung auf eine Professorenstelle verwehrt.

Wir wollen nun den Versuch unternehmen, die oben angedeuteten Fäden des wissenschaftlichen Schaffens von Arne Raeithel, nochmals explizit zu benennen, um sein Ziel zu verdeutlichen, diese Fäden zu einem theoretisch-methodologischen Netzwerk zu verspinnen. Die Metapher des Spinnens verweist dabei auf das kunstvolle und ästhetisch unübertreffbare Netz einer Spinne ebenso, wie auf den Faden im unentwirrbaren Kokon einer Seidenraupe oder auf das Spinnen von Visionen, die mehr oder weniger direkt an das Hier und Jetzt und an das Machbare anknüpfen, um von dort aus Möglichkeiten der Entwicklung zu entwerfen.

Einer der frühesten Stränge, die Arne Raeithel aufgriff, kann mit den Begriffen "Systemtheorie" und "Kybernetik" gekennzeichnet werden. Er wurde später weiterentwickelt in Richtung auf Selbstreferentialität bzw. Selbstorganisation und ist eng gekoppelt mit seinen mathematisch-logischen Interessen.

Die Arbeit an psychologiespezifischen Kategorien, insbesondere "Handlung" und "Tätigkeit" aber auch "Arbeit" und "Praxis", spiegelt die Suche nach einem alternativen sozialwissenschaftlichen Ansatz wider, der vor allem den gesellschaftskritischen Überlegungen der damaligen Zeit Rechnung trug, die im Anschluß an die 68er-Bewegung auch in der psychologischen Landschaft ihre Spuren hinterließ. Hiermit ist eine weitere wichtige Argumentationslinie angesprochen, die als "marxistisch" oder allgemeiner, "dialektisch-materialistisch" zu kennzeichnen ist. In diesem Zusammenhang ist vor allem die Rezeption der Arbeiten von Alexei Nikolajewitsch Leontjew zu nennen.

Arne Raeithels Arbeiten münden Ende der siebziger und Anfang der achtziger Jahre in eine Integration der drei bisher genannten Fäden, d.h. in den Versuch, eine "systemhistorische" Tätigkeitstheorie zu entwerfen.

In Verbindung mit der Rezeption von Hegel und nach der Publikation der ersten Arbeiten der Kritischen Psychologie von Holzkamp ergab sich daraus der Kern seiner Dissertation "Tätigkeit, Arbeit, Praxis", in der er die für ihn wichtigen Begriffe: Urzentrierung, Dezentrierung und Rezentrierung entwickelte. Dabei tritt ein weiterer Strang zu Tage: die Praxisorientierung seines wissenschaftlichen Tuns, die sich nicht nur im Reden und Schreiben über Praxis, sondern auch in der direkten Beteiligung an praxisbezogenen und praxisintegrierenden Forschungsprojekten zeigte, wie in den obigen biographischen Anmerkungen deutlich wurde.

Hervorzuheben sind außerdem Überlegungen zur Anthropologie und zur Evolutionstheorie, die seine naturwissenschaftlichen Interessen fortführen. Das Aufgreifen biologischer Kategorien aus diesen Bereichen resultierte vor allem aus der Rezeption der Arbeiten zum Tier-Mensch-Übergangsfeld der Kritischen Psychologie, denen Arne Raeithel eine methodologisch differenziertere und interdisziplinär umfassender ausgeleuchtete Konzeption entgegenstellte. In ihr kommt den symbolischen Prozessen ein entscheidender Stellenwert zu. Diese Linie hat Arne Raeithel bis zu seinem Tod vor allem in den Arbeiten zur Semiotik intensiv weiterverfolgt, in denen er sowohl den kommunikativen wie auch den kooperativen Aspekt symbolischer Prozesse thematisierte. Ausgehend von einer aktualisierten Peirce-Rezeption gelang ihm dabei eine weitere Verknüpfung der genannten Wissenschaftsbereiche und Forschungsansätze zu einem komplexen Bild der Evolution der Zeichenprozesse in der Einheit von Kommunikation und Kooperation.

Parallel zur Entwicklung einer semiotisch, systemtheoretisch und kulturhistorisch sensiblen Tätigkeitstheorie trieb Arne Raeithel - als weiteren zentralen Schwerpunkt seiner Arbeit - mit großer Professionalität die Entwicklung einer Methodik voran, die für sich in Anspruch nehmen sollte, eine Methodik mit Bezug zum Prozeß und zum Inhalt psychologischer Theoriebildung zu sein. Dabei war er nicht nur ein exzellenter Methodenkenner, sondern auch ein Methodenentwickler. Die von ihm entworfenen methodischen Instrumentarien sind in der Lage, die in der Psychologie so tiefgreifende Kluft zwischen experimenteller Grundlagenforschung und der Methodenproblematik in der angewandten Forschung zu überbrücken. Er konkretisierte diese Instrumente in verschiedenen Praxisfeldern, wie z.B. in der Arbeitspsychologie, der Klinischen Psychologie oder der Unternehmensberatung. Arne Raeithel beherrschte das klassische Methodenrepertoire der Psychologie, von der Faktoren- bis zur Clusteranalyse, so gut, daß er zahlreichen Studierenden und KollegInnen als methodischer Berater zur Seite stand - auch wir haben oft von seinen diesbezüglichen Kompetenzen profitiert.

Neben dem Gütekriterium des Theoriebezugs psychologischer Methodik war ihm vor allem die Möglichkeit der Selbstanwendung der entwickelten Methoden wichtig.

Schließlich war Arne Raeithel auch in der Informatik aktiv. Hier kamen seine frühen Erfahrungen in der Computernutzung - er war die erste uns bekannte Person, die schon in den 70er Jahren einen PC besaß - zusammen mit seinen Interessen an Kognitionspsychologie und Artificial Intelligence. Auch hier wird wieder die Verbindung zu den vorgenannten Feldern aufgegriffen, die zur Erarbeitung von Grundlagen zur Gestaltung von Software und ihrer Einbindung in den betrieblichen Arbeitsprozeß führte.

Die folgenden kurzen Skizzen der einzelnen Beiträge dieses Buches sollen die inhaltliche Orientierung der Leser unterstützen. Ihre Reihenfolge spiegelt überwiegend die chronologische Ordnung der in den Band aufgenommenen Arbeiten wider und zeichnet die Entwicklung eines komplexen theoretischen Rahmens mit intendierter praktischer Anwendung nach.

Bei den ersten drei Aufsätzen handelt es sich um unveröffentlichte Arbeiten, die im Rahmen der Vorbereitung der Dissertation entstanden sind: *Einige Thesen zum Begriff des Gegenstandes - Heterarchie der lebendigen Tätigkeit - Thesen zu Wissen und Können.* Hier werden Probleme aufgenommen, die zwar in früheren Entwürfen der Dissertation noch vorgesehen waren, dann aber vermutlich aus pragmatischen Gründen ausgegliedert wurden. Die Beiträge kreisen um die Kernfrage, welchen Bedingungen eine materialistische und deterministische Konzeption der Psychologie genügen muß, der es gelingt, das Problem der Entwicklung des Neuen nicht-reduktionistisch zu behandeln. Naturgemäß ist die Frage der Entstehung des Neuen für jeden materialistischen Determinismus eine Herausforderung. Arne Raeithel versucht in diesen Beiträgen, die Umrisse und Grundbegriffe einer psychologischen Tätigkeitstheorie zu überprüfen und neu zu formulieren. Das Besondere dieser Beiträge liegt in der ungewöhnlichen Kombination von Einsichten und Begriffen aus der kulturhistorischen Tradition auf der einen Seite, und Begriffen der Kybernetik und Systemtheorie auf der anderen Seite. Einen wichtigen Argumentationsstrang bildet dabei der Versuch, den materialistischen Determinismus mit einer Konzeption in Einklang zu bringen, die die Freiheit menschlichen Handelns, die Schaffung des Neuen und die Idee des Potentiellen betont. Diese Arbeiten sind ganz streng an einem systemtheoretischen Regulationsbegriff orientiert, der noch überhaupt nicht die Möglichkeit der symbolischen, semiotischen Regulation mit einbezieht. Dies wird erst in der Arbeit "Kommunikation als gegenständliche Tätigkeit" geschehen. Zentral in den drei Arbeiten ist der Begriff der "rekursiven Selbstähnlichkeit", den Arne Raeithel von Mandelbrot übernimmt. Mit diesem Konzept versucht er herauszuarbeiten, wie es zu einer Einheit der regulativen und der Gegenstandsstruktur kommt, ohne einem strengen vulgärmaterialistischen Determinismus zu folgen. Oder anders herum: gerade weil er diesen Determinismus ablehnen muß, weil dieser die Möglichkeit und Offenheit menschlicher Tätigkeit nicht erklären kann oder will, muß er eine materialistische Lösung für dieses Determinismus-Problem finden. Ergebnis ist, daß sich Regulationsprozeß und Gegenstandsprozeß "aneinander entwickeln", eine Einheit in einem System darstellt, dessen Charakteristik der reproduktive Systemabschluß ist.

Der Beitrag *"Neues aus der Handlungstheorie"* ist eine von Arne Raeithel selbst überarbeitete Mitschrift eines Vortrags, in dem er die Genese und Relevanz seiner theoretischen Arbeiten für ein Verständnis zentraler Momente psychotherapeutischer Tätigkeit einem Gremium von Psychotherapeuten vorstellt. Er geht dabei von der Idee aus, daß die "Handlungstheorie" notwendig einer Weiterentwicklung bedarf. Diese Weiterentwicklung ist vor allem verbunden mit dem in seiner Dissertation ausgearbeiteten Modell der konkreten psychischen Funktion. Dieses Modell macht eine Integration des "Prozeßmodells" und des "Speichermodells" der hierarchisch-sequentiellen Handlungsorganisation möglich. Die "Wiederkehr der Funktionsnotwendigkeit" definiert dabei das funktionale System. Die Perspektive der Kooperation zwischen Menschen, verstanden als Kooperation dieser funktionalen Systeme, überträgt er dann auf ein Verständnis der Person als "kooperativer Gruppe." Dies stellt den Versuch dar, das Phänomen konkurrierender Intentionen in einem Modell der Handlungsregulation zu beschreiben. Es zeigt sich, daß die Emotionen als Vermittler zwischen Intentionen und Tätigkeiten einen zentralen Stellenwert besitzen. Zum Abschluß werden mögliche Konsequenzen für die Selbstregulation und für therapeutische Prozesse erörtert.

Hauptanliegen des Artikels *"Kommunikation als gegenständliche Tätigkeit"* ist die Vermittlung der Kategorien Tätigkeit und Kommunikation, um die es seit vielen Jahren erbitterte Auseinandersetzungen in der marxistischen Psychologie gab. Arne Raeithel kritisiert die ungenügende Berücksichtigung der kommunikativen Aspekte im Arbeitsbegriff in der orthodox-marxistischen Tradition und geht von der These der Gleichursprünglichkeit der Sprache aus, da die Schaffung und Reproduktion von Werkzeugen nicht ohne den Rückgriff auf Sprache und allgemeine Zeichensysteme denkbar wäre. Kommunikation ist gegenständliche Tätigkeit unter Verwendung sprachlicher Mittel, analog zur gegenständlichen Tätigkeit unter Verwendung von Werkzeugen in der Güterproduktion. Die Kategorie Gegenstand im Kommunikationsprozeß wird von ihm mit dem Begriff des "Gegenprozesses" paraphrasiert, um der Charakteristik des Ideellen der Zeichen gerecht zu werden, die sich durch eine dynamische Autonomie (Eigensinn) gegenüber den sie nutzenden Subjekten auszeichnet. Kommunikative Tätigkeit ist somit tätige Auseinandersetzung in geteilten Subjekt-Subjekt-Verhältnissen. Sprechhandlungen produzieren Zeichen, die durch andere Subjekte aktiv interpretiert - d.h. letztlich reproduziert - werden müssen. Daher sind Sprechhandlungen als tätig eingreifende Handlungen zu verstehen, mit denen einzelne Subjekte auf den Fluß des (Produktions-) Geschehens wirken und deren Resultate letztlich reflexiv auf sie selbst zurückwirken. Diese Arbeit markiert den Übergang von den auf Handlungsregulationstheorie und Tätigkeitstheorie konzentrierten Arbeiten zu einem umfassenderen kulturhistorischen Ansatz, der semiotische Aspekte und Modelle integriert.

In der Arbeit *"Semiotische Selbstorganisation und Arbeit"* wendet Arne Raeithel seine Version einer "systemhistorischen" Herangehensweise an die Tätigkeitstheorie, wie er sie in seiner Dissertationsschrift entwickelt und später mit Begriffen wie semiotische Selbstregulation, Figuration und Kommunikation vervollständigt hat, auf eine "neue Grundlegung des Entwerfens" - hier bezogen auf das Entwerfen von Software - an. Dabei geht er davon aus, daß "Informatik im wesentlichen die Wissenschaft der Maschinisierung von Zeichenprozessen" ist. Für ihn erscheinen "Computer Science und Informatik in dieser Perspektive als bloß zwei der möglichen oder wirklichen Wissenschaften der menschlichen Selbstregulation, spezialisiert auf elektronische und virtuelle Maschinen, die in diesem Prozeß vermitteln. Software-Objekte können, so soll hier gezeigt werden, sowohl als vordefinierte, restringierende und ermöglichende Kontexte ('Formen') für Arbeit und Kommunikation konstruiert werden, wie auch als virtuelle Objekte und Instrumente ('Mittel'), die die Arbeitenden je für sich einsetzen." Dieser Artikel gibt einen guten Einblick in seine "Version einer systemhistorischen Herangehensweise an die Tätigkeitstheorie". Im weiteren Sinn könnte man diesen Entwurf als eine Basis für eine "Methode des Entwerfens" verstehen.

Im Aufsatz *"Zur Ethnographie der kooperativen Arbeit"* beschreibt er, ausgehend vom Konzept der semiotischen Selbstregulation, verstanden auch als Konzept zur Beschreibung kooperativer Arbeit, wie man mit Hilfe ethnographischer Methoden solche semiotischen Selbstregulationsprozesse beobachten und untersuchen kann. Seine Ausgangsposition ist dabei folgende: "Die Anwendung ethnographischer Methoden in der Arbeitsforschung beginnt damit, daß wir jede Arbeitsgruppe oder Organisation als eine kulturell fremde Gemeinschaft ansehen, deren Weltmodell und Praktiken wir aus den Äußerungen und dem situierten Handeln der Arbeitenden rekonstruieren müssen." An Hand von zwei Beispielen wird dieses sehr anschaulich demonstriert. Im zweiten Beispiel wird der Zusammenhang zwischen Selbstorganisation (von sozial verteilten Handlungsweisen in einer Gruppe) und Kooperation

prägnant beschrieben. Im weiteren Sinn könnte man diesen Entwurf als eine Basis
für eine "Methode zur Erforschung kooperativer Arbeit" verstehen.

In der Arbeit *"Umriß einer kulturhistorischen Neubegründung der psychologischen Methodenlehre"* entwirft er diese aus seiner semiotischen systemhistorischen
Herangehensweise an die Tätigkeitstheorie. Dabei geht er von folgendem aus: "Psychologische Methoden regulieren die systematische Arbeit an und mit Modellen der
Tätigkeit kooperierender Personen." Dies gilt auch für den praktisch tätigen Psychologen: Seine Arbeit verläßt den semiotischen Bereich insoweit nicht "als Psychologen
und Klienten kooperativ an einem gemeinsamen symbolischen Modell arbeiten".
Die leider über weite Strecken nur Programm gebliebene Gliederung (der Text ist
nur bis zum Abschnitt 1.5 ausformuliert) sieht folgende Punkte vor: "Zunächst (1)
muß die psychologische Theorie der zeichenvermittelten Tätigkeit genauer erläutert
werden, um daraus (2) die Begriffe der methodischen Regel und des wissenschaftlichen Modells zu entwickeln. Danach erst können (3) Kriterien für eine angemessene
psychologische Methodik diskutiert werden, um schließlich (4) Folgerungen für eine
grundlegende Reform der Methodenausbildung in der Psychologie ziehen zu können."
Die Methodenkonzeption, die damit skizziert ist, hat heute immer noch eine außer-
ordentliche Aktualität, und die Publikation von Arne Raithels Arbeiten, die den
Kontext zu diesem Konzept aufhellen, könnte dazu beitragen, daß die Ideen aufgegriffen und weitergeführt werden.

Der Aufsatz *"Die symbolische Herstellung sozialer Kohärenz"*, der auf ein Referat
in San Diego im Sommer 1988 zurückgeht, verknüpft tätigkeitstheoretische und
semiotische Gedanken, wobei einerseits auf Wygotski, Leontjew, Ilyenkov und
Holzkamp, andererseits auf paläontologische und kulturanthropologische Literatur,
wie z.B. Richard Leakey oder Leroi-Gourhan, verwiesen wird. Arne Raithel gibt
sich dabei nicht mit der bekannten These von der Menschwerdung des Affen durch
Werkzeuggebrauch zufrieden. Auf der Suche nach Gründen für die Genese des sprechenden Menschen dreht er die Werkzeugmetapher Wygotskis - die Wortbedeutung
als Werkzeug des Geistes - um und faßt - Ilyenkov interpretierend - die Werkzeug-
tätigkeit als Symbolprozeß, bei dem es notwendig wurde, den Zusammenhang der
kollektiven Tätigkeiten aufrechtzuerhalten und zu tradieren. An der Wiege der
Menschheit stand demzufolge nicht das Werkzeug oder die Arbeit, sondern die Überlieferung des gemeinsamen "Tuns" durch symbolische Organisation. Aus dieser
Überlegung heraus wird dann - mit der Methode des Holzkampschen Fünfschritts
von Funktionswechsel und Dominanzwechsel - ein Modell der drei Stadien der
Evolution des Symbolischen aus der symbolischen Herstellung sozialer Kohärenz
entwickelt. Letztere resultiert aus ko-imitativen, ritualisierten Dramatisierungen der
Tätigkeiten unserer Vorfahren. Sie wurde notwendig, nicht nur zur Tradierung
bestimmter Techniken der Lebensbewältigung, sondern zur Gewährleistung des
Zusammenhangs mehrerer solcher bereichs- oder geschlechtsspezifischer Tätigkeitsstile, weil dadurch eine effektivere Reproduktion der Gruppe gewährleistet werden
konnte. Im zweiten Stadium werden die Dramen transformiert. Aus dem verkörper-
ten Ausdruck der Tätigkeitsstile und ihres Zusammenhangs entstehen symbolische

Prozesse im engeren Sinn, d.h. syntaktisierte und vokalisierte Formen des Diskurses. Auch hier steht also wieder der Diskurs und nicht das die Arbeit regulierende einzelne Wort und seine Bedeutung im Vordergrund. Das dritte Stadium schließlich wird mit den Vergegenständlichungen der Symbole erreicht: Schrift, Tontoken, Zeichnungen. Die auf diese Weise vergegenständlichte Kohärenz macht es dann möglich, größere gesellschaftliche Systeme zu organisieren und zu reproduzieren. Dabei bilden sich eigene Tätigkeitssysteme heraus, die die Kohärenz der Kohärenz kontrollieren und repräsentieren (König, Priester, Soldaten, Beamte etc.), und es entwickeln sich die dazugehörigen symbolischen Metasysteme zur Legitimation, weil der Zusammenhalt und der Zusammenhang die Möglichkeiten dramatischer oder diskursiver Repräsentation übersteigt.

Die Trias von verkörpertem Drama, Diskurs und Vergegenständlichung der Symbole greift Arne Raeithel in der letzten Arbeit dieses Bandes *"Zur Naturgeschichte der Zeichenprozesse"* wieder auf, die er kurz vor seinem Tod nach Berlin geschickt hatte, um sie in der hier vorliegenden unfertigen Form im Forum Kritische Psychologie zu veröffentlichen - obwohl der Holzkampsche Fünfschritt hier fehlt. Kern dieses Aufsatzes ist der Entwurf eines aktualisierten Modells der Genese der Symbolfunktion in der Phylogenese zum Menschen. Die neuen drei Stufen lösen einander nicht ab, sondern bauen aufeinander auf und überlagern sich: die Stufe der dramatisch-mimetischen Selbstregulation (des vor 1,5 Mill. Jahren sich entwickelnden Homo habilis), die Stufe der diskursiv-mythischen Kultur (orale Kultur des Homo sapiens sapiens) und die Stufe der symbolisch-gegenständlichen Kommunikations- und Denkweise auf der Basis gegenständlicher Symbolsysteme. Dabei macht Arne Raeithel mit Bezug auf Autoren wie z.B. Merlin Donald, Tomasello, Lotman, Peirce oder Elias deutlich, wie intensiv soziokulturelle, semiotische und ökonomische Prozesse miteinander verwoben sind, so daß eine Trennung der Kategorien Arbeit und Kommunikation wenig hilfreich erscheint; zudem zeigt er, daß Lernen und Kognition nur bei Berücksichtigung der unterschiedlichen Qualitäten symbolischer Prozesse adäquat modelliert werden können.

Die besondere Stellung des Artikels *"Kooperative Modellproduktion von Professionellen und Klienten"* besteht darin, daß die Tätigkeit professioneller Psychologen unter dem Fokus der Selbstanwendung der Arbeitspsychologie theoretisch wie methodisch reflektiert wird. Arne Raeithel argumentiert für ein minimales Subjektmodell für die psychologische Praxis, um die spezifischen Subjekt-Subjekt-Verhältnisse zwischen psychologischen Professionellen und ihren Partnern im Therapie- oder Forschungsprozeß zu veranschaulichen. Hierauf aufbauend wird die Tätigkeit von Professionellen als ein praktisches und arbeitsteiliges sowie kommunikatives und kooperatives Verhältnis gefaßt. Im Prozeß der Kooperativen Modellproduktion bringen die beteiligten Akteure ihre jeweilige Expertise ein. Er kehrt hier G.A. Kellys Regel vom Menschen als Wissenschaftler um und formuliert: "Zur Entwicklung einer praxistauglichen Methodik kann der Wissenschaftler mit Gewinn als gewöhnlicher Mitmensch verstanden werden". Die Kooperative Modellproduktion wird anhand einer speziellen Methodik - dem Repertory-Grid - ausgeführt. Dabei bilden Bertin-

Matrix und das ESA-Diagramm anschauliche Beispiele von Resultaten dieser Prozesse, die den Prinzipien der Anschaulichkeit und Nachvollziehbarkeit folgen. Hervorzuheben ist an dieser Stelle, daß Arne Raeithel sich nicht nur auf der theoretisch-methodischen Ebene mit der Kooperativen Modellproduktion beschäftigt hat, sondern parallel hierzu eine Software entwickelt hat, in der individuell Sichtweisen visualisiert werden und - z.B. innerhalb eines Teams - systematisch aufeinander bezogen werden können. Die Kooperative Modellproduktion mit Repertory-Grids - an der Schwelle zwischen quantitativen und qualitativen Forschungsmethoden - , erlaubt den Professionellen, subjektive Konstruktionsweisen von Welt nachzuvollziehen und zu kommunizieren.

Die hier vorgelegten Texte sind eine Einladung zu einem anspruchsvollen Unternehmen, dem Aufbau einer theoretisch umfassenden und praktisch bedeutsamen Psychologie, die sich als interdisziplinär offene Kulturwissenschaften versteht. Wir haben die zur Verfügung stehenden Texte behutsam redigiert, offensichtliche Druckfehler korrigiert und fehlende Abbildungen und Literaturangaben - wo es möglich war - ergänzt.

Wir danken den Kolleginnen und Kollegen, die mit uns dieses Vorhaben diskutiert und uns konkrete Hilfe gegeben haben, insbesondere Sigrid Haselmann, Manfred Moldaschl und Günther Rhenius. Günther Seib und Herta Ritsche danken wir für die Übersetzung und Texterstellung des Aufsatzes "Symbolische Herstellung sozialer Kohärenz". Wir danken der Familie Raeithel, insbesondere Huberta und Felix für die vorbehaltlose Unterstützung und Hilfe beim Editieren der Texte.

Berlin/Bielefeld/Zürich im Juli 1998
Christoph Clases / Christian Dahme / Martin Hildebrand-Nilshon / Falk Seeger

Einige Thesen zum Begriff des Gegenstands

1 Vorbegriff vom Gegenstand

"Gegenstand" bezeichnet einerseits einen Prozeß, der unabhängig vom Subjekt, aber von ihm steuerbar verläuft. Die Ordnung dieses *Gegenstandsprozesses*, seine Struktur, ist eine durch das Subjekt mit-begrenzte Naturstruktur. Und andererseits bezeichnet "Gegenstand" eine Relation zwischen Subjekt und Objekt(en). Das aber bedeutet, daß der Gegenstandsprozeß zwar unabhängig vom Subjekt prozessiert (d.h. existiert), aber nicht unabhängig von ihm "sich" entwickelt, und auch nicht unabhängig von einem konkret gedachten Subjekt definierbar (d.h. abgrenzbar aus allen möglichen Objekten) sein kann.

2 Symmetrische kategoriale Struktur des Begriffs "Arbeitsprozeß"

Der Gegenstandsprozeß ist jedoch nur unselbständiges Moment eines umfassenderen Prozesses: des Arbeitsprozesses. Zu diesem gehört als (zum Gegenstand) komplementäres Moment die subjektive Aktivität, die ich im Anschluß an Leontjew mit "Tätigkeit" bezeichne. Auch dieser subjektive Prozeß hat eine Ordnung, die ich mit dem Ausdruck "operative Struktur" kennzeichnen möchte. Die Wortbedeutung "wirken", "arbeiten" des lateinischen Stammwortes ist hier ebenso streng unterstellt, wie auch die Systemizität, Ganzheitlichkeit der ganzen operativen Struktur, die Piaget hervorhebt. Allerdings nehme ich keine Abgeschlossenheit, Diskretheit oder ähnliches an, sondern unterstelle die organismische Plastizität, also Adaptivität dieser einverleibten Strukturen. Wir erhalten also symmetrisch zur Grenze zwischen Subjekt- und Objektprozeß beiderseits eine Unterscheidung von wirklichem Prozeß und begrenzender und ermöglichender Struktur, die Ergebnis der Prozeßgeschichte ist:

   Gegenstands-Struktur : Gegenstandsprozeß = : = operative Struktur : Tätigkeit.

Die Grenze zwischen Tätigkeit und Gegenstand im Arbeitsprozeß ist eine flexible, verschiebliche Grenze (siehe These 4).

3 Ein Frage-Trick

Die Menschen unterscheiden sich von den anderen Lebewesen vor allem durch die sozialen Symbolprozesse und zugehörigen Strukturen. Dieser Unterschied wäre jedoch ganz uninteressant (bzw. hätte "sich" niemals herausentwickelt), wenn er nicht ein *materieller* Unterschied wäre - ein Unterschied, der unabhängig davon *existiert und wirksam ist*, ob er irgendwo widergespiegelt (repräsentiert) ist, und gleich schon davon, ob er *adäquat* widergespiegelt wird.

Dies führt mich zu der überraschenden Möglichkeit, daß die Bedeutung von "Symbol" umfassender sein könnte, als die Bedeutung von "Werkzeug". Die Frage, der ich im weiteren nachgehen werde, heißt also nicht wie bisher: "Was für spezielle Werkzeuge sind Symbole, Begriffe, Theorien?" sondern genau andersherum: "Was für spezielle Symbole sind Werkzeuge?"

4 Werkzeuge und die Grenze zwischen Tätigkeit und Gegenstand

Aus meinen früheren Überlegungen zum Begriff der Symbole ergibt sich nun sofort die folgende Abgrenzung von "Werkzeug": Ein Werkzeug ist ein Gegenstand mit von den Menschen aktiv invariant gehaltener Struktur. Aber als Gegenstand ist es kein Werkzeug, soll heißen: kein *wirkender Vermittler*. Zum Werkzeug wird das Werkzeug vielmehr erst durch den Einbezug in die Tätigkeit des Subjekts. Damit bildet das Werkzeug die *subjektiv-grenznahe Vermittlungszone* an der Grenze von Tätigkeit und Gegenstandsprozeß. Auf der Seite des Arbeitsgegenstandes gibt es ebenfalls eine Vermittlungszone (die objektiv-grenznahe Zone): Sie wird im Begriff der Gegenstandsbedeutung (Klaus Holzkamp) bzw. im Begriff des ökologischen Angebots (J. J. Gibsons 'affordance') erfaßt, wobei der erstgenannte Begriff vor allem die sozialhistorische Dimension der Vermittlungszone hervorhebt, und der zweite die naturgeschichtliche Dimension.

5 Begriffe, kognitive Tätigkeit und symbolische Gegenstände

Der argumentations-taktische Trick, "Symbol" als Gattungsbegriff für die Unterart "Werkzeug" zu verwenden, ergibt nun auf der Seite der Symbole eine vollkommen analoge Abgrenzung. Für den Fall, daß die Gegenstände materiell getragene, symbolische Strukturen (häufiger) oder sogar symbolische Prozesse (erst seit dem Computer praktisch wahr) sind, läßt sich formulieren: Ein objektivierter, also ein symbolisierbarer und wirklich symbolisierter (vergegenständlichter) Begriff ist ein Gegenstand mit von den Menschen aktiv invariant gehaltener Struktur. Aber als Gegenstand ist der Begriff kein Begriff: kein wirkender Vermittler. Zum Begriff wird der Begriff erst durch den Einbezug in die Tätigkeit des Subjekts also durch seine Subjektivierung als repräsentationale oder/und operative, einverleibte Struktur.

Damit kann ich auch den (für mein Denken notwendig gewesenen) Trick beseitigen: Begriff und Werkzeug stehen auf der gleichen Ebene, sind Arten der Gattung der *wirkenden Vermittler*. Für diese Gattung weiterhin den Namen "Symbol" zu verwenden, würde zu schwerwiegenden Mißverständnissen führen.

Begriff wie Werkzeug sind als subjektivierte Gegenstände sogenannte Subjektobjekte, haben aber ebenso die Existenzform des Gegenstands, das heißt: des dem Subjekt gegenüberstehenden, widerständigen, wirklichen Objekts. In der subjektivierten Form sind sie subjektiv-grenznahe Vermittler des Arbeitsprozesses; in der objektivierten Form haben sie Gegenstandsbedeutung, bieten sie dem Subjekt Arbeitsmöglichkeiten an, wie alle Gegenstände. Der Begriff des Gegenstands jedoch ist *weiter* als der Begriff der wirkenden Vermittler, da er auch Naturgegenstände umfaßt.

6 Die Bedeutung des Symbols ist das Angebot des symbolischen Gegenstands

Wenn Werkzeug und Begriff zwei Arten derselben Gattung sind: Was ist dann der kennzeichnende Unterschied der Arten ? Er tritt nur zutage, wenn wir beide in ihrer subjektivierten Form betrachten. Der subjektivierte Begriff ist dann nämlich (weiterhin völlig analog zum Werkzeug) die subjektiv-grenznahe Vermittlungszone zwischen Tätigkeit und Gegenstand. Aber die Tätigkeit, die sich des Begriffs als Vermittler "bedient", ist *kognitive* Tätigkeit, soll heißen: Tätigkeit, die sich auf *symbolische* Gegenstände richtet. Der kennzeichnende Unterschied ist also der Typ von Gegenstand.

Auch für diese Gegenstände muß es (wegen der Gattungseigenschaften von wirkenden Vermittlern) objektiv-grenznahe Vermittlungszonen komplementär zu den subjektiv-grenznahen Zonen geben. Dies wären die *Symbolbedeutungen* bzw. die operativen und strukturellen *Angebote* der Symbolstrukturen bzw. sogar der Symbolprozesse. Was heißt das: Angebot des symbolischen Gegenstands? Damit können nur die objektiv (also unabhängig vom Subjekt) *erreichbaren* Möglichkeiten der Symbolstruktur gemeint sein.

Ein kleines Beispiel aus der Mathematik: Das Angebot des babylonischen Zahlensystems, Brüche und Bruchoperationen erreichen zu können, war wesentlich "greifbarer" als das Angebot des altägyptischen Systems (vgl. Klix, 1980, 203-216), weshalb es zwar den Babyloniern gelang, das Angebot wahrzunehmen, nicht jedoch den Ägyptern.

Der Begriff "Angebot eines symbolischen Gegenstands" korrespondiert als Begriff für die objektive Seite der Arbeitsmöglichkeiten sehr gut mit dem Begriff des "*intendierten* Anwendungsbereichs", den Niels Jahnke (1978) aus der Sneed*schen* Theorie entwickelt hat, und der die subjektive (dem Subjekt bewußte, operative) Seite der Arbeitsmöglichkeiten am symbolischen Gegenstand genauso erfaßt, wie auch weiter den Bezug der symbolischen Struktur auf die widergespiegelte Struktur eines weiteren (realen oder wiederum symbolischen) Gegenstands.

7 Unerschöpflichkeit und Nicht-Abschließbarkeit von Gegenständen

Von der Seite der nichtsymbolischen Gegenstände aus ist der kennzeichnende Unterschied zu den symbolischen Gegenständen am leichtesten zu formulieren: Naturgegenstände haben die Eigenschaft der *Unerschöpflichkeit*, die den symbolischen Gegenständen *nicht* zukommt. Diese letzteren sind vielmehr *potentiell* vollkommen ausschöpfbar, gerade deshalb, weil sie ja der (aktiv invariant gehaltenen) Struktur nach *Produkt der Arbeitsprozesse* sind. Am deutlichsten ist dies wiederum in der

Mathematik zu erkennen: Alle kalkülmäßig ableitbaren Theoreme einer axiomatischen Theorie sind potentiell schon *gegeben* mit dem System von Ausgangsstruktur (Axiome) und darauf zulässigen Operatoren (Ableitungsregeln). Dies darf jedoch nicht (einseitig) so interpretiert werden, daß mathematische, formale Strukturen zur Widerspiegelung von Entwicklung nicht geeignet sind, da ihnen das zur Unerschöpflichkeit gehörende Grundmerkmal der "Selbst"-Entwicklungsfähigkeit fehlt. Warum stimmt dieser letzte Satz nicht ?

7.1 Bedeutung der Arbeiten von Gödel

Das Nachfolgende ist eine "ungeschützte" Rekonstruktion von mir, eine Reinterpretation der Gödelschen Ergebnisse (1931: "Über formal unentscheidbare Sätze der *Principia Mathematica* und verwandter Systeme") im Licht des Textes von Douglas R. Hofstadter (1979). Gödels erste Leistung war die Einbettung der formalen Logik in die Zahlentheorie; durch Gödelisierung der Axiome und der ableitbaren Theoreme wurde ihre Darstellung als Zahlen möglich, die Ableitungsregeln wurden damit zu arithmetischen Regeln, zum numerischen Kalkül. Gödels zweite Leistung war dann die Angabe einer Aussage, die zwar logisch wahr, aber dennoch *nicht* aus der formalen Logik und ihren Axiomen ableitbar ist. Damit war die prinzipielle Nicht-Abschließbarkeit formaler Systeme (von mehr als trivialer innerer Struktur) gezeigt: Wir können Aussagen in ihrer Sprache finden, die dennoch nicht kalkülmäßig gewonnen werden können. Für sich genommen, ohne Kenntnis des "kritischen" Satzes, könnten wir alles mögliche aus diesem Ergebnis zu schließen versuchen: Eine prinzipielle, unaufhebbare Differenz von lebendiger Vernunft und mechanischem (Computer) Verstand, so jedenfalls J.R. Lucas (1961, 112ff.), oder alle möglichen weiteren spekulativen Sätze. Betrachten wir jedoch den Satz, der nicht ableitbar und doch wahr ist, inhaltlich, so heißt er - salopp formuliert: "Ich, der Satz mit der Gödel-Nummer X, bin *kein* Theorem der formalen Logik". Die Technik der expliziten Formulierung dieses Satzes kann ich hier nicht erläutern (vgl. Hofstadter 1979, 438-460). *Wenn* dieser Satz jedoch als Gödel Nummer in die Zahlen eingebettet werden kann, *dann* läßt sich folgern (Übersetzung von Hofstadter 1979, 448; der Satz soll den Namen "G" haben): "Ist G ein Theorem ? Falls ja, dann muß er wahres aussagen. Aber was sagt G tatsächlich aus ? Seine eigene Nicht-Theorem-Eigenschaft. Daher würde aus der Annahme, er *sei* ein Theorem, folgen, er sei *kein* Theorem: Ein Widerspruch. Was aber, wenn G kein Theorem ist ? Das ist akzeptabel, denn es führt nicht zu einem Widerspruch. Sondern die NichtTheoremEigenschaft ist gerade, was G aussagt - folglich sagt G wahres aus. Und da G kein Theorem ist, gibt es (zumindest) einen wahren Satz, der kein Theorem der TNT ist" (TNT ist Hofstadters Kürzel für die in den Zahlen eingebettete formale Logik, soll heißen: Typographical Number Theory). Der Witz ist folglich, daß durch eine Selbstreferenz, eine Zirkularität, ein "Loch" in der formalen Logik erkennbar wird, das nicht mit ihren eigenen Mitteln gefüllt werden kann, sondern nur durch die Annahme des Satzes G (oder seiner Negation) als neues Axiom. Hofstadter argumentiert nun - dieses Argument kann ich nicht prüfen -, daß durch die Annahme der Negation von G gleichzeitig die Annahme von "supernatural numbers" erzwungen wird. Sie sind verallgemeinerte, natürliche Zahlen, die größer als jede "herkömmliche" natürliche Zahl sind. Dies führt nach Hofstadter zur Möglichkeit, die Non-Standard-Analysis als Rekonstruktion des Leibnizschen Operierens mit dem Unendlich-Kleinen zu entwickeln.

7.2 Verzweigungen der Begriffsentwicklung erfordern Auswahl durch die Subjekte

Ob nun auch für andere *Bifurkationen*, Verzweigungen der Begriffsentwicklung (euklidische Geometrie durch Hinzunahme des Parallelen-Axioms, oder nichteuklidische Geometrien durch andere, alternative Axiome; weitere Beispiele bei Hofstadter, aaO.) kennzeichnend ist, daß sie durch eine Zirkularität entstehen, vermag ich nicht zu beurteilen. Für alle Verzweigungen in Begriffsentwicklungen ist jedoch festzuhalten, daß sie eine Entscheidung des Subjekts erfordern: für den einen oder den anderen Weg der Verzweigung, oder sogar für die Entwicklung *beider* Wege, wobei dann allerdings zwei verschiedene symbolische Gegenstände entstehen, die gemeinsamen Ursprung haben. Daß eine solche Entscheidung nicht einfach zu treffen ist, sondern neben rationalen Erwägungen auch emotionale Bereitschaft, sogar Mut und Opferbereitschaft erfordert, können wir leicht an der Geschichte der nichteuklidischen Geometrie ablesen. Felix Klein vermerkt zu der Tatsache, daß C.F. Gauß niemals etwas über nichteuklidische Geometrie veröffentlichte:

> "Der Grund für Gauß' absolutes Schweigen in dieser Angelegenheit war seine gänzliche Hoffnungslosigkeit, beim Publikum irgendwelches Verständnis für eine so paradox aussehende Sache zu finden. Er warnt wiederholt vor den 'Wespen', die dem um die Ohren fliegen werden, der etwas derartiges zu äußern wage, oder vor dem 'Geschrei der Böotier ' "(1926/1979, 59).

Oder ein Beispiel aus unseren Tagen: Obwohl die Nonstandard-Analysis seit 1961 durch die Arbeiten von Abraham Robinson mathematisch einwandfrei begründet ist, müssen ihre Vertreter eine ganze Portion Selbstbewußtsein (manchmal in der Erscheinungsweise der Überheblichkeit) aufbringen, wenn sie den Nutzen des Umgangs mit dem Unendlich-Kleinen einem Hörsaal voller Epsilon-Delta-Analytiker darstellen wollen. Im Zusammenhang unseres Themas, der grundsätzlich gleichen Struktur von Begriffen und Werkzeugen und von symbolischen und nichtsymbolischen Gegenständen, ist aber ein weiterer Gesichtspunkt interessant: Die von Thomas Kuhn "Paradigmenwechsel" genannten Umbrüche in der Theorieentwicklung der Naturwissenschaften könnten prinzipiell ebenfalls als Verzweigungen in der Begriffsentwicklung analysiert werden. Gelänge dies, so würde die gegenwärtig heiß diskutierte Frage der Inkommensurabilität der sich ablösenden Theorien durch Verweis auf den gemeinsamen, begrifflichen Ursprung *und* die Verzweigungsstelle gelöst werden. Die scheinbar unvereinbaren Theorien wären dann auf einer Ebene als "familienähnlich" erwiesen, auf der anderen Ebene aber als klare, nicht gleichzeitig haltbare Alternativen so wie *eine* biologische Art der gleichen Artfamilie auf *ihre* ökologische Nische paßt, aber eben nicht die alternative Art. Dies verweist nun aber auch auf den Widerspiegelungscharakter von Begriffssystemen: Die Verzweigung in der Begriffsentwicklung könnte die Repräsentation einer Verzweigung in der Naturentwicklung sein. Von dieser Vermutung ging etwa auch Gauß aus (Klein 1926/1979, 58), und versuchte, durch geodätische Messungen empirisch zu entscheiden, "welche Geometrie die 'in Wirklichkeit' existierende, also die richtige sei".

7.3   Subjektive und objektive Dialektik: Der Zusammenhang von Nicht-Abschließbarkeit und Unerschöpflichkeit

Eine Grundüberzeugung der Materialisten besteht in der These, daß die Bewegung der Materie der gleichen Ordnung unterliegt, wie sie auch für die Bewegung "des Denkens" gilt, solange "das Denken" eine getreue Repräsentation der Materiebewegung ist. Die vorausgegangene Argumentation läuft in diesem Zusammenhang darauf hinaus, daß der Zusammenhang von Nicht-Abschließbarkeit und Unerschöpflichkeit als widersprüchlicher Zusammenhang verstanden werden muß: *Einmal* können die Lücken eines Begriffssystems nur durch die schöpferische Aktivität der Subjekte geschlossen werden; dies bedeutet eine grundsätzliche *Freiheit* der theoretischen Arbeit. *Zum anderen* ist aber eine Begriffsentwicklung nur "lebensfähig", wenn sie zur Entwicklung von Gegenstandssystemen korrespondiert, wenn sie zur entwickelnden Reproduktion der materiellen Verhältnisse der Subjekte *notwendig* ist; dies bedeutet eine ebenso grundsätzliche *Begrenzung* der theoretischen Arbeit.

Wenn nun aber die Bewegungen der Materie nicht deterministisch sind, wenn sie also Bifurkationen, Verzweigungsstellen enthalten - und dies ist die Grundannahme z.B. der Evolutionstheorie - dann kann der Gegensatz von Freiheit der Konstruktion symbolischer Gegenstände und Notwendigkeit der Reproduktion durch Arbeit aufgehoben werden in einen systembildenden, dynamischen Widerspruch: Durch Erkenntnis *möglicher* Bifurkationen der Materiebewegung mittels *freier* Ergänzung der Lücken an einer Begriffsverzweigung können die *notwendigen* Bedingungen zur Herstellung des einen oder des anderen Zweigs der materiellen Bifurkation theoretisch ermittelt werden. Diese *Antizipation* der Materiebewegung in der kognitiven Tätigkeit muß jedoch praktisch wahr gemacht werden. Das kann durch die *Übertragung der Verhältnisse* zwischen kognitiver Tätigkeit und symbolischen Gegenständen in den Arbeitsprozeß geschehen, wodurch auch die *hinreichenden* Bedingungen für die Realisierung des einen oder anderen Zweigs der Materiebewegung erarbeitet werden.

Voraussetzung für diese Freiheit der Entwicklung durch "Einsicht in die Notwendigkeit" ist klarerweise, daß die Übertragung der Verhältnisse der theoretischen Arbeit auf die Arbeitsverhältnisse allgemein grundsätzlich möglich ist. Dies bedeutet aber in unserem Zusammenhang: Es muß symbolische Gegenstands-Systeme geben können, die die Entwicklungseigenschaft der materiellen Gegenstandssysteme repräsentieren können. Genau dies scheint mir aber durch die Arbeit von Gödel und die nachfolgenden Arbeiten an der symbolischen Repräsentation von Selbstbezüglichkeit, Zirkularität und Komplementarität bereits gezeigt zu sein: Es ist damit nämlich *möglich geworden, das Verhältnis von kognitiver Tätigkeit und symbolischen Gegenständen* selbst *zu einem symbolischen Gegenstand zu machen,* wie Hofstadter überzeugend nachweist.

Wir erhalten also als Ergebnis dieser detaillierteren Diskussion: Die Nicht-Abschließbarkeit symbolischer Gegenstandssysteme ist das "ideelle" Gegenstück zur Unerschöpflichkeit der materiellen Gegenstandssysteme. Die symbolischen Gegenstände können *vom Subjekt* erweitert und fortentwickelt werden, in prinzipieller Abhängigkeit von der Entwicklungs*möglichkeit* der materiellen Gegenstände. Diese Abhängigkeit drückt nur das Primat der Materiebewegung vor der Erkenntnisbewegung (materialistische "Antwort auf die Grundfrage") aus, darf also darüber hinaus nur als flexible, historisch relative Abhängigkeit verstanden werden. Es kommt nun noch darauf an, diese "Flexibilität" der Verbindung von Arbeit und theoretischer Arbeit als Eigenschaft eines bestimmten *Vermittlungsprozesses* zu erklären.

8 Der lebendige Begriff, das Können, als Vermittler zwischen Arbeit und theoretischer Arbeit

Die bisherige Argumentation ging von einer Trennung der Arbeit von der theoretischen Arbeit aus, damit auch von einer Trennung der Werkzeuge von den Begriffen, der Gegenstände von den symbolischen Gegenständen, der Tätigkeit von der kognitiven Tätigkeit. Jedoch war bereits in der Wortwahl implizit, daß das jeweils zweite in den Paaren dieser Liste eine *besondere Form* des jeweils ersten ist. Dies heißt: Beide Verhältnisse von Tätigkeit und Gegenstand samt der sie bewirkenden Vermittler haben gemeinsamen Ursprung. Und es heißt auch: Das allgemeinere Verhältnis der *Arbeit* ist historisch *früher* als das Verhältnis der kognitiven Tätigkeit zu den symbolischen Gegenständen. In dem soeben hervorgehobenen Sinn sind Begriffe also als *besondere* Werkzeuge anzusehen, haben sich aus ihnen "herausentwickelt". Dennoch ist aber an der Ausgangsfeststellung festzuhalten, daß auf dem heutigen Stand der Entwicklung durch einen *Dominanzwechsel* Begriffe und Werkzeuge *gleichrangige* Arten der *neuen* Gattung der wirkenden Vermittler sind.

Ein Beispiel zur Verdeutlichung: In einem historisch-genetischen Sinn könnten wir durchaus sagen: alle Wirbeltiere sind nur eine Besonderung des allgemeinen Bautyps der Würmer, können topologisch auf einen Schlauch reduziert werden. Aber diese elementare Grundstruktur ist nicht mehr die *dominante* Grundstruktur, die über die weitere Entwicklung der Wirbeltiere entscheidet; diese ist vielmehr die Wirbelsäule als kinetische (Körperhaltung und -bewegung) und regulative (Neuronenstrang des Rückenmarks) Grundstruktur. Sowohl der Verdauungskanal, wie die Wirbelsäule-mit-Nerven sind als gleichrangige, jedoch historisch auseinander hervorgegangene Vermittlungsstrukturen zwischen den Organismen und ihrer (äußeren und inneren) Umgebung anzusehen.

Vielleicht ist es korrekter, das Verhältnis von Begriffen und Werkzeugen wie folgt zu umreißen: Die Ursprungsgattung sind 'in die organismische Aktivität zeitweise einschließbare materielle Strukturen'. Beispiele lassen sich bereits bei sehr ursprünglichen Lebewesen geben: Kalzium-Atome werden von den Korallentieren aufgenommen und wieder abgegeben in die ihnen äußerlichen Korallenbäume; Wespenvölker wandeln Zellulose in ihre Bauten, die ihnen nur den einen Sommer lang dienen. Im Verlauf der Evolution wächst die Fähigkeit der einzelnen Exemplare der jeweiligen Arten, materielle Strukturen zeitweilig werkzeugähnlich zu benutzen: Fischotter nehmen Steine zum Aufschlagen; Biber zernagen Bäume zum Bauen. Schließlich entsteht die Fähigkeit, in einer doppelten Anwendung des bisherigen Prinzips, Werkzeuge *herzustellen*: Also der Nutzung "fremder" materieller Strukturen zur Umformung anderer materieller Strukturen, die ihrerseits in die Aktivität einschließbar sind. Es gibt also von einem bestimmten Zeitpunkt an werkzeugproduzierende Werkzeuge: das ist die Gattung der wirkenden Vermittler, mit den Unterarten: (eigentliche) Werkzeuge und subjektivierte Begriffe.

Die hier implizierte These der *Parallelität* von Sprachentwicklung und Entwicklung der werkzeugproduzierenden Werkzeuge (vgl. Hildebrand-Nilshon, 1980) kann im bisherigen Zusammenhang nur als Parallele der Entwicklung von symbolischen Gegenständen und anderen Gegenständen interpretiert werden. Es soll hier *nicht* die Frage behandelt werden, ob nicht auch die Notwendigkeit der sozialen Kommunikation die Sprache hervorgetrieben hat, obwohl dies eine für die Sozialwissenschaften äußerst wichtige Frage ist. Darauf wäre zurückzukommen, wenn nicht der Gegenstandsbegriff, sondern der Begriff der sozial organisierten und gegenständlich koordinierten *Tätigkeit* entfaltet werden soll.

Hier interessiert mich jedoch vor allem das Verhältnis der Arbeit zur theoretischen Arbeit als Verhältnis von Subjekten zu ihren Objekten. Es geht um die folgende, symmetrische kategoriale Struktur:

Arbeitsgegenstand : Arbeitstätigkeit

= : =

symbolischer Gegenstand : kognitive Tätigkeit

und die Frage lautet: Was vermittelt zwischen den beiden Teilen dieses Meta-verhältnisses?

Zunächst ist es nützlich, einen Namen für das Meta-Verhältnis zu haben: Ich möchte es eine materielle Analogie nennen, also eine unabhängig von ihrer Widerspiegelung "bestehende" gleiche Logik des Verhältnisses von Tätigkeit und Gegenstand in beiden Teilen. Sogleich ist aber eine Qualifikation von "bestehend" anzufügen: Wie in These 7.3 erläutert, besteht die gleiche Logik der materiellen Möglichkeit nach, die Analogie ist also im Sinn der These 4 ein Angebot des (nur reflektiv erreichbaren) Gegenstands "Verhältnis von Arbeit und theoretischer Arbeit". Damit ist die objektiv-materielle Existenz von Analogien Bedingung der Möglichkeit von Erkenntnis. Es kommt nunmehr darauf an zu zeigen, wie objektive, materielle Analogien zu subjektiv erfaßten und genützten Analogien werden können.

8.1 Der visuell erfaßte Aktivitätsraum als materielle Analogie des motorisch erschließbaren Aktivitätsraumes oder: Die Landschaft als Planungsraum

Das folgende ist eine wiederum "ungeschützte" Rekonstruktion der Arbeit von James J. Gibson (1966 und 1979) im Licht einer thesenhaften Skizze des "ökologischen Paradigmas" zweier Schüler von Gibson (Shaw & Turvey 1980, 94-97). Meine Rekonstruktion enthält jedoch vermutlich (und hoffentlich) einen klareren Bezug auf die materialistische Argumentation.

Die im folgenden übersetzte Hauptthese der Theorie der Gibsonianer lautet: "Tiere und ihre Umgebungen sind logisch voneinander abhängig. Dies ist *die eine* übergreifende Doktrin: Tier-Umgebungs-Synergie (oder Reziprozität), die ein(e) Tier(art) und seine (ihre) Umgebung kennzeichnet als reziproke Komponenten eines (epistemischen) Ökosystems. Die Doktrin kann erweitert so gelesen werden: Die Umgebung wird definiert in Begriffen ihres Tieres, und das Tier wird definiert in Begriffen seiner Umgebung" (Shaw & Turvey 1980, 96). Diese These wird hier als methodologische formuliert: so *soll* über das dialektische Verhältnis von lebendiger Aktivität und Umgebungsprozeß nachgedacht werden. Die Materialisten vertreten aber ebenso die stärkere, gegenstandstheoretische oder ontologische These: Das Ökosystem *ist* eine reale, systemische, widersprüchliche Einheit, dessen "reziproke" (besser: komplementäre) Komponenten die organismischen und instrumentellen Vermittler einerseits und die materiellen Angebote andererseits *sind* (vgl. oben, These 2 und 4).

Für unser aktuelles Thema der materiellen Analogie entscheidend wichtig ist nun die *Differenzierung verschiedener* Teilbereiche der Umgebung und ihrer korrespondierenden Aktivitätsarten bei gleichzeitiger Herstellung einer Beziehung zwischen den so getrennten Bereichen. A. N. Leontjew war meines Wissens der erste, der diesen Gedanken klar herausstellte (1959; er verweist auf gemeinsame Vorarbeiten mit A.W. Saporoshez 1936): die Entwicklung der Sensibilität der Organismen bedeutet eine *Trennung* von Stoffwechselaktivität und Informationsaufnahme, und gleichzeitig den regulativen *Bezug* der zweiten Aktivitätsart auf die erste.

Die von mir vertretene These ist nun, daß sich die Fähigkeit zur Bildung theoretischer Analogien aus der *Fähigkeit zur organismischen Nutzung von* durch Tätigkeitsdifferenzierung entstandenen *materiellen Analogien* "herausentwickelt" hat. Und zwar soll "Herausentwicklung" streng so verstanden werden, wie von der Kritischen Psychologie expliziert (vgl. etwa B. Grüter 1979, 168 f; K. Holzkamp, 1980): Der Übergang zu einem neuen Entwicklungsniveau ist durch zwei aufeinanderfolgende, qualitative Sprünge möglich:

1. Die alten Mittel der Aktivität werden an der Grenze des zugehörigen Gegenstandsbereichs angewendet, so daß sich ihre Verwandlung zu neuen Mitteln, das ist ihr *Funktionswechsel*, zugleich mit der Differenzierung zweier Gegenstandsbereiche vollziehen kann.

2. Die neuen Mittel und korrespondierenden Gegenstände erreichen im Bezug zu ihrem Ursprungsverhältnis eine dominante Position: das ist der Dominanzwechsel von alten auf neue Mittel, der durch den regulativen Einfluß der neuen Verhältnisse

zwischen Organismus und Umgebung auf die alten, weiterbestehenden, aber modifizierten Verhältnisse gekennzeichnet ist.

Betrachten wir als ein solches Entwicklungsprodukt das Niveau der visuellen Aktivitätsraumerfassung bei Raubtieren und Primaten und sein regulatives Verhältnis zur tatsächlichen körperlichen Raumerschließung, die diesen Tieren möglich ist! Betrachten wir zunächst in der Manier der Gibsonianer das zur Lokomotionsaktivität komplementäre Angebot der Umgebung, so ist klar, daß sich etwa Begehbarkeit und Nichtbegehbarkeit ganz klar relativ zu einer bestimmten Tierart objektiv bestimmen lassen: Nur *die* Oberflächen bieten Begehbarkeit etwa für große Raubkatzen an, die weder zu flüssig sind für das Gewicht der Katze, noch zu steil zum eigentlichen Gehen, noch zu schmal, um die Balance halten zu können usw. usf.

Es handelt sich also hier um komplementäre Verhältnisse der Oberflächen zu den Lokomotions-Mitteln der Organismen. Im Lauf der Evolution hat sich nun der optische Wahrnehmungsapparat zunehmend zum *aktiven Fernsinn* entwickelt (Beweglichkeit des Kopfes, Frontstellung der Augen, Blickbeweglichkeit und korrespondierende Punktauflösung bei den Primaten). Dies war möglich, weil der *Umgebungslichtstrom* relativ zu einem bestimmten Standort des Organismus das objektive Angebot einer visuellen Repräsentation der räumlichen Umgebung enthält, was allerdings erst durch die Konstruktion einer "ökologischen Optik" (Gibson) sichtbar wird. Durch die Herausbildung einer visuellen Orientierung geschieht nun ein Funktionswechsel von alten, allgemeinen Orientierungsstrukturen, die noch an die Lokomotion gekoppelt waren, zu neuen visuellen Orientierungsbewegungen: So kann ein Beutetier *mit dem Blick verfolgt* werden, braucht nicht mehr wirklich verfolgt werden, was den Vorteil hat, daß die Möglichkeit des Wegabschneidens zum *ergreifbaren* Angebot wird. Der Dominanzwechsel findet statt, wenn die visuelle Orientierung zur dominanten Orientierungsweise wird, was bei den Katzen gegenüber den Hunden der Fall ist, und stärker noch, wenn auch aus anderen Gründen, bei den Primaten, die ihre visuelle Orientierungsfähigkeit im Nahraum zusammen mit der Auge-Hand-Koordination herausentwickeln konnten.

An der Beziehung zwischen den zwei Aktivitätsbereichen Lokomotion und visuelle Orientierung ist nun eine subjektive und eine objektive Seite zu unterscheiden: Die *objektive Seite* ist die Übereinstimmung der materiellen Struktur beider Umgebungsbereiche: Die Oberflächen sind sowohl mehr oder weniger begehbar, als auch fähig, in Wechselwirkung mit dem Lichtstrom ihre Begehbarkeit optisch anzuzeigen. Bei den Menschen würden wir formulieren: Die verschiedenen *Gegenstände* der Ortsbewegung und der visuellen Orientierung gehen auf eine identische Objektstruktur und deren Angebot auf unterschiedlichen Ebenen zurück. Auf der *subjektiven Seite* wird die Beziehung der nutzbaren Analogie vermittelt durch eine *allgemeine*, für beide Aktivitätsbereiche identische *operative Struktur*, durch ein organismisch materialisiertes *Können* des Tieres oder des Menschen. Oder als These zum Verhältnis von Wahrnehmung und Handlung formuliert: "Wahrnehmung und Handlung sind von der gleichen logischen Art, sind symmetrisch, zyklisch, und begrenzen sich gegenseitig" (Shaw & Turvey 1980, 96).

Oder kurz und klar formuliert: Die objektive, materielle Identität von Sehraum und Bewegungsraum ermöglicht, den Sehraum als Planungsraum für *zukünftige* Bewegungen, also regulativ, zu benutzen, *sofern* es in den operativen Strukturen des Organismus eine korrespondierende Identität der Logik der Blickbewegungen mit der Logik der Ortsbewegungen gibt.

8.2 Das menschliche Können ist wesentlich symbolisierbar, ist ein System von lebendigen Begriffen

Als reine Behauptung habe ich in These 3 geschrieben: Die Menschen unterscheiden sich von den anderen Lebewesen vor allem durch die sozialen Symbolprozesse und zugehörigen Strukturen. Diese Behauptung möchte ich nunmehr so reformulieren: Die Menschen haben durch einen Funktions- und Dominanzwechsel der allgemeinen organismischen Fähigkeit zur *Nutzung* von materiellen Analogien die *neuartige Fähigkeit der Herstellung von materiellen Analogien als Verhältnis zwischen Arbeit und theoretischer Arbeit* entwickelt. Die Herausbildung dieser Fähigkeit ist *strukturgleich* mit der Herausbildung der Fähigkeit zur Produktion statt nur Nutzung von Werkzeugen, ist aber historisch später und beginnt bei den Anfängen der symbolischen Notation (Bilder, Stellvertreter-Steine, Schrift) und bei den Anfängen der kognitiven, also symbolischen Tätigkeit (Zeigen, Vortanzen, Vormachen mit gedachtem Gegenstand, Sprechen, Erzählen). Wichtig ist der Unterschied zwischen "flüssigen", nur im Prozeß kurz gegenständlichen Symbolen (Zeigen, Tanzen, Sprechen) und "kristallisierten", eine bestimmte Struktur daher *verläßlich und zeitunabhängig* repräsentierenden Symbolen. Erst die kristallisierten Symbole lassen eigentliche, rationale Planungsarbeit in großem zeitlichen Abstand zur realisierenden Tätigkeit zu; ihre Entstehung ist charakteristischerweise verbunden mit einer Planungs- und Koordinierungsnotwendigkeit, die erst mit den frühesten seßhaften Bauerngesellschaften der Flußtalkulturen auftritt (vgl. Sellnow u.a. 1977, und Klix 1980). Ein Beispiel dazu, wie wichtig die Art der materiellen Repräsentation, also das *spezielle Zeichenmodell* für die Nutzung einer materiellen Analogie ist: George Thomson (1955) hat die Frage nach dem Ursprung der begrifflichen Ordnung der Welt in den sozialen und gegenständlichen Verhältnissen der konkreten Gesellschaften, die diese Begriffssysteme produziert haben, sehr klar gestellt. Aus seinen Beispielen geht hervor, daß als symbolisch-gegenständliches Modell zunächst nur der *Tätigkeitsraum* mit seinen vier Hauptrichtungen zur Einordnung der verschiedenen Dinge und Lebewesen zur Verfügung der kognitiven Tätigkeit gestanden hat, zusammen mit der *Mitte* des Raums, der das Wir-Symbol darstellte. Bei Levi-Strauss (1962) finden wir weitere Beispiele solcher ursprünglicher Zeichen-Modelle. Die Entstehung der Schrift mit vornehmlich ikonischen Symbolen, und noch stärker die später entstehenden phonetischen Schriften, machten im Vergleich mit den rein verbalen Kulturen einen qualitativ ungleich höher stehenden Ordnungs-Typus möglich: Zunächst vielleicht nur im Kontext der Übungsaufgaben der Schreib- und Leseschüler,

dann aber zunehmend um ihrer selbst willen, konnten *Listen* von Wörtern umgeord-
net, sortiert, mit vorher gültigen begrifflichen Einteilungen verglichen werden (vgl.
Goody 1977, 52-73). Durch diese Vergleichsarbeit konnten die frühen Begriffsordner
die alte "Weisheit der gesprochenen Sprache" erneut vergegenständlichen. Denn die
Entwicklung der gesprochenen Wörter zeigt jedenfalls für die indoeuropäischen Sprachen die Entwicklung von korrespondierenden Begriffen immer noch auf der Ober-
flächenstruktur der gleichen Stamm-Morpheme, so daß die alphabetische Ordnung
von Wörtern nach ihrer Zeichengestalt auch verwandte Bedeutung ausdrückt, allerdings nicht rein, sondern mit vielen Störungen und Zufälligkeiten. Eine noch höhere
Stufe der Ordnung wird dann erst mit der symbolischen Repräsentation von Gegen-
standsgrößen in Zahlen erreicht, und mit der begrifflichen Arbeit der griechischen
Philosophen bei der Produktion theoretischer, zum wesentlichen Teil auch mathematischer Begriffe. Die materielle Analogie, die in diesem Beispiel zunehmend mehr
genutzt wurde, ist die Übereinstimmung der Ordnung der Dinge und Lebewesen mit
der Ordnung der Begriffe für sie. Die begriffliche Ordnung wird hier also ebenso als
materielle Ordnung verstanden, als Ordnung, die unabhängig von ihrer Widerspiegelung wirksam ist, wie die Ordnung der Weltbereiche nach ihrer Beziehung zu den
tätigen Menschen. Auch hier ist deutlich, wie das spätere Entwicklungsprodukt
regulierend auf seine Ursprungsstruktur zurückwirken kann: Die Struktur der Sprache
wird reflektiv auf die Schriftsprache klarer erkennbar und kann der Struktur der Realität schon darum besser angepaßt werden. Solange jedoch die verwendete Sprache
noch mit historischen Formen belastet ist, und noch nicht reine Struktursprachen,
wie die Algebra oder die analytische Geometrie entwickelt sind, bleibt die exakte,
notwendig-richtige Erfassung von Naturstrukturen durch operative Sprachstrukturen
ein Traum der Philosophen.

Zusammenfassend: Die Symbolisierbarkeit der operativen Strukturen bei Menschen, die sie erst zu *kognitiven Strukturen* macht (im Sinn von Damerow 1980),
bedeutet ihre Vergegenständlichbarkeit in Zeichen-Modellen, symbolischen Gegenständen. Die materielle Analogie zwischen den Zeichenmodellen und Bereichen der
materiellen Realität ist hier sehr vermittelt. Die Übereinstimmung von realer und
symbolischer Ordnung ist das objektive Moment der Analogie; die kognitiven
Strukturen der lebendigen Begriffe, des sprachfähigen Könnens sind ihr subjektives
Moment.

Wieder ist die neue Möglichkeit der Aktivierung *kognitiver* Strukturen in der
Tätigkeit in regulativer Beziehung zu der alten Möglichkeit der Aktivierung rein
operativer Strukturen, die weiterhin, jetzt allerdings gleichgeordnet, bestehen bleibt.
"Lebendiger Begriff": das heißt darum auch nicht nur: kognitive Struktur, sondern
darüber hinaus auch: einverleibte, auch: in der nichttheoretischen Arbeit *wirksame*
Struktur.

9 Exkurs: Form und Stoff von Gegenständen, Form und Inhalt von Symbolen

Der reale Gegenstand ist durch die Einheit der Form mit dem Stoff gekennzeichnet: Die Struktur des realen Prozesses ist *seine eigene*: Eigen-Ordnung des Prozesses. Der symbolische Gegenstand ist dagegen durch die Gleichgültigkeit der Form gegenüber der besonderen Stofflichkeit des Trägerprozesses ausgezeichnet: Die Struktur des symbolischen Prozesses ist *nicht* die Eigenordnung des Trägerprozesses, sondern die dem Trägerprozeß durch ein Subjekt aufgeprägte *Struktur einer Widerspiegelung*, die in einem Repräsentationsverhältnis zur Struktur eines realen Gegenstandes steht.

Die verwendete Kategorie der *Form* erweist sich gegenüber ihrem dialektischen Gegensatz als doppeldeutig:

Form(1) hat - wie oben - als Gegensatz die klassisch-griechische Kategorie des Stoffes, dessen Form sie ist. Diese Kategorie "Stoff" ist in moderner Zeit verallgemeinert: als Energie-Stoff-Dualität ist sie die eine Seite des komplementären Verhältnisses von Struktur (Form(1)) und Prozeß (Formentwicklung). Das dialektische Verhältnis von Form und Prozeß in diesem Sinn, eingeschlossen die komplementären *Übergänge* von Formen zum Prozeß und Prozessen zur Form, hat Bateson in seinem letzten Text herausgearbeitet (1980, 207-224). Er betont in diesem Text die Einheit von symbolischer und realgegenständlicher Tätigkeit, von Naturprozeß und Entwicklung des Wissens ("Wissen" ist wohl die adäquate Übersetzung von "mind"); jedoch überwindet er die idealistische, metaphysische Trennung von Subjekt und Objekt letztlich nicht: In seiner Übernahme der mystischen, Jungschen Trennung von *pleroma* ("the world of nonliving billiard balls and galaxies") und *creatura* ("the world of living things") reproduziert sich die cartesische Spaltung in die *res cogitans* und die *res extensa* auf der Ebene des Naturbegriffs: Die Natur wird in zwei inkommensurable Hälften zerlegt, wie früher das denkende Subjekt. Dieselbe Spaltung ist bei Piaget konstatiert worden (Tripp 1978, 79 f); sie führt dazu, daß der Gegenstandsbegriff im wesentlichen auf symbolische Gegenstände (als vollständig durch die Tätigkeit konstituierte Gegenstände) reduziert wird. Bei Bateson führt das dazu, daß er die Kategorie "Prozeß" nicht eindeutig mit der Kategorie "Energie-Stoff" verbinden kann (vgl. jedoch seinen Begriff der "kollateralen Energie", Bateson 1979, 111-114).

Es gibt aber auch den anderen dialektischen Gegensatz zu "Form" : "Inhalt". Form(2) ist daher die oben abgegrenzte "gleichgültige" Form, die einem Trägerprozeß durch das Subjekt aufgeprägt wurde. Der *Inhalt* dieser Form ist *der damit repräsentierte reale Gegenstand, vermittelt über den lebendigen, subjektivierten Begriff*.

10 Zusammenfassung und Ausblick

Wir erhalten also als Gesamtergebnis die folgende kategoriale Struktur:

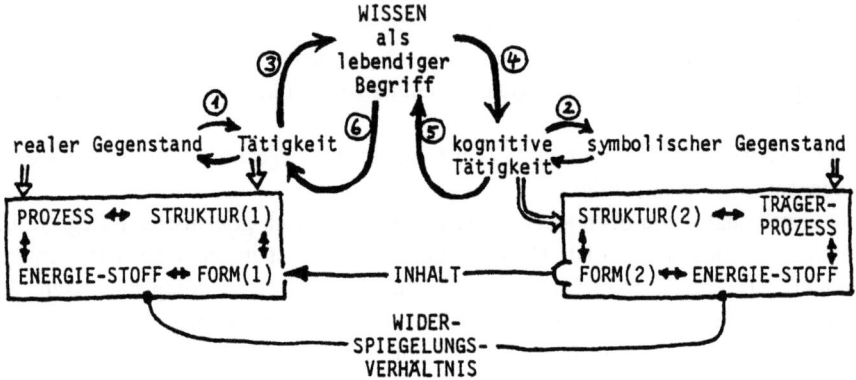

Hierbei bedeuten die, mit Zahlen-im-Kreis gekennzeichneten, Übergänge zwischen den verschiedenen Momenten folgendes:

(1) Die komplementären Übergänge im *Arbeitsprozeß* (repräsentationaler bzw. abbildender und operativer bzw. realisierender Übergang) realisieren die *äußere Reproduktion* der Subjekte, sowie die *organismische Reproduktion* der Arbeitsfähigkeit über die Konsumtion der materiellen Produkte.

(2) Die komplementären Obergänge im *kognitiven Prozeß* (repräsentationaler und operativer Übergang in der theoretischen Arbeit) realisieren die *innere Reproduktion* der Subjekte, sowie die *instrumentelle Reproduktion* der Arbeitsfähigkeit über die Konsumtion der symbolischen Produkte.

(3) Der Übergang von der Tätigkeit (mit realem Gegenstand) zum Wissen ist die *operative Aneignung,* realisiert als Einheit von Akkomodation und Assimilation.

(4) Der Übergang vom Wissen zur kognitiven Tätigkeit ist die *reflektive Selbst-Vergegenständlichung* der Subjekte, realisiert durch die Einheit von symbolischer Begrenzung und freier Operation innerhalb der Grenzen.

(5) Der Übergang von der kognitiven Tätigkeit zum (theoretisch verallgemeinerten) Wissen ist die *reflektive Selbst-Wieder-Aneignung* der Subjekte, realisiert durch die Einheit von reflektierender Analyse und symbolischer Synthese.

(6)　Der Übergang vom (theoretisch verallgemeinerten) Wissen zur Tätigkeit mit realen Gegenständen schließlich ist die *operative Vergegenständlichung*, realisiert als Einheit von realer Begrenzung und freier Operation innerhalb dieser gesellschaftlich reproduzierten, dennoch natürlichen Grenzen.

Der Arbeitsprozeß aufgrund vorangegangener Übergänge 3, 4, 2, 5 und 6 wird durch die in diesen Übergängen realisierten Veränderungen von Können, Begriffen und Werkzeugen weiterentwickelt, vorangetrieben. Der ganze Prozeß aus Arbeit und theoretischer Arbeit ist also *entwickelnde Reproduktion* der inneren und äußeren, organismischen und instrumentellen Verhältnisse der Subjekte. Die Entwicklung des Arbeitsprozesses bedeutet die *praktische Verallgemeinerung* von erkannten, theoretisch verallgemeinerten, materiellen Analogien zu praktisch hergestellten, wirklichen Verhältnissen zwischen symbolischen und realen Gegenständen.

Betrachten wir nun aber nicht nur jeweils eine Seite der Arbeit, sondern die Einheit von Arbeitsprozeß und Erkenntnisprozeß, so wird klar, daß der unter dem Doppel-Übergang (2) beschriebene kognitive Prozeß *nicht* mit dem gesamten Erkenntnisprozeß zusammenfällt: "Arbeitsprozeß" im umfassenden Sinn betont die *naturverändernde* Seite der gleichen Entwicklung, an der "Erkenntnisprozeß" komplementär die *Subjekt-Selbst-Veränderung* betont.

Reinhard Mocek schreibt in seinen "Gedanken über die Wissenschaft" (1980, 114 f):

"Einen ganz wesentlichen Mangel der Festlegung der Wissenschaft auf 'Tätigkeit' oder 'allgemeine Arbeit' erblicke ich jedoch darin, daß ganze Komplexe der Wissenschaften und auch Bereiche der Institutionalisierung von Wissenschaft mehr oder weniger unter den Tisch fallen. Wissenschaft ist keineswegs nur Naturwissenschaft ... und wissenschaftliche Tätigkeit ist keineswegs nur Forschung. ... Wissenschaft ist - wenn wir nicht nur die 'reinen' Forscher, sondern auch die Lehrer und Techniker hinzurechnen - für schätzungsweise 150 Millionen Menschen auf der Erde Beruf. Wissenschaft prägt soziales Verhalten und ist in der Gestaltung der sozialen Beziehungen der Klassen und Schichten sowohl im Kapitalismus als auch im Sozialismus ein wichtiger Faktor. Wissenschaft ist vor allem auch Gesellschaftswissenschaft. Gesellschaftswissenschaft wiederum kann man weder als eine Hilfswissenschaft für die Naturwissenschaften erfassen noch als Museumssparte im System der Wissenschaften. Wissenschaft ist vor allem auch geistige Kultur, ist eine markante Qualität des Menschengeschlechts. Wie aber paßt das hinein in das Wissenschaftskonzept der etablierten Wissenschaftstheorie ? Man muß sich nicht erst anstrengen, um eine irgendwie passende Interpretation zu finden. Es paßt eben nicht hinein! Wissenschaftswissenschaft und die ihr zugehörige Wissenschaftstheorie erfassen aus der 'unerschöpflichen' Wissenschaft nur dasjenige, was für eine vorherrschende technologische Qualität der Produktivkräfte relevant erscheint. Ist eine solche Beschränkung der Wissenschaftskonzeption akzeptabel"?

Meine persönliche Antwort auf diese grundlegend wichtige Frage heißt ganz klar: Nein. Neben dem in diesem Text entfalteten Verhältnis der Subjekte zu ihren Gegenständen sind die vielfältigen Verhältnisse zwischen den Subjekten zu entfalten, wenn der Begriff der Wissenschaft auch die Wiederherstellung einer verallgemeinerten, selbstverständlichen Kultur umfassen soll. Und dies muß mitgemeint sein, wenn wir die Wissenschaften Psychologie, Soziologie und soziale Ökologie als Wissenschaften ernst nehmen wollen.

Im Text "Methode heißt: Ordnung der Praxis" habe ich versucht anzudeuten, wie sich die Verhältnisse zwischen den Subjekten begrifflich so entfalten lassen, daß eine Methodologie, und also auch Wissenschaftstheorie der Psychologie als Gesellschaftswissenschaft entwickelbar wird. Was daraus noch werden kann, vermag ich nicht abzuschätzen, aber ich hoffe auf vieles.

Thesen zu Wissen und Können

1 Subjekt/Objekt und Prozeß/Struktur

Die Subjekt/Objekt-Dialektik wird hier verstanden als "werkzeug"-vermittelte Wechselwirkung zweier Prozeßtypen: der gegenständlichen Tätigkeiten und der Gegenstandsprozesse. Beide Prozesse verlaufen in einem *Feld von Möglichkeiten*, was heißen soll, daß sie nicht vollständig determiniert sind, sondern den aus "Kräfteverhältnissen" (ein unklarer Term) resultierenden Gradienten im einheitlichen Möglichkeitenfeld des sozialen Reproduktionsprozesses "ungefähr", mit Freiheitsgraden folgen. Das Möglichkeitenfeld besteht nicht unabhängig von den Prozessen, sondern ist ihre stets reproduzierte Resultante Im folgenden Sinn: Überdauernde Strukturen bestimmen einzelne Prozeßtypen, -arten und -gattungen; jeder Prozeßtyp tritt aber in Massen auf (vgl. These 5 zur Vielheit, in den Thesen zur Heterarchie), interagiert mit den anderen, und die Gesamtheit der Wechselwirkungen wirkt als Möglichkeitenfeld auf den je einzelnen Exemplarprozeß als Begrenzung der Vielheit zurück.

2 Speicherung der Strukturen: Akkumulation und Gedächtnis

Biologisch und sozialwissenschaftlich interessant wird es, wenn die Möglichkeit einer informationellen Speicherung der Prozeßstruktur der lebendigen Aktivität als realisiert betrachtet werden kann. Vorgängig notwendig ist die Möglichkeit der Akkumulation von Prozeßresultaten im allgemeinen, naturwissenschaftlichen Sinn; diese ist jedoch fraglos gegeben, vgl. die Felder, Kristalle, Moleküle, Ungleichgewichts-Strukturen (Prigogine & Stengers 1981) usw., die die Naturwissenschaftler schon gut kennen. Im Bereich der Strukturen der lebendigen Aktivität ist eine Akkumulation von Prozeßprodukten ebenfalls gut bekannt: Die Entwicklung der somatischen Strukturen. Die biologisch bestbekannte, deutlich als informationell ausweisbare, Speicherung vergangener Erfahrung liegt in den Eiweiß-DNA-Spiralen der Chromosomen vor. Diese allein - das ist äußerst wichtig - machen jedoch noch nicht die Gesamtstruktur des Möglichkeitsfeldes für den Embryo (nach Waddington 1957: die epigenetische Landschaft) aus, sondern es gibt einen quasi-gegenständlichen, natürlichen Gegenpart: Die sich aktiv identisch haltende Zell(en)struktur mit Abgrenzung und kontrolliertem "Interface" (Austausch-Tor) zur weiteren ökologischen Umgebung, die wir als die Einheit von Gebärmutter, Mutterkuchen und Embryo kennen. Dies bedeutet: In ganz fundamentalem Sinn ist die Erhaltung der eigenen, gegenständlichen Naturverhältnisse von Anfang an Eigenschaft der Lebensprozesse.

2.1 Übergang vom Prozeß zur regulativen Struktur

Die informationelle Speicherung bedeutet den Übergang vom Prozeß zu seiner überdauernden Struktur (vgl. Pattee 1978); damit wird die Prozeßstruktur informationell
verdoppelt. Die informationelle Struktur eines Prozesses ist nicht die, die dieser hat,
sondern die, die durch einen Regulationsprozeß und dessen Struktur festgelegt ist.
Der Regulationsprozeß wird mit dem wirklichen Prozeß derart verkoppelt, daß die
informationelle Struktur durch die Wirkung der Regulation sich auch durchschnittlich als reale Struktur durchsetzt. Informationell gespeicherte Strukturen sind als solche aktiv gegen äußere Einflüsse abgesichert (Korrekturmechanismus der DNA, vgl.
Eigen & Schuster 1979; Weissmanns Barriere, vgl. Bateson 1980, 165 ff). Die auf
Invarianz gerichtete Aktivität ist diejenige des *Trägerprozesses*, er muß also eine
hoch zeitinvariante Struktur aufweisen, um als "Gedächtnisprozeß" geeignet zu sein.
Diese Struktur ist aber etwas völlig anderes als die "getragene" informationelle Struktur (die repräsentationalen und operativen Charakter hat, vgl. Stadler u.a. 1975, 48ff).
In den höchsten Formen informationeller Strukturen ist die völlige Unabhängigkeit
des Trägerprozesses von der aufgeprägten, informationellen Struktur charakteristisch:
Die durch ungeheuer komplizierte Verfahren hergestellte, hochgradige Zuverlässig-
keit der logischen Schaltungen eines elektronischen "Rechners" ist ganz unabhängig
von den auf ihm simulierbaren Prozessen - oder anders gesagt: von den in ihm akti-
vierbaren, symbolischen Prozessen.

2.2 Übergang von der regulativen Struktur zum realen Prozeß

Während der gerade besprochene Übergang vor allem in Aneignungsrichtung verläuft, und - wie geschildert - durch die Abschließung vor "zufälligen" Änderungen
gekennzeichnet ist, erfordert der entgegengesetzte Übergang von der gespeicherten,
informationellen Struktur zu ihrer Aktivierung als wesentlicher Teil des regulierten
Prozesses die *kontrollierte Öffnung* der zuvor bestehenden Abgeschlossenheit gegenüber anderen Prozessen. Dieses kontrollierte Austauschen erfolgt ebenfalls über ein
"Interface". Die informationelle Struktur begrenzt und ermöglicht (während ihrer
Aktivierung) einen ganzen Baum von möglichen Aktivitätsabfolgen, der Entscheidungsstellen enthält und auf ein bestimmtes Resultat konvergiert. Die Entscheidungsstellen im so aufgespannten Möglichkeitsfeld wurden durch Rene Thom
(1975) als lokale Katastrophenstellen beschrieben; Prigogine & Stengers (1981)
sprechen von Verzweigungen (Bifurkationen); jeweils schon auf solche Prozesse
bezogen, die noch nicht reguliert sind (im Sinne einer operativen Regulation durch
eine informationelle Struktur). Begrenzung des Prozesses durch die aktivierte, informationelle Regulationsstruktur ist notwendig, da der organismische Prozeß sich in
unterschiedlichen konkreten Umgebungen invariant halten muß, um sich verändern
zu können (Entwicklungsnotwendigkeit, vgl. Holzkamp 1981). Die Kompliziertheit
der Baumstruktur nimmt in der Phylogenese zu, jedoch nicht monoton, sondern mit
qualitativen Sprüngen zu einer höheren Allgemeinheit der obersten Ebene, was

zunächst eine Vereinfachung bedeutet, dann wieder (durch Elaboration) zu einer Komplizierung führt usw.

Weil die gegenständliche Umgebung den Kurs des Prozesses selbstverständlich mitbestimmen muß, ist eine *sensorische* Öffnung, durch die der aktuelle Zustand der Umgebung die informationelle Struktur modifiziert, unumgänglich. Gleiches gilt aber auch für eine *motorische* Öffnung: Spätere Prozeßphasen, deren Vorgängerprozesse aktuell von der informationellen Struktur reguliert (also mit-begrenzt) werden, erfordern regelmäßig bestimmte gegenständliche Bedingungen, die herzustellen ebenfalls Leistung der informationellen Struktur sein muß, wenn die übergreifende Invarianzforderung erfüllt sein soll.

3 Ankoppelung der aktivierten Strukturen an die laufende Aktivität

Die Öffnung einer aktivierten Struktur gegenüber den Gegenständen, und damit gegenüber der gesamten Umgebung, erfolgt schon dadurch, daß sie an bereits aktive regulative Strukturen angekoppelt werden muß. Eine informationelle Struktur hat nämlich, im Gegensatz zu den Strukturen des materiellen Gesamtprozesses, eine unterste und eine oberste Ebene: Die oberste ist ihr "Name", eine "Adresse", eine "Marke", ein "Aufruf-Muster" (oder wie immer man es nennen will); die unterste sind die Primitiv-Operationen, d.h. die in dieser Struktur atomaren, nicht mehr aufgliederbaren repräsentationalen oder operativen Elemente. Diese sind nun aber entweder ihrerseits Namen anderer, tatsächlich aktivierbarer informationeller Strukturen (evtl. über eine Kette von Aktivierungen), oder nichts weiter als gedachte, rein symbolische Objekte. Das letztere bedeutet jedoch, daß die informationelle Struktur keine *materiell herstellbare* Möglichkeit widerspiegelt. Solche rein symbolischen Objekte existieren erst auf der Entwicklungsstufe menschlicher Gesellschaften, und nur als informationelle Strukturen. Zu ihrer Existenz ist ein Trägerprozeß notwendig und seine Nutzung als Träger der Symbole durch einen anderen Prozeß. Die Ankoppelung solcher Strukturen an die laufende Aktivität erfolgt indirekt, indem eine materielle Analogie zwischen dem rein symbolischen Prozeß und einem prospektiven Gegenstandsprozeß postuliert, dann gezeigt und genutzt wird.

4 Zwei Bedeutungen von "Vergegenständlichung"

Der soeben kurz beschriebene Übergang von der regulativen Struktur zum realen Prozeß verläuft in Vergegenständlichungsrichtung. Diese Aussage hat einen eher trivialen Sinn, wenn wir die Lebensprozesse allgemein betrachten, aber auch einen zweiten, erst auf gesellschaftlichem Niveau realisierten, sozialwissenschaftlich wichtigeren Sinn:

4.1 Direkte Vergegenständlichung: Regulationsprozeß

Die informationellen Strukturen werden vergegenständlicht dadurch, daß das, was sie repräsentieren und antizipieren, materiell realisiert wird. Der Prozeß, der eine solche Vergegenständlichung erreicht, ist in meiner Terminologie ein Regulationsprozeß, zu dessen Charakteristik weiter unten noch mehr zu sagen sein wird. Hier nur so viel: Ein Regulationsprozeß kann entweder nur *Regelprozeß* sein, also ein rein rückgekoppelter, daher nach Ashby notwendig unvollkommener Ausgleich von Abweichungen von der Sollbahn, oder er kann auch *Steuerungsprozeß* sein, also ein auch vorausgekoppelter, antizipativer Ausgleich mit Richtungswahl an Entscheidungsstellen.

4.2 Symbolisch vermittelte Vergegenständlichung: Kognitionsprozeß

Die informationellen Strukturen können jedoch auch *selbst* vergegenständlicht werden dadurch, daß sie auf einem *unabhängigen*, jedoch *steuerbaren* Trägerprozeß implementiert werden. Ein solcher Trägerprozeß soll im weiteren *Prozessor* heißen. Das wichtige ist: Der Prozeß, dessen informationelle Struktur in einem Prozessor vergegenständlicht wurde, steht nunmehr sich selbst gegenüber, genauer: seinem gegenständlichen Abbild. Damit kann er all seine Fähigkeiten zur Regulation von gegenständlichen Prozessen zur Regulation seiner eigenen Regulationsstruktur einsetzen. Allerdings gelingt die Selbstregulation nur vollständig, wenn die Ergebnisse seiner Arbeit an seiner Vergegenständlichung von ihm wiederum angeeignet werden kann (vgl. These (10) in den Thesen zum Gegenstand). Der Prozeß der Selbst-Vergegenständlichung in symbolischen Strukturen auf Prozessoren zusammen mit der Selbst-Wieder-Aneignung heißt in meiner Terminologie ein *Kognitionsprozeß*. Zu einem wichtigen, allgemeinen Prozeßtyp könnten wir auch eine eigene Einzelwissenschaft fordern. Diese wäre hier eine Allgemeine Kognitionswissenschaft. - Aber das ist ein anderes Thema.

Aus der doppelten Bedeutung von "Vergegenständlichung" folgt, daß der Begriff des Gegenstands um die *symbolischen Gegenstände* erweitert werden muß, wie ich das in den Thesen zum Gegenstand bereits ausgeführt habe. Symbolische Gegenstände kommen erst mit den Gesellschaften in die Welt; die Menschen unterscheiden sich in dieser Hinsicht vor allem dadurch von den Tieren, daß sie sich selbst zum Gegenstand ihrer Tätigkeit machen können, nicht so sehr dadurch, daß sie sich gegenseitig und damit auch ihre Umgebung entwickeln. Die Fähigkeit, eigene Regulationsstrukturen zum Gegenstand machen zu können, kommt aber nicht auf einmal und vollständig in die Welt, sondern kann wohl nur entstehen, wenn ein Teil der eigenen Struktur symbolisch-gegenständlich mit einer vorhandenen Teilfähigkeit bearbeitet wird. Das ist ein Funktionswechsel dieser Fähigkeit, sie wird dadurch allmählich zur *kognitiven Fähigkeit*. Man kann vermuten, daß es die Fähigkeiten zur Werkzeugherstellung und zur Koordination von gegenständlichen Prozessen waren, die diesen Funktionswechsel durchgemacht haben. Das ist jedoch eine historisch-empirische Frage (vgl. Hildebrand-Nilshon 1980, Klix 1980, Leroi-Gur-han 1980). In der Ontogenese ist der Funktionswechsel gegenständlicher Fähigkeiten zu kognitiven Fähigkeiten durch Piaget am gründlichsten untersucht. Das von ihm definierte Stadium der formalen Operationen kennzeichnet auch den zweiten, nach Holzkamp notwendigen Umschwung: den *Dominanzwechsel,* durch den die Nutzung der neuen kognitiven Fähigkeiten zur dominanten Selbstentwicklungsweise wird. Der für mich interessanteste Teil-Übergang in dieser Gesamtbewegung ist nun aber die Veränderung des Regulationsprozesses aufgrund vorangegangener Kognitionsprozesse. Diese Veränderung ist der Übergang vom Wissen zum Können, die Individualform der Verwissenschaftlichung der Praxis.

Im folgenden muß es also darum gehen, die Begriffe "Wissen" und "Können" im skizzierten Kontext der Fähigkeits- und Gegenstandsentwicklung genauer zu bestimmen. Dazu zunächst eine Rekapitulation früherer Einsichten.

5 Psychologische Konkretisierung der "Grundfrage der Philosophie"

Was heißt es vom Standpunkt der Psychologie, daß das Sein das Bewußtsein bestimmt, und das Sein der wirkliche Lebensprozeß ist? - Leontjew führt in seinem letzten Werk (1979, 90-94) aus, warum die äußere, realisierende Tätigkeit der wesentliche Gegenstandsprozeß für die Psychologie ist. Ich ziehe daraus die These, daß es falsch ist, die Psychologie als Wissenschaft von der Entwicklung des Psychischen (Kritische Psychologie) bzw. als Wissenschaft der Orientierungstätigkeit (Galperin) zu definieren, denn psychische Prozesse bzw. Orientierungstätigkeit sind *unselbständige Teilprozesse* der gesamten gesellschaftlichen Praxis und ihres Systems gegenständlicher Tätigkeiten. Leontjews Antwort auf die Grundfrage ist gut bekannt: "Indem die Tätigkeit direkt mit der gegenständlichen Wirklichkeit in Berührung kommt und sich ihr unterordnet, wird sie modifiziert, bereichert und kristallisiert sie sich in dieser ihrer Bereicherung im Produkt. Die realisierte Tätigkeit ist reicher, wahrer, als das sie vorwegnehmende Bewußtsein. Dabei bleiben dem Bewußtsein des Subjekts die Beiträge verborgen, die durch seine Tätigkeit hineingebracht werden; hieraus ergibt sich auch, daß das Bewußtsein als Grundlage der Tätigkeit erscheinen (!!) kann" (1979, 125 f). Das heißt für mich: Der Tätigkeitsprozeß und seine Struktur, das Können (eine regulative Struktur), ist erkenntnistheoretisch primär gegenüber der Struktur, die das Bewußtsein des Subjekts bestimmt. Diese ist eine *symbolische* Struktur, das Wissen, die zwar antizipativ ist, also der realen Tätigkeit vorauseilt, sie perspektivisch ausrichtet. Aber dies ist nicht eine wahre Vorwegnahme, sondern nur eine abstrakte, angenähert die Struktur der künftigen Tätigkeit betreffende Vorwegnahme. Dies eben darum, weil die Symbole auf der untersten Ebene keine Binnenstruktur aufweisen, sondern notwendig an existierende regulative Strukturen, an Können, angekoppelt werden müssen. Die realisierende Tätigkeit ist also insofern reicher, als sie immer konkreter ist; sie ist führend im Grad der praktischen Wahrheit, der Herstellbarkeit von Möglichkeiten, während die kognitiven Prozesse führend sind im Umfang der vorweggenommenen, denkbaren und (durch kognitive Operationen) erreichbaren Möglichkeiten.

6 Motor der Entwicklung:
Können - Wissen - Widerspruch

Die Entwicklung der personalen und sozialen Subjekte wird in dieser Sicht vorangetrieben durch die Widersprüche zwischen ideeller Vorwegnahme und praktisch höherer Konkretheit: Das Können eilt dem Wissen voraus und gleichzeitig, aber auf anderer Ebene eilt das Wissen dem Können voraus.

Diese inneren, entwicklungsantreibenden Widersprüche sind durch Piaget in "Äquilibration der kognitiven Strukturen" (1976) sehr gut beschrieben worden; er gelangt darin fast bis zur Aufhebung seines eigenen Grundfehlers, der von vielen Kritikern konstatiert wurde (Otte 1974, Tripp 1978, Leiser 1978, Damerow 1980 a, b): Der metaphysischen (undialektischen) Trennung von operativen Strukturen, die er nur dem Subjekt zurechnet (obwohl auch Naturprozesse operative Strukturen haben), und repräsentationalen Strukturen, die bei ihm den wirklichen Gegenstand ersetzen. Was bei Piaget fehlt, ist jedoch relativ leicht zu ergänzen: Die inneren Widersprüche sind zum Teil rein subjektive Widersprüche durch unvollständige Aneignung des Verhältnisses von Tätigkeit und Gegenstandsprozeß, zum anderen, wichtigeren Teil aber Widerspiegelungen dynamischer Verhältnisse im Arbeitsprozeß, also materielle Widersprüche. Sehen wir das so, dann wäre das Können Repräsentant der praktisch möglichen, herstellbaren Praxisordnungen, das Wissen jedoch zum Teil Vorwegnahme real noch nicht möglicher Praxisordnungen. Der Widerspruch von Können und Wissen wäre damit zurückgeführt auf den Widerspruch von realen Begrenzungen der Praxis und neuen Möglichkeiten "hinter" den aktuellen Grenzen, die natürlich noch keine "stabilen" Möglichkeiten sein können, sondern erst hergestellt werden müssen. Diese Darstellung gewinnt noch erheblich an Schärfe, wenn die bisher durchgehaltene Abstraktion des einzelnen Subjekts aufgegeben wird. Bedenken wir etwa das Verhältnis des Könnens eines Kindes zum Wissen, das im Diskurs mit den Erwachsenen aktiv ist, dann erhalten wir Wygotskis Ergebnis: Durch diese Wissensaktivierung wird die Zone der nächsten Entwicklung des Kindes aufgespannt, und zwar mit der Besonderheit, daß die im Wissen antizipierten Möglichkeiten gesellschaftlich herstellbar sind (also beim Erwachsenen in Können eingebettet), aber für das Kind eben noch Möglichkeiten jenseits seiner Grenzen sind (vgl. Hodgkins sehr anschauliches Modell, 1976, 91-123). Auf diese Komplikationen soll jedoch im weiteren nicht eingegangen werden.

Es ist jetzt wichtig, die bisherige, dezentrierte Betrachtungsweise auf die Einheit von Tätigkeit und Gegenstandsprozeß aufzugeben, und eine Zentrierung "in" das Subjekt vorzunehmen. Nur so kann nämlich geklärt werden, *warum* "dem Subjekt die Beiträge verborgen (bleiben), die durch seine Tätigkeit hineingebracht werden" (Leontjew, aaO). Im Anschluß an die Klärung dieser Frage kann dann konkreter untersucht werden, wie diese scheinbare Bestimmtheit der Produkte der Tätigkeit durch das Bewußtsein durch Reflexion des Subjekts überwunden werden kann.

7 Ein Paradox: Freiheit des Bewußtseins und Determination durch die Umwelt

Wenn wir den "Normalfall" menschlichen Erlebens, die Gegenstandsbeherrschung bei bewußter Handlung, phänomenologisch beschreiben, wird sich etwa folgendes Bild ergeben: Im Zentrum des Bewußtseins steht der Gegenstand und seine Veränderungen, die als im wesentlichen bekannt, vorgeplant, "von mir gemacht" erscheinen. Ich freue mich an kleinen, unverhofften Eigenheiten des Gegenstandsprozesses (sofern der emotionale Kontext positiv ist, vgl. zur Rolle der Emotionen Simonow 1975), verschwende aber keine Aufmerksamkeit an die Mittel, durch die ich diese, meine Produkte erzeuge. In dieser Phase der Assimilations-Dominanz habe ich das Bewußtsein der Freiheit meiner Handlungen, der Beherrschung des Gegenstands, was bis zur Illusion des Herrschers (vgl. These 2 zur Heterarchie) gehen kann. Wie aber ist die dezentrierte Sicht auf exakt den gleichen Vorgang ? Hören wir den Nobelpreisträger: "Ein Mensch, den man als ein sich verhaltendes System ansieht, ist recht einfach. Die offensichtliche Komplexität seines Verhaltens über längere Zeiträume hinweg ist weitgehend ein Ausdruck der Komplexität der Umwelt, in der er sich befindet" (Simon, 1969, 24f; zit. nach Weizenbaum 1978, 176). Mensch und Ameise sind auf der Ebene der Komplexität des Arbeitsprozesses nicht unterscheidbar, denn die Komplexität geht *vollständig* auf den Gegenstandsprozeß zurück, das ist die materialistisch reformulierte Behauptung, die Simon hier aufstellt. Das dezentriert betrachtete Subjekt, das sich selbst als frei repräsentiert, ist vollständig determiniert durch die gegenständlichen Bedingungen, seine Handlungen folgen der Notwendigkeit, die der materielle Prozeß erzeugt. Skinner hat, wie bekannt, behauptet, daß nur die zweite Seite, die dezentrierte Sicht, des gleichen Prozesses dessen wahres Wesen enthüllt: Freiheit ist eine Illusion, der abgeschwört werden muß (1973). Das Paradox ist aber real: Das Erleben der Freiheit ist faktisch nötig und wirklich gegeben zugleich mit der Notwendigkeit des Arbeitsprozesses, damit sich das Subjekt reproduzieren kann Das Freiheitserlebnis ist notwendig zur Reproduktion der Perspektive, in der sich das Subjekt ausrichtet, und das (Be-) Folgen der Notwendigkeit ist stete Voraussetzung zur Erhaltung des Subjekts als konkretes System. Fügen wir zu der bisherigen, noch unhistorischen, vielleicht "bürgerlichen" Formulierung des Paradoxes von Freiheit und Notwendigkeit noch die Erkenntnis von Leontjew hinzu, dann entsteht folgende Form: Die Freiheit des subjektiven Handelns ist verbunden mit der *Illusion der Unmittelbarkeit* des Übergangs von der Absicht zum Produkt. Die "innere" Notwendigkeit der realisierenden Tätigkeit,[1] das

---

[1] hierzu zählen insbesondere die organismischen Voraussetzungen. Daß diese in der Evolutionstheorie bisher sträflich vernachlässigt wurden, zeigen sehr überzeugend Gutmann & Bonik 1981. Die Darwin-Theorie (mit Illusion des Herrschers) ging noch von der alleinigen Determination durch den

nötige Können, bleibt dem nicht reflektierenden Bewußtsein verborgen. Die äußere Notwendigkeit, die objektiven Eigenschaften des Gegenstandsprozesses, erscheint dem Subjekt als beherrschte, bewußte Struktur, gerade so, als ob es den Gegenstand gänzlich produziert hätte. Aber: Der Gegenstand ist ja vom Subjekt aus den Möglichkeiten des Objekts abgegrenzt worden, ist ja wirklich sein Produkt, das er im Rahmen des Notwendigen gewählt hat. Wie kann es denn sein, daß eine wahre Erkenntnis gleichzeitig eine schädliche Illusion bedeutet?

8 Historischer Exkurs: Regeltheorien und Kognitionstheorien

Wer nun erwartet, daß ich nunmehr unverzüglich auf den Kapitalfetisch zu sprechen komme, den muß ich enttäuschen. Zwar ist die Illusion, daß die Produkte der historischen Praxis ewige Naturnotwendigkeiten sind, die Kehrseite der falschen Bestimmung des Verhältnisses von Freiheit und Notwendigkeit, und ebenfalls eine Illusion der Unmittelbarkeit (die gesellschaftlichen Verhältnisse erscheinen, historisch-materiell unvermittelt, als naturgegebene, gegenständliche Verhältnisse), doch ist das Problem bereits auf einer wesentlich ursprünglicheren Entwicklungsstufe als der kapitalistischen Produktionsweise gegeben. Ich werde in den nächsten fünf Thesen zu zeigen versuchen, daß es eine Erklärung für die erste Illusion der Unmittelbarkeit gibt, durch die verständlich wird, daß sie *notwendige Folge* der Lösung des Regulationsproblems ist. Es handelt sich also keineswegs nur um eine falsche Theorie, sondern um eine objektive Eigenschaft des Gegenstands "realisierende Tätigkeit". Die begriffliche Hauptarbeit an dieser Erklärung hat William T. Powers (1960, 1973, 1978) geleistet, ein Physiker, Systemingenieur und Psychologe, der entgegen dem historischen Strom hartnäckig die These verfolgt hat, menschliche Tätigkeit sei adäquat mit dem Modell des Servosystems zu begreifen, während ansonsten aus dieser These, die um 1950 allgemein noch vertreten wurde, die durchaus andere These entwickelt wurde, menschliche Tätigkeit sei wesentlich ein "Informationsverarbeitungsprozeß", also in meiner Terminologie ein Kognitionsprozeß. Pamela McCorduck (1979) beschreibt die Herausbildung dieses neuen Paradigmas der Psychologie (wenn man es denn so nennen darf) sehr detailliert. Ich habe aus ihrer Darstellung folgende Phasen filtriert:

(0) *Vor-Phase*: Modell der Regelkreise beherrschend, gesucht wird nach den materiellen Eigenschaften des Prozessors, der beim Menschen angenommen werden muß (Nerven-Netz-Theorien etc.).

(1) *Phase der hochallgemeinen Prinzipien*: Newell und Simon zeigen mit der Konstruktion des Logic Theorist und des General Problem Solver, daß Bewegungen

---

oberen Kontext aus, die von Gutman und Mitarbeitern vorgeschlagene "physikalistische" Evolutionstheorie berücksichtigt jedoch auch den unteren Kontext der dem Organismus verfügbaren Operationen und Strukturen. Dies muß in einer Ko-Evolutionstheorie noch deutlicher gemacht werden.

in symbolischen Problemräumen exakt faßbar sind, daß folglich empirische Mathematik möglich ist, ein bisher rein innerpsychischer Vorgang in einem Prozessor vergegenständlicht werden kann. Newell und Simon finden viele hochallgemeine Prinzipien (Rückwärts-Suche, Mittel-Ziel-Analyse, breadth-first vs. depth-first als alternative Suchstrategien etc.); die Hoffnung besteht, daß wir alle Probleme mit dem abstrakten Problemraumkonzept werden lösen können.

(2) *Phase des spezialisierten, operativen Wissens:* Die folgende A.I. Forschung, besonders bei einzelwissenschaftlicher Anwendung (!!), erbringt die Wende: Es müssen stets spezielle Problemräume konstruiert werden; die symbolische Struktur muß Wissen über den eigentlich gemeinten Gegenstand enthalten (Minskys Frame-Konzept), und dieses Wissen muß zugleich Können (allerdings mit symbolischen Gegenständen) sein (Winograds procedural knowledge), und es darf keine streng-hierarchische Sequenz von Operationen gefordert werden (Heterarchie bzw. coalition-Konzept), wenn wirklich interessante kognitive Prozesse modelliert werden sollen.

(3) *Gegenwärtige Phase: Wiederauftauchen des Regelproblems:* Sobald nun aber komplexere Prozesse modelliert werden, zeigt sich schnell, daß die globale Richtungsbestimmung des Prozesses, die dieser von Zeit zu Zeit vornehmen muß, doch irgendwelchen hochallgemeinen Prinzipien folgen muß. Es werden jetzt wieder "control structures" gesucht, die die heterarchische Vielfalt des auf spezialisiertem Wissen beruhenden Könnens, gemäß dem übergeordneten Zweck des kognitiven Prozesses, in geordnete Bahnen zwingen.

Meine These ist es nun, daß die Regeltheorien und die kognitiven Theorien *nur zusammengenommen* eine Theorie der Tätigkeit als Regulationsprozeß und als Kognitionsprozeß konstituieren können (ähnlich, aber nicht so scharf herausgearbeitet, argumentiert Norman 1980, während Newell 1980 die Gegenthese vertritt, daß die Kognitionstheorie (verkürzt auf symbol-processing) allein ausreicht). Die gegenwärtige Situation in der Psychologie ist durchaus nicht so, daß bald eine Synthese erwartet werden kann, vielmehr beginnt das "kognitive Paradigma" herrschend zu werden, eine Art "mechanischer Idealismus", der sich nur durch die symbolischen Gegenstände und die sie beherrschenden Operationen vom Behaviorismus unterscheidet, nicht jedoch in der funktionalistischen Grundausrichtung. Gerade an der oben zitierten Formulierung von Simon läßt sich ablesen, daß die äußerliche Determination des Subjekts nur scheinbar theoretisch aufgehoben ist, solange nicht auch die zweite Form der Illusion der Unmittelbarkeit durchbrochen wird, was von einem Nobelpreisträger für Wirtschaftswissenschaften und Propagandist der beschränkten Rationalität (vgl. Seeger & Bromme 1978) realistischerweise nicht erwartet werden kann. Die Frage nach dem obersten Zweck des Arbeitsprozesses ist eben eine politische Frage, wird gar nicht erst gestellt, vielmehr wird das Problem, wie vom Kapital vorgegeben, akzeptiert und nur noch gelöst (vgl. Seidel 1976).

Doch nun zurück zu Powers, der nie vom Regelproblem gelassen hat.

9 Die fehlerhafte Anwendung der Regeltheorie in der Psychologie

Powers Entdeckung ist die fehlerhafte Interpretation einer symbolischen Struktur bei ihrer Anwendung auf das menschliche Verhalten. Die gemeinte Struktur ist das *ikonische Modell des Regelkreises*, so wie es vom Begründer der Kybernetik, Norbert Wiener, festgelegt wurde:

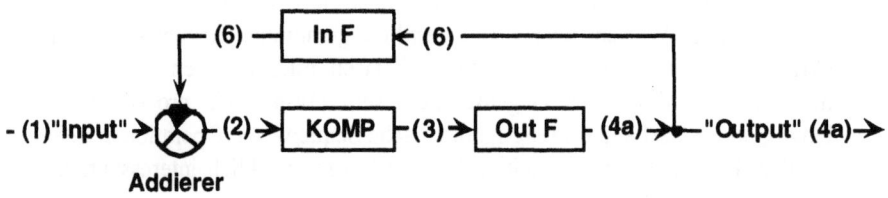

(nach Powers 1978, 419)

Diese Struktur konstituiert nach Bunge (vgl. Seeger 1977, 78-85) ein Modell-Objekt der "generischen, semi-interpretierten Theorie", die Kybernetik genannt wird (Wissenschaft der Regelungs- und Steuerungsprozesse). In der Psychologie wurde nun mehrfach (und wird in der Ingenieurpsychologie und Ergonomie von Mensch-Maschine-Systemen immer noch) dieses Modell in die vorhandene Typ-I-Theorie eingebettet. Es wurde damit behauptet, der Gegenstand der spezifischen, psychologischen Theorie sei in einer wesentlichen Hinsicht strukturgleich mit dem Modellobjekt der Kybernetik. Dies ist nun nach Powers' Überzeugung keineswegs falsch. Aber die Art der Einbettung des kybernetischen Modellobjekts ist verkehrt, wie noch zu zeigen sein wird. Wenden wir das von Leontjew & Dschafarow (1973/74, vgl. Raeithel 1976, 115 f) vorgeschlagene Modell der Modellverwendung in der Psychologie an, so gilt folgendes: Das psychologische Modellobjekt, eine Beschreibung des psychologischen Gegenstands, ist fehlerhaft reduziert worden, als seine strukturelle Transformation in Hinblick auf das kybernetische Modellobjekt vorgenommen wurde. Daher enthält das so entwickelte psychologisch-kybernetische Modellobjekt auch fehlerhafte terminologische Transformationen. Was war der Fehler? Vor allem folgender: die tätige Person wurde nicht als aktiver Regelprozeß modelliert, sondern als "stimulus-response device embedded in an artificial control system" (Powers 1978, 420). Das heißt: der Kasten "KOMP", ein kompensierendes Subsystem, das aus dem Fehlersignal (2) ein Stellsignal (3) erzeugt, ist als eine Person interpretiert worden. Dieser Grundfehler lag um so näher, als schon das (wesentlich simplere) Modellobjekt der S-R-Theorie einen offenen Eingang (S) und einen offenen Ausgang (R) aufwies, also die allgemeine Struktur jedes Subsystems, das als black box untersucht wird.

10 Partielle Wahrheit in der fehlerhaften Interpretation ?

Diese Ausklammerung der Reafferenz (vgl. Anochin 1978, 143-190) des gegenständlichen, nützlichen Resultats der lebendigen Aktivität ist die biologisch-psychologische Variante der zweiten Form der Illusion der Unmittelbarkeit: Es gibt keine Vermittlung zwischen gegenständlichem Effekt der Tätigkeit und dem subjektiven, inneren, signalisch repräsentierten Effekt der Tätigkeit, *die zum Subjekt gerechnet würde*. Vielmehr erscheinen die vergangenen Effekte nur als unmittelbares Auftreten einer Reizsituation (Fehlersignal) und die realisierende Tätigkeit wird auf eine Reaktion verkürzt (Stellsignal). Das bedeutet aber, daß (streng genommen) mit einer solchen Theorie gar nicht gedacht werden kann, daß die Subjekte ihre Gegenstände ständig sowohl produzieren, als auch die natürlichen Strukturmöglichkeiten reproduzieren, indem sie adäquat auf die durch sie begrenzten und ermöglichten Prozesse reagieren. Diese Ausblendung ist wohl nur zu verstehen, wenn sie als "notwendig falsche Widerspiegelung" rekonstruiert wird, indem die natürlichen und sozialen Bedingungen angegeben werden, unter denen die partielle Blindheit als notwendige Phase der Entwicklung auftritt. Die allgemeine Struktur der sozialen Bedingungen ist schon oft angegeben worden: Die Menschen müssen sich tatsächlich in wesentlichen Bereichen als "stimulus-response devices embedded in an artificial control system" erkennen, denn als Lohnarbeiter oder sonstige reell dem Kapital subsumierte sonstige Arbeiter sind sie unselbständige Subsysteme. Die theoretische Ausblendung korrespondiert somit einer realen Ausgrenzung menschlicher Möglichkeiten im realen Arbeitsprozeß (vgl. Volpert 1975). Dies ist die gegenständlich-soziale Bedingung. Und es muß ein Interesse daran geben, daß diese Sicht von uns selber, die uns zu ohnmächtigen, situativ reagierenden Individuen macht, durch allerlei magischem Krimskram, der sich als Wissenschaft verkauft, unangreifbar für den Alltagsverstand gemacht, also "vertikalisiert", ideologisiert wird. Wir nennen es: Das Verwertungsinteresse. Dies ist die subjektiv-soziale, die Überbau-Bedingung.

11 Regulation subjektiv: Steuerung der erscheinenden Wirklichkeit

Die Illusion der unvermittelten Unterworfenheit ist jedoch nur, das wurde nun schon mehrfach gesagt, Kehrseite der unvermittelten, freien Produktion, die nun ebenso als notwendige Illusion gezeigt werden muß. Wenn wir einen Regulationsprozeß zentriert in das System betrachten, dies hat Powers als erster klar herausgestellt, ist die (eigene) Aktivität nur zu verstehen als *Steuerung der sensorischen Signalprozesse*, also der Wirklichkeit insoweit, wie sie "dem Regulationssystem erscheint". Die motorischen Signalprozesse und erst recht deren materielle Umsetzung, die körperlichen Wirkprozesse auf die gegenständliche Umgebung sind auf der gleichen Regulationsebene nicht repräsentiert, und zwar notwendig nicht, aus Kapazitätsgründen, - es sei denn als Namen von Subprozessen. Dies bedeutet, in den bisher entwickelten psychologischen Begriffen: Ein *nicht reflektierendes* (!) Subjekt steuert seinen Abbildprozeß in die von ihm selbst gewählte Richtung; der tatsächliche Wirkprozeß, die wirkliche, realisierende Tätigkeit, die es dazu entfalten muß, ist ihm selbst nicht bewußt, gerade weil es gegenwärtig nicht reflektiert, sondern handelt. "Nicht bewußt" heißt hier also, daß auf der gleichen, aktuell bewußten Ebene keine Details der nötigen Operationen bekannt sind; ein wissenschaftlich wohlbekannter Zustand der Tätigkeitsentwicklung, nämlich der gekonnten, durch automatisierte Operationen realisierten Handlungen (vgl. Hacker 1973). Lesen wir, versehen mit diesem Hintergrund, noch einmal die folgenden dunklen Sätze von Leontjew (1979):[2]

"Im Wahrnehmungsakt bezieht das Subjekt sein Abbild des Gegenstands auf den Gegenstand selbst. Dem Subjekt erscheint das Abbild, als sei es dem Gegenstand eigen. Hierin kommt psychologisch auch die von *Lenin* hervorgehobene *Unmittelbarkeit* (!!) des Zusammenhangs der Empfindungen, des sinnlichen Bewußtseins mit der Außenwelt zum Ausdruck (62). Die Lokalisierung eines Objekts im Raum bringt sein Getrenntsein vom Subjekt zum Ausdruck; dies ist das 'Skizzieren der Grenzen' seiner Unabhängigkeit (!!) vom Subjekt. Diese Grenzen treten zutage, sobald sich die Tätigkeit des Subjekts dem Objekt unterordnen muß, und dies geschieht sogar dann, wenn die Tätigkeit zu seiner Umgestaltung oder seiner Vernichtung führt (64). Eine andere Seite des Problems des sinnlichen subjektiven Abbilds ist *die Frage nach der Rolle der Praxis bei seiner Herausbildung* (66). Die gesamte Erfahrung der gegenständlichen Tätigkeit des Menschen wird in den Prozeß der Abbilderzeugung einbezogen. Dieses Einbeziehen kann nicht durch einfaches Wiederholen von Verbindungen der sensorischen Elemente und durch Aktualisierung der temporalen Verknüpfungen zwischen ihnen erfolgen. Denn es geht nicht um eine assoziative Reproduzierung unzureichender Elemente von sensorischen Komplexen, sondern um die Adäquatheit zwischen den entstehenden subjektiven Abbildern und den allgemeinen Eigenschaften der objektiven Realität, in der der Mensch lebt und handelt. Mit anderen Worten, es geht darum, den Prozeß der Abbilderzeugung dem Wahrheitsprinzip unterzuordnen (68). Der Sinn der (vorher beschriebenen) Versuche mit dem Pseudoskop besteht ... in den durch sie eröffneten Möglichkeiten, den Prozeß einer ... Umgestaltung der auf den sensorischen 'Eingang' gelangenden Information zu untersuchen, eine Umgestaltung, die den allgemeinen Eigenschaften, Zusammenhängen und Gesetzmäßigkeiten der objektiven Realität unterliegt.

Dies ist ein weiterer, ein vollständigerer Ausdruck der Gegenständlichkeit des subjektiven Abbilds, das nun nicht nur in seiner anfänglichen Bezogenheit auf das widergespiegelte Objekt auftritt, sondern in seiner Bezogenheit auf die gegenständliche Welt insgesamt. Es versteht sich von selbst, daß beim Menschen bereits ein Bild dieser Welt existieren muß. Dies entsteht jedoch nicht nur auf unmittelbar sinnlicher Ebene, sondern auch auf höheren Erkenntnisebenen - infolge der Aneignung der Erfahrung der in sprachlicher Form, im System der Kenntnisse widergespiegelten gesellschaftlichen Praxis. 'Operator' der Wahrnehmung sind demnach nicht einfach die zuvor angehäuften Empfindungsassoziationen und nicht die Apperzeption im *Kantschen* Sinne, sondern Operator ist die *gesellschaftliche Praxis*. Die frühere, die metaphysisch denkende Psychologie bewegte sich unverändert bei der Untersu-

---

[2] Gerade die folgenden, meines Erachtens entscheidend wichtigen Passagen fehlen in der Klett-Ausgabe (1977), weil Kussmann meint, die Kapitel über Marx und Lenin (so sieht er die !) könne man dem westdeutschen Leser ersparen.

chung der Wahrnehmung auf der Ebene der zweifachen Abstraktion: der Abstraktion des Menschen von der Gesellschaft und der Abstraktion des wahrgenommenen Objekts von seinen Zusammenhängen mit der gegenständlichen Wirklichkeit. Das subjektive sinnliche Abbild und sein Objekt fungieren für sie als zwei einander gegenüberstehende *Gegenstände*. Aber das psychische Abbild ist kein Gegenstand. Entgegen den 'physikalistischen' Vorstellungen existiert es nicht im Stoff des Gehirns in Form eines Gegenstands, wie auch kein "Beobachter" dieses Gegenstands existiert, welcher nur die Seele sein konnte, nur ein geistiges 'Ich'. Die Wahrheit ist, daß der tatsächliche und handelnde *Mensch* mit Hilfe seines Gehirns und seiner Organe die äußeren Objekte wahrnimmt; *wie sie ihm erscheinen, das ist ihr sinnliches Abbild* (Hervorhebung AR). Wir betonen nochmals: die Erscheinung der *Objekte*, und nicht der von ihnen hervorgerufenen Zustände (70/71)".

Der Abbildprozeß ist also die für das Subjekt erscheinende Wirklichkeit. Die Gegenstände sind für das Subjekt nur wirklich, wenn sie im Abbildprozeß erscheinen. Dort aber erscheinen sie tatsächlich dauernd, und die Regel ist es, daß das Abbild die Eigenschaft der *praktischen Wahrheit* aufweist, eine andere Möglichkeit läßt die Evolution nicht zu (Stadler u.a. 1975, 50 f, Lorenz 1977, 18 u. 24, Turvey & Shaw 1979, 177, Klix 1980, 47). Wenn nun Regulation, wie Powers herausgearbeitet hat, wesentlich Steuerung der sensorischen Signale ist, und nicht Steuerung der realisierenden Operationen; wenn weiter im Strom der sensorischen Signale, im Abbildprozeß die Gegenstände der Tätigkeit in ihrer Wirklichkeit erscheinen, wie es Leontjew klar gemacht hat, dann ist *Regulation*, von innen, zentriert, gesehen: *Steuerung der erscheinenden, gegenständlichen Wirklichkeit*, die in der Wahrnehmung direkt und unvermittelt (J.J. Gibson) zugänglich ist.

Damit läßt sich nun auch Leontjews Insistieren auf der *Differenz von Abbild und Modell* (bereits in Leontjew & Dschafarow 1973/74) besser verstehen, das er wie folgt begründet hat:

"Die These, die psychische Widerspiegelung der Realität ist ihr *subjektives Abbild*, bedeutet Zugehörigkeit des Abbilds zum realen Lebenssubjekt. Aber der Begriff Subjektivität des Abbilds im Sinne seiner Zugehörigkeit zum Lebenssubjekt schließt dessen *Aktivität* ein. Der Zusammenhang zwischen Abbild und Widerspiegelung[3] ist nicht der Zusammenhang zweier Objekte (Systeme, Mengen), die in gegenseitig-gleichartiger Beziehung zueinanderstehen - ihre Beziehung reproduziert die Polarisiertheit eines jeden Lebensprozesses, auf dessen einem Pol das aktive ('leidenschaftliche') Subjekt und auf dessen anderem Pol das dem Subjekt gegenüber 'gleichgültige' Objekt steht. Eben diese besondere Beziehung der subjektiven Abbildung zur widergespiegelten Realität wird durch die Beziehung 'Modell-Modelliertes' nicht erfaßt. Diese besitzt die Eigenschaft der Symmetrie, und entsprechend haben die Termini 'Modell' und 'Modelliertes' relative Bedeutung, die davon abhängt, welches der zwei Objekte von dem sie erkennenden Subjekt (theoretisch oder praktisch) als Modell und welches als das Modellierte akzeptiert wird."(1979, 58).

Wenn wir die auf das Subjekt zentrierte Sichtweise verwenden, bezeichnet "Abbild"

---

[3] wohl ein Übersetzungsfehler; müßte heißen: Zusammenhang zwischen Abbild und Widergespiegeltem.

den dauernd aktiven sensorischen Signalprozeß im Subjekt, der "durch den Begriff hindurch" stattfindet (Holzkamp) und die gegenständlichen Resultate der Subjektaktivität als erscheinende Wirklichkeit widerspiegelt. Und "Modell" bezeichnet eine aktiv invariant gehaltene, möglicherweise symbolische Struktur, die dem Subjekt als eine Seite einer materiellen Analogie dient. Nur in dezentrierter Sprechweise ist es halbwegs akzeptabel, davon zu reden, daß das subjektive Abbild ein durch die organismischen, einverleibten, symbolischen und gegenständlichen Mittel der Tätigkeit produziertes "Modell der Realität" darstellt. Aber in bezug auf das Subjekt der Tätigkeit ist das Abbild eben kein Modell, kein unabhängiger Gegenstand, der in materieller Analogie zu einem weiteren Gegenstand stünde, sondern das Abbild ist die erscheinende Wirklichkeit.(Vgl. hierzu auch Bruschlinski 1974). Die Unterscheidung von Abbild und Modell korrespondiert im übrigen mit der Unterscheidung von Regulationsprozessen, deren innere Form der Abbildstrom ist, und Kognitionsprozessen, die auf der Konstruktion von Modellen und der Aneignung der damit gewonnenen Erfahrung beruhen.

12 Die Gefahr des abstrakten Systembegriffs: Solipsismus

Nach dieser materialistischen Orientierung können wir nunmehr Powers' Arbeit sowohl in ihrem Fortschritt, wie auch in ihrer Beschränktheit genauer analysieren. In seinem Buch von 1973 hatte Powers ohne weitere Begründung folgende richtigere Interpretation des kybernetischen Modellobjekts für die Psychologie vorgenommen: Das Regelsystem als Ganzes ist als Repräsentation des Organismus anzusehen, die Grenze zwischen Regelsystem und Umgebung liegt in den Input- und Output-Funktionen (Kästen "InF" und "OutF" des Ikons aus These 9). Erst in seinem 5 Jahre später erschienen Artikel "Some Spadework at the Foundations of Scientific Psychology" hat er explizit herausgearbeitet, daß seine Interpretation im Gegensatz zur üblichen steht.

Der wesentliche Punkt an Powers' Interpretation ist, daß die Zielbildung für die Regelung, das Steuersignal (auch Führungsgröße genannt), in das System verlegt wird, während es im Wienerschen Ikon noch als "Input" in das System (1) erscheint, was ja auch korrekt ist, wenn eben kein Subjekt, sondern ein durch Subjekte gesteuerter Prozeß abgebildet werden soll. "Input" der Powers'schen Interpretation ist also damit die Regelgröße, entweder in ihrer objektiven Form (5) oder als sensorisches Signal (6), also das, was wir soeben als den Abbildstrom herausgearbeitet haben. "Output" des Systems heißt ebenfalls etwas anderes: Im Wiener-Modell ist es das Gesamtprodukt des gesteuerten Prozesses (4b), bei Powers jedoch wird mit "Output" die Stellgröße entweder in ihrer subjektiven Form, als Wirksignal (3), oder als objektive Einwirkung (4a) - er spricht von "proximal results of muscle tensions" (1973, 60 ff) - bezeichnet. Überlegen wir, was diese Interpretation bezüglich der damit eingenommenen Sichtweise bedeutet, dann ergibt sich: Powers verwendet eine in das Regelsystem zentrierte Sichtweise, er interpretiert das kybernetische Modellobjekt subjektiv, denkt sich selbst als Regelsystem.

Diese Zentrierung ist die Denkvoraussetzung für seine Entdeckung, daß Regulation wesentlich die Steuerung der im Abbildprozeß erscheinenden, gegenständlichen Wirklichkeit ist, und eben nicht die Steuerung der realisierenden Aktivität, denn diese ist selbsttätiges Können des Organismus, selbstregulierendes Mittel.

Erstaunlicherweise formuliert Powers aber gerade nicht, daß Regulation Steuerung der gegenständlichen Wirklichkeit ist, sondern formuliert als programmatische Aussage bereits im Buchtitel: "Behavior: The Control of Perception", also auf deutsch: Das Verhalten dient der Steuerung der Wahrnehmung. Er versteigt sich in seinem Buch bis zum offenen Solipsismus, wenn er z.B. behauptet:

"The brain's model of reality, as far as consciousness is concerned, *is* reality - there is nothing else to perceive. The behavior of this model is the behavior of reality, when one acts to affect reality, he is acting so as to affect this model, and he has no inkling, save for physics, of what he is really doing to the external world in the process of making his brain's model behave in various ways" (1973, 152).

Wir sehen, wie die falsche Verwendung des Modellbegriffs die ganze Argumentation erst möglich macht.

Was aber ist der Grund für Powers' Unfähigkeit, die Zentrierung in das Subjekt dialektisch zu handhaben, und so zu sehen, daß die Subjekte tatsächlich die Gegenstände produzieren? Wie nicht anders zu erwarten, finden wir hier wiederum die Illusion der Unmittelbarkeit in der zweiten Form: Die gegenständliche Wirklichkeit tritt dem Regelsystem unvermittelt gegenüber, ist nicht verstanden als zuvor schon von ihm mit produziert, sondern als ihm, dem System, äußerliche Umgebung. In der schärfsten Form ist das Powers'sche Subjekt mittellos; auch seine eigene Aktivität wird ihm quasi genommen, ganz zu schweigen von den gegenständlichen Mitteln, den gesellschaftlich produzierten Werkzeugen, die in Powers' Analyse gar nicht vorkommen. Powers verabsolutiert die Seite der Direktheit, Unvermitteltheit der sensorischen Prozesse, indem er die Grenze zwischen System und Umgebung falsch legt: System ist die von der Umgebung isolierte Person, die dadurch aus ihren gegenständlichen Verhältnissen gelöst wird, eine abstrakte Person, die es nur in der Theorie geben kann.

Aber in dieser Verwendung eines abstrakten Systembegriffs ist Powers in bester Gesellschaft, wenn wissenschaftliche Autorität zählt, und nicht die verständige Verwendung des Systembegriffs. Hören wir dazu Anochin (1978, 162/163)!

"Als System kann man nur einen solchen Komplex selektiv einbezogener Komponenten bezeichnen, bei denen die Wechselwirkungen und Wechselbeziehungen den Charakter eines gegenseitigen Zusammenwirkens der Komponenten zum Erreichen des angepeilten nützlichen Resultats annehmen. ... Somit ist das Resultat die unabdingbare, entscheidende Komponente des Systems, das Instrument, das die geordnete Wechselwirkung zwischen allen Komponenten des Systems herbeiführt. Nunmehr können wir die oben gestellte Frage: Welcher Faktor ordnet die Vielheit der Komponenten des Systems? mit aller Bestimmtheit beantworten. Der einzige entscheidende Faktor ist das Resultat, das, wenn es unzureichend ist, die Auswahl gerade jener Freiheitsgrade bei den Komponenten des Systems aktiv beeinflußt, die bei ihrer Integration im weiteren Verlauf zum Erreichen des vollwertigen Resultats führt. ... Jetzt halten wir es für erforderlich, eine prinzipielle Folge unserer Konzeption für die allgemein anerkannte kybernetische Terminologie näher zu betrachten. Wir denken in erster Linie an den weit verbreiteten Ausdruck 'Steuersystem', der von der Theorie des funktionellen Systems aus weder semantisch noch logisch akzeptiert werden kann. Was bezeichnet dieser Ausdruck denn eigentlich ? Nichts außer der traditionellen Ignorierung des Resultats des Systems bei der Erörterung kybernetischer Gesetzmäßigkeiten. In der Tat setzt der Ausdruck 'Steuersystem' seinem Wesen nach voraus, daß das gesteuerte Objekt keine Komponente des 'Steuersystems' ist; das heißt mit einfachen Worten, es befindet sich außerhalb der Grenzen (!) des eigentlichen 'Steuersystems'. Schon aus dem Ausdruck 'Steuersystem' geht hervor, daß es sich dabei um ein vollwertiges System handelt, obwohl sich das 'gesteuerte Objekt' außerhalb dieses Systems befindet. Unter dem oben dargelegten Aspekt der alles entscheidenden Einflüsse des Resultates auf das System ist eine derartige Auffassung völlig unannehmbar." .

Wir sehen: Solange die Frage nach der Systembildung nicht gestellt, sondern ein fertiges System hypostasiert wird, bleibt der Systembegriff abstrakt, und wird insbesondere bei der psychologischen Interpretation die Tätigkeit von ihrem Gegenstand getrennt. Nach dieser Trennung ist der solipsistische Fehlschluß: "Außer der erscheinenden Wirklichkeit, die ja nur ein informationelles Phänomen ist, gibt es keine weitere Wirklichkeit" fast zwangsläufig. Dann wird es möglich, die Tätigkeit darauf zu reduzieren, daß sie Steuerung der erscheinenden Wirklichkeit ist. Tatsächlich aber ist sie auf der anderen Seite und ebenso wesentlich ein Wirkprozeß mit gegenständlichen, objektiven Effekten, die ihr wiederum erscheinen können; und nicht nur das, sondern die Resultate sind gerade die Faktoren, die den Zusammenhang, die Systemizität der Tätigkeit erst herausbilden.

13 Notwendigkeit des reproduktiven Systemabschlusses

Wie bereits in den Thesen zur Heterarchie ausgeführt wurde, müssen wir von der Konzeption des einander Entwickelns ausgehen, müssen die Einheit der regulativen Struktur und der Gegenstandsstruktur in ihrer Entwicklung betrachten. In Begriffen der Systemtheorie: Die Grenzen des Systems müssen so gezogen werden, daß der reproduktive Zyklus der Gegenstände und der Fähigkeiten eingeschlossen wird. Die Funktion des Systems ist als primär gegenüber den möglichen Systemstrukturen anzusehen, die jetzt als *variable Mittel* des Systems erscheinen.

Wir erhalten damit einen reproduktiven Systemabschluß, der ein nur relativer Abschluß ist, wenn wir an die Heterarchie der Systeme der verschiedenen Prozeßebenen denken: Es kann einen Funktionswechsel der Mittel geben, die neuen Mittel können dominant werden, wenn die durch sie produzierten Resultate notwendige Bedingungen der Selbstentwicklung sind. Wir haben ein solches, richtig interpretiertes Modellobjekt 1975 veröffentlicht (Stadler u.a. 1975, 58-68), aber ich muß gestehen, daß ich erst jetzt genauer zu verstehen beginne, was damit modelliert wurde (auch wäre an diesem Modell noch manches zu kritisieren, worauf hier nicht eingegangen werden kann).

Wie Anochin überzeugend dargelegt hat, läßt sich die Forderung nach dem angemessenen Systembegriff konzentrieren in die *Forderung nach der Gegenständlichkeit der Teilprozesse* des funktionellen Systems. Gegenständlichkeit der Wahrnehmung, Gegenständlichkeit der Operationen und Gegenständlichkeit der Perspektive: Diese Bestimmungen zwingen dazu, stets nach dem nützlichen Resultat der Systemaktivität im Prozeß der Reproduktion des Systems selbst und seiner Kontexte zu fragen.

14 Definitionsversuch: Könnens- und Wissens-Strukturen

Nach dem bereits Aufgeschriebenen kann Können so näher abgegrenzt werden: Es ist das einer Person automatisch, nicht notwendig voll bewußt verfügbare System aus repräsentationalen, operativen und perspektive-erzeugenden Operatoren (das sind Sub-Prozessoren) zusammen mit ihren Gegenstands-Klassen. Dies heißt insbesondere, daß das Können nicht etwa an der Körpergrenze endet, vielmehr werden gegenständliche Erkenntnis- und Realisierungsmittel notwendig mit erfaßt (vgl. nochmals Leontjew 1979, 62-65; Operator ist die gesellschaftliche Praxis). Die gegenständlichen Mittel gehören zu den Fähigkeiten des Subjekts, sobald sie in die Aktivierung der Könnens-Strukturen einbezogen sind, folglich wird durch sie die Grenze zwischen Tätigkeit und Gegenstand variabel: Was gerade noch gekonnter Prozeß war, kann zum problematischen Punkt werden, muß kurz zum Gegenstand etwa einer Reparaturhandlung werden, kann dann wieder "ins Können übergehen".

In dieser Reflexion auf die Mittel liegt die Überwindungsmöglichkeit der Illusion der Unmittelbarkeit. Das muß näher erläutert werden.

Für Piaget ist die Reflexion auf die Mittel ausschließlich eine Reflexion auf die Koordination der Handlungen. Diese Ansicht ist irreführend, da sie zur oft kritisierten vollständigen Aufspaltung zweier Erkenntnisweisen führt: der empirischen Abstraktion "von den Objekten" und der reflektierenden Abstraktion "von den Handlungen", die dann nur sehr schwer wieder zusammengebracht werden können (etwa durch das Konzept der Solidarität beider Erkenntnisbewegungen, vgl. These 4 zur Heterarchie). Peter Damerow vergleicht Piagets Reflexionsbegriff mit dem von Hegel:

> "Bei Hegel dagegen ist der Reflexionsbegriff von vornherein umfassender konzipiert. Auch bei Hegel setzt Reflexion mit der Differenzierung des Erkenntnisinhalts in die Momente des sinnlich Gegebenen und der vermittelnden Aktivität ein. Reflexion bezieht sich jedoch nach seiner Theorie nicht nur auf die vermittelnde Aktivität, auf die inneren Bedingungen der Koordination von Verhaltensakten, sondern auf das gesamte Verhältnis von sinnlich Gegebenem und vermittelnder Aktivität. Reflexion vermittelt gerade zwischen diesen beiden Momenten, weil Reflexion als Negation der Negativität den Erkenntnisinhalt sowohl als unmittelbar als auch als vermittelt faßt. Vermittlung und Unmittelbarkeit gehen im Prozeß der Reflexion ineinander über. Unmittelbarkeit ist nicht nur Ausgangspunkt der Vermittlung, sondern zugleich deren Resultat, vermittelte Unmittelbarkeit, auf stets höherer Stufe der Entwicklung der Erkenntnis" (Damerow 1980 a, 166).

Dadurch, daß die Mittel, insbesondere die eigenen Handlungen zum Gegenstand der Aufmerksamkeit werden, wird also die ausschließliche Zentriertheit des Subjekts in sich, die einhergeht mit der unmittelbaren Wahrnehmung der Gegenstandsprozesse, aufgehoben, und das Subjekt nimmt einen dezentrierten Standpunkt ein, wodurch es den Beitrag seiner Tätigkeit zum Produkt erkennen kann. Mit dieser Bewegung ist jedoch die Entwicklung eines besseren Könnens keineswegs beendet, denn dies erfordert ja gerade eine Zentrierung im Subjekt, erfordert die Steuerung der erscheinenden, gegenständlichen Wirklichkeit. Also ist eine Re-Zentrierung notwendig, die dann zur Stufe des reflektierten Könnens, der vermittelten Unmittelbarkeit führt. "Re-Zentrierung": das ist nun nur ein neuer Name für den Übergang vom Wissen zum Können.

Wissen ist in dieser Sicht eine Struktur der dezentrierten Durchgangsphase: Idealerweise sollte es das Verhältnis der repräsentierten Tätigkeit zum Gegenstandsprozeß betreffen, die Selbst-Vergegenständlichung in der symbolischen Struktur kann also nicht - wie bei Piaget - als Vergegenständlichung nur der Handlungskoordinationen aufgefaßt werden, sondern muß stets analysiert werden als Vergegenständlichung des Arbeitsprozesses insgesamt. Wie bereits in These 4 angedeutet, ist Wissen (eine spezielle informationelle Struktur) dadurch gekennzeichnet, daß es auf einem unabhängigen Prozessor aktiviert werden kann. Die symbolischen Strukturen sind also vom lebendigen Subjekt abkoppelbar und können zum Gegenstand der Erkenntnistätigkeit werden, womit die Dezentrierung wirklich wird. Dieser Vorgang der symbolischen Vergegenständlichung ist aber nicht verständlich, wenn wir nicht einen kontinuierlichen Übergang zugleich mit dem qualitativen Sprung von der Einbindung ins Können zur unabhängigen Aktivierung auf einem Prozessor annehmen.

Ich möchte daher einen Namen für dieses Übergangsstadium der Entstehung einer voll symbolisch vergegenständlichbaren Struktur haben: *Subjektives, intuitives Wissen* soll die während eines inneren Reflexionsprozesses aktive Struktur aus Symbolen heißen, die durch das derzeit gebildete funktionelle System reproduziert wird. Diese Struktur könnte, da sie symbolisch ist, bereits vergegenständlicht werden, aber dies erforderte die Aktivierung einer entsprechenden Operation, also etwa einer Aufschreibeoperation etc. In den Fällen, wo die neu entstehende Struktur als solche noch nicht stabil ist, noch nicht durch einen Operator reproduziert werden kann (und daher auch nicht gespeichert werden kann), kann der Versuch ihrer Vergegenständlichung damit enden, daß die Struktur gerade durch die Vergegenständlichungsoperation verlorengeht. - Dies gilt im übrigen auch für solche flüchtigen Strukturen, die in einer Diskussion produziert werden, und in den einzelnen Köpfen der Diskutanten unterschiedliche Einbettungen haben.

Das entwickelte Stadium des Wissens ist dagegen als *objektiveres Wissen* zu beschreiben.

Eine Bemerkung zu diesem ist noch notwendig: Die Produktion von objektivem Wissen ist bereits vor der Erfindung der elektronischen Prozessoren gelungen - eine triviale Bemerkung. Daher muß die Bedingung "unabhängig auf einem Prozessor aktivierbar" auch bedeuten können, daß eine denkende Person in sich einen aktiven

Teilprozessor abgrenzen kann, der unabhängig von den weiteren Operatoren der Person zusammen mit externen, symbolischen Zeichen funktioniert. Was erkennen wir in dieser abstrakten Beschreibung ? Nichts anderes, als die durch unsägliche Disziplin herausgebildete Fähigkeit der individuellen Mathematiker und Logiker und weiteren Spezialisten in strenger Denkweise, in Interaktion von Auge, Papier, Hand und dem abgegrenzten Prozessor die kompliziertesten Prozesse symbolischer Natur "durchzuziehen", ohne daß sie von den zugleich bestehenden, anderen subjektiven Bedürfnissen und Ansichten der denkenden Person gestört werden könnten.

Denken wir nun noch daran, daß die Ordnung dieser symbolischen Prozesse vom schöpferischen Mathematiker erst gefunden werden muß, dann ist es wohl verständlich, wieso nur wenige Mathematiker eine *exakte Intuition* ausgebildet haben, die den steten Wechsel zwischen intuitivem und objektiviertem Wissen, zwischen Anschauung und Kalkül, zwischen Flexibilität und vollkommener Strenge erst ermöglicht.

15 Problem des Wissen-Können-Übergangs entsteht im sozialen Verkehr

Im weiteren werde ich davon ausgehen, daß die Produktion von Wissen, auch in der Form der logisch-notwendig richtigen, kognitiven Strukturen (vgl. Damerow 1980 b) bereits verstanden ist. Dies ist zwar nicht der Fall, läßt sich aber rechtfertigen damit, daß der Produktionsprozeß von Wissen nicht zusammenfallen muß mit der "Anwendung" von Wissen - bei dem gegenwärtigen Grad von Arbeitsteilung ebenfalls eine triviale Bemerkung.

Es geht also in dieser und in der letzten These noch um die Rezentrierung in die Subjekte darum, wie das produzierte Wissen tatsächlich wieder im Können auf einen Gegenstand angewendet wird. Aber: Vorsicht, lieber Leser! Es kommt kein Lösungsvorschlag für das Übergangsproblem, sondern nur der Versuch, es ein wenig klarer zu stellen. Das Problem taucht jedoch solange nicht mit merkbarer Schärfe auf, wie wir weiterhin - wie bisher fast durchgängig - von einem Subjekt ausgehen, sei es nun eine Person oder eine kooperierende Gruppe. In diesen Fällen wird das produzierte Wissen nämlich ohne größere Anstrengungen "konsumierbar" sein, sich als Können aktivieren und im Umgang mit stofflichen Gegenständen vernutzen lassen - jedenfalls insoweit, als es durch reflektierende Verallgemeinerung aus dem vorher bestehenden Können gewonnen wurde. Dies ist darin begründet, daß die unterste Symbolebene der kognitiven Strukturen für dieses Subjekt, dessen Strukturen sie sind, nicht wirklich atomar ist, sondern nahezu mühelos an die entsprechenden Operatoren des alten Könnens angeschlossen werden kann. Außerdem bleibt der obere Kontext des neuen Wissens der gleiche, die generellen Motive der Person/ Gruppe und die zugehörigen regulativen Strukturen ändern sich ja nicht mit.

Aus diesem Grund kann sich das einzelne Subjekt "im Umgang mit sich selbst" auch eine unordentliche Sprache leisten, muß nicht alle konstituierenden Begriffe explizieren, kann manches im intuitiven Zustand belassen. In kooperierenden Gruppen zeigt sich denn auch regelmäßig das Phänomen einer stark elliptischen Kürzelsprache, die von den Gruppenmitgliedern gegenüber anderen, externen Personen nicht ohne weiteres in explizite Form gebracht werden kann.

Ganz anders aber die Situation, wenn wir die Tatsache bedenken, daß in der sozialen Realität zwischen Produktion und Konsumtion die Distribution von Wissen tritt: Damit Wissen überhaupt verteilbar wird, muß es einen deutlich höheren Grad von Objektivierbarkeit, von Explizitheit, von "Autonomie" gegenüber seinem Produzenten aufweisen (vgl. Keitel u.a. 1980, 27-54). Diese Unabhängigkeit vom produzierenden Subjekt bedeutet notwendig aber auch das Kappen der Verbindungen zu den konkreten Könnens-Systemen, die zur Re-Aktivierung, Re-Zentrierung des Wissens notwendig sind. Von den Autoren wissenschaftlicher Texte (z.B.) wird daher verlangt, daß sie ihren Text auf ein gesellschaftlich-durchschnittlich unterstellbares "Verständnisvermögen" ausrichten. In meiner Terminologie bedeutet diese Unterstellung die Annahme eines bestimmten Prozessorsystems, auf dem bestimmtes Vor-Wissen aktivierbar ist, und das vor allem die Könnensstrukturen enthält, die zur Textaneignung und "inneren" Rekonstruktion des objektivierten Wissens notwendig sind.

16 Drei Unterprobleme: Motivation und Wissen, altes und neues Wissen, Quelle des Neuen

Das Problem des Übergangs vom Wissen zum Können entsteht also erst mit bemerkbarer Schärfe, wenn gesellschaftlich produziertes, objektiviertes Wissen wiederangeeignet werden muß. Diese Wiederaneignung ist nur bezogen auf das ideelle Gesamtsubjekt eine Selbst-Wiederaneignung (vgl. These (4(2))), in Wirklichkeit ist eine für das jeweilige Subjekt fremde Struktur anzueignen: das objektivierte Wissen muß resubjektiviert werden. Im Fall der Sozialwissenschaften, speziell etwa des psychologischen Wissens, heißt dies aber auch: Das Subjekt muß *sich selbst* in der symbolischen Struktur *erkennen* können, und wird sich durch diese Selbsterkenntnis möglicherweise auf eine neue Stufe entwickeln. Diese Sicht der kognitiven Resubjektivierungsprozesse (die auch Lernprozesse genannt werden könnten, aber dann von organismisch-plastischen Lernprozessen unterschieden werden müßten) wirft viele wichtige Fragen auf, von denen ich nur drei kurz schildern möchte: Die Frage nach dem Zusammenhang von Motivation und Wissensaneignung, die Frage nach dem möglichen Konflikt neuer Wissensstrukturen mit den bereits vorhandenen, und die Frage, wie denn wirklich neues Wissen angeeignet werden kann.

16.1 Einbettung des Wissens in die Perspektive des Subjekts

Bisher war mehrfach davon die Rede, daß die Einheit von Tätigkeit und Gegenstandsprozeß einem Gradienten, also einer Richtung, ungefähr folge (These 1), daß die Regeltheorie notwendige Ergänzung von Kognitionstheorien sei, weil nur durch sie die Frage nach dem übergeordneten Zweck, der die Richtung des Gesamtprozesses bestimmt, beantwortbar werde (These 8), daß schließlich das nützliche Resultat jeder konkreten Funktion der systembildende und damit auch richtungsbestimmende Faktor sei (Thesen 12 und 13). Wir müssen uns also nun endlich auch der Frage zuwenden: Wie kann ein Regulationsprozeß seine Richtung selbst bestimmen ? Oder: Woher kommt die Ausrichtung, die der gegenständlichen Tätigkeit in jedem Moment eigen ist?

Das ist die Frage nach der Perspektive der Praxis, nach der Motivation der Tätigkeit, nach der emotionalen Regulation der Handlungen, nach der Invarianten der Operatoren (um die wichtigsten Prozeßebenen zu nennen). Jede allgemeine Tätigkeitstheorie, die vom Primat der Entwicklung, von einer "Prozeßontologie" (These 1) ausgeht, hat darauf zunächst die Antwort: Da gibt es nichts zu finden, was als eine bewegende Kraft gedeutet werden müßte, die einen ansonsten passiv verharrenden Körper erst in Bewegung setzt. Die Wahrheit ist, daß die Subjekte sich immer schon bewegen, wobei die Richtung der Bewegung eine Resultante aus innerer und äußerer Prozeßordnung des *Subjekts zusammen mit seinen Gegenständen* ist. Diese Sicht auf die Bewegungsweise von natürlichen, lebendigen und gesellschaftlichen Strukturen ist *grundverschieden* von der Sicht der klassischen Naturwissenschaft, der Newtonschen Dynamik (Prigogine & Stengers 1981, 66f):

"In der Welt der Dynamik ist Veränderung gleichbedeutend mit Beschleunigung oder Verlangsamung [ist also nur quantitative Änderung, AR]. Durch Integration der Bewegungsgesetze kommt man zu den Trajektorien, welchen die Teilchen folgen. Das Gesetz der Veränderung, die Wirkung der Zeit auf die Natur, drückt sich in den Merkmalen der Trajektorien aus. Die grundlegenden Merkmale der Trajektorien T sind *Gesetzmäßigkeit, Determiniertheit* [hier: Begrenzung ohne Freiheiten ! AR] und *Reversibilität.* ... Bemerkenswert ist, daß, sobald man die Kräfte kennt, ein beliebiger Zustand ausreicht, um das System vollständig zu definieren, und zwar nicht nur seine künftige Entwicklung sondern auch [!!] seine Vergangenheit. Es ist somit in jedem Augenblick alles gegeben. Die Dynamik betrachtet alle Zustände als gleichwertig, weil jeder Zustand es gestattet, alle übrigen Zustände zu bestimmen und die Trajektorie vorherzusagen, welcher das System folgen wird und gefolgt ist."

Ganz anders die historische Sicht der Naturprozesse: Die Prozesse folgen nicht ewigen Ordnungen, die sie selbst nicht beeinflussen können, sondern erzeugen ihre Ordnungen beständig selbst. Veränderungen in der Bewegung können auch *qualitative* Veränderungen sein, die eine *neue* Ordnung erzeugen.

"Neu" hat hier den Sinn von: "In der Eigenzeit des Prozesses, in seiner Geschichte, bisher niemals aufgetreten". Diese zweite Art der Zeit (neben der reversiblen Zeit der quantitativen Bewegung) ist durch Irreversibilität und Unvorhersagbarkeit gekennzeichnet.

"Unvorhersagbar" ist die Zukunft der Prozesse in einem ganz grundlegenden, zweifachen Sinn:

(1)   Zentriert in den Prozeß ist die Zukunft *absolut* unvorhersagbar, da der Prozeß selbst kein vollständiges Modell der Welt ausbilden kann, mit dessen Hilfe er

zufällige Fluktuationen aus dem oberen oder unteren Kontext absolut zuverlässig abfangen könnte, die seine Ordnung für immer zerstören.

(2) Dezentriert gesehen, ist die Zukunft nur *relativ unvorhersehbar*, da kein Prozeß nur einmal existiert. Die Vielheit der existierenden Prozesse des gleichen qualitativen Typs garantiert in gewisser Weise das Fortbestehen der Entwicklungsbewegung, daher ist ein gewisses Feld von Möglichkeiten der zukünftigen Prozeßordnungen antizipierbar. Die Voraussicht reicht jedoch nur bis zu den obersten Grenzen, die noch bewußt hergestellt werden können, dahinter beginnt die prinzipielle *Offenheit der Zukunft.*

Ich kann hier unmöglich darauf eingehen, daß diese historische, Entwicklungs-Sicht der Naturprozesse nicht mehr im Gegensatz zur fortgeschrittensten Naturtheorie steht, siehe dazu Prigogine & Stengers 1981. Mich darf hier nur die Auswirkung auf die Psychologie interessieren.

Dazu ist wesentlich, den Term "Prozeß" in den obigen Ausführungen immer durch "Arbeitsprozeß" bzw. "Einheit von Tätigkeit und Gegenstandsprozeß" zu spezifizieren, wie es in These (13) noch einmal ausdrücklich festgehalten wurde. Kommen wir nach dem notwendigen Exkurs in die Naturtheorie zurück zur Frage nach der Ausgerichtetheit der Tätigkeit.

Die von Leontjew explizierte Grundauffassung der materialistischen Psychologie ist, daß der Gegenstand und seine innere Antizipation und Repräsentation zusammen die Richtung der Tätigkeit bestimmen: "In der Psychologie [aber auch der Physiologie, AR] der Bedürfnisse ist von folgender grundlegender Unterscheidung auszugehen: Bedürfnisse als innere Bedingung, als eine der notwendigen Voraussetzungen der Tätigkeit, und Bedürfnis als das, was die konkrete Tätigkeit in der gegenständlichen Umwelt steuert und reguliert" (Leontjew 1979, 88), also des gegenständlichen, nützlichen Resultats. Weitere wichtige Einsichten, vor allem über die Naturgrundlage "sozialer" oder "produktiver" Bedürfnisse, finden sich in Ute H.-Osterkamps Arbeiten. Wie in der These (2(2)) kurz dargestellt wurde, hat jede Prozeßordnung und ihre Repräsentation in einer informationellen, regulativen Struktur die Form eines verzweigten Baums oder Netzes aus qualitativ verschiedenen Teilprozessen. Die Vielheit der Prozesse, das aus der Wechselwirkung hervorgehende Möglichkeitenfeld weist viele "konkurrierende", widerstreitende (vgl. Ruben 1978, 52-98) Kräfte auf, die mögliche Bewegungsrichtungen der Prozesse ausdrücken, und die wiederum in den informationellen Strukturen repräsentiert sind - nicht vollständig, sondern in zu bestimmendem Ausmaß.

In meiner Terminologie sind aktivierbares, subjektiviertes, lebendiges Wissen und das per se aktivierbare Können besondere Formen von Regulationsstrukturen, also unter den Oberbegriff "informationelle Strukturen" zu subsumieren. Wissen und Können müssen folglich, als Strukturen betrachtet, viele mögliche Richtungen implizit enthalten. Diese quasi pluralistische Struktur des nicht aktivierten Wissens und Könnens ist der objektive Grund für die ansonsten sinnlose Behauptung, Wissen könne wertfrei, also richtungslos, sein. Für die Frage nach der Subjektivierung objektiven Wissens bedeutet die Pluralität der Richtungen im Wissen jedoch: *Die*

Einbettung einer vielfach implizit gerichteten Struktur in einen bereits aktuell aus-gerichteten Prozeß ist das Problem, das durch die "gesellschaftliche Natur des Men-schen" bereits gelöst wurde, das wir aber theoretisch erneut lösen müssen durch An-eignung unserer "inner-gesellschaftlichen Natur". Was in den Schulen tagtäglich ge-schieht, immer noch mit durchschnittlich genügend großem Erfolg, ist die Einbettung der impliziten, widersprüchlichen Werte des objektivierten Wissens in die lebendi-gen, familiär und durch das Gemeinwesen erzeugten Perspektiven der Schüler.

Hier ist nun auch der Ort für eine nötige Klarstellung: Können, so wie ich es ver-stehe, "ist" Struktur nur in der Abstraktion. Das Können hat also nur bei Abstrak-tion von der Eigenzeit des Subjekts viele mögliche Richtungen. In seiner aktiven Wirklichkeit ist Können aber die regulative Ordnung des Tätigkeitsprozesses, hat damit in der konkreten Zeit und bei personalen Subjekten (ein Körper kann sich nur in eine Richtung bewegen, wenn er sich dabei identisch halten muß) nur eine aktuel-le Richtung, eben die Resultante der sich verwirklichenden Möglichkeiten. Sobald Könnensstrukturen desaktiviert und (!!) dabei als solche gespeichert werden (was bei dynamischen funktionellen Systemen nicht der Fall sein muß, vgl. Luria 1973), sind sie nach meiner Terminologie symbolische Strukturen und also objektivierbares Wissen. Diese Erläuterung schlägt auch die Brücke zwischen den deutschen Be-griffen Wissen/Können und dem englischen Begriff des knowing-how (von Wittgen-stein verwendet) bzw. des "tacit knowledge" (stummes Wissen, vgl. Weimer 1977). Der letztere Begriff stammt von Michael Polanyi und geht auf das Vordenken von F.A. Hayek (z.B. 1952) zurück. Hayek, der auch stolz darauf ist, die Totalitarismus-these aufgestellt zu haben, war ein konservativer Ultra-Liberaler, und so ist auch die These, es gäbe ein prinzipiell stummes, nicht sprachfähiges Wissen, das die Ord-nung der Praxis bestimme, eine bürgerlich-konservative These. Sie verhindert durch die Behauptung der Unmöglichkeit die Bearbeitung dieses *noch nicht* sprachfähigen Wissens, das ja auch wesentlich Wissen über die Entwicklung unserer Gesellschafts-formation ist.

Zusammengefaßt: Das Problem des Zusammenhangs von Motivation und Wis-sensaneignung ist ein *Einbettungsproblem* des implizit vielfach und widersprüchlich gerichteten Wissens in die aktuell (auf allen Prozeßebenen gleichzeitig) ausgerichtete Tätigkeit.

16.2   Widerspruch von altem und neuem Wissen; Trauerarbeit

Der aktuellen Tätigkeit liegt natürlich immer schon ein bereits subjektiviertes Wis-sen zugrunde. Das neue, von anderen Subjekten objektivierte Wissen kann (perspek-tivisch, operativ oder repräsentational) im Widerspruch zum alten Wissen stehen. Das ist sogar regelmäßig der Fall, wenn "schlechtes" Können (vgl. Raeithel 1980, 126 f) die Tätigkeit reguliert, und die Person in einer problematischen Person, in einer "Falle" festhält. Kaminski hat den aus der psychoanalytischen Therapie stam-menden Begriff der Trauerarbeit auf die allgemeine, kognitive Aneignungssituation und speziell auf den akademischen Unterricht bezogen ("Studieren als Handeln und

als Trauern", 1977). Dies ist meiner Meinung nach eine sehr tiefe Einsicht, die es
weiter zu entfalten gilt. Wir müssen genauer erforschen, was es eine Person kostet,
von Vorstellungen, Fantasien, Wissensteilen Abschied zu nehmen, die bisher zu
ihrer inneren, personalen, reproduktiven Basis gehört haben, und die nun auf einmal
nicht mehr existent sein sollen, weil da Andere zeigen können, daß sie nicht praktisch wahr sind und nur geträumten Schutz bieten.

16.3 Wie verstehen wir das wirklich Neue?

Michael Otte schreibt zu dem Problem, wie denn für eine Person wirklich ganz neu-
artiges Wissen aus Texten angeeignet werden kann:

> "Es ist richtig, daß jede neue Information, jedes neue Wissen, ebenso wie jede neue
> Idee zu dem System der bereits vorhandenen Kenntnisse und Informationen in Bezie-
> hung zu setzen ist, oder - psychologisch ausgedrückt - in die entwickelte kognitive
> Struktur integrierbar sein muß. Um Erfahrungen zu machen, um Informationen zu
> bewerten, um sich Ziele oder Probleme zu stellen, bedarf es eines Rahmens, einer Per-
> spektive, unter der sich all dieses vollziehen kann.
>
> Soll aber nun wirklich neues Wissen erworben werden, so muß auf der anderen Seite
> diese Perspektive wenigstens teilweise durch den neuen Inhalt selbst geliefert wer-
> den. Soll Neues in das Denken eingeführt werden, dann muß dieses Neue bis zu
> einem gewissen Grade selbst die Perspektive und den Maßstab seiner eigenen kog-
> nitiven Entwicklung abgeben. Der theoretische Begriff - und um ihn geht es in erster
> Linie - muß gewissermaßen die Grundlage seiner eigenen Erklärung liefern. Wäre
> dies nicht möglich, dann wäre man unfähig, Neues zu erlernen und Unbekanntes sich
> anzueignen, weil als einziger Maßstab übrigbliebe zu sehen, ob die neuen Ideen und
> die neuen Begriffe den alten ähnlich sind oder nicht [dies ist übrigens dennoch ein
> wesentlicher Teil der Aneignung: "ähnlich" muß ja historisch-genetisch auch "ver-
> wandt" heißen, womit eine *gemeinsame Wurzel* auffindbar sein muß, AR].
>
> Als Ergebnis kann demnach festgehalten werden: *Wissenschaftliche Texte müssen,
> um verstanden zu werden, einerseits strikt wörtlich, nicht-metaphorisch aufgefaßt
> werden, und sie müssen gleichzeitig, damit neues Wissen gewonnen werden kann,
> nicht wörtlich genommen werden,* sondern ihre Aussagen müssen in einem angemes-
> senen Kontext aufgefaßt werden. Damit ergibt sich das Paradoxon, daß der Inhalt, die
> Bedeutung des Textes ..., *sowohl* Voraussetzung wie Ergebnis des Umgangs mit dem
> Text ist" (Keitel u.a. 1980, 83 f).

Das Paradoxon des Textverstehens, das hier formuliert wurde, ist meiner Meinung
nach genereller gültig für alle Kognitionsprozesse. Ein Paradoxon ist aber erst die
Darstellung eines Widerspruchs, es bleibt die Aufgabe, die Bewegung dieses
Widerspruchs theoretisch zu entfalten.

Auch das dritte Teilproblem des Wissen-Können-Übergangs konnte bisher "nur"
beschrieben werden. Es wäre allerdings schon eine gute Ausgangsposition für die
weitere Arbeit, wenn die Repräsentation des Problems den "Frageraum" (Michael
Jäger 1979) eröffnet hätte, in dem auch die Antwort gefunden werden kann. Wir
werden sehen.

Einige Thesen zur Heterarchie der lebendigen Aktivität

0 Anschließende Vorbemerkung

Diese Thesen sind die notwendige Ergänzung zu den "Thesen zum Begriff des Gegenstands", die nur die Seite des Objekts entfaltet haben. Zwar habe ich versucht, überall die lebendige Aktivität der Subjekte durchscheinen zu lassen, doch blieb der Subjekt-, der Tätigkeits-, damit auch notwendig der Arbeits-Begriff eine Art abstrakte, formale Bewegungsgestalt. Die Leser des Textes müssen den Bezug des Tätigkeitsbegriffes auf die lebendige Aktivität der Menschen ständig selbst herstellen, und seine innere Struktur, seinen Gehalt, aus ihrem eigenen Verständnis ergänzen. Im folgenden Text versuche ich aber, mein Verständnis genauer zu explizieren, als mir das bisher möglich war. So kann es sein, daß das von mir öfter verwendete "wir" einige Leser heftig irritiert, da sie sich nicht darin einschließen mögen. Trotzdem, das alles muß jetzt auf den Tisch !

1 Arbeit: Ein hochentwickelter Naturprozeß

Der Ursprungsprozeß, dessen hochentwickelter Zweig der Arbeitsprozeß ist, ist ebenfalls eine Einheit aus "subjektiven" und "objektiven" Teilprozessen, die widersprüchlich aufeinander verwiesen sind. Nennen wir diesen Ursprungsprozeß: *Ko-Evolutionsprozeß* der Gattung und ihrer Umgebung (meine Quelle dafür war: Jantsch "Die Selbstorganisation des Universums", München 1979), dann ist eine metaphysische Überhöhung des Menschengeschlechts jedenfalls nicht mehr möglich: Die Menschen sind nicht die erste Gattung der Geschichte, die "ihre" Welt revolutionär umgestalten; eher schon könnten sie die erste Gattung sein, der das nicht gelingt, weil wir unsere Mittel der Weltveränderung weniger beherrschen, als sie uns. Sicherlich zeigt gerade diese Formulierung keinen Ausweg. Es geht doch überhaupt nicht um Herrschaft als zu erhaltendes, gar "notwendiges" Moment unserer Lebensperspektive. Im Gegenteil: Naturbeherrschung gilt es gerade aufzuheben, ist sie doch auch Herrschaft über unsere eigene, innere Natur. Notwendig ist vielmehr: Die lebendige Arbeit, und das sind wir, muß sich wieder darauf besinnen, daß sie ein Ko-Evolutions-Prozeß ist, und gleichzeitig die Tatsache wirklich einmal nützen, daß sie die einzige Ko-Evolution ist, die sich wirklich auf sich selbst besinnen kann.

Diese Selbstbesinnung ist nun tatsächlich bereits unterwegs; Ökologie ist nicht mehr nur eine Wissenschaft als Theorie, sondern beginnt bereits als soziale Bewegung praktisch zu werden. Die Systemperspektive der materialistischen Tradition scheint wie keine andere geeignet, den begrifflichen, wirkenden Vermittlungsrahmen für diese Bewegung zu antizipieren. Aber für meine Kenntnis der materialistischen Texte ist evident: Es gibt diesen Rahmen bisher nirgendwo als explizites und allgemeines System von lebendigen Begriffen, sondern nur als streitiges Netzwerk unterschiedlichster Teildiskurse. Bahro, Harich, Haug, Hörz, Holz, Holzer, Holzkamp, Mocek, Ruben, Sandkühler, Tomberg: diese Liste der mir gerade präsentesten Autoren von Texten, in denen um einen adäquaten Naturbegriff gerungen wird, signalisiert nicht gerade erreichte Einheit, auch nicht produktiven, systembildenden Widerspruch. Halten wir aber noch die folgende Liste dazu: Eigen, Elias, Habermas, Heisenberg, Luhmann, Weizsäcker, dann ist doch eines erkennbar: Der Gedanke der *Einheit von Natur und Gesellschaft* ist die implizite, systembildende Kraft, die die materialistischen Wissenschaftler zusammenhält .

2 Naturdialektik: Entwicklungslogik der unbelebten Natur, des Lebendigen und von uns Menschen

Eine "Losung" hätte ich schon: Engels rekonstruieren ! Dabei sollten wir meines Erachtens jedoch vor allem das folgende sorgfältig beachten: Das System lebendiger Begriffe, das zu Zeiten von Friedrich Engels den Kontext seiner Texte bildete: die materialistische Argumentation in der zweiten Hälfte des 19. Jahrhunderts, war keineswegs frei von Borniertheiten.

Beispiele (als ungeprüfte Behauptungen): Der Begriff von *Demokratie* war zugleich grundsätzlicher und weniger realistisch, als unser heutiger Begriff; im Zusammenhang damit wußten die Wissenschaftler des 19. Jahrhunderts sowohl weniger über die Entwicklung der Gesellschaftsformationen, als auch über die materiellen (erkenntnisunabhängigen und objektiven) Grenzen einer sozialistischen Organisation von Gesellschaften. Der Begriff von *Leben* war noch wesentlich vor-wissenschaftlich; obwohl Engels bereits davor warnte, metaphysisch eine "Lebenskraft" anzunehmen, gab es noch in der ersten Hälfte dieses Jahrhunderts die einflußreiche Vitalismus-Schule in der Biologie. Erst nach 1950 wurde mit der Molekularbiologie zugleich die Entwicklungstheorie Darwins und die streng materialistische Theorie der Lebensprozesse begründet (im Sinn des Anschlusses an das "sichere" Wissen der organischen Chemie und der Molekularphysik). Und schließlich war der Begriff der *Materie* noch ganz im Sinn der klassischen Analytik als Unzahl und Ordnung von Elementen verzerrt; die Komplementaritäten von Welle und Korpuskel, von Feld und Körper, von Energie und Masse, von Prozeß und Struktur waren schon implizit als Probleme wirksam, wurden auch von Engels und Lenin mittels philosophisch-strenger Intuition schon in Umrissen angegeben, sie können aber gerade erst in unserer Epoche halbwegs explizit gemacht werden.

Von unserem heutigen Standpunkt aus können wir die in den Texten der Klassiker steckenden Antizipationen (objektiven Angebote der in ihnen gespeicherten kognitiven Strukturen) besser rekonstruieren. Nichts anderes besagt die berühmte Regel von Marx: "Die Andeutungen auf Höheres in den untergeordneteren Arten können nur verstanden werden, wenn das Höhere selbst schon bekannt ist". Gerade unsere Epoche zeigt, daß die Dominanz der Physik abgelöst wird durch eine Dominanz der Wissenschaften vom Leben. Die hierbei und in der Entwicklung der materiellen Produktion (dritte Revolution, automatische Regulation der Produktion) bekannt gewordenen Arten von Materieprozessen sind natürlich höhere Arten als die elementaren Mikroprozesse aller Materie. Aus ihrer Kenntnis heraus gelingt erst die Angabe der Eigenschaften der Mikroprozesse, die die höheren Formen ermöglichen. Erst wenn uns ein Zeichenmodell unserer eigenen Kommunikations-Strukturen vorliegt, vermögen wir "Tiersprachen" vernünftig als Ursprungsprozesse unserer Diskurse zu verstehen.

Und - in unserem Kontext des Ko-Evolutions-Problems am wichtigsten: Erst die Bearbeitung des Problems, wie denn nun die Menschen tatsächlich ihre Umwelt verändern, führt zu einem Verständnis der Evolutionsprozesse, das nicht mehr die Darwinsche Unterstellung des aktiven *Züchters* und seines von ihm beherrschten *Zuchtwahl-Materials* enthält (die imperialistische Illusion, die Illusion des Herrschers). Wir Materialisten müssen - das folgt für mich ganz klar aus den angeführten Einzelpunkten - daran arbeiten, daß nicht nur die Wissenschaften vom Leben insgesamt die weitere Erkenntnisentwicklung bestimmen, sondern im besonderen und gerade sollten die Gesellschaftswissenschaften die Hegemonie erlangen. Dies ist aber nur möglich, wenn klar erkennbar, offensichtlich und selbstverständlich die wichtigsten grundlegenden Kategorien und Methodologien von Gesellschaftswissenschaftlern produziert werden.

Meine These ist damit: Naturdialektik als Theorie zu entfalten, muß gegenwärtig heißen, von den entwickelteren Naturprozessen auf deren Ermöglichung und Begrenzung durch die ursprünglicheren Prozesse zu schließen versuchen.

3 Ko-Evolution bedeutet: Einander entwickeln

Es gibt die tausendfach wiederholte Formulierung: Entwicklung im materialistischen Sinn heißt wesentlich *Selbstentwicklung*. Diese Formel jedoch zu verabsolutieren, heißt aber nur, die Illusion des Herrschers *abstrakt* zu negieren: "Mein Vater entwickelt mich nicht, nein, ich entwickle mich *selbst*!". Die Erkenntnis der *Möglichkeit* von "Selbst"-Entwicklung für die ganze Gattung der Menschen "kann nun wieder spekulativ-idealistisch, d.h. phantastisch als 'Selbsterzeugung der Gattung' (die 'Gesellschaft als Subjekt') gefaßt und dadurch die aufeinanderfolgende Reihe von im Zusammenhang stehenden Individuen als ein einziges Individuum vorgestellt werden, das das Mysterium vollzieht, sich selbst zu erzeugen. Es zeigt sich hier, daß die Individuen allerdings *einander* machen, physisch und geistig, aber nicht sich machen, weder im Unsinn des heiligen Bruno, noch im Sinne des 'Einzigen', des 'gemachten' Mannes" (MEW 3, 37). So schimpfte schon Marx über die Verabsolutierung des erkennenden Subjekts, das sich für das Eine hält. Tatsächlich ist aber jeder Versuch, nur Eines zu denken, sei es ein Weltall, ein isoliertes System, ein gesellschaftliches Subjekt, von vornherein aussichtslos. Folglich sind alle solchen Einheiten prinzipiell ebenso als Vielheiten, als *gegliederte* Ganze zu denken: Die eine biologische Art ist nur existent als Vielheit ihrer Exemplare, das eine

Ökosystem ist nur existent als Vielheit von Organimus-Umgebungs-Verhältnissen, das eine Tier nur als Vielheit seiner multiplen Teile usw. usf. Möglicherweise noch wichtiger ist es, die betreffende Einheit in ihren Verhältnissen zu anderen Einheiten der gleichen Ebene zu denken, und dabei nicht schon gleich eine höhere Einheit zu hypostasieren, sondern diese als Invariante ihrer Verhältnisse erst zu zeigen.

Wir müssen die gegliederten Ganzen also als wechselwirkende Teilprozesse zu verstehen versuchen, die einander entwickeln und ihre Gattung dadurch erst herausbilden. Und wir müssen diesen Verstehensprozeß rekursiv selbstähnlich[4] nach "oben" und "unten" fortsetzen, ohne daß eine Grenze angebbar wäre.

Diese Regel hat einen methodologischen und einen ontologischen Kern, die wie subjektive und objektive Dialektik verbunden sind: Weil die Materieprozesse rekursiv selbstähnliche Struktur aufweisen, sind sie durch eine rekursiv angewendete Frage nach den gegliederten Ganzen und ihren fließenden Verhältnissen erfaßbar.

4 Tätigkeit, Handlung, Operation: Drei rekursiv selbstähnliche Prozeßebenen der lebendigen Aktivität der Menschen

Alexej N. Leontjew hat die psychologisch wichtigste Unterscheidung von drei Prozeßebenen begründet: Die Handlungen und ihr Komplement, die gegenständlichen Ziele, bilden die zentrale Ebene der personalen Prozesse. Sie sind im Bewußtseinsstrom am deutlichsten präsent, während sowohl Tätigkeiten und Motive als *oberer Kontext*, als auch Operationen und gegenständliche Bedingungen als *unterer Kontext* nur den notwendigen Umrissen nach bewußt repräsentiert sind (Leontjew 1979, 101-120). Es ist nun zwar vielleicht ungewöhnlich, aber meiner Meinung nach notwendig, zu formulieren: Handlungen und gegenständliche Ziele *entwickeln einander* im Fortgang der lebendigen Aktivität. Dies unterstellt die Aktivität des Gegenstands, zumindest seine Widerständigkeit, wie in meinen "Thesen zum Begriff des Gegenstands" skizziert. Jean Piaget hat in einer seiner letzten Einzeluntersuchungen ("La Prise de Conscience" 1974) den Prozeß des "Ergreifens der Bewußtheit" genauer analysiert und hat dabei im Gegensatz zu seinen früheren Experimenten auch die Rolle von Werkzeugen, damit auch von Vergegenständlichungsprozessen explizit beachtet. Ihn interessieren allerdings weiterhin nur die subjektiven, epistemologischen Anteile dieses Ko-Evolutionsprozesses von Person und gegenständlicher Umgebung; er spricht daher von "Externalisierung" nicht im materialistischen Sinn der Vergegenständlichung, sondern beachtet vorrangig den Erkenntnisgewinn über das Wesen des Gegenstands, der mit der Vergegenständlichung bewußter Ziele einhergeht. Er kommt aber dennoch zu einer Bestimmung der komplementären Teilprozesse, die endlich seine frühere, metaphysische Trennung von Tätigkeit und Gegenstand, von reflektiver und empirischer Abstraktion überwindet:

---

[4] Meine Quelle für diesen Begriff: B. Mandelbrot "Fractals", San Francisco 1977, bes. S. 16f.

"Es ist nunmehr möglich, diesen Text abzuschließen, indem wir die epistemologische Bedeutung dieser Prozesse angeben, die voneinander abhängig sind, trotz der Tatsache, daß sie in entgegengesetzte Richtung gehen: Der eine führt von der Peripherie P zu den zentralen Regionen der Handlung, Z, und der andere zu den Objekten, Z'. In anderen Worten, es handelt sich um die Prozesse der Interiorisierung (P ' Z) und der Externalisierung (P ' Z'). Kurz gesagt, resultiert der erste Prozeß schließlich in der Konstruktion der logisch-mathematischen Strukturen, und der zweite in der Entwicklung physikalischer Erklärungen, also der Kausalität. Allgemein gesprochen, führt jeder Fortschritt des einen zum Fortschritt des anderen. Jedoch wird es nach detaillierteren Studien klar, daß es richtiger ist, von einer Abfolge von Reziprozitäten zu sprechen, als von einer exakten Symmetrie; wegen der asymmetrischen Faktoren, die durch die differentielle Dualität von Tatsachenwissen und Schlußfolgerung gegeben sind, und wegen der Formen der empirischen und der reflektiven Abstraktion" (übersetzt nach der englischen Übersetzung, Piaget 1977, 350).

Ausgangspunkt des einander Entwickelns ist auch bei Piaget die Grenze zwischen Subjekt und Objekt, die beiderseits in Richtung Zentrum, d.h. auf die wesentlichen Strukturen zu, fortentwickelt wird. Wir können aus materialistischer Argumentation formulieren: In die ursprüngliche Einheit von Handlung und gegenständlichem Ziel, deren Grenze im wesentlichen das Organismus-Umgebungs-Interface bildet, werden zunehmend mehr Werkzeuge (auf Subjektseite) und *ergreifbare* Angebote (auf Objektseite) eingeschoben. Der Externalisierungsfortschritt bedeutet dabei nicht nur, wie Piaget fast ausschließlich betont, einen Fortschritt in der *Erkenntnis* der Gegenstandsstruktur, sondern vor allem auch einen Fortschritt in der *Herstellbarkeit* gegenständlicher Zielsituationen. In materialistischer Sicht ist gerade dieser *materielle*, widerspiegelungsunabhängige, Effekt des einander Entwickelns: Bedingung der Möglichkeit der erkenntnismäßigen Effekte. Dies gilt natürlich nicht nur für die objektiv-materiellen Prozeßprodukte, sondern genauso für die subjektiv-materiellen: Hier sind die operativen[93] oder schon kognitiven[93] Strukturen in ihrer lebendigen, einverleibten Existenzform gemeint, die für Piaget immer das eigentlich aktive Moment der Ko-Evolution sind.

Die Schlußfolgerung in Piagets "Ergreifen der Bewußtheit" ist trotzdem auch aus materialistischer Argumentation heraus gültig:

"Um zusammenzufassen: Das Studium des Bewußtwerdens hat uns dahin geführt, es in die allgemeine Perspektive der zirkulären Beziehung von Subjekt und Objekt einzubetten. Das Subjekt lernt nur etwas über sich, wenn es auf das Objekt einwirkt, und dieses kann nur bekannt werden als Resultat des Fortschritts der Handlungen, die mit ihm ausgeführt werden. Dies erklärt den Zirkel der Wissenschaften, dessen Solidarität *(dies ist Piagets Name für die Komplementarität von Handlung und gegenständlichem Ziel, A.R.)*, die die Wissenschaften zu einer Einheit macht, im Gegensatz zu allen linearen Hierarchien steht. Weiter, und dies ist höchst wichtig, erklärt dies die Harmonie zwischen Denken und Wirklichkeit, denn die Handlung entspringt den Gesetzen eines Organismus, der zugleich ein physikalisches Objekt unter vielen und die Quelle des handelnden, dann denkenden Subjekts ist" (Übersetzung, Piaget 1977, 353).

Was ist nun über Piaget hinaus aus materialistischer Sicht hinzuzufügen? Vor allem die schon mehrfach genannte, bisher noch nicht genau explizierte, *rekursive Selbst-ähnlichkeit der Ko-Evolutionsprozesse*. Betrachten wir nämlich Piagets Texte unter dem Gesichtspunkt der Dialektik von Einheit, Vielheit, Allgemeinheit (Hegel, Logik I, "Das Fürsichsein" scheint mir dies zu behandeln, aber ich kann seine Bedeutung nicht rekonstruieren) so ergibt sich: Piaget hält stets *ein bestimmtes Eines* perspektivisch fest: Die sich im Prozeß ihrer Entwicklung (wesentlich) selbst bestimmende *Person*, die er als Vielheit ihrer Handlungen versteht, aus der durch reziproke Äquilibration und solidarische Übereinstimmung mit der gegenständlichen Entwicklung die Allgemeinheit der logisch-mathematischen Strukturen resultiert. überspitzt in Piagets eigenen Worten formuliert: Piaget bleibt trotz aller Anstrengungen im *personalen Egozentrismus* verfangen, er kann zwar die Person als gegliedertes Ganzes verstehen, und ebenso ihr Komplement, die persönlich herstellbaren, gegenständlichen Ziele, jedoch gelingt ihm fast nirgendwo die Rekursion nach "oben", also die Betrachtung der *gegenständlichen, sozialen Tätigkeit als grundlegender Einheit*. Dies erst gestattet nämlich die Analyse der Handlungen als *Arbeitshandlungen*, als Teilprozesse der auf Gegenstände im sozialen Sinn gerichteten *Arbeitstätigkeit*. Im Gegensatz zu Handlungen sind nämlich Tätigkeiten nicht mehr an einzelne personale Subjekte gebunden, sie werden vielmehr durch kooperierende, soziale Subjekte realisiert; dienen deshalb auch nicht der organismischen Reproduktion allein, sondern ebensosehr der Reproduktion der überpersonalen Tätigkeitsstruktur: des *Habitus* (Bourdieu "Entwurf einer Theorie der Praxis", deutsch: Frankfurt 1976, 139-202).

Der Habitus, so wäre die rekursive Selbstähnlichkeit zum Können zu formulieren, ist die sich aus der Vielheit der Tätigkeiten durch einander Entwickeln von Tätigkeiten und Gegenstandsprozessen herausbildende Allgemeinheit: Die Invariante einer kooperierenden Gruppe, ihre *operative*[5] *Kultur*. Während das Können die sich aus der Vielheit der Handlungen einer Person herausentwickelnde Allgemeinheit des Verhältnisses von Person und Umgebung ist; Die aktuelle Invariante eines personalen Subjekts, seine operative[93] Struktur. Schon aus dieser kurzen Skizze nur zweier, rekursiv selbstähnlicher Ebenen ergibt sich eine weitere, wichtige Folgerung: Die Allgemeinheit der sich entwickelnden Strukturen ist *niemals* eine endgültige, stabile Allgemeinheit, sondern nur als *stets aktiv reproduzierte Invariante* existent. Dies eben deshalb, weil es für *jede* betrachtete Prozeßebene einen *unerschöpflichen* oberen und unteren Kontext gibt, also eben keine Selbstentwicklung einer Ebene im strengen Sinn. Der obere Kontext von Tätigkeiten eines sozialen Subjekts wäre noch genauer zu bestimmen; sicherlich enthält er die gesellschaftlichen Reproduktionsprozesse (Produktion, Distribution, Konsumtion), wie auch ihre Strukturen, die institutionellen, organisatorischen und ideologischen Rahmenbestimmungen, die die operativen Kulturen einzelner kooperativer Gruppen begrenzen und ermöglichen, und die in Ko-Evolution mit den weiteren, objektiv-gegenständlichen Bedingungen stehen:

---

[5] Hier ist auf eine wichtige, von mir aus nicht vermeidbare Inkonsistenz der Terminologie hinzuweisen: Piaget nennt erst die entwickelten kognitiven, also sprachfähigen Strukturen der Handlungsprozesse "operativ", während bei mir bereits die organismischen Ursprungsstrukturen so heißen (Könnensstrukturen).

mit der Landschaft und dem Klima, den Gebäuden und der sonstigen Infrastruktur usw. usf.

Eine Schwierigkeit dieser rekursiven Übergänge, die schon bei der Unterscheidung von Tätigkeit, Handlung und Operation auftritt, muß zum Schluß dieser schon recht länglichen These noch angemerkt werden: Es fehlen noch Kriterien der adäquaten, methodischen Trennung verschiedener Ebenen, die bereits allgemeingültig und anwendbar sind. Ein Hauptkriterium wäre meiner schwer begründbaren Intuition nach: der Aufweis der *Unabhängigkeit* (in etwa dem statistischen Sinn) der Entwicklung *auf den verschiedenen Ebenen*, sobald die Prozesse *lokal* betrachtet werden. Diese Unabhängigkeit besteht dagegen nicht, wenn der "obere" Prozeß *global* betrachtet wird, mithin daraufhin, wie er aus der Vielheit der unteren Prozesse als allgemeiner resultiert, und daraufhin, wie er als allgemeiner, oberer Kontext die "unteren" Prozesse begrenzt und ermöglicht. Etwa die gleiche Intuition scheint auch Leontjew geleitet zu haben, wenn er schreibt (1979, 103 f):

> "Wie bereits erwähnt, ist die Tätigkeit kein additiver Prozeß. Dementsprechend sind die Handlungen keine besonderen 'Teile' *(im Sinn der Elemente der Analytik, A.R.),* die in der Tätigkeit enthalten sind. Die menschliche Tätigkeit existiert nicht anders als in Form einer Handlung oder einer Kette von Handlungen. ... Anders ausgedrückt: Wenn vor unseren Augen ein konkreter, äußerer oder innerer Prozeß abläuft, so fungiert er hinsichtlich seiner Beziehung zum Motiv als die Tätigkeit eines Menschen, aber hinsichtlich seiner Unterordnung unter ein Ziel als eine Handlung oder eine Gesamtheit von Handlungen, als Handlungskette".

> "Gleichzeitig sind Tätigkeit und Handlung echte und dabei nicht identische Realitäten. Ein und dieselbe Handlung kann verschiedene Tätigkeiten realisieren, kann aus der einen Tätigkeit in die andere übergehen, indem sie auf diese Weise ihre relative Selbständigkeit offenbart" (104).

Leontjew betont also an dieser Stelle die lokale Unabhängigkeit von Tätigkeit und Handlung, zwei Seiten später auch die rekursiv selbstähnliche lokale Unabhängigkeit von Handlung und Operation. Noch einmal zwei Seiten später betont Leontjew den globalen, genetisch-historischen Zusammenhang von Tätigkeit, Handlung und Operation:

> "... die Tätigkeit (ist) ein Prozeß, der durch ständige Transformationen charakterisiert wird. Eine Tätigkeit kann das Motiv verlieren, von dem sie ins Leben gerufen wurde; dann wird sie zu einer Handlung, die vielleicht eine ganz andere Beziehung zur Welt, eine andere Tätigkeit verwirklicht. Umgekehrt kann eine Handlung selbständige stimulierende Kraft erlangen und zu einer besonderen Tätigkeit werden.. Schließlich kann eine Handlung zu einem Verfahren der Erreichung eines Ziels, zu einer Operation transformiert werden, welche unterschiedliche Handlungen zu realisieren imstande ist" (108 f).

Diese Textstücke von Leontjew zeigen aber im Licht der Idee von der Ko-Evolution und von der rekursiven Selbstähnlichkeit noch einen Rest von personalem Egozentrismus: Auch hier wird Tätigkeit vor allem an ein personales Subjekt gebunden. Der Übergang von der Handlung zur Tätigkeit wird nicht explizit als eine *Reproduktion* auf höherer Prozeßebene erklärt. Es scheint mir jedoch evident, daß der Übergang von der Handlung zur Tätigkeit eine *praktische, operative Verallgemeinerung* des personalen Könnens im sozialen Habitus bedeutet, ebenso wie der Übergang von der Tätigkeit zur Handlung die *personale Aneignung* eines sozial Allgemeinen bewirkt. Ebenso klar ist mir allerdings, daß das Problem der Übergänge noch viel theoretische Arbeit erfordern wird, bevor wir es zu einer praktischen Wahrheit entwickelt haben werden.

5 Die Struktur der Vielheit: Hierarchie, Heterarchie, System

Dies wird eine These, in der fast rein formal argumentiert wird: Sie betrifft die über die Prozeßebenen invariante *Struktur* jeder einzelnen Ebene. Wenn es uns so schwer gelingt, Abgrenzungen zwischen den Ebenen vorzunehmen, dann deshalb, weil jede Ebene in sich wiederum weitere Ebenen enthält, allerdings "Ebenen" in einem Sinn, der erst noch expliziert werden muß. Am bekanntesten ist die Behauptung der "hierarchisch-sequentiellen Struktur der Arbeitshandlungen", die das organisierende Grundpostulat der materialistischen Handlungstheorie in der von Winfried Hacker kanonisierten Form ist. Wenig beachtet wurde jedoch eine wichtige formale Einschränkung der Gültigkeit dieses Postulats.

Hacker hält zunächst fest, daß die Aufgabe der "psychologisch angemessenen Klassifikation von Arbeitstätigkeiten" noch nicht gelöst ist ("Allgemeine Arbeits- und Ingenieurpsychologie", Berlin 1973, 69), skizziert sodann eine wesentliche Unterscheidung zwischen zirkulären, fortlaufend zur Reproduktion eines materiellen Verhältnisses notwendigen Handlungen "im Unterschied zu solchen, die auf ein abgehobenes Endziel (ein fertiggestelltes Erzeugnis) gerichtet sind. Handlungsstrukturen schrittweiser Zielannäherung müssen von solchen unterschieden werden, die eine Zielerreichung erstreben, indem sie mit immer neuen Ansätzen um das Ziel kreisen". Hacker schließt diese kurze, sehr vorläufige Klassifikation damit, daß er die zirkulären, reproduktiven Handlungen aus der weiteren Betrachtung explizit ausschließt: "Die im folgenden dargestellten Sachverhalte beziehen sich auf Arbeitstätigkeiten, die auf ein abgehobenes Endziel gerichtet sind, welches in schrittweiser Annäherung über Teilziele erreicht wird" (69).

Dies bedeutet: auch die sequentiell-hierarchische Struktur, die erst später in Hacker *s* Text behauptet wird, ist zunächst einmal nur als allgemeine Eigenschaft der *linearen, produktiven Handlungen* unterstellt. Dies übersehen die kritischen Kritiker der Handlungstheorie, wenn sie ohne Notwendigkeit konzedieren:

> "Daran, daß bei Organismen Überhaupt eine hierarchische Verhaltensorganisation vorliegt, kann nach dem gegenwärtigen Forschungsstand kaum gezweifelt werden" (Haug/Nemitz/Waldhubel "Kritik der Handlungsstrukturtheorie", Forum Kritische Psychologie Nr. 6, 1980, 44).

Im Gegenteil bestehen an der Allgemeinheit der *hierarchischen* Struktur zunehmend mehr Zweifel, *gerade* was die organismischen Basisprozesse betrifft. Michael Arbib*s*

Buch "The Metaphorical Brain" (1972) war meines Wissens der erste interdisziplinäre Text, der die Möglichkeit einer *heterarchischen* Organisation der Organismen klar herausarbeitete (basierend vor allem auf Vorarbeiten von Warren McCulloch und seiner Mitarbeiter).

Der Unterschied von Hierarchie und Heterarchie läßt sich an den Wortbedeutungen bereits recht gut ablesen: "Hierarchie", das heißt "heilige Herrschaft", bedeutet also eine der Änderung entzogene, feste Pyramide von Über- und Unterordnungen. "Heterarchie", das soll "wechselnde Herrschaft" heißen, und eine flexible, wahrscheinlich auch zirkuläre (nicht-transitive) Über- und Unterordnung anzeigen, die je nach der Situation den passenden "Herrscher" über die Gesamtaktivität des Organismus zu bestimmen gestattet. In der zweiten formalen Struktur wird der einheitliche Organismus also eher als *kooperative Gruppe* von Fähigkeiten zur Erhaltung *verschiedener* Organismus - Umgebungsverhältnisse modelliert, während die hierarchische Struktur auf die Invarianz *eines* bestimmten Verhältnisses gerichtet ist, wobei durchaus eine gewisse Flexibilität der unteren Ebenen, allerdings immer im Rahmen der Direktiven von oben, gegeben sein kann.

Haug/Nemitz/Waldhubel argumentieren durchaus in ähnliche Richtung, wenn sie fordern:

> "Man muß ... das hierarchische Modell zunächst einmal umdrehen, und durch eine Art Basis-Überbau-Modell ersetzen. ... Menschliche 'Handlungsregulation' ist ohne ... koexistierende Ungleichzeitigkeiten, die im straff hierarchisch organisierten Modell der Handlungsstrukturtheorie verschwinden, nicht zu verstehen. Das Von-oben-nach-unten-Modell muß in ein umfassenderes und spannungsreicheres Von-unten-nach-oben-nach-unten-Modell eingebaut werden" (1980, 45).

Allerdings signalisieren bereits die furchtsamen Anführungszeichen ("Handlungsregulation"), daß die Autoren sich nichts Entscheidendes von den Fortschritten der Kybernetik, Informatik und Mathematik erwarten. Darauf deutet auch die wiederholte Gleichsetzung von "kybernetisch" und "hierarchisch-sequentiell" (40-42, 44, 53), die nur zu verstehen ist, wenn man annimmt, daß die Autoren erst kürzlich die Potenz kybernetischer Modelle auch zur Kritik "bürgerlicher Wissenschaft" entdeckt haben: Sie loben das "Standardwerk" von Miller/Galanter/ Pribram, das im Original bereits 1960 erschienen ist, und finden darin nur solche Begrenzungen, die in der nachfolgenden Diskussion der gleichen "bürgerlichen Wissenschaftler" auch schon hervorgehoben, wenn auch nicht überwunden wurden. Als Beispiele für solche Diskussionen können die ersten drei Bände der interdisziplinären Zeitschrift: "The Behavioral and Brain Sciences" (1978-1980) dienen.

Ich will versuchen, die Ergebnisse meiner Lesearbeit zum Problem der allgemeinen Struktur der lebendigen Aktivität in einigen Unterthesen kurz zusammenzufassen.

5.1 Hierarchie: Eigenschaft hochentwickelter Operatoren

Wie bereits kurz angedeutet, müssen regulative Strukturen, die zuverlässig *eine* Invariante erzeugen und erhalten sollen, eine wohlgeordnete Struktur aufweisen, die außerdem *genau* komplementär zur relevanten Umgebungsprozeß-Struktur sein muß. Ist die Invariante nun ein bestimmtes Produkt, das im wesentlichen linear hergestellt wird, so wird die zugehörige Struktur hierarchisch-sequentiell sein: Das wesentliche Charakteristikum des Produkts bildet auch die Spitze der Pyramide von Teiloperationen. Im Verlauf der Evolution wächst die mögliche Flexibilität solcher hierarchischer Strukturen dadurch, daß die Zahl der Ebenen zwischen der obersten Invarianten und den elementaren Operationen zunimmt, und die unteren Ebenen die Details ihrer Operationen vollkommen selbsttätig regulieren.

Die hierarchische Struktur ist im organismischen Bereich also Resultat einer optimalen Übereinstimmung der beiden Momente des Ko-Evolutionsprozesses, soweit nur die betreffende Invariante betrachtet wird, und keine Änderung der Umgebung oder der Organismen geschieht.

Im gesellschaftlichen Bereich kann das gleiche nicht gesagt werden: Die hierarchische Organisation ist zwar auch dort das optimale Mittel zur Invarianzerhaltung; sie dient jedoch historisch nicht der Herstellung eines bestimmten Verhältnisses von Natur und Gesellschaft, sondern viel eher der Erhaltung eines bestimmten Verhältnisses zwischen Subjekten. Im Bereich der Mathematik, Informatik und Kybernetik sind die *Algorithmen* klassischer, sequentieller Art das Paradigma für hierarchische Strukturen. Sie beschreiben die allgemeine Form der Herstellung eines bestimmten Typs von symbolischem Produkt, und zwar so, daß das Produkt mit *logischer Notwendigkeit* stets herstellbar ist.

5.2 Heterarchie: Eigenschaft der Vielheit von Operatoren

Jeder Organismus, jede konkrete Population von Organismen ist als organisierte Vielheit von einzelnen Fähigkeiten der Beziehungsherstellung zur Umgebung aufzufassen. Dies ist nicht nur eine methodologische, sondern ebenso eine ontologische These: Würde sich eine Art von Organismen auf nur eine Art von Wechselwirkung mit der Umgebung spezialisieren, und das würde bedeuten, daß jeder Organismus ein einziger Operator im Sinn von 5.1 wäre, dann würde schon eine kleine Fluktuation der Umgebungsbedingungen die Reproduktion der Art unterbrechen. Die Stabilität eines einzelnen Operators reicht folglich keineswegs aus, notwendig ist vielmehr die "Ultra-Stabilität" nach Ashby ("Design for a Brain", London 1952), also die Fähigkeit, verschiedene Operatoren für die möglichen, unterschiedlichen Umgebungsbedingungen aktivieren zu können.

Fragen wir nun danach, wie die Aktivierung der Operatoren ihrerseits reguliert wird, so ist das eine Frage nach der Regulation der Regulation, eine Frage der Adaptivität. Es müßte klar geworden sein, daß es *keinen* höchsten, hierarchisch organisierten Operator zur Auswahl der direkt-regulativen Operatoren geben kann, der für

alle Zeiten die höhere Invariante des richtigen Operator-Situations-Verhältnisses erhalten kann. Der einzige bisher denkbare Ausweg ist die relative Autonomie der einzelnen Operatoren und ihr Wettbewerb um die Aktivierung im Organismus: Das ist
die heterarchische Struktur. Dadurch, daß eben nicht festgelegt ist, welcher Operator
in welcher Situation aktiviert wird, wird eine Variabilität der "Bewältigungsversu-
che" der verschiedenen Exemplare der Gattung möglich, durch die die prinzipielle
Unvorhersehbarkeit der zukünftigen Umgebungsentwicklung als Gefahr entschärft
wird.

Im Zusammenhang der Idee von der Ko-Evolution darf allerdings nicht vergessen
werden, daß auch die Möglichkeit der Akkumulation von Aktivitätsprodukten, mithin der aktiven Gestaltung der Umgebungsbedingungen durch die Generationenfolge
besteht. Auch diese Aktivität jedoch folgt keinem "obersten" Plan, sondern ist ein
nirgendwo explizit reguliertes Resultat der Vielheit der Prozesse.

5.3 Systemische Regulation: Sich reproduzierende Allgemeinheit im Netz der Prozesse der Ko-Evolution

Betrachten wir die Erde vor dem Tier-Mensch-Übergangsfeld, so ist klar, daß die
relativ klar erkennbare, komplexe Gestalt der Resultate der Ko-Evolution nicht auf
eine Regulation im Sinn der Herstellung eines informationell vorgegebenen Sollwerts
(Steuerung oder Regelung) zurückgehen kann. Dennoch erkennen wir Ordnungen des
Ko-Evolutionsprozesses, die wir meist "Entwicklungsgesetze" nennen. Mit dem Ge-
setzesbegriff werden traditionell die bewußtseins- oder widerspiegelungsunabhängige
Ordnungen der Materieprozesse bezeichnet. Dies führt aber in eine Schwierigkeit bei
der Betrachtung von "Gesetzen" der Lebensprozesse, da diese ja gerade dadurch gekennzeichnet werden können, daß "reizbare", "sensible" materielle Prozesse regulative
Aktivitäten entfalten. Also wirken "Gesetze" der Lebensprozesse unabhängig von
informationellen Prozessen, aber realisieren sich gerade zu einem wesentlichen Teil
vermittels informationeller Prozesse.

Mein Vorschlag ist es nun, den Regulationsbegriff insoweit zu verallgemeinern,
als auch die sich *ohne Regulator* reproduzierenden Bewegungsordnungen als Resultat einer ursprünglicheren Form: der *systemischen* Regulation verstanden werden.
"Ohne Regulator": das ist noch recht ungenau. Gemeint ist hier, daß es keinen *Regulator als Subsystem* gibt, jedoch ein dieselbe Funktion erfüllendes Netz von
Wechselwirkungen zwischen den einzelnen Teilprozessen der Ko-Evolution. Wir
könnten vielleicht von einem "verteilten Regulator" sprechen, der nur für die theoretische Reflexion als eindeutiges System aus dem Netz der Prozesse symbolisch iso-
lierbar ist. Es gibt auch schon einen Kandidaten für ein Beispiel: Jim Lovelock hat
schon vor einigen Jahren die Hypothese aufgestellt, daß die ganze Erde ebensogut als
ein lebendiges System betrachtet werden kann, das "sich" durch aktive Regulation
invariant erhält. In seinem Buch "Gaia - A new look at life on Earth" (Oxford 1979)
trägt er viele Argumente zusammen, die aus geophysikalischer und geochemischer

Sicht für diese These sprechen. So läßt sich zum Beispiel die im wesentlichen konstante, mittlere Temperatur der Erde in den vergangenen drei Milliarden Jahren nicht ausreichend aus abiologischen Wechselwirkungen erklären; gleiches gilt für den Sauerstoffanteil der Atmosphäre, der, wäre er nur ein wenig größer, ausreichen würde, um selbst nasses Gras wie Zunder zu entflammen. Lovelock spricht ganz unbefangen vom zu suchenden *Regler* etwa des Sauerstoffanteils; kann diesen Begriff aber selbstverständlich nur metaphorisch verwenden, da die jeweiligen, zu regelnden Größen "sich selbst anzeigen" (ganz im Sinne von Leontjews Analyse der Entwicklung der Sensibilität aus der Reizbarkeit: "Probleme der Entwicklung des Psychischen" (1959), vgl. auch These 8.1, meiner "Thesen zum Begriff des Gegenstands"). Der Unterschied eines "verteilten Reglers" zu einem Regler im strengen Sinn wäre also, daß im ersten Fall keine Signale verarbeitet werden, sondern die materiellen Größen selbst in einer regulativen Wechselwirkungs-Beziehung stehen.

5.4   Operative Regulation: "Innere" Reproduktion einer zunächst verteilten Regulationsstruktur

Die von systemischer Regulation reproduzierten Invarianten sind - das war gerade das Definitionsmerkmal - nirgendwo als informationelle Sollwerte repräsentiert, sondern stellen "sich" entwickelnde Resultanten des Ko-Evolutions-Netzwerks aus Prozessen dar. Mit der Entwicklung der Sensibilität der Organismen beginnt jedoch die Möglichkeit, Wechselwirkungen nicht nur mit-herzustellen, sondern zunächst abzubilden, dann auch operativ-regulierend aktiv herbeizuführen. Die Sensibilität enthält bereits ein Moment von Antizipation: Über eine Fernwirkung (optische Information im Lichtstrom z.B.) erhält der Organismus die Fähigkeit, zukünftig *mögliche* Wechselwirkungen, die unmittelbaren Kontakt erfordern, vor diesem Kontakt "ideell" vorwegzunehmen. Dadurch wird ein *Freiheitsgrad* des Verhältnisses von Organismus und Umgebung "ergreifbar", nämlich diesen Kontakt entweder zu suchen oder zu vermeiden.

Was zuvor als verteilte, systemische Regulation funktionierte, kann nun durch informationelle Speicherung und situative Aktivierung als regulative Struktur im "Inneren" des Organismus reproduziert werden; wird zum inneren Modell der Organismus-Umgebungs-Verhältnisse. Der Übergang von der systemischen zur operativen Regulation bedeutet also das "Hereinholen" von invariantenproduzierenden Strukturen des oberen Kontexts in das System. Geschieht dies nicht nur in einem Exemplar, sondern wird diese Fähigkeit zur allgemeinen Fähigkeit der Gattung, dann wird damit auch der obere Kontext verändert: Es bilden sich neue systemische Invarianten auf der Basis der Vielheit der nunmehr operativ erzeugten, früheren systemischen Invarianten heraus. Damit ist auch klar, daß der Prozeß der Verinnerlichung systemischer Regulationsstrukturen nur das eine Moment eines Gesamtprozesses ist, dessen anderes Moment die Herstellung neuer "äußerer" Strukturen als neue Allgemeinheit der Vielheit einzelner Organismen ist. Bedenken wir nun noch, daß die Umgebung einer Gattung von Organismen selbst wieder andere Gattungen enthält, die ebenfalls systemische Strukturen in operative wandeln können, so wird klar, daß dieser Ko-Evolutionsprozeß prinzipiell unendlich ist und *notwendig* zu einer Vergrößerung der Antizipationsweite der sich weiterhin reproduzierenden Gattungen führen muß. Dies ist eine Reformulierung der darwinistischen These des "survival of the fittest", wobei der zirkuläre Charakter dieser These ("fit" sind die Arten, die überleben) insofern entschärft ist, als nicht mehr ein minimaler Zirkel vorliegt, bei welchem bereits die Definition eines Grundbegriffs zirkulär ist, sondern eine *materielle* Zirkularität in den komplementären Momenten von "innerer" Reproduktion und "äußerer" Herstellung systemischer Invarianten.

Damit wäre also die Höherentwicklung der Organismen zurückgeführt auf eine Verkoppelung zweier rekursiv selbstähnlicher Prozeßebenen: Des ökologischen Ko-Evolutionsprozesses als obere Kontextebene des Entwicklungsprozesses einer Gattung. Wichtig hierbei ist wieder die lokale Unabhängigkeit der beiden Ebenen sowie die globale Determination (Begrenzung und Ermöglichung) der unteren Ebene durch die obere Kontextebene und die dazu komplementäre globale Akkumulation der kontextuellen Grenzen durch die Prozesse der unteren Ebene (vgl. Waddington 1969).

5.5 Steuerungs-Strukturen: Innere Reproduktion von korrektiven Regelungs-Strukturen

Wenn wir die Analyse rekursiv auf der nächstniedrigeren Ebene durchführen, so erhalten wir ein formal analoges Bild der Entwicklung operativer Regulationsstrukturen: Während die Regelung im Vergleich mit der direkten Wechselwirkung noch ein antizipatives Moment aufweist, so ist sie doch, verglichen mit der Steuerung, noch wesentlich korrektiv und notwendig unvollkommen, da sie auf Rückführung eines Fehlersignals basiert (vgl. Ashby "An Introduction to Cybernetics" 1956, deutsch 1974, 317-351). Sobald Organismen die Fähigkeit erlangen, in der Vielheit ihrer Regelungsprozesse die invariante Allgemeinheit festzuhalten und als Steuerungsstruktur zu reproduzieren, gelingt ihnen damit ein qualitativer Sprung in der Antizipationsweite. Dies ist also ein Übergang von durch Rückkopplung realisierter Regulation zur Regulation durch Vorauskopplung, also zur *Steuerung*, die in der technischen Fachsprache als Regelung ohne Feedback definiert ist.

Ich kann an dieser Stelle leider keine konkreten Tatsachen aus der biologischen oder psychologischen Forschung anführen, da die Modellierung von Adaptions-, Lern- und Entwicklungsprozessen durch Regulationsmechanismen noch nicht weit fortgeschritten ist. Meine Vermutung ist, daß zunächst erst einmal Modelle der Regulation durch p*arallele* Informationsverarbeitung in *Netzen* oder *Koalitionen* von Subsystemen ausgearbeitet werden müssen, bevor wir an die Erklärung der Entwicklung der Lernfähigkeit gehen können (vgl. Arbib 1972, oder auch Minsky 1980). Vorläufig müssen wir uns wohl mit einer S-R-theoretischen Klassifizierung verschiedener Stufen der Lernfähigkeitsentwicklung zufrieden geben, wie sie etwa G. Razran (1971) vorgelegt hat.

Im Hinblick auf die formale Struktur der Entwicklung jedoch können wir festhalten: Der Übergang von Regel- zu Steuerungsstrukturen ist wiederum nur das eine Moment des Gesamtprozesses. Das komplementäre Moment liegt darin, daß auch die Steuerungsstrukturen entgegen der technischen Definition durch Ergebnisrückmeldung veränderbar sein müssen: In der Vielheit ihrer Anwendungen werden sie zu Regelstrukturen mit höherem Antizipationsgrad und erzeugen neue, allgemeinere Invarianten.

Die letzte Unterthese bringt uns endlich zurück zum Problem der Hierarchie und Heterarchie: Steuerungsstrukturen sind als einzelne frei von Zirkularitäten; erzeugen und erhalten zuverlässig eine einzelne Invariante, sofern die kontextuellen Randbedingungen für sie invariant bleiben; sind im wesentlichen auf die lineare Produktion bestimmter Effekte zugeschnitten; sind also die Hauptkandidaten für hierarchisch-sequentielle Struktur. Sobald jedoch die ganze Komplexität der Reproduktion mit ihren Zirkularitäten theoretisch erfaßt werden soll, ist die Annahme von heterarchischen Regelungsstrukturen im Kontext von systemischer Regulation unumgänglich. Methodisch gewendet bedeutet dies: Zunächst haben wir danach zu fragen, welche Invarianten das betreffende System aufgrund stabiler Kontextbedingungen antizipativ regulieren kann. Hierfür kann aus dem Verhältnis von Systemziel und Umgebungssituation eine hierarchische Struktur der Steuerung ermittelt werden. Weiter müssen wir sodann danach fragen, durch welche heterarchische Struktur von vielfältigen Regelungen das System insgesamt "sich" entwickelnd reproduzieren kann. Und schließlich ist danach zu fragen, welche Invarianten des Gesamtprozesses aus System und Umgebung sich gegenwärtig nur als Resultante der Wechselwirkungen erklären lassen. Dies wäre die Aufklärung der systemischen Regulationsstruktur, die uns sowohl die Voraussage der zukünftigen Entwicklung gestatten würde, indem die Teilstrukturen angegeben werden, die als nächste als operative "verinnerlicht' werden müssen, als auch, wenn wir das System selbst sind, uns gestatten würde, unsere eigene Entwicklung antizipativ zu regulieren.

6 Reflektive Regulation: Aktive Entwicklung regulativer Strukturen durch Verkoppelung der Tätigkeit mit symbolischer Tätigkeit, also durch Benutzung materieller Analogien

Nehmen wir zu dem bisher gesagten noch hinzu, daß die lebendige Aktivität der Menschen vor allem dadurch ausgezeichnet ist, daß sie zur Reproduktion der gesellschaftlichen Verhältnisse im Ko-Evolutionsprozeß das Mittel der symbolischen Tätigkeit einsetzen können, dann können wir erkennen, daß hier eine neue Ebene des einander Entwickelns erreicht wird: Es wird eine neue Dynamik von verkoppelten Ebenen möglich durch die Vermittlung des lebendigen Begriffs, der die Dynamik der theoretischen Arbeit mit der Dynamik der praktisch-allgemeinen Arbeit verbindet. Dies bedeutet: Die symbolischen Gegenstände, also die objektivierten Begriffe, und die materiellen Gegenstände, also die wirklich ergreifbaren Angebote der inneren und äußeren Natur, stehen ebenfalls in einem Ko-Evolutionsprozeß, wobei natürlich die materiellen Strukturen der Kontext der symbolischen Strukturen sind, sobald wir den ganzen Prozeß betrachten. Zentrieren wir jedoch auf den Standpunkt des "sich" entwickelnden Systems, also versetzen wir uns in uns selbst (!!), dann erscheinen die Verhältnisse zwischen Gegenständen und symbolischen Gegenständen als Verhältnisse zwischen zwei gleichberechtigten Ebenen, so daß beide Fragen möglich werden: "Welche Sorte von Werkzeug ist ein Begriff?" und: "Welche Sorte von Begriff ist ein Werkzeug?" (vgl. meine "Thesen zum Begriff des Gegenstands"). Als letztes Problem der hiesigen Thesenfolge wäre jetzt noch die Frage zu beantworten (oder doch zumindest präzise und fruchtbar zu formulieren): "Was ist das Neue, Besondere an der Verkoppelung zweier Tätigkeitsbereiche?". Es muß damit etwas zu tun haben, daß durch Symbolisierung *Reflexion auf die eigene Tätigkeit*, und darüber hinaus auch auf den Gesamtprozeß, also auf das "sich" entwickelnde Verhältnis von Tätigkeit und Gegenstand, möglich wird. Welche strukturelle Bedingung der lebendigen Aktivität ist notwendige Bedingung dieser Möglichkeit?

Ich möchte den ersten Schritt einer Antwort tun, indem ich die Regel "Anatomie des Affen" anwende, und das *entwickeltste* Verhältnis von Arbeit und theoretischer Arbeit betrachte, das wir kennen: *Das Verhältnis mathematischer Begriffsentwicklungen zur Entwicklung der Natur"beherrschung"*.

6.1 Der Unterschied zwischen mathematischen und Naturgesetzen ist der Unterschied zwischen Nicht-Abschließbarkeit und Unerschöpflichkeit

Wir hatten oben das Thesen-Ergebnis erreicht: Tätigkeit und Gegenstandsprozeß sind zusammen als Prozeß des einander Entwickelns, also als eine Gattung von Ko-Evolutionsprozessen beschreibbar. Gilt das gleiche für den Gesamtprozeß aus kognitiver Tätigkeit und symbolischen Gegenständen? Jedenfalls nicht im bisherigen, umfassenden Sinn, der wesentlich darauf basierte, daß die Gegenstände unerschöpfliche Teilbereiche des oberen Kontexts sind, die während der Ko-Evolution zunächst aus dem Kontext abgegrenzt, dann analysiert, schließlich synthetisiert, d.h. aktiv reproduziert werden. *Dieser* obere Kontext ist der Kontext der materiellen Umgebungsprozesse, soll heißen: Er existiert real. Das gleiche gilt *nicht*, jedenfalls nicht im Sinn der Unerschöpflichkeit für das Insgesamt der symbolischen Gegenstände, sondern allenfalls im Sinne der objektiven Denkbarkeit, der objektiven ideellen Möglichkeit (falls sich dieser Begriff überhaupt ohne logische Widersprüche entfalten läßt).

Dennoch ist auch die Wechselwirkung von kognitiver Tätigkeit und symbolischen Gegenständen (die ja neuerdings auch symbolische *Prozesse* sein können) als eine Gattung von Ko-Evolutionsprozessen anzusehen, da die symbolischen Gegenstände ja immerhin noch *nicht-abschließbar* sind, wenn auch nicht unerschöpflich. Die Nicht-Abschließbarkeit der Entwicklung mathematischer Gegenstände korrespondiert also mit der Nicht-Abschließbarkeit der Entwicklung der Naturbeherrschung; die letztere ist sogar der Grund für die erstere, wie schon mehrfach erläutert. Es ist durchaus korrekt, wenn wir die soeben gemachte Einschränkung bewußt halten, und dann *die symbolischen Räume*, die durch die bisher produzierten mathematischen Strukturen aufgespannt werden, *als den oberen Kontext der Mathematikertätigkeit* ansehen. Ein noch umfassenderer Kontext ist in dieser Sicht die Ko-Evolution in der praktisch-allgemeinen Arbeit, also die Entwicklung der (Re-) Produktivkräfte in ihren (Re-) Produktionsverhältnissen.

Der untere Kontext der Mathematikertätigkeit, die ja die lebendige Aktivität von sozialen Subjekten ist, ist dann die Vielheit der Handlungen der einzelnen Mathematiker-Personen. Für diese stehen subjektiv die mathematischen Gegenstände auf gleicher, wenn nicht sogar höherer Stufe als die stofflichen Gegenstände. Für sie ist *problematisch*, welche materielle Analogie durch Anwendung der mathematischen Strukturen tatsächlich - verwirklichbar wird.

Rekursiv selbstähnlich geht es weiter: Zunächst zu den Operationen des Mathematikers, die in Algorithmen fixierbar sind; sodann irgendwann schließlich zu den elementaren Operatoren wie z.B. "Pfeile" zwischen Strukturen (Kategorientheorie, vgl. MacLane "Kategorien", Berlin 1972), oder noch elementarer: Relationen zwischen Mengen. Kennzeichnend für diese Rekursion im Formalen ist, daß es eine klar ausweisbare "unterste" Rekursionsebene gibt. Eine solche ist auch notwendig, sobald die *ideelle Erreichbarkeit* eines mathematischen Objekts wichtig ist, das heißt: das garantierte Abbrechen eines Algorithmus mit bekanntem Resultat (vgl. irgendein Textbuch zu Turingmaschinen, Berechenbarkeit, formaler Rekursion etc.).

Das heißt nun zusammengefaßt: Arbeit und mathematische Arbeit haben bis auf Unerschöpflichkeit der Gegenstände streng analoge Struktur. ("Arbeit" soll hier wieder der Name für die Einheit von Tätigkeit und Gegenstand(sprozessen) sein). Wie können wir nun den noch bestehenden Unterschied von mathematischen Gesetzen mit ihrer logischen Notwendigkeit und Beweisbarkeit zu Naturgesetzen (im weitesten Sinn, vgl. These 1) mit ihrer nur relativen Gültigkeit genauer charakterisieren ?

Mathematische Gesetze sind Gesetze von *symbolischen Räumen* und den darin möglichen *Bewegungen;* sie betreffen also die *relationale Struktur* (die Verhältnisse) der symbolischen Räume und die o*perative Erreichbarkeit* von *bestimmten* symbolischen Objekten. Die Beschreibung der Gesetze fällt zusammen mit ihrem "Wirken": Ein Satz, der noch genauer erläutert werden muß.

Zunächst der Kontrast: Naturgesetze beschreiben den durch die materiellen Prozesse erzeugten Raum und die in ihm wirklich verlaufenden Bewegungen. Ihnen entspricht *im Grenzfall* die *tatsächliche* Ordnung der betreffenden materiellen Prozesse. In der *Anwendung* von Naturgesetzen streben wir nach der *Verwirklichung* materieller Möglichkeiten, daher betreffen technologische "Gesetze" nicht nur die Erreichbarkeit bestimmter realer Objekte, sondern die planmäßige *Herstellbarkeit* dieser möglichen Gegenstände weiterer (Re-) Produktionstätigkeit. Bei Naturgesetzen ist also ganz evident und selbstverständlich die *Differenz* von Zeichen und Bezeichnetem, von Theorie und Gegenstand zu beachten, wenngleich diese Selbstverständlichkeit sich oftmals nicht durchsetzt. *Begriffe* für Naturprozesse haben - so können wir es klarer fassen - *Bezug* auf stofflich-energetische Gegenstände allgemein, aber s*ymboli-*

schen Gehalt, nämlich ihre innere Struktur, die ja eben begrifflich ist. Dagegen haben mathematische Begriffe entweder nur sy*mbolischen* Bezug auf mathematische Gegenstände, oder aber *flexiblen*, nicht abschließbar bestimmbaren Bezug auf *erst zu findende* oder *schon antizipierte* reale Gegenstände (klarerweise unterscheiden sich die beiden Begriffsklassen nicht im Gehaltstyp, da sie eben Klassen von *Begriffen* sind).

Wird der flexible Bezug mathematischer Begriffe auf unerschöpflich-materielle (reale) Gegenstände durch Aktivierung in einer bestimmten Praxis-Aufgabe *fixiert*, dann geht durch diese *Modellinterpretation* (vgl. Seeger "Relevanz und Entwicklung der Psychologie", Darmstadt 1977, 78-85) das mathematische Gesetz in ein Naturgesetz über. Damit kommt aber die das Gesetz realisierende Tätigkeit in Kontakt mit einem unerschöpflichen Gegenstand, der nicht vollständig "in" das Subjekt einverleibt werden kann, wie das für symbolisch-materielle Gegenstände möglich ist. Daher dann auch das Moment der "Störbarkeit" der Gesetzesrealisierung, das *nicht* als subjektiver Fehler der erkennenden und praktisch eingreifenden Subjekte gesehen werden darf, sondern als objektives Moment der Entwicklung von Natur, eingeschlossen die Gesellschaft und das in ihr lebendige Wissen.

Dies gesagt, muß die Identität von mathematischer Gesetzesformulierung und mathematischer Praxisordnung, die oben behauptet wurde, wieder relativiert werden: Zwar fallen Gehalt und Bezug in der Mathematik typmäßig zusammen, aber es ist dennoch außerordentlich wichtig, zwischen dem Kern der Theorie (Gehalt) und ihren intendierten, innermathematischen Anwendungen (Bezug) klar zu unterscheiden. Steinbring ("Zur Entwicklung des Wahrscheinlichkeitsbegriffs", Bielefeld 1980) hat außerdem gezeigt, daß der rein innermathematische Bezug nicht ausreicht, um die Entwicklung mathematischer Theorien zu erklären: An entscheidenden Stellen wird die mathematische Theoriebildung durch *Erweiterung* des Bezugs auf reale Gegenstände enorm vorangetrieben, was sich besonders in der statistischen Interpretation des 2. Hauptsatzes der Thermodynamik durch Boltzmann zeigen läßt. Durch sie wurde nämlich erstmals die Überwindung des mechanisch-deterministischen Weltbildes als formal ausführbar, allein sinnvoll und empirisch begründbar ausgewiesen.

Ich vertrete im klaren Gegensatz zu Eckart Leiser ("Widerspiegelungscharakter von Logik und Mathematik", Frankfurt 1978) die folgende These: Die mathematische Rekonstruktion von wesentlichen Teilen der materialistischen Dialektik, ganz besonders der in ihr enthaltenen Entwicklungsgesetze, ist nicht nur möglich, sondern auch unumgänglich notwendig. Und zwar nicht nur aus strategischen Überlegungen, wie der Wissenschaftscharakter der materialistischen Dialektik auch den mathematisch denkenden Wissenschaftlern klar gemacht werden kann, sondern die Mathematisierung der Dialektik ist notwendig aus praktischen Gründen: Damit die "Selbst"-Entwicklung der Menschen in der Ko-Evolution überhaupt denkbar, erreichbar und herstellbar wird.

Allerdings ist hierbei eine Erweiterung der Bedeutung von "Mathematik" unterstellt, wonach dieser Name die Mathematik i.e.S. *zusammen mit* der Informatik, Kybernetik und der beginnenden allgemeinen Kognitionswissenschaft bezeichnen soll. Der wesentliche Punkt dieser Erweiterung ist, daß die Mathematikertätigkeit selbst symbolisch vergegenständlichbar wird. Damit ist die Reflexion im Sinne Hegels oder Piagets (vgl. Damerow "Handlung und Erkenntnis in der genetischen Erkenntnistheorie Piagets und in der Hegelschen 'Logik'", in Furth 1980) in die Nähe der symbolischen, formalen Modellierbarkeit gerückt. Sie tatsächlich zu modellieren, wird unsere Aufgabe in den nächsten Jahrzehnten sein.

6.2 Stufen der Reflexion: Reflexion auf Tätigkeitsprodukte und ihre Verhältnisse; auf die sie produzierenden Operationen und ihre Verhältnisse; auf das Verhältnis der Verhältnisse; . . . und so rekursiv weiter

Das folgende kann im Rahmen des vorliegenden Textes nicht mehr sein als eine flüchtige, "ungeschützte" Skizze, die mehr der Vorbereitung der folgenden These dient, als daß sie eine ernstzunehmende Theorie der Reflexion vorwegnehmen könnte. Wie Damerow erläutert, beginnt bei Piaget und bei Hegel der Prozeß der Reflexion "mit der Differenzierung des Erkenntnisinhalts in die Momente des sinnlich Gegebenen und der vermittelnden Aktivität" (1980 a, 166). Weniger abstrakt und bereits auf den Unterschied von realen und symbolischen Gegenständen bezogen: Reflexion beginnt bei der Trennung von Tätigkeit und gegenständlichem Produkt und dem *Festhalten* der Produkteigenschaften in einem symbolischen Gegenstand, der eine *getreue* Repräsentation des realen Gegenstandes *bleibt*, da der Inhalt aktiv invariant gehalten wird (vgl. Thesen 5 bis 7 zum Begriff des Gegenstands). Dieser soeben angesprochene Inhalt eines symbolischen Gegenstands ist das Verhältnis seiner symbolischen Struktur zur Struktur des repräsentierten realen Gegenstands. Dies bedeutet, daß im Übergang zur kognitiven Tätigkeit realer und symbolischer Gegenstand dem materiellen Träger nach zusammenfallen können (Kinder spielen sowohl mit einer realen Kiste, wie auch mit dem symbolischen Auto: Beide bieten Be-Sitzbarkeit, Versteck, Ausrichtbarkeit usw. an). Zum symbolischen Gegenstand wird ein Gegenstand, wenn er als Vertreter des Allgemeinen, der ganzen Klasse, in die dann auch kognitive Tätigkeit einbezogen wird.

Eine erste Stufe der Reflexion richtet sich auf die Verhältnisse zwischen den einzelnen Charakteristika des Gegenstandes. Die hierbei mögliche Erkenntnis bezeichnet Piaget als "empirische Abstraktion", die er zunächst schroff der "reflektierenden Abstraktion" gegenüberstellte. Letztere bezieht sich auf eine weitere Stufe der Reflexion: Die Verhältnisse innerhalb der Tätigkeit werden selbst zum Objekt der Reflexion gemacht. Ich habe oben (These 4) bereits erwähnt, daß in seinen letzten Werken Piaget von der absoluten Entgegensetzung beider Reflexionsformen absieht, und das Konzept der solidarischen Entwicklung von empirischer und (auf Operationen) reflektierender Abstraktion vorschlägt.

Dennoch ist wohl Damerow zuzustimmen, der den wesentlichen Unterschied von Piaget zu Hegel darin sieht, daß Hegel den Reflexionsbegriff im übergreifend allgemeinen Sinn nur für die Reflexion des *Verhältnisses* von "empirischer" und "reflektierender" Abstraktion gelten läßt: "Reflexion bezieht sich ... nach seiner (Hegels)

Theorie nicht nur auf die vermittelnde Aktivität, auf die inneren Bedingungen der Koordination von Verhaltensakten, sondern auf das gesamte Verhältnis von sinnlich Gegebenem und vermittelnder Aktivität" (aaO).

Exemplifiziert wird diese synthetische Stufe der Reflexion daran, daß in mathematischen Strukturen mittlerweile nicht nur gegenständliche Verhältnisse symbolisiert sind, sondern ebenfalls die operativen Verhältnisse (algebraische Strukturen), sowie das Verhältnis beider in der Komplementarität von Variablenbegriff und Funktionsbegriff der Mathematik.

Wie auch Damerow feststellt, fällt bei Gültigkeit der skizzierten Stufenfolge die These von Piaget, daß es einen prinzipiellen Unterschied von mathematisch-logischer und empirischer Erkenntnis gibt, und der Weg ist offen zu einer Theorie des Verhältnisses beider einseitiger Stufen der Reflexion.

Dann sind aber auch mathematische Strukturen nicht rein operativ zu verstehen (obwohl durch die kognitive Tätigkeit vollständig bestimmt), sondern sind ebensosehr repräsentational. Und daraus wiederum folgt die Gegenständlichkeit der Mathematik, sowohl im direkten Sinn (sie hat eigene, symbolische Gegenstände) als auch im widerspiegelnden und regulativen Sinn (sie hat theoretischen und auch praktischen Bezug zu realen Gegenständen, aber einen weitaus flexibleren Bezug, verglichen mit den Natur- und Gesellschaftswissenschaften).

6.3 Mathematische Strukturen sind hochentwickelte kognitive Strukturen

Bei der Verwendung des Adjektivs "kognitiv" müssen wir Psychologen sehr vorsichtig sein: Einerseits gibt es die einseitige Bedeutung "verbunden mit Informationsverarbeitung", die in der neuen Kognitionswissenschaft vorherrscht, andererseits die komplementär einseitige Bedeutung "das subjektive Erleben betreffend", die in der humanistischen Psychologie vorherrscht. Die erste Bedeutung hebt einseitig die Vergegenständlichbarkeit der kognitiven Strukturen hervor (und sitzt gewöhnlich der "Illusion der Regel" auf, vgl. Bourdieu 1976, 203-227, nach der alle Ordnung der Praxis in symbolische Regeln zu fassen sein soll). Die zweite Bedeutung betont dagegen ausschließlich die lebendige Aktivität (und sitzt der entgegengesetzten Illusion der freien Kreativität auf, nach der alle Ordnung der Praxis aktuell von den Personen geschaffen wird). Überwinden wir diese Einseitigkeit durch folgende Festlegung. Kognitive Strukturen haben zwei Erscheinungsformen:

(1)   als gegenständlich realisierte Symbolsysteme zusammen mit möglicherweise ebenso vergegenständlichten Operationen im strengen Sinn der *Operationen eines Kalküls*.

(2)   als lebendige Begriffe im Kopf einzelner Personen und im theoretischen Diskurs von kooperierenden Gruppen, mit anderen Worten: als symbolische Strukturen und Operationen im tätigkeitstheoretischen Sinn.

Die zweite Erscheinungsform ist zugleich die konkrete Vermittlung zwischen Tätigkeit und kognitiver Tätigkeit. Nur wenn die reflektierenden Personen über lebendige

Begriffe verfügen, können sie die unabhängig von ihrer Erkenntnis bestehenden materiellen Analogien zwischen Arbeit und theoretischer Arbeit entdecken, entwickeln und realisieren.

Damit ist das Ende dieser These zur reflektiven Regulation erreicht: *Die lebendigen Begriffe sind der reflektiv-regulative Kern der gegenständlichen Tätigkeit*, sie vermitteln auf der Seite des Subjekts die Erfahrungen im Ideellen mit den Erfahrungen in der materiellen Reproduktion. Komplementärer Teil der Ko-Evolution sind hier *die objektiven Angebote* der realen und der symbolischen Gegenstände und deren Verhältnisse: die materiellen Analogien. Kognitive Strukturen sind damit auch die Werkzeuge der Selbstentwicklung: Die symbolischen Gegenstände kommen ja nicht irgendwoher und stehen den realen Gegenständen "plötzlich gegenüber, sondern sie sind *Vergegenständlichungen von lebendigen Begriffen* (perspektivisch gesprochen, nicht absolut und von Anfang an), also in recht unbestimmtem Sinne: Selbst-Vergegenständlichungen der Menschen. Theoretische Erkenntnisse sind daher in ähnlichem Sinn als Selbst-Wiederaneignung zu verstehen, führen nicht nur zu einem besseren Verständnis der Natur und der Gegenstände, sondern notwendig auch zu einem geänderten, hoffentlich entwickelteren Selbst-Verständnis.

7 Schluß und Ausblick

Diese sehr allgemeinen und abstrakten Thesen genügen sicherlich noch nicht; weder zu einer realistischen Perspektive der theoretisch-psychologischen Arbeit, noch gar zur Entwicklung einer bewußteren *und* selbstverständlicheren Ordnung der psychologischen Praxis. Ein dritter Thesenteil ist daher notwendig, in dem die konkreteren Begriffe des *Wissens* und des *Könnens* als psychologische Begriffe und als Formen der lebendigen Begriffe skizziert werden. Dabei werden dann zwei konkrete Modelle der Tätigkeit vorgestellt, unterschieden und ins Verhältnis gesetzt werden müssen: Das Modell der Regulationsprozesse als allgemeines, ursprünglicheres und das Modell der kognitiven Prozesse als spezielleres Modell für die kognitive Tätigkeit.

Neues aus der Handlungstheorie
Die Metapher von den Intuitionen, die im Körper konkurrieren

Jeder hat seine Macke. Meine Macke ist, daß ich es immer zu genau wissen will, ob das, was ich Anderen sagen will, auch wirklich stimmt. Keiner soll mich bei einer Ungenauigkeit oder bei einer ungewollten Naivität erwischen können. Erschwerend kommt noch der Ehrgeiz hinzu, möglichst viele existierende Sichtweisen psychologischer Phänomene in einem Bild, einem Schema zusammenzubringen. Bei den Landauer Arbeitstreffen darf aber Unfertiges und (noch) Ungeordnetes vorgetragen werden, ist sogar ausdrücklich erwünscht, weil der theoretische Entwicklungsstand der Psychotherapieforschung es ehrlicherweise noch nicht anders erlaubt. Im Vertrauen auf die kreative und solidarisch-kritische Atmosphäre der Arbeitstreffen habe ich mal versucht, die besagte Macke zu ignorieren, und habe etwas vorgestellt, was ich selbst für beklagenswert unfertig halte. Aber eben auch für ungeheuer spannend, etwas, das wie von selbst neue Einsichten produziert: Eine Metapher, eine vage Analogie, allerdings mit einigen wohldefinierten Bestandteilen.

Als ich nun in meinem Zimmer saß und aus dem Vortrag einen Text machen wollte, hat die alte Macke sich sozusagen für das Ignorieren gerächt (wenn wir sie mal metaphorisch als eine Person in mir sehen) und hat ein mehrtägiges Gestreite mit den schludrigen Ideenproduzenten in mir veranstaltet. Wenn sie sich durchgesetzt hätte, dann wäre sicher wieder so ein superdichter, hochabstrakter Text entstanden, wie der Artikel "Diagnostik - Der regulative Kern von Therapieprozessen", diesmal vielleicht mit dem Titel: "Heterarchisch organisiertes Dingsbums und die problematische Situation des praktischen Psychologen". Wie schon der Stil dieser einleitenden Bemerkungen andeutet, habe ich mich entschlossen, im wesentlichen den Vortrag und die anschließende Diskussion zu dokumentieren, und ein wenig aus heutiger Sicht zu kommentieren. Ich kann auch, dafür sorgte schon die Macke, eine rationale Begründung anbieten: Die Dokumentation von Vortrag und Diskussion ist ein ideales Material, um "das Verfertigen der Gedanken" in einer solidarischen Gruppe zu studieren. In diesem Fall handelt es sich um das Umgehen mit einer Metapher, mit einem Analogbild, das selbst nicht völlig klar konturiert ist.

Für die Leserinnen und Leser, die den Vortrag nicht gehört haben, muß ich noch ein paar Vorbemerkungen zur Einführung machen.

(1) Zum Inhalt:

Die Vorstellung, daß unser Ich, dessen wir uns stets mehr oder weniger gewiß zu sein scheinen, in Wirklichkeit eine egozentrische (besser: "urzentrierte") Illusion ist, hat eine lange Tradition, wie auch in der Diskussion gesagt wird. Meine persönliche Uralt-Quelle für die Psychologie des Selbst sind das "Tao Te King" und das "I Ging", zwei chinesische Bücher, die vor etwa zweitausend Jahren geschrieben wurden. Vor fast hundert Jahren hat sich auch William James, eine schon respektablere Bezugsperson, eingehend mit dem Gewahrseinsstrom "im Ich" beschäftigt. Wir kennen alle die Stelle, an der er meinte, eine blühende, schwirrende Illusion sei dieser Strom. Das kann man natürlich als streitbarer Materialist nicht so stehen lassen, oder doch?

Es geht mir im folgenden Vortrag einerseits um einen materialistischen Zugang zum Problem des Ichs, aber andererseits auch darum, einen Erklärungszugang dafür zu finden, was die Psychoanalytiker mit unbewußten (sowohl deskriptiv wie auch dynamisch unbewußten) Konflikten bezeichnen, und was sich im Handeln von Personen als wechselnde Ziele, Sprünge in der Aufmerksamkeit und dergleichen zeigen kann. Dieser Erklärungszugang soll aber nicht von vornherein irgendwelche Tendenzen der lebendigen Aktivität von Personen als gegeben annehmen, die als "Triebe" zwar recht eindeutig bezeichnet, aber in ihrer Struktur nicht näher bestimmt sind. Anstelle der Triebe möchte ich - im Anschluß an Leontjew - individualhistorisch zu erklärende Bedürfnisse annehmen, die sozial und gegenständlich ausgeformt wurden.

Gleich eine Klammerbemerkung an die Sympathisanten der Psychoanalyse: Die analytische Triebtheorie (insgesamt genommen, mit Melanie Klein etwa, und anderen) sagt durchaus etwas über die innere Struktur und Genese der Bedürfnisrichtungen, die von ihr methodisch als Triebe behandelt werden. In diesen Aussagen und den zugehörigen "Heilungswegen" sind wichtige Erfahrungen der therapeutischen Praxis verallgemeinert. Aber um diese Inhalte geht es mir hier noch nicht.

Es geht mir um eine "inhaltliche Form", wie ein Hegelianer sagen könnte, um die Angabe eines begrifflichen Schemas, mit dem solche Fragen wie die nach dem Ich oder Selbst bearbeitet werden können. Und das bringt mich...

(2) zur Form:

Im Vortrag habe ich viel an der Tafel gezeichnet, und das kam nicht von ungefähr, denn ich kann meine Gedanken nicht zusammenhalten, wenn ich nicht ein "kategoriales Schema" vor Augen habe. Manche können das, es gibt ja auch Blindschach-Meister, die gleich ein paar Spiele gleichzeitig im Kopf (was das wohl heißt?) halten können. Auf der anderen Seite gibt es viele Leute, die mit bildlichen Modellen und Pfeil- und -Kasten Schemata auch-schon-rein-gar nichts anfangen können. Das beste, was ich aus diesem symbolischen Dilemma machen konnte, war, die Tafelzeichnung als eine Art Comicstrip am Rand des Textes zu wiederholen.

Eine kognitionstheoretische Anmerkung, zugleich auch Vorwarnung: Mit einfachen Buchstaben wird in diesen Schemata oft eine sehr komplexe Struktur bezeichnet; mit Pfeilen eine nicht minder komplexe, von keinem Psychologen gegenwärtig voll aufklärbare "Abbildung" (in mathematischem Sinn, kann heißen: Umformung, Reduzierung und auch Ausweitung, Beeinflussung und noch weiteres). Der Trick hierbei ist ein zweifacher Gebrauch der Pfeile und Struktursymbole: Einmal verstehen wir sie als bloße vorläufige Plaketten oder Schilder an etwas Unbekanntem, mit dem wir gerade durch das "Etikettieren" umgehen können. Zum anderen aber ergibt sich aus den Festlegungen, die wir für das (alltagstheoretisch gar nicht so) Unbekannte im Verlauf der Überlegungen treffen müssen, mit der Zeit eine recht strenge Definition. Dabei ist auch der Platz des Symbols im ganzen Schema bedeutungstragend, das wird in der Diskussion angesprochen. Wie Michael Otte, ein Mathematiker und Philosoph, nicht müde wird zu betonen, ist gerade dieses komplementäre Wechseln zwischen dem Wörtlichnehmen und dem als-Metapher-und-locker-Gebrauchen die wichtigste (heuristische) Regel für die Entwicklung von Theorien (in der Schule fast noch wichtiger als in der Wissenschaft).

Mit diesem Vortrag bin ich in die Lücke gesprungen, die Dieter Kleiber und Michael Stadler durch ihre Absage gelassen haben. Sie wollten uns auch etwas erzählen über neue Entwicklungen in der Handlungstheorie. Ich werde darum in aller Kürze solche neueren Entwicklungen der materialistischen Handlungstheorie, die mit ihren Namen und mit den Namen Hacker, Volpert und anderen verbunden ist, skizzieren. Aber ich werde dann auch über das Modell der "hierarchisch-sequentiellen Arbeitsorganisation" hinausgehen, und kurz so ein paar Ideen, die ich selber hatte im vergangenen Jahr, vorstellen, die eher konzeptuell sind und theoretisch, so kann man vielleicht sagen.

1 Neue Entwicklungen in der Handlungstheorie

Ich beginne vielleicht mal mit einer Unterscheidung, die Walter Volpert jetzt in einem Artikel gebracht hat, der erscheint gerade in den "Berliner Heften zur Arbeits- und Sozialpsychologie" und heißt "An den Grenzen des Modells der hierarchisch-sequentiellen Handlungsorganisation". Darin überlegt er, ob er jetzt sozusagen sein altes Standardmodell aufgeben soll, und wohin er dann weitergehen soll. Die wesentliche Unterscheidung, die er dabei macht, ist die zwischen einem Prozeßmodell und einem Speichermodell.

Und zwar bezeichnet er eben seine eigene Theorie, die man sehr gut kennzeichnen kann mit dieser berühmten Pyramide (mit Oberziel, Teilziel und so weiter) als eine Prozeßtheorie, weil alles letzten Endes auf diese berühmten Bögen hinausläuft:

Hier realisiert sich eigentlich die ganze Handlung in einzelnen Teiloperationen nacheinander, und das ganze steht unter einem einzigen Oberziel, daher auch "Hierarchie" (im Vergleich mit der Hierarchie in der Kirche und solchen Organisationen würde das ja stimmen). Er kommt jetzt sozusagen ins Zweifeln wegen einiger Ansätze, die gesagt haben, so einfach ist das alles nicht, es ist viel komplexer, es gibt vielleicht mehrere Ziele gleichzeitig, es gibt Zielkonflikte, all solche Sachen. So, daß er dann sagt, diesem Modell (dem Prozeßmodell) müßte eigentlich ein Speichermodell zugrunde liegen. Denn wenn man eine bestimmte Handlung ausführt, ist ein bestimmtes Ziel vorhanden, dem folgt man, und wenn dann ein anderes Ziel wichtiger wird, so springt man auf dies über. Die zweite Handlung ist auch wieder hierarchisch-sequentiell organisiert. Wenn man aber jetzt das Zueinander der verschiedenen Ziele anschaut, dann muß man quasi von der Zeit abstrahieren und sich anschauen, wie sich das im Speicher, im Kopf, im Gedächtnis organisiert.

Um auch solch ein Speichermodell anschaulich zu machen, zeichne ich das Dörnersche Modell mal an, mit der Unterscheidung von epistemischer und heuristischer Struktur. Die epistemische Struktur stellt ja quasi das ganze Wissen dar, über das so ein Problemlöser verfügt, das ist sozusagen zeitunabhängig gespeichert, strukturell geordnet nach dem Problemgebiet, und dann kann man darin irgend etwas ablaufen lassen.

Jetzt besteht also das Problem, wie kann man diese zwei Seiten, die unbedingt beide beachtet werden müssen, miteinander in Verbindung bringen. Sie müssen deswegen beide gesehen werden, weil tatsächlich ja immer Handlungen ausgeführt werden (die, wie Volpert richtig sagt, im wesentlichen hierarchisch organisiert sind), und weil wir aber eben auch immer verschiedene Ziele wählen können und von daher mit diesen sauberen Hierarchien durcheinander kommen. In dem Artikel bietet Volpert nun ein neues Modell an, in dem er die Doppelstruktur von Dörner in modifizierter Form übernimmt (Schemata und Automatismen).

Was er nicht erwähnt, aus welchen Gründen auch immer, ist das Buch von Margit Osterloh "Handlungsspielräume und Informationsverarbeitung", die auch eine, aber eine andere Lösungsmöglichkeit vorschlägt, wie man das zusammen sehen kann. Sie sagt, wir haben zunächst einen äußeren Realbereich (sie nennt das Territorium, nach Bateson), also für uns übersetzt: die Wirklichkeit, was immer da nun genau ist. Und im Territorium gibt es nun (wie in den Oesterreich-Netzen) Verbindungen zwischen Zielen und Effekten, alle möglichen, die zusammen wieder so eine Baumstruktur bilden. Man kann jetzt aber über diesem Territorium ganz verschiedene Abbildungen errichten unter jeweils einem bestimmten Oberziel, das ergibt dann die Karten, in denen dann wenige von den Linien als die erwünschten herausgehoben sind, unter jeweils einem Oberziel.

Im alten Modell von Volpert gibt es das Territorium nur als die besagte Linie aus Operationsbögen; in Oesterreichs Modell finden wir eine Erweiterung zu einem Netz von Pfeilen, die von einem Handlungsresultat zum nächsten führen. Bei Oesterreich finden wir weiterhin vielfältige Ebenen von Karten, wobei eine Verallgemeinerungsordnung besteht: Die höheren Karten bilden ganze Bereiche der niedrigeren ab, und so weiter. Man könnte aber genauso gut dafür argumentieren, daß es im Oesterreich-Modell nur Karten gibt, und kein Territorium (im Sinne Leontjews würde dann der Gegenstand des Handelns nicht explizit modelliert). Was Oesterreich (und auch Volpert in seinem neuen Modell) nicht abbilden, was uns aber hier interessieren muß, ist die mögliche Konkurrenz mehrerer Karten im gleichen Territorium.

Vielleicht ein Beispiel. Nehmen wir jemand, der gerne töpfert. Dann haben wir im Territorium alles, was man mit Ton und Töpferscheibe und Händen machen kann, auch, was man verkaufen kann, was andere Leute wollen. Hier kann man nun verschiedene Oberziele wählen, meinetwegen einmal, daß man möglichst viel

Gewinn herausbringt, und das wird nun eine Karte mit anderen Linien ergeben, als wenn man beim Töpfern unter dem Selbstverwirklichungsaspekt versucht sich darin auszudrücken als Künstlerin oder so. Wir haben also zwei recht verschiedene Hierarchien über dem Territorium, und das Problem wäre jetzt, kann man das nicht auch gleichzeitig machen, wie vertragen sie sich eigentlich hier oben. Und eine reale Frau, die mit Töpfern ihr Geld verdienen will, die hat diesen Konflikt, auf die verschiedenen Oberziele eingehen zu müssen.

Man muß aber auch gleich hinzufügen, daß diese Möglichkeiten durch die soziale Organisation aufrechterhalten werden, und daß man das überhaupt so sehen kann, weil es Kunst gibt, und weil es Gewinn gibt und so fort. Das Problem, das sich stellt, wenn das einer in seinem Kopf vereinigen soll, nennt Osterloh das Multiplexitätsproblem. Danach müßte man multiplex denken können. Daß überhaupt verschiedene Karten existieren, nennt sie Komplexitätsproblem. Bei Dörner ist das anders, er nennt die Fähigkeit, verschiedene Sichtweisen zu vereinigen, Komplexität des Denkens. Aber das spielt ja hier keine Rolle, darauf kommt es an: Es gibt verschiedene Sichtweisen und sie werden sozial reproduziert, diese Sichtweisen sind gleichzeitig Praxis vieler Menschen, durch sie passiert etwas, wird etwas hergestellt. Wie kommen sie aber in Verbindung?

Nun ist es interessanterweise so, daß, wenn ich es darstelle als Problem verschiedener Personen, es gar nicht so schwierig ist, das Problem zu lösen. Nämlich: Wenn wir nun alle darangingen, Töpferwaren herzustellen nach dem einen oder anderen Oberziel, dann würden wir per Wettbewerb, Konkurrenz und ähnlichen Prozessen irgendeine gemeinsame Ordnung finden. Ob das nun die Ordnung des Marktes ist oder eine abgesprochene, mehr oder weniger als alternatives Projekt verstandene Ordnung ist, spielt hier keine Rolle. Wir würden uns jedenfalls die Vereinigung von verschiedenen Umgangsweisen mit dem gleichen Gebiet vorstellen als eine Gruppeninteraktion. Und mein Vorschlag ist jetzt also, daß wir das gleiche tun für die Personen, daß wir die Personen sehen mit ihren verschiedenen Blickweisen und verschiedenen Tätigkeiten wie eine Gruppe, die versucht sich zu einigen auf eine gemeinsame Praxis, oder aber auch wie eine, die das nicht fertig bringt. Darauf will ich hinaus, und jetzt müßte man mal sehen, mit welchem Modell man das fassen könnte.

2 Das Modell der konkreten Funktion

Wir brauchen ein Modell, mit dem die Sache einfacher wird, mit dem diese ganze verwirrende Komplexität der vielen Linien vermieden wird. Was ich versuche vorzustellen, ist das Modell, das ich in meiner Dissertation entwickelt habe, das Modell der konkreten Funktion.

Ich muß jetzt mal versuchen, das klug einzuführen: Diese konkrete Funktion ist sozusagen eine "systemische Einheit", eine funktionale Einheit, die ersetzt das, was in anderen

Theorien ein Handlungsplan heißt, ein Plan, der etwa so ein Oberziel ausführt. Insofern ist sie auch eine Einheit, die zweckgerichtet ist. Jetzt fange ich mal an mit diesem Zweck-Moment, das subjektiv, aber auch objektiv sein kann. Es ist gerichtet darauf, daß ein bestimmtes Resultat produziert wird. Es ist quasi das, was durch das Oberziel hier im Volpert-Modell dargestellt wird, und was oben vorausgenommen wird, und was hier unten durch die Operationenkette erzeugt wird. Dieser Übergang von Z nach R ist, wenn man so will, der Prozeßaspekt. Alles weitere streiche ich sozusagen weg, in der Abb., das kann man sich jetzt mal denken, dazu.

Oder - vielleicht sage ich noch dazu, das muß durch irgend-welche Mittel realisiert werden (M). Die Mittel können eben zum Teil frei gewählt werden, zum Teil sind sie aber auch davon abhängig, was denn überhaupt an Ressourcen vorhanden ist.

Und das Speichermodell kommt jetzt dazu, quer dazu, wenn man so will, das be-zeichne ich mit dem Buchstaben T für Tätigkeit, weil ich eben von Leontjew her-komme. Das sind quasi die ganzen Organisationsstrukturen, die jetzt die Mittel organisieren, damit der Zweck ins Resultat übergehen kann. Und das, was von Leontjew selber hinzukommt, ist, daß jetzt auf der anderen Seite noch der Gegenstand gesetzt wird (G), als eine eigenständige Größe. Dies erscheint nämlich in diesen (Volperts und Dörners) Modellen überhaupt nicht, und bedeutet, daß der Gegenstand, den die Funktion erzeugt, selber noch als etwas Eigenständiges gesehen wird.

Also im einfachsten Fall, was ich vorhin im Beispiel gesagt hatte, in einer Hand-lung der Töpferin, da wäre es eben der Ton, der umgesetzt wird in Waren und Be-hälter - was weiß ich - , die dann das Resultat darstellen. Aber im kom-plexeren Fall, wenn wir eine ganze Tätigkeit anschauen, da heißt Gegen-stand gleichzeitig das, worin die tätigen Personen stehen, also ein sozia-les Verhältnis. Und daß das dann noch eine Eigendynamik gegenüber der Person hat, das ist - glaube ich - einsichtig.

Wenn man dies jetzt im Volpert-Modell darstellen wollte, müßte man eigentlich entsprechend eine Pyramide unten auf bauen. Dem Oberziel ent-spricht dann ein bestimmter Zustand des Gegenstands, und genau-so den unteren Teilzielen. Wenn wir einen sehr gut beherrschten Gegenstand vor uns haben, wird die untere Pyramide genau spie-gelig sein zur oberen, und wir könnten sie einfach nach oben klap-pen. Das kann man immer dann machen, solange der Gegenstand nicht eine Eigendynamik und besondere Widerständigkeit hat. Bei Dörner in den Lohhausen-Versuchen zeigt sich ganz deutlich, was es bedeutet, wenn eine starke Eigendynamik im Gegenstand vorhanden ist.

Das ist also jetzt die zentrale Figur, das ist eine konkrete Funktion, die ein Resultat erzeugt, und das Resultat selber hat eine bestimmte Notwendigkeit, und wirkt auch zurück darauf, wie sich die Funktion organisiert. Der Witz dabei ist, sich immer zu fragen: Welche Funktion hat das Resultat für den Kontext, in dem die Funktion aktiviert wird. Das ist die funktionale Sichtweise.

Die dann auch dazu führt, daß man sagen muß, das wird nicht nur einmal ausgeführt (es ist also nicht ein Modell für nur eine Handlung), sondern es ist ein Modell für eine wiederkehrende Handlung, oder immer wiederkehrende Operation oder Tätigkeit (weil ich nämlich meine, daß man das Modell rekursiv anwenden kann auf verschiedenen Prozeßebenen).

Das heißt also, jetzt muß ich noch angeben, daß das Resultat immer wieder verbraucht wird, was wieder dazu führt, daß die Funktion erneut aktiviert werden muß. Also, in unserem Beispiel von vorhin, wie es immer wieder nötig wird, irgendeinen Lebensunterhalt durch Töpferei zu verdienen. Das nenne ich dann also: die Wiederkehr der Funktionsnotwendigkeit. Und das kann man jetzt nicht allein aus der Funktion selbst entnehmen, denn es hängt ab von den Formen, in denen es stattfindet. Dafür schreibe ich F, und damit hätten wir alle sechs Momente zusammen, die man hier betrachten muß. - "Die Formen", das kann man sich auch so übersetzen (es stammt aus der marxistischen Terminologie): der Kontext, in dem der Prozeß verläuft. Jede Funktion wird

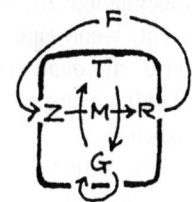

also immer wieder durch einen konkreten Kontext aktiviert und der bestimmt, wann es wieder notwendig wird, daß sie aktiv wird.

Zwischenfrage: Was ist jetzt der Fortschritt dieses Modells gegenüber der VVR-Einheit von Hacker?

In der VVR-Einheit wird die Wiederkehr der Funktionsnotwendigkeit normalerweise nicht thematisiert, außer daß gesagt wird, es gibt gesellschaftliche Anforderungen. Dies deshalb, weil das VVR-Schema auf Produktionsprozesse gemünzt ist und immer dann wieder anspringt, wenn man in einer Arbeit wieder das gleiche tun muß. Es ist dort nicht von innen heraus notwendig, daß es wieder gemacht wird.

Eine andere Erklärung dafür wird auch hier nicht gefunden, das ist natürlich völlig richtig. Aber in meinem Modell können andere Funktionen herangezogen werden, um die Wiederkehr der Funktionsnotwendigkeit plausibel zu machen. Wenn man an irgendwelche klinischen Anwendungen denkt, gibt es Netze aus Funktionen, die ihre Notwendigkeit in sich tragen, aus den Zusammenhängen, in denen sie entstanden sind. So etwas wurde in den anderen Modellen nicht thematisiert, in der VVR-Einheit gibt die gesellschaftliche Anforderung den Anstoß, und es wird das Resultat produziert, ohne daß klar ist, wie aus dem Resultat wieder die Anforderung entsteht.

Ich habe also mit diesem Modell erst eine einzige kleine Elementarzelle gezeigt. So eine Zelle ist, so kann man sagen, äquivalent einer VVR-Einheit, aber diese bildet den Gegenstand nicht mit ab. Auch ich nenne ihn hier nur, aber diese Nennung ist zu verstehen als Aufgabe, den Gegenstand zu beschreiben.

Nachfrage: Das wäre im Problemlösemodell eine Situationsanalyse?
- Ja. Es ist sowieso so, daß man sagen muß: Diese Modelle lassen sich alle aufeinander abbilden, genau das hat Margit Osterloh in ihrem Buch auch gemacht, und ich habe jetzt alles nur verkürzt auf die wesentlichen sechs Momente.

Zum Beispiel, was man kennt von der TOTE-Einheit, daß sich der O-Kasten auflösen läßt in weitere TOTE-Einheiten, und so rekursiv weiter, das geht hier auch: Wenn wir uns die Mittel ansehen, so sind sie wieder konkrete Funktionen, die ihrerseits Mittel organisieren und so weiter, bis zu irgendeiner Grenze, die man angeben muß, weil sonst alles unbestimmt bleibt. Das bedeutet auch, daß wir zum Teil die Form einer Funktion, das kann man hier schon sehen, darstellen kann als eine höhere Funktion. Das gilt aber nur für eine regelmäßige Aktivierung als Mittel der höheren Funktion und nicht, wenn eine Funktion von mehreren höheren Funktionen als Mittel aktiviert wird, die dann erst zusammen die Form bilden. Das also ist die Rekursivität der Handlungsorganisation, die zweite Art von Wiederkehr, die wir zu unterscheiden haben.

Die direkte Wiederkehr der Funktionsnotwendigkeit ist also zu unterscheiden von der sozusagen strukturellen Wiederkehr der allgemeinsten Organisationsprinzipien auf den niederen Ebenen, die die ganze Organisation selbstähnlich machen, rekursiv selbstähnlich, wie ich gern sage.

3 Intention als Verkoppelung von Wirklichem und Möglichem

Nun ist es aber so, wenn man hört "funktionales System", dann fragt man sich, wo denn die Subjektivität bleibt bei all diesen Funktionen, die da so für sich ablaufen, einfach so passieren. Was ich da zunächst einmal sagen kann: Hinter dem T verbirgt sich eine organismische Regulationstätigkeit, ein lebendiges Können, aber Ideen oder sonstwas sind damit eigentlich nicht erfaßt. T stellt also keinesfalls nur gedankliche Strukturen dar, mit dem Schema muß sich ja auch die sensumotorische Regulationsebene beschreiben lassen. Es sind also sozusagen noch keine Kognitionen vorhanden und deswegen reicht es meiner Meinung nach noch nicht aus.

Nun komme ich endlich mit der Kooperation an. Ich hatte vorhin schon gesagt, ich möchte versuchen zu zeigen, daß jede Person verstanden werden kann wie eine kooperierende Gruppe. Das klingt vielleicht komisch, aber wenn man sich überlegt, daß schon die normale Handlung eigentlich eine Kooperation ist, dann wird es vielleicht etwas deutlicher. Und das kann man sich so klar machen: Wenn ich jetzt zum Beispiel hier herumlaufe und versuche, etwas anzuzeichnen, dann mache ich einerseits die Operationen des Zeichnens, andererseits muß ich aber auch die Waage halten, damit ich nicht umfalle. Das ist nun kein hierarchisches Nacheinander, das ist eine parallele Aktivierung von sehr vielen Operationen. Man kann es auch an einem komplexeren Beispiel zeigen: In einem Therapieprozeß ist stets ein Teil der Handlungen darauf gerichtet, sich in der Situation einzurichten, ein anderer darauf, über eine Einzelheit nachzudenken, was ja gleichzeitig passiert: Beide Handlungen kooperieren. Also haben wir dieses Phänomen schon bei den Handlungen, wenn wir nicht nur das betrachten, was im Vordergrund steht und zielführend ist.

Bei den Tätigkeiten, wie steht es da ? Wenn das richtig ist, was Sigrid Haselmann sehr klar herausgehoben hat, daß sie nämlich Sozialverhältnisse als ihren Gegenstand haben, dann ist auch schon evident, daß darin Kooperationen involviert sind. Jetzt müssen wir uns das halt mal genauer anschauen. Und die wichtigste Zusammenarbeit in meiner Sicht ist die zwischen tatsächlich realisierenden Handlungen und kognitiven, vorausschauenden. Das versuche ich also mit zwei Systemen darzustellen.

Das ist auch schon bekannt: Das eine System wäre das Modell, das andere die Realität. Oder: das Mögliche und das Wirkliche, die beide solche konkreten Funktionen sind, so daß wir links die praktische Tätigkeit (pT) und den materiellen Gegenstand (mG) hätten, wie es in der marxistischen Tradition heißt ("materiell" soll heißen, daß er unabhängig davon 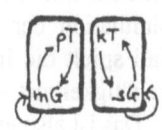 existiert, ob wir genau angeben können, wie er genau aussieht). Und rechts wäre die kognitive Tätigkeit (kT) und der symbolische Gegenstand (sG). In der Mitte wären die Resultate, und wenn alles gut geht, dann konvergieren sie auf ein gemeinsames Resultat: Was wir uns vorgestellt haben, das läßt sich auch realisieren.

Dazu gehören auch die entsprechenden Zwecke, so daß wir zunächst einmal das Schema nur verdoppelt haben (auf die noch fehlenden Mittel komme ich gleich zurück). Das Wichtigste ist nun aber, daß man dieses zweite System nur dann als Modell ansehen kann, wenn es gerade diese Kooperation zwischen den beiden Funktionen gibt. Es ist also das Modell nur ein Modell in bezug auf ein anderes System, ansonsten kann 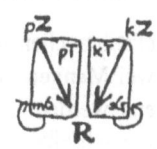 der hier symbolisch erscheinende Gegenstand für sich gesehen ein materieller Gegenstand wie jeder andere sein. Zum Beispiel, wenn ich mir ein stoffliches Modell baue, etwa von einem Wasserfall.

Jetzt müssen die beiden Systeme aber irgendwie koordiniert werden. Ich nehme jetzt mal als die koordinierende Instanz die sogenannte Zentraltätigkeit. Damit ist eine Hirntätigkeit gemeint. Und über dieser steht so etwas wie "die Intention". Damit meine ich genau das, was wir selbst als bewußte Intention erleben, da kommt das also in das Modell mit hinein. Das soll heißen: Die Intentionen entstehen nicht in konkreten Funktionen, sondern es braucht immer so eine Koppelung von zwei Systemen. Das eine 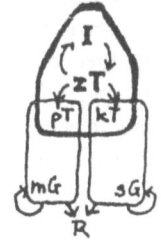 erklärt das andere, in dem einen kann man probehandeln, und im anderen handelt man tatsächlich. (In "Erwachendes Denken" hat Friedhart Klix eine noch allgemeinere These formuliert; er sagt auf S. 246:

"Wenn zwei unabhängig voneinander entstandene, für verschiedene Funktionen aus-
gebildete Systeme miteinander in Wechselwirkung treten, ist eine wichtige Voraussetzung dafür gegeben, daß durch diese Wechselwirkung eine neue Qualität entsteht".
Diese neue Qualität wäre hier also das Intendieren über das bloße Funktionieren
hinaus).

Und wenn man weder das eine noch das andere macht, also weder symbolisch etwas durchspielt, noch tatsächlich etwas realisiert, dann kann man immer noch etwas
machen, nämlich sich das einfach nur vorstellen. Das ist dann
ein Fantasieprozeß oder so etwas, der läuft hier oben rund.
Damit erfasse ich das, was die Neuropsychologen, vor allem
Anochin, mit dem "vorauseilenden Modell der Wirklichkeit"
meinen, mit dem "Aktionsakzeptor", eine sozusagen innere
Simulation der äußeren Wirkungen der Aktivität. In diesem
Fall spielt die Intention die Rolle der Tätigkeit und die Zen-
traltätigkeit die Rolle des Gegenstandes.

Das ist also ein eigenartiger Wechsel, der sich hier vollzieht: Wenn wir die Fantasie betrachten, ist der Gegenstand hier im Kopf, und wenn wir die reale Tätigkeit
betrachten, dann ist das gleiche, was der fantasierte Gegenstand war, nun die Steuerungsinstanz.

4 Emotionen als Vermittler zwischen Intentionen und Tätigkeiten

Jetzt brauchen wir überall auch Vermittlungen. In den beiden Systemen haben wir
zwei Mengen von Vermittlungen: Die Mittel, die rechts eingesetzt werden, wären symbolische Mittel, mit denen wir denken
oder schreiben oder zeichnen oder Modelle bauen, und links sind
es eben alle möglichen anderen Mittel, unter denen sich eben auch
unser Körper befindet (rechts natürlich auch, ist klar).

Oben aber - so meine ich - müssen wir als Vermittlung die
Emotionen ansetzen, verstanden als Signale, die hervorgehen aus
einem irgendwo stattfindenden Vergleich zwischen beiden Systemen, zwischen dem, was möglich ist, und dem, was real ist. Das ist auch wieder
eine Idee, die nicht völlig neu ist, daß die Emotionen ein Verhältnis von Möglichkeit und Wirklichkeit signalisieren. Das ist auch nicht der Witz dieses Schemas,
sondern eher das, was herauskommt, wenn man das Modell laufen läßt: Wenn man
sich das obere Dreieck abgekoppelt denkt - also bei einem
rein inneren Fantasie- oder Rückerinnerungs-Prozeß -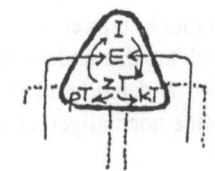
steuern die Emotionen das, was als nächstes kommt, die
nächste Sub-Intention quasi. Diese Einwirkung entspricht
der, die die Mittel in den beiden funktionalen Systemen
haben: Was über sie "signalisiert" wird, entscheidet über
die Richtung der folgenden Aktivität. Die emotionalen
Signale in Fantasie und Rückerinnerung kommen aus den

ganzen angesammelten Strukturen: Erfahrungen, die sich hier im regulativen Teil (zT, pT, kT) angesammelt haben.

Was machen wir nun mit so einem Modell?

Ich meine jetzt dieses ganze Schema, interpretiert als eine ganze Tätigkeit zum Beispiel, die sich organisiert - hier gilt dasselbe wie vorher - über das Resultat, das notwendig wird aufgrund des Kontextes, den wir natürlich wieder nicht mit drin haben. Halt, noch eins: Die Gesamtorganisation erhält sich selber, das ist der springende Punkt hierbei, hat also ihre eigene Reproduktion. Das System ist also einerseits angewiesen darauf, daß der äußere Kontext immer wieder zur Aktivierungsnotwendigkeit führt (oder die dauernde Aktivierung zuläßt), aber andererseits hat das System auch selbstregulative Tendenzen, durch die es sich mit eigener, innerer Notwendigkeit reproduziert.

Wenn wir nun annehmen, daß es so etwas gibt, so eine komplexe Struktur, für jede Tätigkeit, die wir ausüben, die sich selbst reproduziert, und die immer einmal wieder aktiv wird, sei es aufgrund interner Eigensignale oder aufgrund dessen, was da sonst noch passiert, dann müssen wir nun auch annehmen, daß es so eine Art Wettbewerb gibt darum, wer sozusagen jetzt den Körper kriegt, das Hauptmittel, das wir haben. Wir hätten dann eine Erklärung von außen dafür, wieso in uns Konflikte auftreten können, wie Gedankensprünge zustande kommen können, wieso man von einer Sache in die andere fällt. Da würden wir sagen: Jetzt hat eine andere Funktion oder Intention gewonnen. Und wir müßten dann in jedem konkreten Fall erklären: Wie kann das sein, wie kann der Wettbewerb um die Ausführungsmittel (dazu gehören auch bestimmte Hirnstrukturen) gerade so und nicht anders ausgegangen sein?

5 Das Selbst ist notwendig wechselnd

Ich hoffe, daß ich im vorangegangenen genügend klarmachen konnte, wie hier vorzugehen ist. Wegen der mangelnden Zeit habe ich schon ein Beispiel auslassen müssen. Ich möchte aber doch noch kurz andeuten, was daraus folgt für Therapie und Selbsterkenntnis und so was. Zunächst, daß das Selbst notwendig wechselnd ist. Es gibt also nicht so etwas wie ein festes Selbst, obwohl es relativ fixe körperliche Strukturen gibt, in denen verschiedene Selbste jeweils aktiv werden können, oder sollten wir sagen: verschiedene Seiten "des" Selbst? Der Körper kann also genutzt werden von verschiedenen Intentionen und Funktionen.

Das ist eine Sicht, die ganz konträr steht zu der Sicht, daß ich als Person jetzt "entscheide", was mache ich für verschiedene Tätigkeiten, was führe ich eigentlich aus. Dies sind ganz konträre, genau komplementäre Sichtweisen.

Und jetzt entsteht als Problem: Wie soll jetzt die eine, körperliche integrale Person das machen, daß sie als harmonisch kooperierende Gruppe zusammenspielt? Das könnte zum Beispiel gelöst werden durch Ausschluß von bestimmten funktionalen Systemen, die den anderen nicht passen, die können abgedrängt werden und die anderen können sich zusammenschließen. Das wäre aber, wenn es nicht ein realer Ausschluß ist und diese Funktionen nicht mehr notwendig werden, ein Konflikt, der immer wieder kommen muß, und der wegen des Ausschlusses quasi irgendwo im Körper ausgetragen werden muß. Er würde sich dort irgendwann auch manifestieren.

Bei diesem Punkt bin ich unsicher, wie wir das modellieren sollten: Man kann einerseits sagen, das Ich ist selbst eine Funktion, und es ist nötig, weil es eine Instanz geben muß, die alles zusammenhält. Da habe ich aber andererseits den Verdacht, daß das so eine ähnliche Aussage ist, wie dieses "Es muß immer einen Führer geben". Ich bin also nicht sicher, ob das Ich nicht auch anders modellierbar ist.

Und schließlich eine Sache, die mir noch wesentlich wichtiger ist: Der einzelne Körper ist selbstverständlich nie allein, und alles, was ich eben beschrieben habe, bezieht sich doch nur auf einen Körper, auf eine Person. Wir müssen aber davon ausgehen, daß es zu vielen Funktionen komplementäre Funktionen in anderen Personen gibt. Dadurch kann die Funktionsnotwendigkeit nur wirksam werden, wenn diese Funktionen zusammen aktiv werden. Das bringt uns aber in einer Ebene über der bisherigen zu der Frage: Wie können mehrere Personen zusammen aktiv werden in einer Gruppe. Dieses Problem ist ja viel bekannter, dazu wissen wir schon einiges. Und zu dem engeren Problem von komplementären Funktionen könnte man versuchen, in diesem Modell zu rekonstruieren, was die Analytiker mit Übertragungs-/ Gegenübertragungsphänomenen meinen.

6 Zwei Nachträge

(1) Ich, Freiheit, Wille und Dörners "Absichtsrangierung": Auch in diesem letzten Teil des Textes können wir mit uralten Sprüchen noch etwas anfangen. Tschuang Tse, eine Art Paulus des Taoismus, stellt uns in der Übersetzung von Gia-Fu Feng und Sylvia Luetjohann die folgende Frage:

> Liä Tse flog leicht und mühelos auf dem Wind und kehrte nach fünfzehn Tagen zu-rück. Menschen, die so glücklich sind wie er, sind selten. Obgleich er nicht mehr zu laufen brauchte, war er immer noch von etwas abhängig. Stelle dir aber einmal vor, daß sich jemand mit dem Strom von Himmel und Erde und der Umwandlung der sechs Elemente bewegt und im Grenzenlosen wandert. Wovon ist er noch abhängig?

Hier wird das Thema der vollkommenen Einverleibung der Mittel durch Sich-mit-der-Natur-bewegen angeschlagen. Was soll in diesem utopischen Zustand die Person noch hindern, sich frei zu bewegen? Tschuang Tse gibt keine direkte Antwort, nimmt vielmehr an, wir würden sie schon finden, und kommentiert: "Daher heißt es: Der Vollkommene hat kein Ich.... ".

Im neuesten philosophischen Bestseller hält Peter Sloterdijk uns vor (S. 132):

> Quer zu allen politischen Fronten ist es das "Ich" in der Gesellschaft, das den ent-schlossensten Widerstand gegen die entscheidende Aufklärung liefert. Kaum jemand will dulden, daß radikale Aufklärung an dieser Stelle vorangeht, auch viele nicht, die sich für Aufklärer halten. Der Tanz um's goldene Kalb der Identität ist der letzte und größte Taumel der Aufklärung.

In der Diskussion war zu spüren, wie schwierig es ist mit dem Problem des Ich sowohl phänomenologisch ("urzentriert") als auch funktionalistisch ("dezentriert" oder "biologistisch" oder "mechanistisch") umzugehen. Dieses sowohl-als-auch aber müßte möglich sein, damit freie Selbstbestimmung in Kenntnis der äußeren und inneren Notwendigkeiten auch theoretisch eingeholt werden kann.

Die Metapher, die ich vorschlage, soll hierbei helfen. Sie stützt sich auf eine Einsicht Wygotskis (zitiert nach Budilowa, S. 126):

> "Jedwede höhere psychische Funktion war deshalb eine äußere Funktion, weil sie zunächst sozial war, bevor sie eine innere eigentliche psychische Funktion wurde, sie war zuvor die Beziehung zweier Menschen".

Alles was ich hier hinzufüge, ist, daß es sich um mehr als zwei Menschen handeln kann, und, daß ein ähnlicher Vorgang auch noch innerpsychisch stattfinden muß: Die vielen Tätigkeiten einer Person müssen ein stabiles, gleichzeitiges, genügend harmonisches "Wir" ausbilden, das damit zugleich ein Ich auf einer höheren (das ist wichtig zur Vermeidung eines Kategoriefehlers) Organisationsebene ist.

Metaphorisch und neu ist also nur, die Organisationsform des Ichs analog zur Kommunikation und Kooperation von Personen in einer konkreten Gruppe zu sehen, wobei in beiden Fällen die explizite Berücksichtigung des gegenständlichen Kontexts das spezifisch materialistische am Modell darstellt. Die weitere "Verankerung" meines Modells in der Tradition des Materialismus und der kulturhistorischen Schule habe ich lang, breit und (gut?) hegelsch in meinem Buch "Tätigkeit, Arbeit und Praxis" dargelegt.

Wie in der Diskussion unmißverständlich klar wird, habe ich tatsächlich kein mechanistisches Modell anzubieten. In dem äußerst lesenswerten und wichtigen Forschungsbericht über das Lohhausen-Experiment zeigt Dietrich Dörner, wie ein solches Modell aussehen könnte: "Absichtsrangierung und Zeitplanung" werden dort funktional erklärbar gemacht, aber (ich möchte fast sagen selbstverständlich) wird alles als Aktivität eines einzelnen, unteilbaren Systems ("Individuum") rekonstruiert, von Kooperationsproblemen relativ autonomer Subsysteme finden sich nur selten einige Spuren.

(2) Lebendiges Können, der Körper, die Gefühle und Gendlins Focusing: Bisher sind die akzeptierten biologi(sti)schen Modelle mehrheitlich dezentrierte Varianten eines darwinistischen Urbilds. Die Organismen werden vor allem von außen und in ihrer Begrenzung durch die äußere Ökologie betrachtet. Eine Schule chilenischer Biologen möchte dies gründlich ändern: In Humberto Maturanas Buch "Erkennen: Die Organisation und Verkörperung von Wirklichkeit" findet der erstaunte Leser das Modell der "Autopoiese", der lebendigen Selbstgestaltung von Organismen. Die Erläuterungen Varelas spielen oft mit Solipsismen, den extremsten Urzentrierungen. Auch Piaget sieht die Tätigkeit vor allem von innen und erklärt ihre Entwicklung, ähnlich wie im autopoietischen Modell, als "innere" Entfaltung immer allgemeinerer Strukturen des Subjekts, auch er versuchte "Biologie und Erkenntnis" sehr direkt zu verknüpfen.

Mein Begriff für das kreative Leben heißt "lebendiges Können", ich meine damit ein verkörpertes, "einverleibtes" Wissen über die erfahrene Umwelt, die Anderen und das eigene Selbst. Es muß nicht sprachfähig sein, aber es muß immer wieder gebraucht werden, und immer wieder nützlich sein, um sich erhalten und verändern zu können. Es ist in dieser "ungeistigen" Form noch nicht spezifisch für die Menschen; Klaus Holzkamp hat erst kürzlich auf einigen hundert Seiten erläutert, welche Bestimmungen noch hinzukommen müssen.

Dieses Können schließt zentral die Fähigkeit ein, mit Signalen über das eigene Verhältnis zur Welt zu operieren. Wie jedoch Donald Hebb in seinem "Essay on Mind" betont, sollten wir bedenken, daß solche emotionalen Signale nicht etwa nur primitive Steuerungsgrößen sind, sondern daß die Menschen im Gegenteil die qualitativ unterschiedlichsten, reichsten, vielleicht auch tiefsten Gefühle haben, vergleicht man sie einmal mit anderen Gattungen der "Tierwelt". Für Therapeuten, neuerdings auch für Handlungstheoretiker, ist das kaum noch eine überwältigende Einsicht. In Gendlins Methode des Focusing wird die Einsicht praktisch gemacht, daß wir über den Umweg des Horchens auf unsere Gefühle zunächst zu einer klareren Selbstreflexion, und von dort auch - mit anderen Mitteln - zu einer Neugestaltung unseres Verhältnisses zur Welt und zu den Anderen kommen können.

Nach der Diskussion in Landau hat mich Annette Kämmerer darauf aufmerksam gemacht, daß mit der Metapher der Intentionskonkurrenz im Körper auch eine Erklärung für psychosomatische Leiden in Sicht sein könnte. Das glaube ich jetzt auch, nur muß ich diese Arbeit nicht allein leisten, da Alfons Bense seine "Klinische Handlungstheorie" (in der Gendlins Konzept eine Schlüsselrolle spielt) mittlerweile zu einer Theorie der Psychosomatik erweitert hat, wiederum auf handlungstheoretischer Basis.

Dennoch gibt es noch mehr als genug zu tun. Wenn ich mit dem vorangegangenen Text ein reproduzierbares Beispiel dafür gegeben habe, wie die Theorieentwicklung im Bereich der Psychotherapie gefördert werden kann, bin ich aber schon hochzufrieden. Mein Großvater sagte immer: "Man kann ja nichts erzwingen". Ich finde, er hatte Recht.

> "The first fact for us, then, as Psychologists, is that thinking of some sort goes on. (...) If we could say in English, 'it thinks', as we say 'it rains' or 'it blows', we should be stating the fact most simply and with the minimum of assumption. As we cannot, we must simply say that thought goes on.... "

> (William James vor 96 Jahren, S. 154).

Kommunikation als gegenständliche Tätigkeit
Zu einigen philosophischen Problemen der kulturhistorischen Psychologie

1 Fragestellung und Kontext der Untersuchung

Die folgende Untersuchung ist gedacht als Beitrag zur Entwicklung der Tätigkeitstheorie, wie die auf Alexej N. Leontjew (1982) zurückgehende Version der kulturhistorischen Psychologie meist kurz benannt wird. Dieser Name wird jedoch ebenso für eine Richtung der materialistischen Philosophie benutzt (vgl. Iljenkow 1977, Michailow 1980, Lektorskij 1985), und auch in anderen Humanwissenschaften als der Psychologie gewinnt die eine oder andere Version der Tätigkeitstheorie mehr und mehr Beachtung (in der Pädagogik z.B. Dawydow 1977).

Allen diesen Ansätze ist gemeinsam, daß sie als Basiskategorie zur Beschreibung ihres Forschungsfeldes den Begriff der "gegenständlichen Tätigkeit" verwenden, der auf die frühen Arbeiten von Karl Marx zurückgeführt werden kann[6]. Mit ihm soll die Grundsatzentscheidung ausgedrückt werden, alle sozial- und geisteswissenschaftlichen Gegenstandsbereiche von der Frage her anzugehen, wie die Menschen in ihnen als kompetente, aktive, zielbewußte Subjekte wirken, welche gegenständlichen, das heißt: ihnen wiederum als Objekte "gegenübertretenden" Resultate sie dort produzieren, welche gesellschaftlich hergestellten und verteilten Mittel sie dazu einsetzen und in welchen historisch gewordenen sozialen Formen sie ihren je eigenen Handlungsstil entfalten.

Seitdem diese Kategorie "gegenständliche Tätigkeit" durch Rubinstein und Leontjew in die Psychologie eingeführt wurde, gibt es unter den materialistischen Psychologen, zu denen sich in der Bundesrepublik auch die Kritischen Psychologen (s. Holzkamp 1983) und die Vertreter der Handlungsregulationstheorie (s. Volpert 1987) rechnen, immer wieder Diskussionen um die Interpretation dieser Kategorie. Auf diese Diskussionen kann ich in diesem Text nicht im Detail eingehen[7].

Es geht mir vielmehr um die relativ eingegrenzte Schwierigkeit der Anwendung jener Kategorie auf die Kommunikation, besonders auf Sprechen und Sprachver-

---

[6]   Oft wird auf die erste Feuerbachthese verwiesen, in der es heißt: "Feuerbach will sinnliche - von den Gedankenobjekten wirklich unterschiedene Objekte: aber er faßt die menschliche Tätigkeit selbst nicht als *gegenständliche* Tätigkeit." (MEW 3: 5). Weiter unten wird auf Keilers Kritik (1985) an dieser und ähnlichen Marx-Anknüpfungen noch näher einzugehen sein.

[7]   Vgl. Budilowa (1975) zur sowjetischen, Wertsch (1981) zur englischsprachigen und Maiers (1985) und Holodynski (1986) zur bundesdeutschen Diskussion. - Ich selbst habe versucht, die Kategorie "Tätigkeit" mit den recht ähnlichen Kategorien "Arbeit" und "Praxis" zu verbinden (Raithel 1983), und dazu die im vorigen Absatz verwendeten Kategorien "subjektiver Zweck" ($\approx$ Ziel), "objektives Resultat", "Tätigkeit-als-Können" (subjektiver, organischer, regulativer Kern der Tätigkeit), "Gegenstand-als-Prozeß", "gegenständliche Mittel" und "gesellschaftliche Form" genauer untersucht.

stehen. Obwohl es hierzu bereits umfangreiche tätigkeitstheoretische Beiträge gibt[8], sind deren Resultate noch viel zu wenig verbreitet, und außerdem scheinen mir einige philosophische Fragen noch nicht genügend geklärt. Der folgende Text[9] stellt das Resultat meines Versuchs dar, die Kategorie "Gegenständlichkeit" als wesentliches Merkmal menschlicher Tätigkeit im Vergleich zu den sehr ähnlichen Kategorien "Materialität", "Körperlichkeit" und "Leiblichkeit" genauer zu bestimmen.

Leontjew hat sich in seinem letzten Text (1982) in zwei einleitenden Kapiteln ausdrücklich auf die philosophische Tradition des dialektischen Materialismus bezogen. Zwar sind gerade diese beiden Kapitel in einer früheren Ausgabe des gleichen Textes (1977) weggelassen worden, aber dies sollte kein Grund sein, die philosophische Grundlage von Leontjews Allgemeiner Psychologie unberücksichtigt zu lassen. Nun ist selbstverständlich niemand gezwungen, die kanonische Terminologie des dialektischen und historischen Materialismus zu übernehmen. Gleichfalls kann man seine Psychologie ohne Rückgriff auf die Tätigkeitstheorie entwickeln. Ich glaube jedoch im folgenden zeigen zu können, daß die Probleme, die bei der Übertragung der Kategorie "gegenständliche Tätigkeit" auf die Kommunikation auftauchen, ganz allgemein bedeutsam sind für jeglichen Versuch, eine humanwissenschaftliche Theorie der Kommunikation aufzubauen.

Es ist kein Zufall und keine persönliche Grille, daß ich eine so anspruchsvolle Untersuchung am Problem anknüpfe, wie Kommunikation als gegenständliche Tätigkeit verständlich gemacht werden kann. Denn die (im weitesten Sinne) sprachliche Kommunikation ist nicht irgendeines von vielen gleichrangigen Forschungsgebieten der Sozialwissenschaften, sondern ein Feld, das sowohl für alle Sozialwissenschaften, wie auch besonders für die Philosophie von grundlegender Bedeutung ist, handelt es sich doch um das Medium, in dem diese Wissenschaften selbst vor allem realisiert werden. Jede wissenschaftstheoretische Reflexion müßte folglich von einem umfassenden Verständnis von Kommunikation ausgehen, was keineswegs der Fall ist[10].

---

[8]   Vor allem A. A. Leontjew (1980, 1982), Lurija (1982), Keseling (1979) und Hildebrand-Nilshon (1980) sind hier zu nennen.

[9]   Der vorliegende Text basiert auf einem internen Diskussionspapier (Raeithel 1986), das während meiner Arbeit am Institut für Humanwissenschaft in Arbeit und Ausbildung (TU Berlin) entstand. Die kritischen und zustimmenden Stellungnahmen zu jenem Text, die ich von meinen dortigen Kollegen: Jörn Munzert, Rainer Oesterreich, Marianne Resch, Martin Resch und Walter Volpert, sowie von Franz Breuer, Barbara Grüter, Sigrid Haselmann, Martin Hildebrand, Peter Keiler, Clemens Knobloch, Georg Rückriem und Falk Seeger erhalten habe, waren für die vorliegende Neufassung unentbehrlich.

[10]   Um nur ein Beispiel zu nennen: Popper diskutiert seine These, daß wir neben der materiellen Welt und der (personal) subjektiv erlebten phänomenalen Welt noch eine "dritte Welt" aus technischen und symbolischen Objekten unterscheiden müssen, mit ausdrücklichem Bezug auf den Materialismus - allerdings eingeschränkt auf den Physikalismus angelsächsischer Prägung (Popper & Eccles 1982: 83-88). Er behauptet, daß radikale Physikalisten nur die Ausdrucks- und die Signalfunktion der Sprache erfassen können, und urteilt: "... die Folgen davon sind verheerend. Denn wenn die gesamte Sprache bloß für Ausdruck und Kommunikation gehalten wird, dann läßt man all das außeracht, was für die menschliche Sprache im großen Unterschied zur tierischen Sprache [sic] charakteristisch ist: Ihre Fähigkeit, wahre und falsche Aussagen zu machen und gültige und ungültige Argumente vorzubringen"

Jedoch ist sprachliche Kommunikation nicht nur methodologisch sondern auch gegenstandstheoretisch ein zentrales Phänomen: Sie markiert nämlich den phylogenetischen Übergang von den Primaten zu den Menschen, zugleich mit der Entstehung der Werkzeugproduktion, welche in vielen marxistischen Darstellungen als das primäre Merkmal der Menschen gilt.

Im ausdrücklichen Gegensatz zu solchen Lehrmeinungen gehe ich von der These der *Gleichursprünglichkeit der Sprache* aus: Keines der unzähligen Produktionsmittel, die wir Menschen in den zurückliegenden Jahrtausenden erfunden haben, wäre ohne Kommunikation, ohne die Sprache und die aus ihr entstandenen allgemeinen Zeichensysteme reproduzierbar gewesen.

Die kommunikativen Mittel haben jedoch nicht nur diese sekundäre Funktion für die ökonomische Produktion, sondern sind die primären Mittel für die Produktion des Zusammenhangs der Gemeinwesen und Gesellschaften. Sie sind darüber hinaus auch das Medium der Antizipation künftiger Entwicklungen und daher ist ohne eine materialistische Theorie der Kommunikation jede marxistische Erklärung gesellschaftlicher Entwicklung unvollständig.

Diese Thesen kann ich in dem hier vorliegenden Text nicht durch eine historische Analyse begründen[11]. Ich nenne sie dennoch, um den größeren Rahmen anzugeben, der eine Untersuchung wie die folgende erst sinnvoll macht. In der heutigen ideologischen Situation geht es nicht mehr an, die ökonomische Produktion und die technischen Produktionsmittel so in den Mittelpunkt zu stellen, wie das im orthodoxen Marxismus bis vor wenigen Jahren noch nahezu unumstritten war. Vielmehr ist es notwendig, in mehreren Bereichen radikal umzudenken:

(1) Der *Reproduktionsprozeß* der Gattung und des Gesellschafts-Natur-Verhältnisses ist weniger gut verstanden als die Entwicklung der Güterproduktion, obwohl nunmehr offensichtlich ist, daß die Erhaltung industriell produzierender Gesellschaftsformationen das eigentliche Problem ist, und nicht etwa die Umwälzung derselben[12].

(2) Die *Produktion des sozialen Zusammenhangs* in den heutigen Gesellschaften kann mit den Mitteln der Klassentheorie nicht mehr verständlich gemacht

---

(87). Zweifellos hat Popper recht, nur sollte man auch nicht in den gegenteiligen Fehler verfallen, die Sprache bloß als gegenständliches Medium rationaler Argumentation zu betrachten, womit in der Regel, wie auch bei Popper, verbunden ist, als Subjekt des Argumentierens allein die Person zu akzeptieren. Die Rolle sozialer Diskurse in der Produktion von Erkenntnissen bzw. der sozialen Konstruktion von Wirklichkeit kann so jedoch niemals begriffen werden.

[11]   Erste Ansätze zu einer historischen Analyse der Kommunikation als Produktion des sozialen Zusammenhangs habe ich in zwei Aufsätzen vorgelegt (Raeithel 1985 und 1988). - Jürgen Habermas hat in seiner "Rekonstruktion des Historischen Materialismus" (1976) eine ähnliche Gewichtsverlagerung innerhalb des Marxismus vorgeschlagen, betrachtet jedoch weder dort, noch in seinem Hauptwerk (1981) die Kommunikation als materielle Produktion, sondern beläßt sie im "Überbau" (1976: 12) und rechnet sie zu einem ganz anderen Wirklichkeitsbereich: zur "Lebenswelt", die er im antagonistischen Gegensatz zum ökonomisch bestimmten "System" konstruiert. Hans-Peter Krüger (1986) hat in einer Kritik an Habermas zugleich einige Elemente einer Theorie der "gesamtgesellschaftlichen Kommunikationsweise" vorgelegt und explizit tätigkeitstheoretisch begründet.

[12]   Vgl. hierzu in der marxistischen Philosophie die Beiträge von Peter Furth (besonders 1985).

werden; die neueren Erkenntnisse der Soziologie sind vom orthodoxen Marxismus in ganz ungenügender Weise, meist nur defensiv, zur Kenntnis genommen worden[13].

(3) Die meist relativ bewußtlos und unbegründet vorgenommene Einordnung der sprachlichen Kommunikation in den "Überbau" einer Gesellschaftsformation ist total falsch und verheerend in ihren Auswirkungen auf ein mögliches Verständnis dessen, was in den dunkelsten Zeiten des "wissenschaftlichen Sozialismus" immer nur "der subjektive Faktor" hieß. Statt dessen ist *davon auszugehen, daß sprachliche und anderweitig symbolische Produktion zur "Basis" jeder Gesellschaftsformation gehört*[14]. Dann kann nämlich erst geklärt werden, wie die "Produktionsweise" unserer geteilten und gemeinsamen "Lebenswelt" wissenschaftlich besser zu erfassen ist als bisher, und es eröffnen sich neue Chancen für psychologische und soziologische Subjektwissenschaft.

Nach diesem allgemeinen Bekenntnis kann ich mich im weiteren den besonderen Fragen zuwenden, die sich in der Psychologie aus der umrissenen Neuorientierung ergeben: Ich glaube, daß der dringend notwendige Übergang von der herrschenden Psychologie der Einzelperson zur einer sozialen, gesellschaftsorientierten Psychologie[15] nur dann realisierbar ist, wenn die Rolle der Sprache und anderer "höherer Signalsysteme" richtig verstanden wird.

Diese Aufgabenstellung ergibt sich jedoch nicht nur innerwissenschaftlich - aus den angebenen methodologischen und gegenstandstheoretischen Gründen - sondern antwortet auch auf gegenwärtige praktische Anforderungen an die Psychologie: Die explosionsartig zunehmende Anwendung von Computern in nahezu allen Arbeits- und Lebensbereichen und die Verbreitung neuer Kommunikationsmedien erzeugen soziale, individuelle und auch technische Probleme, zu deren Lösung die Ingenieure, Informatiker und Betriebswirtschaftler in vorher unbekanntem Ausmaß auf die Mitarbeit von Sozial- und Humanwissenschaftlern angewiesen sind. Dies wird erst dann

---

[13]   Damit soll keineswegs gesagt sein, daß es eine leichte Aufgabe ist, eine marxistische Soziologie auf den heute nötigen Stand zu bringen. Welche immensen Schwierigkeiten hier zu überwinden sind, zeigt sich auch "bei der Konkurrenz" im vorläufigen Scheitern der Versuche, den Praxisbezug der Soziologie wirksam zu erhöhen - vgl. hierzu die Arbeit von Thomas Mies (1986).

[14]   Dies bedeutet natürlich eine radikale Neudefinition von "Basis". Es ist nicht ganz leicht, einen klaren Beleg für die Zurechnung der Kommunikation zum Überbau zu finden. Jedoch werden in allen Lehrbüchern die "gesellschaftlichen Ideen" eindeutig zum Überbau gerechnet (s. z.B. Klaus & Buhr 1969: 1098 f), was bei der gleichzeitigen Einengung der Basis auf die "materiellen ökonomischen Verhältnisse" auch gar nicht anders möglich scheint. Nun ist es aber unstrittig, daß die Ideen nur in sprachlich-symbolischer Form als soziale Objekte produzierbar sind. Also ist ein impliziter Zwang vorhanden, auch das Sprechen mit in den Überbau zu nehmen, was eine unaufgelöste Spannung bei der Verwendung des Produktionsbegriffes auf das Sprechen und anderes Kommunizieren erzeugt. - Ich danke Niels-Jørgen Skydsgaard (Kopenhagen) für die Ermutigung, die Revision der "Basis"-Kategorie öffentlich vorzuschlagen.

[15]   Dies ist vor allem das erklärte Anliegen der Kritischen Psychologie (s. Holzkamp 1983), aber auch aller anderen materialistischen Psychologen. Dennoch bleibt immer noch sehr viel zu tun (vgl. Raeithel & Bergold 1985 zur Situation in der Klinischen Psychologie). Auch die Handlungsregulationstheorie ist bisher noch kaum über ein personenzentriertes Modell hinausgekommen.

voll verständlich, wenn erkannt wird, daß die Technologie der "Informationsverarbeitung" nicht mehr Produktionsmittel im alten Sinne betrifft, sondern technische Mittel der Kommunikation (Raeithel & Volpert 1985, Winograd & Flores 1987), durch welche die "gesamtgesellschaftliche Kommunikationsweise" (Krüger 1986) in derzeit unübersehbarer Weise verändert wird.

Philosophisch bedeutet die genannte Entwicklung, daß es nunmehr für jeden klar erkennbar sein könnte, daß Kommunikation wesentlich materielle Produktion ist. Die Schwierigkeiten einer solchen Auffassung gilt es im folgenden aufzuzeigen; sie hängen vor allem damit zusammen, daß die *Gegenständlichkeit der lautsprachlichen Kommunikation* alles andere als offensichtlich und leicht bestimmbar ist.

2 Zur Bestimmung der Charakteristika von Sprechhandlungen

Die wichtigste neue Erkenntnis in Leontjews Tätigkeitstheorie - verglichen mit Wygotskis genialer Skizze einer kulturhistorischen Psychologie - besteht in der Entdeckung von drei relativ unabhängigen Prozeßebenen[16], die erst zusammen den Gegenstandsbereich der Psychologie ausmachen. Von "unten" nach "oben", d.h. vom raumzeitlich kleinsten bis zum umfassendsten Prozeß, können wir nach Leontjew die (körperlich realisierten) "Operationen"[17], die durch die aktuellen gegenständlichen Bedingungen reguliert werden, von den Handlungen unterscheiden, deren Verlauf durch bewußte Ziele bestimmt wird, und schließlich beide unteren Prozeßebenen von der (psychologisch) höchsten Ebene der (konkreten, einzelnen) "Tätigkeiten", die ihre Ausrichtung von "gegenständlichen Motiven" erhalten.

Dieser Motivbegriff Leontjews unterscheidet sich radikal von den meisten anderen psychologischen Motivbegriffen, indem er einerseits das tatsächlich produzierte Resultat der Einzeltätigkeit meint, und nicht etwa eine "innere" Antriebskraft[18], und weil andererseits jedes solche Motiv inhaltlich durch gesellschaftliche Anforderungen

---

[16]   Ich bezeichne Leontjews Unterscheidung dreier Prozeßebenen hier ganz bewußt als Entdeckung und nicht als (Begriffs-) Erfindung. Ein deutlicher Hinweis auf die Berechtigung einer solchen Einordnung ist die unabhängige Auffindung dieser Unterscheidung durch andere Forscher: Harré, Clarke & DeCarlo (1985) unterscheiden "behavioral routines", "conscious awareness" und "deep structure of mind/social orders"; ganz ähnlich Groeben (1986): "Verhalten", "Handeln" und "Tun", wobei letzteres zu nicht bewußten personal-inneren oder sozial-äußeren Resultaten führt. Jedesmal wird ein "oberer Kontext" von (sozial oder soziobiologisch bestimmten) Verlaufsformen des bewußten Handelns von diesem selbst und von einem "unteren Kontext" der körperlich-leiblichen Realisierung dieses Handelns unterschieden (Raeithel 1983: 84-94, vgl. auch Volpert 1986).

[17]   Die Operationen Leontjews sind keinesfalls identisch mit denen Piagets. Auch Habermas verwendet diesen Namen, mit Bezug auf Wittgenstein, radikal anders, wenn er etwa schreibt "Operationen berühren die Welt nicht" (1981: 147, Bd.1, im Original kursiv). Bei Leontjew realisieren Operationen gerade den Weltbezug.

[18]   Am ehesten ist dieser Aspekt des Motivs einer Tätigkeit vergleichbar mit dem Begriff des "Tatmotivs" aus der Kriminalistik: Auch dort geht es um die Auffindung eines bestimmten Resultats, das durch die kriminelle Tat erreicht wird; es genügt in der Regel nicht, einen inhaltlich ungerichteten Drang zu postulieren.

bestimmt wird: Die Resultate von Einzeltätigkeiten sind nämlich zugleich werthalti-
ge Produkte, deren konkrete Eigenschaften wegen der Notwendigkeiten der gesellschaftlichen Reproduktion in engen Grenzen gehalten werden müssen. Beide Aspekte
des Leontjewschen Motivbegriffs sind untrennbar verbunden: Nur weil die sozial
definierten Anforderungen an das Produkt bereits vor Beginn der Einzeltätigkeit existieren, kann das tatsächliche Resultat der Tätigkeit, das ja noch in der Zukunft
liegt, richtungsbestimmend wirken, ohne zugleich in bewußten Zielen vollständig
gegenwärtig sein zu müssen.

Die referierten allgemeinen Bestimmungen der gegenständlichen Tätigkeit müssen nun sämtlich auch für die Kommunikation konkretisiert werden.[19] Am einfachsten ist zunächst eine Konzentration auf die Ebene der Handlungen, und weiter auf
diejenigen Handlungen, die mit lautsprachlichen Operationen realisiert werden: die
Sprechhandlungen (englisch: speech acts), da hier die meisten Vorarbeiten existieren.

Als Einstieg in diese Problematik möchte ich im folgenden den Artikel zur
"arbeitsbezogenen Kommunikation" von Rainer Oesterreich und Marianne Resch
(1985) verwenden, in dem erstmals in der Handlungsregulationstheorie eine explizite
Bestimmung von Sprechhandlungen vorgelegt worden ist. Die Autoren schlagen
vor, "materielle Handlungen" von "kommunikativen Akten" zu unterscheiden. Ihre
Unterscheidung basiert auf der folgenden Festlegung:

> Materielle Handlungen sind Aktivitäten, deren Ausführung direkte Veränderungen
> materieller Gegebenheiten zur Folge haben. Kommunikative Akte werden hier als
> Aktivitäten verstanden, mit denen Informationen an den Handlungspartner übertra-
> gen werden. Sie haben keine direkten Veränderungen materieller Gegebenheiten zur
> Folge. (Oesterreich & Resch 1985: 274)

Etwas später präzisieren die Autoren (276):

> Das Resultat eines kommunikativen Akts besteht nicht direkt in einer Veränderung
> von Handlungsmöglichkeiten, sondern in der Angleichung der Regulationsprozesse
> materiellen Handelns. Damit lassen sich die Ergebnisse kommunikativer Akte auch
> nicht als Veränderungen der Situation fassen, deren Kennzeichen veränderte zukünf-
> tige Handlungsmöglichkeiten sind. Sie bedeuten immer nur vermittelt über die Ab-
> stimmung von Regulationsprozessen Veränderungen der materiellen Gegebenheiten.

Bevor diese Bestimmungen inhaltlich analysiert werden können, ist ein terminologi-
sches Problem zu klären: Was bedeutet das Adjektiv "materiell" in den angeführten
Zitaten? Dieses Problem war der erste Anstoß für die vorliegende Untersuchung, was
sich noch im Titel des Vorläufertextes (Raeithel 1986) ausdrückt. Die nachfolgenden
Umformulierungen der Bestimmung von Oesterreich & Resch sollen die begrifflichen Schwierigkeiten auch sprachpraktisch demonstrieren und sind nicht als beck-
messerische Ermahnungen gemeint.

---

[19]   Hier ist wieder der allgemeine, philosophische Begriff der Tätigkeit gemeint, der psychologisch
in die genannten Prozeßebenen differenziert werden muß. Die gelegentlich verwirrende Benennung
einer Ebene des Prozesses und des gesamten Prozesses mit dem gleichen Namen "Tätigkeit" findet sich
überall in den tätigkeitstheoretischen Texten, und wird deshalb auch hier nicht geändert.

In der materialistischen Psychologie wird im allgemeinen der Leninsche Materie-begriff verwendet: "die Kategorie 'Materie' widerspiegelt die objektive Realität, die außerhalb und unabhängig vom menschlichen Bewußtsein existiert" (Klaus & Buhr 1969: 699). Wir werden später noch zu prüfen haben, ob die Kategorie "Bewußtsein" auf das individuelle Bewußtsein einer einzelnen Person eingeschränkt werden kann, oder ob eine weitere Bedeutung (im Sinn von "gesellschaftlichem" Bewußtsein) ver-wendet werden muß. Wenn wir zunächst einmal nur individuelles Bewußtsein unter-stellen, erhalten wir aus der zitierten Unterscheidung die folgende Bestimmung:

[1] *"Kommunikative Akte" sind solche menschlichen Aktivitäten, die direkte Ver-änderungen nur innerhalb des personalen Bewußtseins zur Folge haben. Oder genauer:*

-     *Sie bewirken direkt nur Veränderungen der Handlungsregulation, stoßen Prozesse an, die Resultate nur in der Vorstellung, nur im bewußten "Hand-lungsprogramm" einer Person haben. Diese Veränderungen sind nicht materiell, nicht objektiv real.*

-     *"Draußen", außerhalb des personalen Bewußtseins, in der materiellen Umwelt der Person, können die "kommunikativen Akte" aber dennoch ein indirektes Resultat haben, das durch ein folgendes Handeln mit abgestimmtem "Programm" erst hervorgebracht werden muß.*

Diese reformulierte Definition [1] wäre nur akzeptabel, wenn wir davon ausgingen, daß die intrapersonalen Regulationsprozesse und ihr Resultat, das veränderte "Hand-lungsprogramm", nur für die betreffende Person selbst existieren. Diese Annahme hätte aber zur Folge, daß wir nun erklären müßten, was wir uns unter solchen nur subjektiv realen, einer Person nur wirklich scheinenden, Prozessen überhaupt vor-stellen können, wenn sie doch andererseits objektiv reale Folgen haben können.

Normalerweise würden wir als Beobachter jedoch die angenommenen Verände-rungen in den Regulationsprozessen zweier Kommunikationspartner als objektiv-reale, nicht nur in unserem Bewußtsein existierende, also materielle, Änderungen in der Koordination der körperlichen Bewegungen wahrnehmen, noch bevor die zuge-hörigen Handlungsresultate produziert sind. Gleiches gilt übrigens für andere Charakteristika der Handlungsregulation: Sicheres Handeln kann zum Beispiel von unsicherem Handeln in den meisten Fällen klar unterschieden werden, und doch ist diese Sicherheit der Ausdruck eines bestimmten *mentalen* Zustandes: einer vom Handelnden als kontrollierbar *wahrgenommenen* Situation.

Es könnte nun sein, daß das Adjektiv "materiell" von den Autoren teilweise synonym mit "gegenständlich" gebraucht wird. Dann würde auch der Ausdruck "ma-terielle Gegebenheit " besser verständlich. "Gegeben" ist ein materieller Prozeß nämlich niemals, wenn "materiell" gerade die Unabhängigkeit vom menschlichen Bewußtsein bezeichnet. Man könnte eher (mit Leontjew) davon sprechen, daß uns die materiellen Objekte aufgegeben sind, wobei die Anforderung an unsere Erkennt-nisarbeit darin besteht, sie zu Gegenständen für uns (für unsere Praxis) zu machen. Erst nach der Aneignung eines materiellen Vorgangs, nach der Konstitution (Heraus-lösung und Konturierung) des wahrgenommenen Gegenstands im Umgang mit dem materiellen Objektbereich, ist er der jeweiligen Person gegeben[20]. Normalerweise ist einer Person der Beitrag ihrer eigenen Tätigkeit bei der Konstitution des Gegenstandes nicht bewußt (was spätestens seit Hegel in der Philosophie bekannt ist).

Entsprechend umformuliert, müßte die Bestimmung der Charakteristika von Sprechhandlungen jetzt so lauten:

[2] "Kommunikative Akte" sind solche menschlichen Aktivitäten, die keine direkten Veränderungen der gegenständlichen Handlungsbedingungen zur Folge haben, deren direkte Effekte vielmehr in der Abstimmung von Handlungspartnern liegen. Diese Abstimmung und die hierzu nötigen Änderungen von "Handlungsprogrammen" zählen jedoch nicht zu den gegenständlichen Handlungsbedingungen.

Diese Reformulierung wäre nur akzeptabel, wenn wir zugleich die Absicht fallenließen, Sprechhandlungen als Teilprozesse einer gegenständlichen Kommunikationstätigkeit zu betrachten, denn das zugehörige Resultat wäre ja gerade nicht gegenständlich.

Es gibt noch zwei weitere Möglichkeiten für die Reformulierung des Adjektivs "materiell": es könnte "physikalisch-stofflich" heißen, dann hätten wir jedoch, ähnlich wie bei der Variante [1], die inakzeptable Aussage, daß die Abstimmung der Partner nicht auch eine reale, physische Änderung ihrer leiblichen Regulationsstrukturen wäre, oder es könnte schlicht "äußerlich" heißen, womit wir die folgende Definition erhalten:

[3] "Kommunikative Akte" sind solche menschlichen Aktivitäten, die keine direkten Veränderungen der äußeren Handlungsbedingungen zur Folge haben, deren direkte Effekte vielmehr in Veränderungen der inneren Handlungsbedingungen (letztlich des "Handlungsprogramms") und in Veränderungen der Abstimmung der Handlungspartner bestehen. Erst durch nachfolgende äußere Handlungen können die indirekten Effekte der kommunikativen Akte als Veränderungen auch der äußeren Handlungsbedingungen realisiert werden.

Hieraus läßt sich folgern, daß die Abstimmung selbst nicht zu den äußeren Handlungsbedingungen zählt. Andererseits wird man sie auch kaum zu den inneren Bedingungen rechnen können, denn sie besteht ja als ein Verhältnis *zwischen* den Partnern. Mit Ausnahme dieses noch klärungsbedürftigen Punktes ist die Definition [3] jetzt terminologisch mit der Tätigkeitstheorie kompatibel.

Ich möchte nun die Konzeption von Oesterreich & Resch (1985) mit einer anderen vergleichen, die von ihnen nicht berücksichtigt wurde: M. Hildebrands Untersuchung zur "Entwicklung der Sprache" (1980), in der eine fast vollkommen parallele Unterscheidung der "Sprechhandlungen" von allen anderen Handlungen getroffen wird:

---

20   Ähnlich auch George Herbert Mead (1968: 116 f), sowie alle phänomenologisch orientierten Philosophen. Winograd & Flores beziehen sich auf· Heidegger und bringen das folgende schöne Beispiel: "The hammer presents itself as a hammer only when there is some kind of breaking down or *unreadiness-to-hand*. Its 'hammerness' emerges if it breaks or slips from grasp or mars the wood, or if there is a nail to be driven and the hammer cannot be found. ... As observers, we may talk about the hammer and reflect on its properties, but for the person engaged in the thrownness of unhampered hammering, it does not exist as an entity" (1987: 36).

Sprechhandlungen sind kooperativ-gegenständliche Handlungen, die ideelle Produkte oder Prozesse, d.h. Veränderungen im Bewußtsein des Partners oder im eigenen Bewußtsein zum Ziel haben; ihr kooperativer Aspekt bezieht sich auf sprachliche Prozesse (z.B. Dialoge), ihr gegenständlicher Aspekt bezieht sich auf die repräsentativen kognitiven Prozesse der Partner bzw. des eigenen kognitiven Systems. (Hildebrand-Nilshon 1980: 359, im Original kursiv).

Genau betrachtet, gibt es die folgenden Unterschiede gegenüber den verschiedenen Definitionen von "kommunikativen Akten":

(1) *Für Hildebrand ist das Ziel der Sprechhandlung, das sie auf ihr "ideelles" Ergebnis[21] ausrichtet, entscheidend für die Abgrenzung der Sprechhandlungen. Im Originaltext von Oesterreich & Resch und allen Reformulierungen sind die "direkten Folgen" das Abgrenzungskriterium des kommunikativen Akts. Oesterreich & Resch unterscheiden offenbar nicht zwischen den direkten Folgen und dem Ziel einer Handlung, denn andererseits ist auch für sie die Differenz der Ziele das Entscheidende (1985: 275).*

(2) *Für Hildebrand ist die Sprechhandlung eine besondere Form aller "kooperativ-gegenständlichen" Handlungen. In der Reformulierung [2] kann der angezielte Effekt des kommunikativen Akts, die Abstimmung zwischen den Partnern, nicht zu "den gegenständlichen Handlungsbedingungen" gerechnet werden. Das heißt aber, daß dort den kommunikativen Akten kein selbständiger (in Reformulierung [3] kein äußerer) Gegenstand zuerkannt wird. Im Originaltext von Oesterreich & Resch könnte man sogar herauslesen, daß kommunikative Akte auch keine direkten objektiv-realen bzw. physischen Effekte hätten, was sicherlich nicht gemeint war.*

(3) *Hildebrand versucht eine genetische Definition: Die Sprechhandlungen werden als spezialisierte, jüngere Form eines allgemeinen, älteren Musters angesehen: "Es gibt kooperativ-gegenständliche Handlungen, von denen einige mit einer historisch erklärbaren Besonderheit als Sprechhandlungen ausweisbar sind". Für Oesterreich und Resch sind die "kommunikativen Akte" zunächst einmal keine "Handlungen", sie legen eine exklusive Definition vor: "Es gibt Aktivitäten und diese zerfallen in entweder äußere Handlungen oder kommunikative Akte je nachdem, was sie direkt zur Folge haben".*

Diese drei Unterschiede beider Bestimmungen werden weiter unten in je einem Abschnitt diskutiert[22]. Zunächst soll jedoch die Gemeinsamkeit beider Bestimmungen noch einmal hervorgehoben und an einem einfachen Beispiel illustriert werden.

---

21   Wenn "ideell" als ausschließender Gegensatz zu "materiell" verstanden würde, ergäbe sich eine mit Reformulierung [1] vergleichbare Bestimmung, und dagegen wären die gleichen Einwände zu richten. Die vorliegende Untersuchung wird jedoch ergeben, daß "ideell" nicht als "nicht materiell" bestimmt werden darf, und damit bleibt die Bestimmung akzeptabel, wenn auch an dieser Stelle noch ungenügend expliziert.

22   Ein vierter Unterschied besteht darin, daß Hildebrand immer auch die Möglichkeit eines inneren Dialogs und damit des Denkens berücksichtigt. Die damit mögliche Reflexion der eigenen regulativen Strukturen wird in der Handlungsregulationstheorie als ein Regulationsprozeß höherer Ebene betrachtet, und nur andeutungsweise mit Sprache in Verbindung gebracht.

3 Analyse einer Sprechhandlung

Eine recht alltägliche Problemsituation soll uns als Beispiel dienen: Zwei Jungen, die allein zu Hause sind, wollen aus ihrer Spieltruhe ein Schachspiel holen, um sich die Zeit bis zur nächsten Fernsehsendung zu vertreiben. Das Schachspiel befindet sich in einer sehr breiten und schweren Schublade mit zwei Griffen und bislang hat der Vater ihnen die gewünschten Spiele herausgeholt. Nun versuchen sie es erstmals zu zweit und prompt verklemmt sich die Schublade. Der jüngere (**P**, für "Partner") hat seine Seite zu weit herausgezogen. Der ältere (**A**, für "Agent") drückt sie wieder zurück und sagt: "Du mußt gleichmäßig ziehen!". Sie versuchen es erneut, es gelingt und **P** holt das Schachspiel heraus. Die Lade lassen sie offen stehen.

In der folgenden Abb. 1 ist der geschilderte Prozeß gemäß der Bestimmung von Sprechhandlungen aus dem vorigen Abschnitt schematisch aufgezeichnet: Die Dreiecke EH_A und EH_P symbolisieren die Handlungsregulationsprozesse der <u>E</u>ingreifenden <u>H</u>andlungen von **A** und **P**, wobei die oberste Spitze das Gesamtziel der Handlung symbolisiert (hier: "das Schachspiel verfügbar haben"). Die (zeitlich) gerichtete Grundlinie stellt den Fortgang der realisierenden Operationen dar; ihr Ende fällt mit dem erreichten Resultat (Schachspiel ist in den Händen von **P**) zusammen. Zwischen der Spitze und der Grundlinie sind die Zwischenziele zu denken, von denen nur eines (Kreis) abgebildet ist (hier: "Schublade herausziehen").

Genau spiegelverkehrt zum Dreieck der inneren regulativen Prozesse ist jeweils ein Dreieck der Veränderung der gegenständlichen Bedingungen angeordnet: GP_A und GP_P, d.h. <u>G</u>egenständlicher <u>P</u>rozeß, oder kurz: *Gegenprozeß*, von **A** und **P**[23]. Für das Beispiel wäre es wichtig, das tatsächliche Resultat des ersten Versuchs (die klemmende Lade) gesondert darstellen zu können, denn diesem Resultat entsprach ja kein Teilziel der Handelnden. In Abb. 1 ist allerdings nur die im zweiten Versuch aufgrund der Abstimmung erreichte Parallelstellung der Lade während des Herausziehens repräsentiert: als Wellenlinie zwischen den beiden Gegenprozeß-Zuständen in GP_A und GP_P.

Dieses gegenständliche Zwischenresultat war nur erreichbar durch die Abstimmung der entsprechenden Zwischenziele, die in den oberen Dreiecken (als bereits erreicht) ebenfalls als Wellenlinie repräsentiert ist. Der regulative Prozeß für die Realisierung der dazu eingesetzten <u>S</u>prech-<u>H</u>andlung von **A** ist dargestellt als an der Diagonale gespiegeltes Dreieck SH_A. Inhaltlich heißt dies: Auch Sprechhandlungen sind als "Hierarchie" von Zielen mit einem Basisprozeß von realisierenden Sprechoperationen zu verstehen. Das oberste Ziel im Beispiel kann als angestrebte Änderung im regulativen Prozeß so umschrieben werden: "**P** achtet künftig darauf gleichmäßig zu ziehen".

---

[23]   Diese explizite Darstellung der gegenständlichen Effekte ist in der Handlungsregulaionstheorie nicht üblich (s. Anmerkung 21). Die entsprechende Abbildung 3 bei Oesterreich & Resch (1985: 277) enthält demgemäß nur die **EH**-Dreiecke und diese verbindende Wellenlinien. - Wie die optisch uninteressante Verdoppelung durch Spiegelung zeigt, ist im Falle vollständig gelungener und seiteneffektfreier Handlungsrealisierung die Darstellung der gegenständlichen Bedingungen redundant. Aber eben nur dann - siehe Abschnitt 4.

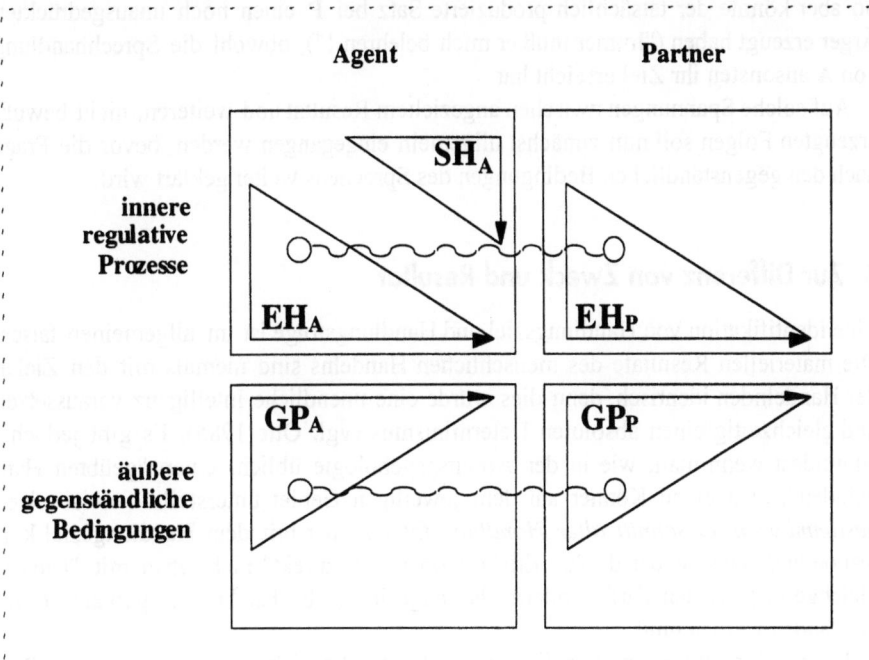

Abb. 1

Agent versucht durch eine Sprechhandlung die Regulation der eingreifenden Handlung des Partners auf seine eigene eingreifende Handlung abzustimmen

Die entscheidende Frage im Kontext der vorliegenden Untersuchung ist nun aber: *Wo ist der zur Sprechhandlung von A gehörige Gegenprozeß repräsentiert?* Folgen wir den Bestimmungen im vorigen Abschnitt, dann müssen wir die regulativen Prozesse von **P** zugleich als die zentralen gegenständlichen Bedingungen für die erfolgreiche Realisierung des Sprechziels von **A** ansehen.

Es gibt einige weitere Bedingungen, die schon eher im üblichen Sinne gegenständlich sind; so muß zum Beispiel die Lautstärke der Äußerung von **A** auf den Geräuschpegel im Zimmer abgestimmt sein, was **A** ohne weitere Bewußtseinsbeteiligung mittels seiner "automatisierten" Sprechoperationen zustande bringt, und so fort.

Neben solchen Mikrobedingungen sind jedoch auch übergreifende Bedingungen des Handlungskontextes wichtig: **A** wird sein Sprechziel nur erreichen, wenn **P** überhaupt gewillt ist, "sich von **A** etwas sagen zu lassen". Es gut möglich, daß die Jungen sich in einer latenten Wettbewerbssituation befinden, wobei **P** vor hat, dem älteren **A** zu beweisen, daß er genauso viel kann. Wenn **A** dies gespürt und in seiner Sprechhandlung berücksichtigt hätte, wäre vielleicht der Satz: "Wir müssen gleichmäßiger ziehen" produziert worden, der den Beziehungsaspekt explizit berücksichtigt. So aber könnte der tatsächlich produzierte Satz bei **P** einen noch unausgedrückten Ärger erzeugt haben ("Immer muß er mich belehren !"), obwohl die Sprechhandlung von **A** ansonsten ihr Ziel erreicht hat.

Auf solche Spannungen zwischen angezieltem Resultat und weiteren, nicht bewußt erzeugten Folgen soll nun zunächst allgemein eingegangen werden, bevor die Frage nach den gegenständlichen Bedingungen des Sprechens weiter geklärt wird.

4 Zur Differenz von Zweck und Resultat

Eine Identifikation von Handlungsziel und Handlungsfolge ist im allgemeinen falsch. Die materiellen Resultate des menschlichen Handelns sind niemals mit den Zielen der Handelnden identisch, denn dies würde eine unendliche Intelligenz voraussetzen und gleichzeitig einen absoluten Determinismus (vgl. Otte 1985). Es gibt jedoch - zumindest wenn man, wie in der Arbeitspsychologie üblich, einen "geübten Handelnden", also einen Könner auf dem jeweiligen Gebiet unterstellt - meist einen *bestimmbaren Ausschnitt aller Handlungsfolgen* , der mit dem Handlungsziel korrespondiert: Das ist der direkte Effekt, wobei hier "direkt" nicht etwa mit "kausal" gleichgesetzt werden darf, sondern als "angezielt", "beabsichtigt", "geplant" (o.ä.) verstanden werden muß.

In der Informatik nennt man diejenigen Effekte, die nicht aus dem expliziten Programmtext, sondern nur aus dem Zusammenwirken der Teilprogramme während eines aktuellen Laufs abgeleitet werden können, *Seiteneffekte* . Die frühen Programmierer taten sich viel darauf zugute, daß sie durch Ausnützen solcher Seiteneffekte effizientere Programme schreiben konnten. Seither ist dieser Programmierstil allerdings als gefährlich erkannt, und durch das möglichst seiteneffektfreie "strukturierte Programmieren" ersetzt worden.

Der Begriff des Seiteneffekts wird auch in der ökonomischen Systemtheorie für die ungeplanten Wirkungen von Produktions- oder Vermarktungsprozessen verwendet. Das sind gerade die Wirkungen, die zunächst Adam Smith, als Wirkungen einer "unsichtbaren Hand", und danach seinen Kritiker Karl Marx am meisten interessiert haben, und die man heute (in einer recht ungenauen Sprechweise) auf die "Logik des Kapitals" zurückzubeziehen weiß.

Schließlich dient der Begriff des Seiteneffekts dem Biologen und Systemtheoretiker Robert Rosen in seinem Grundlagentext "Anticipatory Systems" sogar dazu, die Möglichkeit der Entstehung des Neuen zu erklären (1985: s. Index unter "Emergence"). Für eine bestimmte Sorte solcher Seiteneffekte, die Folgen von "Handlungsfehlern", hat Theo Wehner[24] auf Ähnliches hingewiesen: In den Strukturen und Effekten von fehlregulierten Handlungen stecken die Keime entwickelterer Handlungsregulation. Auch Seymour Papert meint mit seiner Betonung des "Debugging" in der Informatik (1982) diesen entwicklungslogisch äußerst bedeutsamen Punkt.

---

[24] Wehner, Stadler & Mehl (1983), Wehner (1984).

Seiteneffekte des zielerreichenden Handelns unterscheidet die Handlungsregulationstheorie in der Ausformung von Oesterreich (1981) nicht systematisch, dort wird einheitlich von Konsequenzen gesprochen. Die Möglichkeit, daß Handlungen nicht ihr Ziel erreichen, wird dagegen sehr wohl gesehen. Der gesamte Ansatz, die "Wirkwahrscheinlichkeiten" von Teilhandlungen (bzw. Operationen) zu betrachten und zu "Wegwahrscheinlichkeiten" von Operationssequenzen zusammenzusetzen, basiert darauf, daß die Zielerreichung nur wahrscheinlich, aber eben nicht sicher ist.

Ein wesentliches Ergebnis der Arbeit von Oesterreich ist ein Modell für die Zielbildung in der Handlungsregulation, mit dem sich angeben läßt, welche Ziele bei der immer vorhandenen Unsicherheit in einem Handlungsbereich angestrebt werden sollten: Es sind dies die "hoch effizient-divergenten" Konsequenzen, die sowohl mit großer Sicherheit erreichbar sind, als auch genügend viele weitere alternative Handlungsfortsetzungen zulassen. Die Entwicklung des Neuen ist an eine höhere Ebene der Handlungsregulation gebunden und die Möglichkeit, daß sich eine Veränderung von Handlungsbereichen ohne Planung allein aus Seiteneffekten ergibt, wird nicht eigens analysiert[25].

Oesterreichs Handlungsfeld-Modell ist selbstverständlich idealisiert: Man muß sämtliche möglichen Operationen (eingeschlossen "fehlerhafte"), ihre Wirkwahrscheinlichkeiten und Konsequenzen kennen, um diese objektive[26] Repräsentation von Handlungsmöglichkeiten aufstellen zu können. Unter dieser Voraussetzung wäre es prinzipiell auch möglich, Seiteneffekte des Handelns zu modellieren, indem jede

---

[25]   Die Gegenstände der Arbeitstätigkeit werden in der Handlungsregulationstheorie nicht explizit abgebildet (wie bereits angemerkt), weil der Fokus der theoretischen Aufmerksamkeit auf den intrapersonalen Prozessen der Handlungsregulation liegt. Die Gegenstände erscheinen in den Diagrammen und Texten nur implizit: Meist als angezieltes ("direktes") Resultat, manchmal auch als Teil der "aktuellen Situation" *im Licht des gegenwärtigen Oberziels,* wenn Widrigkeiten aufgetreten sind. Der häufig auftretende Fall, daß sich einer Person ein Gegenstand dadurch aufdrängt, daß sie in Verfolgung eines ganz anderen Ziels auf ihn stößt (Lewins "Aufforderungscharakter" von Gegenständen, vgl. Offe & Offe 1981: 304), kann so auch nur als *Wechsel* des Oberziels dargestellt werden, wofür ein explizites, anschauliches Modell bisher nicht ausgearbeitet vorliegt (siehe jedoch die begrifflichen Vorarbeiten in Volpert 1984 und 1986). Oesterreich (1981: 43 ff) unterscheidet sorgfältig zwischen der aktuellen und individuellen *Repräsentation* eines Handlungsfelds und dem von ihm definierten "objektiven Handlungsfeld" (s. folgende Anmerkung). Diese Unterscheidung wird gemacht, um verschiedene *Grade des Könnens und der Regulation als* objektiv-reale, d.h. also *materielle Bedingungen des Planens* unterscheiden zu können (vgl. 159 ff). Es wird damit eine objektive, vom *individuellen* Subjekt unabhängige, aber dennoch subjektrelative Grundlage des Planens, eine "unterste Ebene der Möglichkeiten" gewonnen. Die weitere Modellarbeit von Oesterreich erbringt wichtige Kriterien zur Bestimmung von *höheren* Ebenen der inneren, regulativen Prozesse, die sich über dem Handlungsfeld aufbauen lassen, wobei vollständig von allen konkret-gegenständlichen Bedingungen des Handlungsfelds abstrahiert wird. Diese Abstraktion ermöglicht gerade die allgemeine Anwendbarkeit auf Handlungen in den unterschiedlichsten Bereichen. Es ist jedoch nicht klar, wie die besonderen gegenständlichen Bedingungen sekundär wieder eingeführt werden können.

[26]   Das Handlungsfeld soll nicht von der aktuellen Einschätzung der Person, welche Möglichkeiten derzeit verfügbar sind, abhängen, sondern nur vom Vorrat an Operationen, der ihr potentiell zur Verfügung steht. Es wird also ein verallgemeinertes Subjekt mit jeweils bestimmtem Können unterstellt (Oesterreich 1981: 43-45).

anzielbare Konsequenz in ebensoviele Teilkonsequenzen zerlegt würde, wie unterschiedliche Seiteneffekte zu unterscheiden sind.

Das Fehlen einer solchen Erweiterung erklärt sich aus dem vorrangigen Erkenntnis- und Anwendungsinteresse: Oesterreich ging es vor allem darum, die "Kontrollierbarkeit eines Handlungsbereichs" zu erklären. Seine Arbeit war die theoretische Vorbereitung für arbeitspsychologische Untersuchungen realer Handlungsbereiche in Industrie und Verwaltung, in denen vor allem der Handlungs- und Planungsspielraum der Arbeitenden erfaßt werden sollte (1981: Kap. 10). Oesterreichs Arbeit hat aber durchaus auch allgemeinpsychologische Relevanz.

Die Handelnden erscheinen in dieser Theorie der Handlungsregulation potentiell (bei voller Ausschöpfung aller Regulationsebenen) als rationale Subjekte, die in überschaubaren und gut bekannten Handlungsbereichen ihre Ziele kompetent und vollständig erreichen, weil sie ihre Handlungen so planen, daß auch bei auftretenden Widrigkeiten immer noch Alternativen offen sind. Ihnen wird diese *möglichst vollständige Beherrschung der Konsequenzen des eigenen Handelns* auch als oberstes Motiv ("Kontrollstreben", ebenda: Kap. 8) zugeschrieben.

Wenn Handlungen so verstanden werden, dann ist dadurch auch ein Problem geschaffen: Es scheint, als ob die kommunikativen Aktivitäten von Personen nicht mit dem gleichen Begriff erfaßt werden könnten, weil im sozialen Gespräch das Eingehen auf die nie ganz vorhersehbaren Äußerungen eines prinzipiell gleichberechtigten Partners im Vordergrund steht und nicht das vorausschauende Planen unter dem Primat der Kontrolle über äußere gegenständliche Bedingungen. Ganz folgerichtig verweisen Oesterreich & Resch (1985) auch auf die Verwandtschaft ihres Ansatzes mit der "Theorie des kommunikativen Handelns" (Habermas 1981), in der der genannte Unterschied eine wesentliche Rolle spielt.

Eine solche *Entgegensetzung* von *Kommunikation* als Reich der Freiheit von gleichgestellten Personen[27] und *Arbeit* als Reich der Herrschaft über verdinglichte Prozesse beruht auf dem Begriff der Arbeit als "Telosrealisation", wie Peter Furth (zuletzt 1985) gezeigt hat. Damit ist die Auffassung gemeint, daß Arbeit im wesentlichen zweck- und mittelrationales, geplantes Handeln sei, und insofern stets auch Naturbeherrschung, als das Resultat der Arbeit mit dem vorher gewollten Zweck zusammenfällt. Das hat letztlich zur Konsequenz:

Indem die Arbeit auf zweckrationale Intentionalität zurückgeführt wird, kann das Subjekt der Arbeit nurmehr das Individuum sein. Im Sinne des Marxschen Begriffs jedoch ist die Arbeit die Lebensäußerung eines Gemeinwesens; nicht das Individuum, sondern das Gemeinwesen ist das Subjekt der Arbeit, und die Tätigkeiten der Einzelnen sind insoweit Arbeit, als sie zur Reproduktion der gesellschaftlichen Gesamtarbeit beitragen (Furth 1985: 8).

Gerade dies letztere, der Beitrag der Arbeitsergebnisse zur Reproduktion der Gesamt-

---

27   Kommunikation und Sprache sind tatsächlich wesentliche Bedingungen der menschlichen Freiheit als Wahl zwischen Möglichkeiten, da Möglichkeiten in vollem Sinn nur als symbolisch-gegenständliche Antizipationen künftigen Handelns objektiv-real existieren. Nicht dies wird also kritisiert, sondern daß durch eine Vereinseitigung des Inhalts Arbeit zum Gegensatz der Freiheit herabgesetzt wird.

arbeit, bleibt - als sehr langfristiger Seiteneffekt des individuellen Handelns - vollständig außerhalb des Blickfeldes der meisten Handlungstheorien. Das bedeutet aber, daß die kommunikative, das Gemeinwesen reproduzierende, Funktion der Arbeit nicht näher analysiert wird: Die Gegenständlichkeit ihrer Produkte und deren Austausch ermöglicht den Kreislauf der gegenständlichen Basisbedeutungen (Holzkamp 1973: 25 ff, 140 ff), auf die sich die Personen gemeinsam beziehen können.

Das aber ist noch nicht alles. Wie in der Theorie der Sprechakte an jeder Sprechhandlung mehrere unterscheidbare Wirkungen festgestellt werden können (vgl. Keseling, 1979: 131 ff;, Habermas, 1981: 141-151, Bd.1)) - eine hörbare Äußerung wird erzeugt, eine bestimmte Aussage wird formuliert, eine Haltung des Sprechers wird veröffentlicht, eine interpersonale Beziehung oder soziale Position wird (wieder) hergestellt oder versuchsweise eingenommen - so können und müssen auch an der eingreifenden gegenständlichen Handlung mehrere Wirkungen unterschieden werden: eine wahrnehmbare Bewegung wird erzeugt, ein besonderes Produkt wird produziert, eine (weitergehende) Intention der Person wird sichtbar (die auf das Motiv der Tätigkeit hindeutet), und es wird auch immer eine interpersonale Beziehung oder soziale Position (re-) produziert (Haselmann 1984). Letzteres drückt sich am deutlichsten im Tauschwert der Produkte und der Arbeitskraft aus, was in der materialistischen politischen Ökonomie seit langem bekannt ist.

Verglichen mit diesem Reichtum an Wirkungen erfaßt das Modell der teleologischen Handlung bzw. Arbeit nur das, was der handelnden Person unmittelbar präsent ist, und auch hierin nur das, was mit dem angezielten Resultat zu tun hat. Für die Erklärung der Handlungsregulation, also für ein zentrales Problem der Psychologie, ist dieser Bereich auch zweifellos der wichtigste: Kurt Lewin hat das methodologische Prinzip formuliert, daß allein der subjektive Handlungsraum, also die der Person erscheinende, ihr zuhandene, für sie vorhandene Welt, zur psychologischen Erklärung von Handlungen herangezogen werden kann (vgl. auch Holzkamps Kategorie der Handlungsfähigkeit, 1983).

Aus diesem Prinzip Lewins sollte man jedoch keine Beschränkung des Aussagebereichs der Psychologie auf "psychische Prozesse", auf "subjektive Handlungsgründe" oder ähnliches folgern. Eine solche Eingrenzung des psychologischen Gegenstandes auf "innere Tätigkeit" hat Leontjew grundsätzlich kritisiert und hat dabei implizit auch die Auffassung der Arbeit als Telosrealisation zurückgewiesen (Leontjew 1982: 92).:

> Der Auffassung, daß die eigentliche psychologische Untersuchung der Tätigkeit vor sich gehen könnte, ohne auf die Untersuchungsebene der äußeren Tätigkeit, ihrer Struktur überzugehen, kann man nur dann zustimmen, wenn man eine einseitige Abhängigkeit der äußeren Tätigkeit von dem sie steuernden psychischen Abbild, der Zielvorstellung oder ihrem gedanklichen Schema annimmt. Aber das ist nicht so. Die Tätigkeit tritt notwendig mit den dem Menschen Widerstand entgegensetzenden Gegenständen in praktische Kontakte, die der Arbeit eine andere Richtung geben, sie verändern und bereichern. Mit anderen Worten, gerade in der äußeren Tätigkeit wird der Kreis der inneren psychischen Prozesse gleichsam der gegenständlichen Welt geöffnet, die mit Macht in diesen Kreis einbricht.

Grundvoraussetzung einer vollständigen materialistischen Psychologie ist also die explizite Berücksichtigung des Unterschieds von *Zweck* und *Resultat* der Tätigkeit, damit auch des Unterschieds von *Handlungsziel* und *Handlungsfolge,* sowie der Differenz von *normalen direkten Wirkungen* der Operationen und ihren *tatsächlichen* (auch langfristigen) *Effekten* .

5 Gegenständlichkeit, Körperlichkeit und das Ideelle

Im vorigen Abschnitt habe ich angedeutet, daß Arbeit auch als Kommunikation betrachtet werden kann, in diesem Abschnitt wird die These, daß auch umgekehrt die Kommunikation auch als Arbeit zu verstehen ist (Raeithel & Volpert 1985: 216 f), zu erhärten sein. Hildebrands Definition von Sprechhandlungen impliziert diese Betrachtungsweise bereits dadurch, daß eine Art kommunikativer Aktivität von Personen - die Sprechhandlungen - als bewußte Prozeßebene der gegenständlichen Tätigkeit aufgefaßt wird.

Nach dem Sprachgebrauch im soeben wiedergegebenen Leontjew-Zitat ist die Gegenständlichkeit wesentlich als Widerständigkeit gegenüber der lebendigen Tätigkeit eines Subjekts bestimmt. Zugleich ist der Gegenstand also *subjektrelativ,* weil er vom Subjekt aus dem materiellen Objektbereich herausgelöst wurde - darauf habe ich oben schon hingewiesen - , und *subjektunabhängig,* weil in der vom Subjekt bestimmten Erscheinungsweise des Gegenstands immer noch dessen eigenes, "unerschöpfliches Wesen" zum Ausdruck kommt; als Widerstand, als unbegriffene Einzelheit, als Störung, als Eigensinn - wie immer subjektiv gefärbt. Was im Resultat meiner Tätigkeit meine Antizipation überschreitet, kann ich als Botschaft über die realen Bedingungen meiner Tätigkeit interpretieren und zu einem vertieften Verständnis des Gegenstands nutzen.

Das eigentümliche Schillern der letzten Sätze, das die meisten Leser wohl bemerkt haben werden, rührt daher, daß "der Gegenstand" langsam in die Rolle eines mit Eigensinn begabten Gegenübers gedrängt wurde[28]. Vollkommen explizit wird diese Richtung der Begriffsauslegung in der Auffassung von der Natur als Partner in einem Austauschprozeß :

> Gegen das Verständnis der Arbeit als nur durch sich selbst bedingte absolute Produktivität erinnert Marx an die unaufhebbare Verschränkung von Produktion und

---

[28]   Falk Seeger verdanke ich das folgende schöne Zitat von George Herbert Mead, in dem eine genetische, ursprüngliche Identität von Sozialpartner und Gegenstand ausgedrückt wird: "The mechanism of human society is that of bodily selves who assist or hinder each other in their co-operative acts by the manipulation of physical things. In the earliest forms of society these physical things are treated as selves, that is, those social responses, which we can all detect in ourselves to inanimate things which aid or hinder us, are dominant among primitive peoples in the social organization that depends on the use of physical means. The primitive man keeps *en rapport* with implements and weapons by conversation in the form of magic rites and ceremonies. On the other hand, the bodily selves of members of the social group are as clearly implemental as the implements are social. Social beings are things as definitely as physical things are social" (Mead 1964: 349).

Reproduktion. Ganz gegen Hegels "praktisches Verhalten", das auf die "Aufreibung, Vernichtung" der Natur geht (Hegel, Werke Bd. 9: 13), ist die Arbeit, wie Marx sie auffaßt, auf die Erhaltung der Natur als erster objektiver Arbeitsbedingung gerichtet; eine so triviale wie folgenreiche und verdrängte Wahrheit. ... Gegen die zur "List der Vernunft" verallgemeinerte subjektive Teleologie steht mit dem Stoffwechseltheorem [d.h. Arbeit sei "Stoffwechsel zwischen Mensch und Natur", A.R.] ein objektives Telos, aber ganz unverdächtig im Sinne von Vorsehungsabsichten oder Entelechiezielen; es soll nichts weiter sagen, als daß die Gesellschaft mit anderen auf ihre Umwelt angewiesenen Systemen die Bedingung teilt, sich im Austausch mit der natürlichen Umwelt zumindest im Sinn der einfachen Reproduktion zu erhalten. Das aber hat ungemein weitreichende Folgen für die weltanschauliche Deutung der Arbeit. ... Arbeit bedeutet dann ... den Zusammenhang von Erweiterung und Vertiefung im Verhältnis von Natur und Gesellschaft. (Furth 1985: 9).

Auch Christel Neusüß weist auf diese wesentliche Wahrheit und auf die Tatsache ihrer Verdrängung eindringlich hin. Sie zeigt unter anderem, daß Marx an jener Verdrängung selbst beteiligt war, indem er einer bestimmten "Naturgrundlage der Arbeit" zu wenig theoretische Beachtung schenkte: Der Produktion des Arbeitsvermögens in Form der ausgebildeten Körper der Arbeiter. Diese Nichtberücksichtigung der "Frauenarbeit" (Neusüß 1985: 256 ff) soll uns hier jedoch nur insoweit beschäftigen, als es unumgänglich nötig ist zur *Differenzierung der Gegenständlichkeit der Tätigkeit von ihrer Körperlichkeit und Leiblichkeit.*

Warum ist das nötig? Zweierlei Gründe kann ich hierfür nennen: Einmal sind die Gegenstände der Sprechhandlungen nach Hildebrands Definition in den "repräsentativen kognitiven Prozessen der Partner bzw. des eigenen kognitiven Systems" zu suchen, und das heißt doch wohl, daß hier der Gegenstand der Tätigkeit immer auch einen Teil des menschlichen Leibes, z. B. eine regulative Struktur im Gehirn, umfaßt.

Den zweiten Grund hat Peter Keiler geliefert, als er in einer Diskussion über Leontjew (dokumentiert in Maiers 1985) die Begriffsbestimmung von "gegenständlicher Tätigkeit", die Karl Marx in den "Ökonomisch-philosophischen Manuskripten" von 1844 vorgenommen hat, mit Leontjews Behandlung dieser Kategorie verglich. Er kam dabei zu dem Resultat, daß "bei Marx für die Bestimmung des Begriffs 'gegenständliche Tätigkeit' die Frage, ob die jeweilige Tätigkeit einen Gegenstand, noch dazu einen für sie spezifischen Gegenstand hat, überhaupt keine Rolle [spielt]. Sie ist 'gegenständlich' bereits deshalb, weil sie die Aktion, die aktive Lebensäußerung eines gegenständlichen, d.h. materiellen Subjekts ist" (Keiler 1985: 137 f).

Nun ist dies zwar auch für Leontjew völlig klar; er beginnt z.B. den Abschnitt 3.2 ("Zur Kategorie gegenständliche Tätigkeit") seines letzten Buches mit dem Satz: "Die Tätigkeit ist eine ganzheitliche, nicht aber eine additive Lebenseinheit des körperlichen, materiellen Subjekts " (1982: 83, Hervorhebung von A.R.). Aber dennoch ist Keiler darin zuzustimmen, daß Leontjew in diesem Text unter "Gegenständlichkeit" vor allem versteht, daß jede menschliche Tätigkeit nur dadurch konkret untersucht werden kann, daß angegeben wird, auf was sie sich richtet: "Eine Tätigkeit kann gegenstandslos erscheinen, die wissenschaftliche Untersuchung der Tätigkeit erfordert jedoch unabdingbar die Aufdeckung ihres Gegenstands" (1982: 85).

Keiler kritisiert, daß Leontjew durch eine zu weite Definition des Gegenstandsbegriffs " - indem er den wesentlichen Unterschied zwischen Gedankenobjekten und
materiellen Dingen bzw. dem Wort und dem, was das Wort bezeichnet, aufhebt -
unter der Hand die Identität von materieller und geistiger Tätigkeit" (1985: 136) ein-
führt, weil er unter anderem auch "Gegenstände der Überlegungen" und andere bloß
vorgestellte Gegenstände unter den Begriff der widerständigen Gegenstände faßt.
Keiler hat den Verdacht, daß die von ihm konstatierte "Konfusion auf allen Ebenen"
nicht nur auf mangelnder differenzierter Begriffsklärung beruht, sondern auch "auf
einer verhängnisvollen Kontamination des Marxschen Begriffs der Gegenständlichkeit mit dem Intentionalitäts-Begriff der klassischen Phänomenologie eines Brentano
oder Husserl" (ebenda). Leontjews "Auffassung, die Gegenständlichkeit der Tätigkeit
konstituiere sich vom Gegenstand der Tätigkeit her", laufe "in letzter Konsequenz
auf die Verselbständigung der Tätigkeit zu einer aparten Wesenheit, der das Merkmal, Tätigkeit eines materiellen Subjekts zu sein, nur noch als äußerliche, zufällige
Bestimmung anhaftet, hinaus" (1985: 138). Daher sei bei Leontjew eine Tendenz zu
konstatieren, "die Tätigkeit an die Stelle des tätigen, materiellen Subjekts zu setzen"
(ebenda).

Keiler hat richtig gesehen, daß aus dem Leontjewschen Begriff des Gegenstands,
der nicht auf "Dinge" beschränkt ist, sondern um "Ideelles" erweitert verstanden werden muß, folgt, daß die geistige Tätigkeit mit der eingreifenden, "äußeren" Tätigkeit
strukturgleich ist. Damit ist Leontjews kategorialer Ansatz dazu geeignet, *die geistige Tätigkeit als eine* aus der eingreifenden Tätigkeit entstandene *Form der Arbeit zu
begreifen.* Die Aufgabe der kulturhistorischen Psychologie ist es dann aber auch, den
"weiten" Gegenstandsbegriff durch eine historische Analyse der Entwicklung von
Kommunikation und geistiger Arbeit zu begründen. Meiner Überzeugung nach sind
die wesentlichen Schritte bei der Erfüllung dieser Aufgabe bereits von Wygotski
getan worden (vgl. Wertsch 1985 a).

Die theoretisch angenommene und historisch-empirisch aufgewiesene Struktur-
gleichheit von geistiger und eingreifender Tätigkeit hat positive Folgen für die
wissenschaftliche Untersuchung der neuesten Formen geistiger Arbeit, sie können
nämlich mit den bisher bewährten begrifflichen Mitteln analysiert werden (Raeithel
& Volpert 1985, Resch 1988). In der materialistischen Philosophie ist schon vor
einigen Jahren eine entsprechende These diskutiert und ausgearbeitet worden (Ruben
1978, Furth 1980, Damerow, Furth & Lefèvre 1983). Danach ist Wissenschaft, die
immer noch höchstgeschätzte Form geistiger Arbeit, ganz strikt als "allgemeine
Arbeit" zu begreifen, nämlich als Arbeit, die die allgemein gültigen Modelle für die
Regulierung der Produktion - und zunehmend auch der Reproduktion - produziert.

Ich verstehe Keilers Kritik im folgenden als Aufforderung, die "Konfusion auf
allen Ebenen" so weit wie möglich durch eine nachvollziehbare Klärung der Terminologie zu beheben. Dazu ist zunächst wichtig, daß die Körperlichkeit der Tätigkeit
von ihrem Bezug auf Gegenstände unterschieden wird. Dabei stütze ich mich auf ein
Zitat von Marx, das auch von Keiler benutzt wurde:

Daß der Mensch ein *leibliches* , naturkräftiges, lebendiges, wirkliches, sinnliches, gegenständliches Wesen ist, heißt, daß er *wirkliche, sinnliche Gegenstände* zum Gegenstand seines Wesens, seiner Lebensäußerung hat oder daß er nur an wirklichen, sinnlichen Gegenständen sein Leben *äußern* kann. [1] Gegenständlich, natürlich, sinnlich *sein* und sowohl [2] Gegenstand, Natur, Sinn außer sich haben oder [3] selbst Gegenstand, Natur, Sinn für ein drittes sein, ist identisch. (Marx 1968: 578; Zahlen in eckigen Klammern von A.R.)

Wenn Marx hier schrieb, daß die drei numerierten Bedeutungen seiner langen Kette von Adjektiven "identisch" seien, so sollten wir dies nicht zum Anlaß nehmen, sie in einem Begriff zu verschmelzen. Es geht hier vielmehr darum, daß die drei Bedeutungen zu unterscheidende Momente ein und desselben materiellen Prozesses sind, wobei "Tätigkeit" als *lebendiger Kernprozeß* der produktiven Arbeit und der sozialen Praxis zu verstehen ist (Raeithel 1983). Ausgeführt als Bestimmungen könnten diese von Marx unterschiedenen Momente wie folgt gefaßt werden:

(1) Jede menschliche Tätigkeit ist die lebendige Aktivität eines Körpers und folgt in ihrer Ausrichtung den lebendigen Intentionen des Subjekts. Ein Subjekt erschöpft sich selbstverständlich nicht in einer bestimmten Tätigkeit, sondern das konkrete Subjekt bildet einen überdauernden Zusammenhang vieler Tätigkeiten (so auch Leontjew 1982: Kap. 5), der mit dem Überdauern des Körpers steht und fällt[29]. Körperlichkeit der Tätigkeit heißt also nicht nur Materialität, sondern auch weitergehend, daß der damit beschriebene materielle Prozeß ein Lebensprozeß ist, womit das Grundproblem der Reproduktion unabweisbar gestellt ist, wie oben unter Rückgriff auf Furth und Neusüß bereits betont wurde.
Hier muß auch die Unterscheidung von Körperlichkeit und Leiblichkeit ansetzen. Zum Körper sind die "Körpertechniken" (Mauss 1936) zu rechnen: Kleidung, Ausschmükkung, Sehhilfen, distinktive Stil- und Geschmacksanzeiger, Sprachstil und so weiter (Bourdieu 1982, vgl. auch Brandes 1986), sowie für die Dauer einer Tätigkeit die unmittelbar zuhandenen gegenständlichen Mittel, darunter Eßwerkzeuge, Fahrzeuge und Schreibgerät[30]. Der Körper der Menschen endet also nicht an der Hautgrenze, im Gegensatz zum organischen Leib. Bei Marx ist dieser Unterschied nicht stringent durchgehalten, hierzu ist das Studium der Phänomenologie nach Marx unerläßlich.

---

[29] Dies zu sehen heißt auch, die körperliche Tätigkeit als den Kernprozeß des Subjekts anzuerkennen, und nicht etwa implizit das aktive Ich mit dem Subjekt zu verwechseln. Damit kann die Freudsche Entdeckung des Unbewußten tätigkeitstheoretisch rekonstruiert werden (Brandes 1986, Mies & Trappe 1986). Keilers Kritik, Leontjew ersetze das Subjekt durch die Tätigkeit, verfehlt diesen zentralen Punkt. Ich muß allerdings zugeben, daß bei Leontjew eine Tendenz besteht, das System der Tätigkeiten umstandlos mit dem Selbst gleich zu setzen, was auch heißt, daß er über keine differenzierte Theorie der Ichentwicklung verfügte. Hier ist noch Arbeit zu leisten.

[30] Dies ist durchaus nicht nur eine philosophische Spitzfindigkeit, sondern ist vor allem psychologisch grundlegend wichtig: Der dingliche Gegenstand wird am Ende des Werkzeugs und nicht etwa an der Hautgrenze gespürt (Hacker 1973: 291, Leontjew 1982: 62-65). Dies heißt, daß der Körper im genannten, erweiterten Sinn als subjektives Phänomen wirklich ist. - Winograd & Flores (1987) haben von Heidegger gelernt, daß das Werkzeug solange nicht für das Subjekt "vorhanden" ist, wie es selbstverständlich "zuhanden" (als Körperteil unbeachtet) bleibt.

(2) Die Gegenständlichkeit der Tätigkeit wird in einem ersten Sinn schon durch ihre Definition als intentionaler Prozeß unterstellt. Man kann nämlich nicht angeben, wie eine Tätigkeit aus dem gesamten Lebensprozeß herausgehoben werden kann, wenn man nicht gleichzeitig auch das angeben kann, worauf sich diese Aktivität als ihren Gegenstand richtet. In der Tat ist diese Bedeutung von Gegenständlichkeit mit dem Intentionalitäts-Begriff der Phänomenologie eng verwandt, und dies ist positiv einzuschätzen[31]. "Gegenstand" ist damit ein subjektrelativer Begriff, wie oben schon ausgeführt, aber im Unterschied zur Phänomenologie betont die Tätigkeitstheorie sowohl die objektiv-reale Existenz der Gegenstände (eingeschlossen "ideelle Gegenstände", s. unten), wie auch ihre gesellschaftlich-historische (Re-) Produktion.

(3) Nun ist jedoch, und dies ermöglicht den Übergang zur Sprache und zur Reflexion, die Gegenständlichkeit der Tätigkeit auch in einem weiteren Sinn rational zu verstehen: Die Tätigkeit eines Subjekts kann selbst zum Gegenstand der Tätigkeit anderer Subjekte (oder dieses Subjekts selbst) werden, weil sie nicht bloß ein intentionaler, sondern auch ein körperlicher Prozeß ist. Sobald wir Tätigkeit als körperliche Aktivität eines anderen Subjekts, des "verallgemeinerten Anderen" nämlich, zu begreifen imstande sind, ist der Übergang zur Sprache und zu den "höheren geistigen Tätigkeiten" möglich, ohne daß wir eine Kluft zwischen "Materiellem" und "Ideellem" aufreißen müssen: Die Symbolisierung beginnt mit körperlichen Gesten (Mead 1968) und mit der Dramatisierung von körperlichen Bewegungen zum Zweck der Kommunikation (Raeithel 1985, 1988).

Die vorgeschlagene Begriffsbestimmung ermöglicht nun auch, die kulturhistorisch-psychologische Analyse der Entwicklung von Kommunikation voranzutreiben. Zunächst ist die Gegenständlichkeit der Sprechhandlungen in beiden soeben unterschiedenen Bedeutungen zu klären. Die zweite Bedeutung, daß nämlich Sprechhandlungen selbst zum Gegenstand einer Tätigkeit werden können, müssen wir schon deshalb als gegeben unterstellen, weil sonst dieser Satz nicht geschrieben werden könnte. Es geht also vor allem um die erste Bedeutung: Sprechhandlungen sind danach auf die Umformung eines gegenständlichen Wirklichkeitsbereichs gerichtet, haben ihren "eigentümlichen Gegenstand", den es genau zu umschreiben gilt.

Bei Hildebrand heißt es, wie schon zitiert, dazu: Sprechhandlungen haben "ideelle Produkte oder Prozesse ... zum Ziel ... ; ... ihr gegenständlicher Aspekt bezieht sich auf die repräsentativen kognitiven Prozesse der Partner" (1980: 359). Einige Seiten vorher legt Hildebrand seinen Gebrauch des Wortes "ideell" folgendermaßen fest:

---

31   In Feuerbachs "Grundsätzen der Philosophie der Zukunft" findet sich in den §§ 3 bis 7 eine selten klare Darstellung des hier gemeinten Gegenstandsbegriffs (1985:101-105). In einer Einleitung zu von ihm ausgewählten Feuerbachtexten verweist Alfred Schmidt auch auf die Wirkung Feuerbachs auf die Phänomenologie und den Existentialismus (Schmidt 1985 a). Aus all dem folgt, daß Marx in den Pariser Manuskripten diesen Aspekt deshalb nicht eigens herausgearbeitet hat, weil er sich insofern zustimmend zu Feuerbach verhielt. Mir ist nicht recht klar, warum Peter Keiler (1985) dies nicht erwähnt.

Der Repräsentationsbegriff umfaßt ... einmal kognitive Repräsentationen sensumotorischer Erfahrung und zum anderen individuelle Repräsentationen gesellschaftlicher Erfahrung. Das "Ideelle" im Zeichen ist insofern als Einheit individuell-kognitiver und gesellschaftlich-historischer Erfahrung zu fassen. Es steht nicht im Gegensatz zum "Materiellen", sondern zum Praktisch-Sensumotorischen oder Sinnlich-Konkreten - trotz der sinnlich konkreten Eigenschaften des Zeichenträgers. Man kann das "Ideelle" als das aus dem gesellschaftlich-historischen Entwicklungsprozeß resultierende notwendige Ergebnis überindividueller sensumotorischer Koordination von auf ein gemeinsames Ziel hin kooperierenden Individuen bezeichnen. M.a.W.: Das "Ideelle" ist die überindividuelle Steuerungsinstanz für Spezies mit individueller Aktivitätssteuerung aber überindividueller Organisation und Reproduktion dieser Aktivität durch Kooperation. (Hildebrand-Nilshon 1980: 319 f)

Hildebrand sagt hier, genau betrachtet[32]: Das "Ideelle" ist in zweifachem Sinn materiell, nämlich einmal als *regulative Struktur* in einem Körper, und zum zweiten als *symbolische Struktur* der Zeichen, die im sozialen Verkehr auf "überindividuelle" Strukturen der Organisation und Reproduktion verweisen. Mit letzterem meint er ausdrücklich nicht die Materialität der stofflichen Prozesse, die die Zeichen "tragen", sondern die objektiv-reale Existenz der Zeichen als organisierende und gesellschaftlich produzierte Strukturen. Sofern man gewillt ist, den Begriff der Regulation als Oberbegriff auch der sozialen Organisation zu verwenden, kann man beide "Arten" der Materialität in einen Begriff fassen: *Ideelles ist materiell, insoweit wir es als regulative Struktur betrachten können* [33].

Mit dieser Bestimmung wird jedoch ein Widerspruch innerhalb der eingangs bereits zitierten kanonischen Definition des Gegensatzes von "materiell" und "ideell" erzeugt: *Ideelles ist sowohl der Gegenpol alles Materiellen* , denn es ist ja laut Definition "im Bewußtsein existierend, vom Bewußtsein abhängig" (Klaus & Buhr 1969, 501), *als auch selbst materiell* , insoweit es nämlich als regulative Struktur eines individuellen Körpers oder eines Gesellschaftskörpers wirksam ist[34].

---

[32]   Ich kann dies so zuversichtlich behaupten, weil ich jenes Problem in langen Diskussionen gemeinsam mit Martin Hildebrand hin- und hergewälzt habe. Er hat meinen Beitrag zu seinem Buch (1980) an allen Stellen deutlich gemacht. In meinem gleichzeitig erschienenen Text zur handlungstheoretischen Begründung der Diagnostik verwende ich die gleiche Bedeutung von "ideell" (Raeithel 1980: 125 ff). Später, nach dem Kontakt mit den Arbeiten von Furth und anderer Autoren des "Hegel-Kolloquiums", begann ich diesen mißverständlichen Terminus zu meiden (vgl. Raeithel 1983: 34). Erst nachdem ich durch Yrjö Engeströms Vermittlung Ewald Iljenkows Texte zum Problem des Ideellen (1977, 1977 a, vgl. auch Bakhurst 1988) gefunden hatte, faßte ich wieder Mut zur Ausarbeitung dieser Kategorie.

[33]   Diese Bestimmung schließt auch ein, daß Ideelles wesentlich gesellschaftlich bestimmt ist. Damit ist die Frage in Abschnitt 2, ob "Bewußtsein" auf personales Bewußtsein eingeschränkt werden darf, negativ beantwortet. Vgl. Iljenkow (1977, 1977 a), Bakhurst (1988).

[34]   Diese Formulierung ist schärfer als üblich, wenngleich sie nur eine wohlbekannte Relativierung des Gegensatzes von Materiellem und Ideellem ausdrückt: "... die Gegenüberstellung von Materie und Bewußtsein [ist] nur im Rahmen der Grundfrage der Philosophie nach dem Verhältnis von Materie und Bewußtsein absolut... Außerhalb dieses Bezugssystems erweisen sich Materie und Bewußtsein als in einem realen genetischen Zusammenhang stehend, da alle Formen und Arten des Bewußtseins an hochorganisierte Materieformen gebunden sind und durch sie hervorgebracht werden" (Klaus & Buhr

Hier handelt sich um einen wesentlichen Widerspruch, der uns also nicht nur als Widerspruch erscheint, und daher auch nicht allein im Denken endgültig überwunden werden kann. Weniger hegelianisch ausgedrückt: Zwei komplementäre , sich gegenseitig ausschließend ergänzende Sichtweisen der Aktivierung regulativer Strukturen sind gleichermaßen möglich und sinnvoll: Sie als ideelle Prozesse zu betrachten, in ihrer Abhängigkeit vom Bewußtsein eines Subjekts, oder sie als materielle Prozesse zu betrachten, in ihrer *realen Eigendynamik,* die unabhängig von jeder Theorie über sie wirksam ist. In der ersten Hinsicht - in der urzentrierten Reflexion[35] - erscheinen regulative Strukturen als (für das betreffende Subjekt gegenwärtig vorstellbare) *subjektive Möglichkeiten* , sie stehen als "innere" Handlungsbedingungen im Gegensatz zu den (dem Subjekt nicht vollständig bekannten) "äußeren" Bedingungen seiner Handlung. Im zweiten Fall - in der dezentrierten Reflexion - erscheinen die gleichen Möglichkeiten als *objektiv-real existierende Potentialitäten* (Kompetenzen) eines von außen betrachteten anderen Subjekts, das den verallgemeinerten Anderen repräsentiert und nicht notwendig eine konkrete Person darstellen muß. Regulative Strukturen erscheinen jedoch auch - drittens, in rezentrierter Reflexion - als zugleich äußerer (bezüglich einzelner Subjekte) und sozial-innerer (intersubjektiver) Zwischenbereich, auf den die einzelnen Subjekte über symbolische Mittel (dramatische Gesten, diskursive Einheiten, gegenständliche Symbolisierungen) Zugriff haben. Kommunikative Tätigkeit ist also auch dann, wenn sie als scheinbar unmittelbare "Interaktion" der Partner stattfindet, immer durch diesen Bereich, die symbolisch-gegenständliche Welt, vermittelt[36]. Der Agent des Sprechhandelns ändert, so gesehen, nicht selbst die regulative Struktur des Partners, sondern schafft ein symbolisches Produkt, das der Partner durch parallele Aktivität (Zuhören) reproduziert, wodurch er, und nicht der Agent, das Subjekt der eigenen Regulationsänderung ist[37]. Dies gilt nun gleichermaßen für den Agenten selbst: Auch er kann dadurch, daß er sich selbst zuhört, die eigene Regulationsstruktur modifizieren (Mead). Beide Subjekte sind also Ko-Agenten, die in einem geteilt-gemeinsamen Bereich aktiv sind, der nicht mit der dinglich-natürlichen Welt zusammenfällt, sondern ihr sowohl überlagert ist, als auch von ihr abgezogen und rein gedanklich bearbeitet werden kann.

1969: 703). Auch bei Holzkamp findet sich eine Warnung vor der "gebräuchlichen Gegenüberstellung von 'materiell' und 'ideell'" (1983: 227).

[35] Urzentrierung ("egozentrische" Reflexion) und Dezentrierung (Piaget, vgl. auch Habermas 1981: 106-113, Bd. 1) sind zwei gegensätzliche Modi der Reflexion, zu denen als dritter, vermittelnder Modus die Rezentrierung "in ein höheres Subjekt" (Raeithel 1983: 107 f, 162 f und 173-181) hinzugenommen werden kann. Diese Triade habe ich in Auseinandersetzung mit Hegels Triade von "setzender, äußerer und bestimmender Reflexion" gewonnen.

[36] Leontjews "fünfte Quasidimension", "das 'semantische Feld', das System der Bedeutungen" (1982 a: 8), Holzkamps "Denkformen" als "'innerer' gesamtgesellschaftlicher Verweisungszusammenhang" (1983:315), Habermas' "Lebenswelt" (1981), Poppers "zweite" und "dritte Welt" (Popper & Eccles 1982), Maturana und Varelas "konsensueller Bereich" (1986): alle diese Konzeptualisierungen scheinen mir die gleiche Wahrheit zu zeigen.

[37] In Abb. 1 könnten also ohne Bedeutungsverlust überall die Markierungen **A** und **P** ausgetauscht werden. **SH** wäre dann der "Hörverstehensakt" (Henne & Rehbock 1979) des Partners. Hieraus folgt, daß der Abb. 1 bloß eine unvollständige Dezentrierung, keinesfalls eine Rezentrierung zugrundeliegt.

Damit kann auch die zunächst nur abstrakte Bestimmung, daß die kommunikativen Tätigkeiten mit der eingreifenden gegenständlichen Tätigkeit strukturgleich sind, eine Stufe konkreter erläutert werden: Der besondere Gegenstand der Kommunikation (oder besser: der besondere "Gegenprozeß", um die Assoziation mit "Ding" zu brechen) sind die Verhältnisse (z.B. die Abstimmung) zwischen den regulativen Strukturen der kooperierenden Subjekte, die über den gemeinsamen Eingriff in das symbolische, ideelle Zwischenreich reproduziert werden (Herausholen und Hineinlegen, Aneignen und Vergegenständlichen).

Sowohl in der frühesten Form der dramatischen, "körpersprachlichen" Kommunikation, als auch in der historisch neuesten, nur den Menschen möglichen Form der Kommunikation über dinglich-gegenständliche Symbolsysteme (z. B. die Schriftsprachen) läßt sich die objektiv reale, materielle Existenz der symbolischen Welt leicht aufzeigen. Am schwierigsten ist jedoch die Einsicht, daß das gleiche auch für die Lautsprache gilt, weil die Gegenständlichkeit hier vollständig in der Leiblichkeit aufgeht. Bevor ich dies zu zeigen versuche, soll noch eine methodologische Folgerung aus der vorgelegten Bestimmung des Ideellen gezogen werden.

6 Genetische Bestimmungen und historische Analyse der Kommunikation

Mit ihrer Unterscheidung von "materiellen Handlungen" und "kommunikativen Akten" haben Rainer Oesterreich und Marianne Resch eine exklusive, auf einer Dichotomie beruhende Definition vorgelegt. Die hier von Martin Hildebrand übernommene Unterscheidung von eingreifenden Handlungen und Sprechhandlungen ist anders gebaut: Auch die Sprechhandlungen sind vernünftigerweise als eingreifende Handlungen zu interpretieren, denn auch mit ihnen greift eine Person in den Fluß des kooperativen Geschehens ein und ändert ihn dadurch - entweder im Sinn ihrer Intention oder in einem ihr vorher nicht vorschwebenden Sinn eines ungeplanten Seiteneffekts, wenn sie sich zum Beispiel im Ton und Stil der Mitteilung vergriffen hat, und statt einer Abstimmung eine Verstimmung zwischen den Partnern produziert. Dennoch ist es ein anderes, ein indirektes Eingreifen, das man auch als *"Vorausgreifen"* bezeichnen kann, um damit den zukunftsgerichteten Charakter des Kommunizierens und der geistigen Tätigkeit allgemein zu kennzeichnen.

Eine solche Definition, die einen Teil der zu erfassenden Prozesse aus anderen, gleichartigen Prozessen heraushebt, genügt beiden klassischen Anforderungen an Definitionen: Sowohl das *genus proximum* , die Stammfamilie, wie auch die *differentia specifica,* die besondere Eigenheit der neuen Art, wird angegeben. Damit wird eine konkretere Allgemeinheit des Begriffs erreicht, weil der Oberbegriff für beide Pole der Unterscheidung gleich mit angegeben ist, und dies ist eben die ältere, noch undifferenzierte Stammfamilie.

In unserem Fall werden also die Sprechhandlungen als "jüngere Verwandte" aller eingreifenden Handlungen verstanden, ihre Besonderheit wird vom besonderen

Gegenstand, vom vorweggenommenen Resultat her definiert: Gegenprozeß der bislang untersuchten Sprechhandlungen war die Abstimmung der Partner, also ein intersubjektives, soziales Verhältnis. Dies ist inhaltlich genau dieselbe Aussage, die von Oesterreich und Resch gemacht wird, und sie zeigen selbst (1985: 277 ff), daß auch in Jürgen Habermas' Definition des kommunikativen Handelns der intersubjektiv-soziale Aspekt (Anerkennung, Verständigung) inhaltlich zentral ist. Jedoch bleibt bei den beiden letztgenannten Definitionen die Stammfamilie unbestimmt: Oesterreich und Resch sprechen von "Aktivität" und deuten an, daß die regulativen Strukturen der dichotom unterschiedenen Arten der Aktivität ebenfalls unterschiedlich sein könnten, was ja wohl heißt, daß sie über die regulativen Strukturen des "gemeinsamen Vorfahren" noch nichts sagen wollen oder können.

Bei Habermas ist seit den Anfängen seiner Kommunikationstheorie die Dichotomie von Arbeit und Interaktion grundlegend, wird immer wieder die Differenz betont, wenngleich in seinem Hauptwerk (1981, Bd.1: 114-151) auch einiges zur gemeinsamen "teleologischen" Struktur aller von ihm unterschiedenen Handlungsbegriffe gesagt wird. Nun ist aber klar, daß es keine soziologische Aufgabe ist, die *Genese der regulativen Strukturen der kommunikativen, vorausgreifenden Tätigkeit* aus den entsprechenden Strukturen der eingreifenden gegenständlichen Tätigkeit zu erforschen, daß dies vielmehr ein genuin psychologisches Problem ist. Habermas bezieht sich deshalb auch ausführlich auf die Arbeiten von Jean Piaget und Lawrence Kohlberg[38].

Zur Notwendigkeit und Methodologie solcher historisch-genetischer Problemstellungen in der materialistischen Psychologie hat Klaus Holzkamp (zuletzt 1983) grundlegendes geleistet, aber soweit ich sehe, ist das soeben genannte Problem mit den Kategorien der Kritischen Psychologie nicht gleichermaßen formulierbar, ganz zu schweigen von einer befriedigenden Lösung, die ich auch in der Tätigkeitspsychologie noch längst nicht erreicht sehe (vgl. aber Hildebrand-Nilshon [im Druck] und in diesem Band).

Wo ist die Schwierigkeit? Zunächst einmal, und das mag nun überraschen, sind die regulativen Strukturen der eingreifenden Tätigkeit hierzu nicht einmal genau genug bekannt. Viele Kommentatoren von Leontjew (Lomow 1980, A.A. Leontjew 1980, Hildebrand-Nilshon 1980, Raeithel 1983, Haselmann 1984, Radzikhowksii 1984, Keiler 1985, Engeström 1987) haben bemerkt, daß er die Erweiterung seiner Allgemeinen Psychologie auf Prozesse des sozialen Verkehrs versäumt hat. Dies bedeutet, daß weder die Kommunikation noch die Tätigkeiten im Bereich der Reproduktion der Arbeitsvermögen (mit dem Kerngebiet der "Mütterarbeit") als konkrete Kooperationen auf rezentrierter Reflexionsstufe analysiert wurden. Beide vernachlässigten Gebiete hängen jedoch sehr eng zusammen, was sofort klar wird, wenn wir einige Fragen nach der Entwicklung der kindlichen Kommunikationsfähigkeiten (Ontogenese der Kommunikation) aufwerfen: Müssen die Eltern (oder besser:

---

[38]   Die neuere kulturhistorische Psychologie wurde von ihm dagegen bisher vernachlässigt, wie er selbst sagt (Habermas 1986: 394).

die Älteren) den Kindern nach und nach den Zugang zur symbolischen Welt eröffnen, oder leben die Kinder von vornherein auch in dieser Welt und eignen sie sich
in wachsendem Umfang eigeninitiativ an? Ist eine Hilfstätigkeit der Älteren, welcher
Art auch immer, überhaupt mit dem Modell der produktiv vergegenständlichenden
Arbeit, des Einsatzes von Arbeitsmitteln erfaßbar? Und selbst wenn dies zutrifft:
Kann auch der noch davor liegende Bereich von Sexualität, Empfängnis, Schwanger-
schaft und Geburt ähnlich verstanden werden? Beginnt etwa die Kommunikation
zwischen Mutter und Kind schon vor der Geburt?

Unmittelbar bevor Holzkamp auf die "Genese der Sprache aus Kommunikations-
notwendigkeiten kooperativer Lebensgewinnung" eingeht, widmet er der Sexualität
einen Abschnitt (1983: 219-222). Er antwortet dort auf zwei dieser Fragen:

> Die ... kooperativ-gesellschaftliche Entwicklung der existenzsichernden Bedeu-
> tungs-Bedarfs-Dimensionen ergab sich ... aus derem neuen Verhältnis zu den in
> Richtung auf Mittelbedeutungen qualifizierten Orientierungsbedeutungen, nämlich
> der durch die hergestellten Arbeitsmittel vollzogenen vorsorgenden Schaffung von
> allgemeinen Lebensbedingungen ... Es ist offensichtlich, daß von einer Schaffung der
> i.w.S. sexuellen Aktivitäts- und Befriedigungsmöglichkeiten durch in gesellschaftli-
> cher Arbeit hergestellte Lebensbedingungen *nicht im gleichen Sinne* die Rede sein
> kann: Sexuelle Aktivitäten mit dem möglichen Resultat des 'Nachwuchses' erfolgen
> ja *nicht durch* die für die *gesellschaftliche* Lebensgewinnung charakteristische
> *Dazwischenschaltung von Arbeitsmitteln*, sondern sind natürliche Aktivitäten *bloß
> sozialer Art.* Auch die Jungenaufzucht kann man *prinzipiell nicht* als *im eigentli-
> chen Sinne* vergegenständlichende Arbeit einstufen, da das aufzuziehende Kind ja
> nicht wie ein Werkstück Gegenstand und Resultat verändernder Einwirkung durch
> Arbeitsmittel ist. (Holzkamp 1983: 219, veränderte Hervorhebung)

Die Schwierigkeit, vor der wir hier stehen, ist ein theoriestrategischer Konflikt, der
eine Entscheidung erfordert: Wir können entweder den Begriff des Arbeitsmittels
und, damit zusammenhängend, den der "vergegenständlichenden Arbeit" von seiner
traditionell engen Bindung an die handwerkliche und industrielle Produktion stoff-
lich-dinglicher Resultate befreien, weil sie in dieser orthodoxen Fassung nicht alles
Gewünschte abdecken, und erweiterte, allgemeinere Begriffe bilden, die sowohl für
den historischen Kern-Anwendungsbereich wie auch für die neue intendierte Anwendung geeignet sind[39]. Oder wir versuchen die Ausformung von anderen, auf die
reproduktiven Tätigkeiten und die Kommunikation von vornherein besser passenden
Begriffen. Letzteres wäre jedoch eine nichtgenetische Bestimmung und hätte den
bereits genannten Nachteil, daß in der Struktur der Begriffe keine Leitgesichtspunkte
für die Erklärung der Entstehung der einen Tätigkeitsform aus der anderen (bzw. für
eine noch kompliziertere Genese) enthalten sind. Ich versuche daher im folgenden,
die Konturen einer der möglichen Erweiterungen anzugeben, habe mich also für die

---

[39] Ich verwende hier die Terminologie der strukturalistischen Wissenschaftstheorie. Vgl. Jahnke
1978 , wo ausgehend von den Arbeiten von Sneed und Stegmüller eine historische Auslegung dieses
Ansatzes vorgeschlagen wird.

erstgenannte Alternative entschieden[40].

Das wesentliche Merkmal von (Arbeits-) Mitteln im Kontext des historischen Materialismus ist ihre vom einzelnen personalen Subjekt unabhängige Existenz, das heißt auch: ihre gesellschaftliche (Re-) Produktion. Am klarsten sichtbar ist dies Merkmal bei automatischen Maschinensystemen, in denen immer größere Teile der regulativen Strukturen als elektronische Steuerung veräußerlicht, vergegenständlicht, als technischer Prozeß materialisiert werden können. Dieses Charakteristikum von relativer Autonomie und gesellschaftlicher Produktion muß in einer erweiterten Mittelkategorie erhalten bleiben.

In einem trivialeren, bloß strukturellen Sinn haben schon die gegenständlichen Werkzeuge relative Autonomie, weil sie auch außerhalb ihrer Nutzung überdauern. Diese äußere Existenz der Mittel bedeutet jedoch gleichzeitig, daß sie den heranwachsenden Menschenkindern nicht natürlich zur Verfügung stehen, sondern in einem längeren Prozeß erst *angeeignet* werden müssen[41]. Dieser Lernprozeß wird durch die Gegenstände und Werkzeuge selbst erleichtert, denn sie bilden, zusammen mit den sprachlichen Mitteln, einen systematischen gegenseitigen Verweisungszusammenhang, da sie in ihrer historischen Entwicklung aufeinander und auf die leiblichen menschlichen Fähigkeiten abgestimmt wurden.

In seinem für die Tätigkeitspsychologie grundlegenden Aufsatz "Über das historische Herangehen an die Untersuchung der menschlichen Psyche" (von 1959) hat Leontjew diese Tatsache wie folgt formuliert:

> Die Umwandlung der Arbeit aus einer Tätigkeitsform in eine Form des Seins (eine gegenständliche Form) ... offenbart sich ... [1] *als Verkörperung und Vergegenständlichung geistiger Kräfte in den Arbeitsprodukten*. Die Geschichte der geistigen und materiellen Kultur erschließt sich dann [2] *als ein Prozeß, der in äußerer, materialisierter Form die Entwicklungsgeschichte geistiger Fähigkeiten ausdrückt*. Unter diesem Gesichtspunkt kann man jeden Schritt, der beispielsweise in der Vervollkommnung und Präzisierung der Werkzeuge getan wurde, als Ausdruck eines bestimmten Entwicklungsniveaus psychomotorischer Funktionen der Menschenhand betrachten; die komplizierte Phonetik der Sprachen erscheint dann als Ausdruck für

---

[40]   Diese Entscheidung ist älteren Datums: In meinem Versuch, "Grundbegriffe für eine praktische Psychologie" zu entwickeln, habe ich eine "systemhistorische Herangehensweise an die Entwicklung der Arbeitsmittel" (Raeithel 1983: 60-75, 83-101) vorgeschlagen und ansatzweise durchgeführt. Auch in jenem Text hatte ich schon das Problem der Reproduktion ins Zentrum der Untersuchung gestellt, allerdings noch recht abstrakt als Reproduktion von "Gemeinwesen".

[41]   Die praktisch-pädagogischen Folgerungen aus der Aneignungsnotwendigkeit sind mit ihrer Konstatierung noch keineswegs festgelegt. Man kann sie milieutheoretisch mißverstehen und annehmen, daß die Fähigkeiten der Kinder rein von "außen", von der älteren Generation geformt werden müssen. Man kann aber auch den Umstand, daß jede Aneignung *nur eigeninitiativ realisiert* werden kann, zum leitenden Gesichtspunkt machen und von dort aus den prinzipiell (re-) kreativen Charakter der Aneignung (und folglich auch des schulischen Lernens) betonen. Vgl. Budilowa (1975: 276-287) zur sowjetischen Diskussion dieser gegensätzlichen Auffassungen, Holzkamp (1988) zur Position der Kritischen Psychologie in dieser Frage und Engeström (1987), wo eine ausgearbeitete Theorie der sozialen Lerntätigkeit (auch Erwachsener) zusammen mit einer Methodik der "entwickelnden Arbeitsforschung" vorgelegt wird.

höher entwickelte Artikulation und ein besseres phonetisches Gehör; die Vervoll-
kommnung des künstlerischen Schaffens zeugt von der ästhetischen Entwicklung der
Menschheit. Selbst in den einfachsten produzierten Dingen haben wir vergegenständlichte menschliche Fähigkeiten, haben wir die "Wesenskräfte des Menschen"
vor uns. (Leontjew 1971: 230, Hervorhebung und Bezifferung von A.R.).

In dieser Passage ist die rational vollkommen nachvollziehbare Aussage, daß sich
aus dem historischen Entwicklungsstand der Werkzeuge und der symbolischen
Mittel Rückschlüsse auf die menschlichen kognitiven und regulativen Fähigkeiten
ziehen lassen [2], verschmolzen mit der bloß metaphorischen Redeweise von in den
Gegenständen und Werkzeugen "fixierten" (oft auch: "kristallisierten") mentalen
Fähigkeiten [1]. Dieses Bild ist nicht nur wegen seiner dunklen Metaphorik zu
kritisieren[42], es verdeckt auch den Anteil der Interaktion und Kooperation zwischen
Älteren und Jüngeren bei der Reproduktion dieser Fähigkeiten, weil nur das Verhältnis der arbeitenden Person zu den Werkzeugen und Gegenständen (nur der "Stoffwechsel zwischen Mensch und Natur") in den Blick kommt.

Schon Wygotski hat jedoch betont, daß subjektiv erfaßte Bedeutungen und die
Fähigkeiten, mit ihnen zu operieren, sich erst im sozialen Gebrauch der Werkzeuge
und der sprachlichen Mittel in den heranwachsenden Kindern herausbilden (1971),
was etwa gleichzeitig auch von Ludwig Wittgenstein entdeckt wurde. Von Jean Piaget kann man lernen, daß die natürlich evolvierenden regulativen Strukturen und ihre
durch das Kind eigeninitiativ betriebene "innere" Rekonstruktion auf immer allge-
meinerem Niveau den Kern der kognitiven Fähigkeiten der Menschen ausmachen.
Aber im Gegenzug können Psychologen aller Forschungsrichtungen von Leontjew
(1982) und Lurija (1982) lernen, wie man in der Prozeßebene der Operationen (bzw.
der "funktionalen Systeme") eine *zugleich leiblich-natürlich, gesellschaftlich-tech-
nisch und sozial-kommunikativ bestimmte Einheit* von subjektiven und objektiven
Determinanten der Fähigkeitsentwicklung entdecken kann.

Operationen in der von Leontjew geprägten Bedeutung sind funktional, d.h. durch
eine besondere Klasse von Resultaten, definierte Prozeßeinheiten, die eine regulative
Struktur - als subjektiven Pol - , einen definierten Bereich gegenständlicher Bedingungen - als objektiven Pol - , sowie schließlich - als Vermittlung - einen variablen
"Vorrat" an körperlichen Realisierungsweisen umfassen, in dem Werkzeuge, symbolische Mittel und Maschinen enthalten sein können (vgl. Raeithel 1983: Kap. 2).
Diese hochabstrakte, allgemeine Kategorie erfaßt somit alle Prozesse, die personale
Subjekte als Mittel ihres Handelns in Gang setzen können. Ich schlage vor, genau
diesen Begriff mit der Modifikation, daß auch soziale Subjekte gemeint sein können,
als erweiterten Begriff für Arbeitsmittel in Produktion, Kommunikation und Reproduktion zu verwenden.

Die oben herausgehobene relative Autonomie der Arbeitsmittel nimmt Leontjew
ausdrücklich auch für Operationen an (1982: 49, 106-114), und sie ist wesentlich

---

[42]   Keiler nimmt das Bild der Fixierung von Fähigkeiten in Gegenständen für blanken Idealismus
(1988: 126) und analysiert den Einfluß von Wilhelm Diltheys Historismus auf die sowjetische Psychologie.

durch den Einschluß der regulativen Strukturen in diesen Begriff gegeben, ist also eine nicht bloß strukturell-stoffliche Beständigkeit wie beim Werkzeug, sondern eine dynamisch und aktiv immer wieder hergestellte Autonomie[43]. Wie bereits gesagt, ist sie in der entwickeltsten Form am deutlichsten erkennbar, eine Bestätigung der bekannten Marxschen These aus den "Grundrissen" (Marx 1939: 26), die man so reformulieren kann: "In der Anatomie der Automation ist ein Schlüssel zur Anatomie des Menschen". Jedoch muß man solche Schlüssel richtig zu gebrauchen wissen.

Zwei Gefahren stecken in der vorgeschlagenen Erweiterung der Kategorie "Arbeitsmittel": Einmal könnten die gegenwärtig technisch realisierbaren Operationen (zum Beispiel der "Künstlichen Intelligenz") als getreue Modelle der (kognitiven) Operationen von Menschen genommen werden, was zweifellos eine enorme, unzulässige Verkürzung wäre. Zum anderen ist auch eine schrankenlose Erweiterung des Begriffs auf sämtliche organisch-leiblichen funktionalen Systeme sicher nicht zulässig (der Blutkreislauf ist kein Arbeitsmittel). Als Abgrenzungskriterium muß daher ein Mindestmaß an gesellschaftlich-sozialer Formung der Operation herangezogen werden. Dieser Vorschlag bedeutet jedoch, daß nicht nur die Mittelkategorie, sondern auch die (dazu polare) Kategorie der *gesellschaftlichen Form* in den Erweiterungs- und Umstrukturierungsprozeß hineingezogen wird.

Eine vorläufige Bestimmung des Formbegriffs könnte etwa so lauten: Eine "Form" ist ein besonderes, konkretes System von Mitteln, das durch den Einschluß bestimmter Operationen und durch den Ausschluß anderer, sowie durch ein Muster des Zusammenwirkens und Aneinanderanschließens (d.h. ein Ko-Operationsmuster) der Operationen stabilisiert ist. Die Formkategorie erfaßt folglich den gesellschaftlich üblichen ("normierten") Aktivierungskontext von operativen Mitteln. Dies ist immer ein gegenständlicher Kontext (im erweiterten Sinn eines Gegenprozesses), eine bestimmte, also sowohl variable als auch beschränkte, Menge von gegenständlichen Bedingungen, die ja in Leontjews Theorie die Entwicklung der Operationen inhaltlich determinieren.

"Form" ist deshalb ein polarer Begriff zu "Mittel", weil jedes Mittel in einer bestimmten Form aktiviert wird, weil aber andererseits jedes "ausgeformte" Operationsmuster selbst zum Mittel werden kann. Und weitergehend gilt auch, daß jedes operative Mittel selbst als Form seiner realisierenden Teilprozesse fungiert; eine rekursive Bestimmung, die jedoch nur bis zu einer zu bestimmenden untersten Ebene (derjenigen, auf der noch historisch-gesellschaftliche Determination nachweisbar ist) fortgeführt werden kann.

Die Formkategorie ist im übrigen auch die Kategorie, auf die Holzkamp zur Bestimmung der menschlichen Spezifik von Sexualität und Reproduktion zurückgreift:

---

[43]   Das heißt: Operationen sind in dieser Hinsicht vergleichbar mit den "autopoietischen Systemen" (Maturana & Varela 1982) der Neuen Biologie. Dies ist vor allem dann gut zu erkennen, wenn man Jakob von Uexkülls "Bedeutungslehre" (Uexküll 1983) als Brückentheorie zwischen der Neuen Biologie und Leontjew nutzt. Leontjew hat Uexküll zumindestens in seinen letzten Lebensjahren rezipiert (s. 1982 a: 16). Zur Aufnahme der Neuen Biologie in der Psychologie vgl. die neueren Arbeiten von Peter Kruse und Michael Stadler (1986).

Die Sexualität als Merkmal der "gesellschaftlichen Natur" des Menschen ist ..., obzwar nicht in den Prozeß der gesellschaftlichen Produktion von Lebensbedingungen und -möglichkeiten einbeziehbar, dennoch ... durch die mit der gesellschaftlichen Arbeit einhergehende verallgemeinerte Gestaltung sozialer Beziehungen modifizierbar, also - wie wir es ausdrücken wollen - *gesellschaftlich formbar*. Aus dieser Charakteristik, einerseits eine elementare sinnlich-vitale Lebensäußerung des Menschen, andererseits aber gesellschaftlich formbar zu sein, ergibt sich die besondere Weise der unmittelbaren Erfahrungsintensität wie der "Formierbarkeit" und "Unterdrückbarkeit" der Sexualität durch historisch bestimmte Produktions- und Herrschaftsverhältnisse. (Holzkamp 1983: 222, Hervorhebung geändert).

Im Zusammenhang beider Zitate wird zweierlei erkennbar: "Produktion von Lebensbedingungen" ist für Holzkamp untrennbar mit dem Einbezug von stofflich-gegenständlichen Arbeitsmitteln verbunden, und die Gestaltung sozialer Beziehungen "geht mit Arbeit einher", ist aber selbst nicht Arbeit. Verwenden wir jedoch den operativen Begriff des Arbeitsmittels, dann können sowohl sexuelle Aktivitäten (die bekanntlich äußerst vielfältig sind) wie auch die Herstellung und Erweiterung von sozialen Beziehungen als (Reproduktions-) Arbeit verstanden werden: als Tätigkeit mit gesellschaftlich produzierten operativen Mitteln und "gegenprozessualen" Resultaten, die als Veränderungen in den widerständigen Verhältnissen zwischen den beteiligten Subjekten zu Tage treten.

Dies heißt nun, daß wir neben den Werkzeuge oder Maschinen einbeziehenden Arbeitsmitteln auch *rein leiblich-soziale Mittel* der Tätigkeit bei der Analyse von Reproduktion und Kommunikation berücksichtigen müssen[44]. Das prägnanteste Beispiel hierfür sind zweifellos die Sprechoperationen, an denen schon Lew Wygotski seine These der strengen Analogie von Werkzeugen und Sprache entwickelt hatte. Sie sind operative Mittel, die alle Kinder in ihren Leibern ausbilden: in ihrer konkreten Hirnstruktur und deren Verbindungen mit den sprechmotorischen und auditiv-sensorischen Funktionen[45]. Luciano Mecacci macht in seinem Buch "Das einzigartige Gehirn" (1986: 58-61) eindringlich klar, daß jede Person vor allem durch die Ausbildung ihres Gehirns einen vollkommen individuellen Leib entwickelt, der in

---

[44] In dieser Hinsicht muß man eine fehlerhafte Abwertung der Leiblichkeit in der Kritischen Psychologie konstatieren, hervorgerufen durch Unterschätzung des Ausmaßes, in dem die menschlichen Leiber in allen ihren Lebensäußerungen, inneren wie äußeren Bewegungen und Haltungen, gesellschaftlich produzierte Mittel verkörpern. Joscijka Abels hat gezeigt, daß unter anderem aus diesem Grund Holzkamp in seinem Buch zur "Sinnlichen Erkenntnis" eine unbeabsichtigte Verengung der Kategorie Sinnlichkeit unterlaufen ist (vgl. Abels 1986: 325-328). Holzkamp hat dies in der "Grundlegung" schon berücksichtigt (1983: 314), allerdings ohne daraus weitergehende Folgerungen auch für seine Analyse von Operationen zu ziehen (vgl. 1983: 307-313). - Abels greift auf das Werk von Maurice Merleau-Ponty zurück, vor allem auf dessen "Theorie des Leibes". Leider kann ich wegen mangelnder eigener Kenntnis von Merleau-Pontys Texten nicht sagen, ob seine Bestimmung der leiblichen Prozesse wie bei Feuerbach vor allem kontemplativ, oder aber, wie beim frühen Marx, vor allem produktiv akzentuiert ist, oder ob sie, was zu vermuten ist, diese Polarität insgesamt erfaßt.

[45] Hier ist auch auf die neueren Texte von Wolfgang Jantzen (programmatisch schon 1982) zur weiteren Aufklärung der physischen Basis gegenständlicher Tätigkeit hinzuweisen. Ich konnte sie bisher noch nicht durcharbeiten.

bezug auf seine Bewegungsmöglichkeiten weit über alle genetischen Anlagen hinausgeht, und trotz aller Individualität zutiefst durch die gesellschaftlich produzierten operativen Mittel geprägt wird. So berichtet er etwa das erstaunliche Phänomen, daß die Japaner wegen ihrer zwei ganz unterschiedlichen Schriftsysteme (das bildliche kandschi und das phonetische kana) von Hirnverletzungen ganz anders betroffen werden als die Europäer, die nur eine phonetische Schrift kennen.

Eine letzte Schwierigkeit beim Verständnis der leiblich-sozialen Mittel muß nun noch behoben werden: Inwiefern kann man denn davon sprechen, daß diese Mittel eine von den Personen relativ unabhängige Existenz besitzen, wenn sie doch ganz und gar durch leibliche Bewegungen eben dieser Personen realisiert werden? Nun, eigentlich ist dieses Problem bereits in Abschn. 5 mit dem zweiten Sinn von "Gegenständlichkeit" gelöst: In den Bewegungen der anderen ist ein leiblich-soziales Mittel unabhängig von mir existent und kann also zum Gegenstand meiner Aneignungsbemühungen werden. Wie gewöhnliche Werkzeuge kann ich mir diese Mittel sogar ohne Wissen bzw. gegen den Willen der anderen aneignen, weil dazu nur die eigeninitiative Reproduktion des gleichen Operationsmusters, nicht aber die aktive Beteiligung der anderen nötig ist.

Wygotskis "allgemeines genetisches Gesetz der kulturellen Entwicklung" fügt zu dieser Feststellung noch einen sehr wichtigen Aspekt hinzu:

> Jede Funktion tritt in der kulturellen Entwicklung zweimal, in zwei Ebenen, auf die Bühne, zunächst sozial, danach psychologisch, zuerst zwischen den Menschen als interpsychische Kategorie, danach innerhalb des Kindes als intrapsychische Kategorie" (zit. nach Budilowa 1975: 126)

Dies heißt, daß eine Person sich nicht nur leiblich-soziale Mittel einer einzelnen anderen Person aneignen kann, sondern ganze kooperativ-soziale Muster, wie sie etwa in Gesprächen und anderen intim-sozialen Beziehungsformen auftreten. Gespräche zu führen: diese Fähigkeit einer "unmittelbar" interagierenden Gruppe wird damit als zugleich genuin soziales, wie auch persönliches leibliches Mittel der Selbstvergewisserung und Selbstregulation von Subjekten verständlich.

Zur weiteren Entwicklung dieser tiefen Einsicht von Wygotski halte ich es für unabdingbar, die Ergebnisse der Mikrosoziologie[46] und vor allem auch der "Figurationssoziologie" von Norbert Elias, psychologisch zu rekonstruieren. Elias sagt in der Einleitung zu seinem Hauptwerk:

> Das Geflecht der Angewiesenheiten von Menschen aufeinander, ihre Interdependenzen, sind das, was sie aneinander bindet. Sie sind das Kernstück dessen, was hier als Figuration bezeichnet wird, als Figuration aufeinander ausgerichteter, voneinander abhängiger Menschen. Da Menschen erst von Natur, dann durch gesellschaftliches Lernen, durch ihre Erziehung, durch Sozialisierung, durch sozial erweckte Bedürfnisse gegenseitig voneinander mehr oder weniger abhängig sind, kommen Menschen,

---

[46] Einen sehr großen Schritt in diese Richtung hat Klaus Ottomeyer mit seiner Skizze einer "szenisch-materialistischen Psychologie" (1987) getan. Ich möchte das Studium dieses Buches, das ich auch selbst noch nicht abschliessen konnte, besonders klinischen Psychologen, aber auch allgemeiner allen Kollegen ans Herz legen.

wenn man es einmal so ausdrücken darf, nur als Pluralitäten, nur in Figurationen vor. Das ist der Grund, aus dem es ... nicht besonders fruchtbar ist, wenn man unter einem Menschenbild das Bild von einem einzelnen Menschen versteht. Es ist angemessener, wenn man sich unter einem Menschenbild ein Bild vieler interdependenter Menschen vorstellt, die miteinander Figurationen, also Gruppen und Gesellschaften verschiedener Art, bilden. (Elias 1976: LXVII)

Zusammen mit Wygotskis psychogenetischem Grundgesetz heißt dies, jedenfalls für mich, daß wir als Psychologen auch darüber nachdenken müssen, wie wir sogar Personen als "Figurationen" verstehen können, als "inneren" leiblich-körperlichen Zusammenhang interdependenter Intentionen und Perspektiven, von denen jede zwar eine relative Autonomie und einen besonderen sozialen Reproduktionskontext besitzt, die jedoch nur in ihrem Zusammen- und Gegeneinanderwirken die Einheit des personalen Subjekts ausmachen.

Ich glaube, daß wir erst nach Erfüllung dieser Aufgabe eine vollständige historisch-genetische Erklärung von kommunikativen, reproduktiven und auch (herkömmlich) produktiven Fähigkeiten der Menschen versuchen können. Wie bereits eingangs gesagt, ist hierzu von einer Gleichursprünglichkeit von Sprache und werkzeugvermittelter Weltveränderung auszugehen. Die Kategorie der gesellschaftlichen Arbeit sollte nicht als polarer Gegensatz zu Interaktion und Kommunikation bestimmt werden. Ein anderer Ausweg aus den Aporien des "Produktionsparadigmas" (Habermas 1985: 95-103) ist konsequenter und eher eine Fortführung des historischen Materialismus: Wie angedeutet, ist die Reproduktionssphäre und die soziale Prozeßebene der Figurationen in die Kategorie der gesellschaftlichen Arbeit einzubauen, womit das Produktionsparadigma in ein Paradigma der kooperativen Reproduktion umgewandelt wird.

Dann läßt sich auch das Programm besser durchführen, das ich in meinem Text "Tätigkeit, Arbeit und Praxis" (Raeithel 1983) formuliert habe: Den aus einer vollständigen Dezentrierung gewonnenen Begriff der gesellschaftlichen Arbeit in einem *rezentrierten Praxisbegriff* aufzuheben. Die größte Schwierigkeit dieser Perspektive liegt darin, eine angemessene Kategorie dessen zu bilden, was mit den Namen "soziales Subjekt" und "Figuration" nur höchst unvollkommen angedeutet werden konnte. Meine derzeit beste Problemstellung hierfür lautet: Was bedeutet es und wie kann man analysieren, daß eine Person versucht, *die Stimme* [47] *für ein soziales Subjekt* (eine Familie, Gruppe, Organisation) *zu produzieren,* zu dem sie sich rechnet, und das sie durch ihr Sprechen zu repräsentieren beansprucht?

Die oben angedeutete theoriestrategische Alternative zu Jürgen Habermas' "Theorie des kommunikativen Handelns" bedeutet natürlich nicht, daß die von ihm erarbeiteten Antworten auf kommunikationstheoretische Fragen unberücksichtigt bleiben könnten. So gilt etwa eine wesentliche Einsicht auch für die anvisierte kulturhistori-

---

[47] Der Begriff der Stimme im hier verwendeten emphatischen Sinn stammt aus der Theorie des Romans von Michail Bachtin. Die erstaunlichen Parallelen von Bachtins Theorie und Wygotskis Ansatz, die auf gemeinsame Quellen zurückgeführt werden können, aber wohl nicht auf direktem Kontakt beider Forscher beruhen, hat James Wertsch (1985 c) herausgearbeitet.

sche Kommunikationstheorie: Kommunikative Handlungen müssen in einer aufstei-
genden, synthetisierenden Begriffsentwicklung vor den gesellschaftlich organisierten
Arbeitsprozessen behandelt sein, sonst ließe sich weder die Arbeit der Mütter noch
die Kulturproduktion verstehen. Im kulturhistorisch-psychologischen Forschungsprogramm führt der phänomenologisch-subjektzentrierte Zugang zum Verständnis
menschlicher Aktivität (in urzentrierter Reflexion) zuerst zur Kategorie der gegenständlichen Tätigkeit. Also muß in dieser die kommunikative, vorausgreifende
Tätigkeit bereits inbegriffen sein, bevor (in dezentrierter Reflexion) die Kategorie
"gesellschaftliche Arbeit" entfaltet werden kann.

Dieser Text ist allerdings nicht der Ort, an dem die weiteren Konsequenzen einer
genetisch-kulturhistorischen Bestimmung der Kommunikation genauer ausgeführt
werden könnten. Auch die Details einer historisch-empirischen Begründung des vorgeschlagenen Ansatzes können hier nicht vorgelegt werden. Martin Hildebrand hat in
seinem Text von 1980 dazu die unverzichtbare Basisarbeit geleistet; er mußte allerdings auf die Untersuchung der gesellschaftshistorischen Entwicklung der Symbolisierungsmittel verzichten, und machte, nach dem Vorbild der Kritischen Psychologie, noch einen großen Sprung von der Phylogenese der Sprechfähigkeit zur Ontogenese des kindlichen Sprechens.

Ich selbst habe versucht, die wesentlichen Grundlinien einer psychologischen
Erklärung der historischen Genese der Symbolisierungsmittel anzugeben (Raeithel
1985, 1988): Aus dramatischen Modellen entwickeln sich zunächst diskursive, dann
auch symbolisch-gegenständliche Modelle von sozialen Problemsituationen. Die
Mittel der dramatischen Symbolisierung sind bereits in Tiersozietäten im sozialen
Spiel der Tierkinder, das auch die adulten Tiere einbezieht und zum Teil von diesen
reguliert wird, vorhanden (vgl. Bischof 1985). Die höchstentwickelten Affen verfügen
bereits über sehr differenzierte lautliche Signale, und ich wage hier die These, daß
sich bei genauerer Analyse eine Vorform der diskursiven Modellierung bei Schimpansen finden lassen wird, die allerdings vollständig an die aktuelle Situation einer
kommunizierenden Gruppe gebunden bleibt.

Die Bindung der Kommunikation an den aktuellen Kontext der Aktivität braucht
nämlich solange nicht überwunden werden, wie die Reproduktion der Gesellungsein-
heiten noch nicht auf die *vorsorgende und kooperative Nahrungssammlung und -
verteilung* notwendig angewiesen ist. Es besteht für die Menschenaffen keinerlei
Entwicklungsdruck in Richtung von situationstranszendierenden, vorausgreifenden
Kommunikationsmitteln: Wozu sollten sie sich über das Morgen verständigen,
wenn ihr Heute doch alles Überlebensnotwendige bietet? Im Hier-und-Jetzt gelingt
den Schimpansen die kooperative Nahrungssuche bereits sehr gut und sie signalisieren sich gegenseitig über weite Strecken, wenn sie einen guten, großen Fruchtbaum
entdeckt haben (Ghiglieri 1985). Ich werte diese neuesten Forschungsergebnisse, die
über Hildebrands Zugeständnisse (von 1980) an die Fähigkeiten der Menschenaffen
hinausgehen, als "sprechenden" Beleg für die Gleichursprünglichkeit von kommunikativen und produktiven Fähigkeiten der frühen Hominiden.

Norbert Bischofs gründliche und überzeugende Analyse der biologischen Grundlagen der sozial-intimen Bindung zwischen Eltern (Älteren) und Kindern, die von
der sozial-intimen Bindung zwischen den Eltern selbst deutlich unterschieden
werden muß (1985), zeigt darüber hinaus, daß die Ursprünge der Kommunikation
genauso gründlich in diesen "rein intersubjektiven Verhältnissen" gesucht werden
müssen, wie sie bisher in materialistischer Tradition im Mensch-Natur-Verhältnis
aufgewiesen wurden. Auch diese Forschungsaufgabe ist gemeint, wenn davon die
Rede war, daß wir die Struktur der mütterlichen (aber auch der väterlichen, geschwi-
sterlichen, freundschaftlichen) Arbeit aufdecken müssen.

7 Zusammenfassung und Ausblick

Es wird vorgeschlagen, Sprechhandlungen in einer genetischen Definition als eine
jüngere Art von eingreifenden Handlungen dadurch zu unterscheiden, daß ihr Gegenstand (besser: Gegenprozeß) als *Abstimmung zwischen Kooperationspartnern* bestimmt wird. Das Ziel von Sprechhandlungen kann die Beeinflussung der regulativen Strukturen des Partners sein, die Abstimmung zweier Partner bedeutet jedoch
immer eine Änderung der gemeinsamen Regulationsstruktur. Resultate von Sprechhandlungen sind ideell-gegenständliche Resultate, Veränderungen in der geteilt
gemeinsamen symbolischen Welt. Hierbei ist es wichtig, Ideelles nicht im aus-
schließenden Gegensatz zum Materiellen zu verstehen.

Ideelle Strukturen sind vielmehr in einer ebenfalls genetischen Definition als
besondere Art materieller Strukturen heraushebbar. Ihre Besonderheit besteht darin,
daß sie Möglichkeiten präsentieren, die nicht unabhängig von dieser Präsentation
existieren, aber auf der anderen Seite gerade durch sie objektiv-real und daher (durch
Aktivierung als regulative Strukturen) auch wirksam werden können.

Die Gegenständlichkeit von materiellen Prozessen oder Strukturen ist nur subjektrelativ bestimmbar; Gegenstände werden in der gesellschaftlichen Praxis (Produktion
im engen Sinn, Reproduktion und Kommunikation) konstituiert, wobei sie nicht
beliebig, sondern begrenzt durch die realen Objektbereiche und deren "ökologische
Angebote" (englisch: affordances, Gibson 1979) ausgebildet werden können. Die
Gegenständlichkeit der Tätigkeit ist von ihrer Körperlichkeit (und weiter von ihrer
Leiblichkeit) zu unterscheiden, was auch bedeutet, daß erklärbar wird, wie die
menschlichen Tätigkeiten selbst zum Gegenstand der Reflexion und der Umgestaltung werden können. Diese zweite Bedeutung von Gegenständlichkeit der Tätigkeit
ist also die notwendige Bedingung für die Reflexivität menschlicher Praxis, und die
Entwicklung dieser Bedingung ist historisch als Geschichte der Symbolisierungsmittel zu analysieren.

Dies bedeutet schließlich, daß soziale Kommunikation als gesellschaftliche Arbeit
verstanden werden kann, insofern und insoweit der Arbeitsbegriff nicht auf die Produktionsarbeit und das Mensch-Natur-Verhältnis eingeschränkt bleibt, sondern um die Re-
produktionsarbeit und die intersubjektiven Verhältnisse (Figurationen) erweitert wird.

Die hier vorgelegte Untersuchung ist unvollständig, denn sie bezieht insbesondere nicht die Ergebnisse der angloamerikanischen Sprechakt-Theorie (Austin 1962, Searle 1969) mit ein. Auch die "Theorie kommunikativen Handelns" (Habermas 1981), die maßgeblich durch die Arbeiten von Austin beeinflußt wurde, und die - wie schon mehrfach angesprochen - auf einer strikten Trennung von zweckrational eingreifendem und konsensuell kommunikativem Handeln beruht, konnte hier weder ausreichend gewürdigt, noch kritisiert werden (als ersten Ansatz s. Raeithel 1987).

Es bleibt also noch viel zu tun, um eine umfassende kulturhistorisch-psychologische Theorie der Kommunikation dereinst einmal vorlegen zu können. Zweifellos ist ein Rückgang auf die Arbeiten von Wygotski (1971, 1985) unumgänglich. Dies ist jedoch mit dem Erscheinen der ersten Bände seiner gesammelten Werke in deutscher Übersetzung und auch mit den ausgezeichneten Beiträgen nordamerikanischer Forscher (Cole u.a. 1978, Wertsch 1985 a und b) nun viel leichter möglich als zu Beginn des Jahrzehnts.

Umriß einer kulturhistorischen Neubegründung der psychologischen Methodenlehre

0 Einführende Vorbemerkungen

In diesem Papier versuche ich durch die Entwicklung einiger Thesen zu zeigen, daß unsere Methodenlehre auf innerpsychologischen Grundlagen aufgebaut werden kann, wenn mit der kulturhistorischen Kategorie der *zeichenvermittelten Tätigkeit* begonnen wird. Der daraus folgende begriffliche Aufbau realisiert die dringend nötige Emanzipation der psychologischen Methodologie von anderen Disziplinen, wie der mathematischen Statistik, der abstrakten Methodik geplanter Experimente oder der normativ gemeinten analytischen Wissenschaftstheorie.

Eine solche methodologische Emanzipation bedeutet jedoch nicht, daß die Ergebnisse jener anderen Disziplinen ignoriert würden. Im Gegenteil können sie an einer inhaltlich-psychologisch ausgewiesenen Stelle so in den Aufbau integriert werden, daß ihre Eignung als Mittel der professionellen Tätigkeit von Psychologen klar erkennbar wird. Durch diese instrumentelle und pragmatische Sichtweise auf Methoden können die bisher noch allzu grundsätzlich getrennten Arbeitsbereiche von Psychologen - die Forschung und die "Berufspraxis" - ungeschieden in die erste Definition (Ausgangsabstraktion) unserer Methodenlehre eingehen:

(0.1) Psychologische Methoden regulieren
die systematische Arbeit
an und mit Modellen
der Tätigkeit kooperierender Personen.

Diese selbstbezügliche Definition psychologischer Methodik ergibt sich einfach als Konkretisierung durch Selbstanwendung eines allgemeineren Satzes, der aus der Arbeits- und Wissenschaftspsychologie stammt:

(0.2) Wissenschaftliche Methoden regulieren
die systematische Arbeit
an und mit Modellen
des jeweiligen Gegenstandsbereichs einer wissenschaftlichen Disziplin oder
Spezialität.

Hier wird unter systematischer Arbeit eine Tätigkeit mit besonderen - eben wissenschaftlichen - Mitteln verstanden, die auf die Produktion von institutionell und gesellschaftlich definierten Resultaten ausgerichtet ist, und daher einer arbeitstypischen externen und internen Qualitätskontrolle unterliegt. Die Arbeit *an* Modellen (theoretische und empirische Arbeit) ist nicht nur durch Zeichen vermittelt, sondern hat durchgehend semiotischen und vorausgreifenden Charakter auch bezüglich ihrer Resultate, während die (praktische) Arbeit *mit* Modellen darüber hinaus auch direkt in die materielle Wirklichkeit eingreifen kann.[48]

Für die praktische Psychologenarbeit gilt nun aber auch, daß sie den semiotischen Bereich insoweit nicht verläßt, als Psychologen und Klienten kooperativ an einem gemeinsamen symbolischen Modell arbeiten. Damit hat die praktische Arbeit von Psychologen ebenfalls eine wesentlich theoretisch-empirische Komponente; allerdings handelt es sich hier in der Regel um eine *situierte Theorie und Empirie des konkreten Falles*, im Gegensatz zu den mehr oder minder de-kontextualisierten (abstrakt-allgemeinen) Theorien der Forschung[49].

Aus diesen Vorüberlegungen folgt der Aufbau dieses Kapitels: Zunächst (1) muß die psychologische Theorie der zeichenvermittelten Tätigkeit genauer erläutert werden, um daraus (2) die Begriffe der *methodischen Regel* und des *wissenschaftlichen Modells* zu entwickeln. Danach erst können (3) Kriterien für eine angemessene *psychologische* Methodik diskutiert werden, um schließlich (4) Folgerungen für eine grundlegende Reform der Methodenausbildung in der Psychologie ziehen zu können.

Was im folgenden nur am Rande berührt wird, ist die Analyse der Wissenschaft Psychologie als *Bildungs- und Aufklärungsinstanz*, die neue Weltbilder erfindet und vermittelt, wobei sie notwendigerweise alte Weltbilder sowie die mit ihnen zusammenhängende historische Praxis kritisieren muß. Auch diese wichtige Aufgabe von Wissenschaftlern noch unter dem Methodenbegriff abhandeln zu wollen, würde jedoch dessen schrankenlose Erweiterung auf Strategien der politischen Akteure in der Öffentlichkeit bedeuten. Dies scheint nicht sinnvoll, und wird daher auch nicht versucht.

1 Kulturhistorische Theorie der zeichenvermittelten Tätigkeit

Die folgende Darstellung basiert auf Lew Wygotskis ursprünglicher Konzeption des Verhältnisses von Handeln, Sprechen und Denken, in der die spezifisch menschlichen kognitiven Leistungen als neue, funktionale Verbindungen zwischen elementar-natürlichen Kognitionsformen erklärt werden. Solche Verbindungen entstehen in der sozialen Kommunikation durch die Verwendung von gesellschaftlich produzierten Zeichensystemen. Sie können und müssen (bei wesentlichen Teilstrukturen) von den Individuen "interiorisiert", das heißt: als eigene, "innere" Mittel und Formen ihrer Tätigkeit reproduziert werden.

Wygotski selbst hat seine Konzeption nicht mehr vollständig ausarbeiten können. Dies wird im folgenden dadurch berücksichtigt, daß sowohl die Tätigkeitstheorie von Alexej N. Leontjew, als auch die semiotische Philosophie von Charles Sanders Peirce zur weiteren Konkretisierung herangezogen werden.

---

[48]   Gerd Gigerenzer (1981) hat eine überaus wichtige methodologische Arbeit vorgelegt, in der er den Begriff der Messung sehr ausführlich und überzeugend aus der Modellbildung abgeleitet hat. Eine detaillierte Würdigung und konstruktive Kritik dieses Buches kann in diesem Papier noch nicht gleistet werden (s. jedoch Abschnitt 2).

[49]   Raeithel 1980, Raeithel & Tröger 1981, Raeithel 1985, Raeithel & Bergold 1985.

Die Verarbeitung von Leontjews Ansatz ist notwendig, weil Wygotski keine Theorie der *natürlichen Kognition* vorgelegt hat und die Genese der spezifisch menschlichen Fähigkeiten im Bereich der materiellen Produktion unberücksichtigt ließ. Beide Lücken wurden durch Leontjews Version der kulturhistorischen Psychologie nachträglich ausgefüllt. Die Kritische Psychologie hat seine Skizze der Phylo- und Soziogenese des Psychischen systematisiert und wesentlich erweitert. Wygotskis Ansätze zu einem umfassenden Verständnis der zeichenvermittelten Tätigkeit konnten jedoch erst in jüngster Zeit wieder aufgenommen werden - die kulturhistorische Theorie der Genese von Bedeutungen bleibt eine hochaktuelle Aufgabe gegenwärtiger Forschung.

Der hier versuchte Einbezug der Peirceschen Semiotik in eine kulturhistorische Theorieentwicklung soll diese Aufgabe lösen helfen. Im Zuge der aktuellen Wygotski-Renaissance wurden zwar schon viele linguistische und philosophische Konzeptionen der Funktion von Zeichensystemen (z.B. Wittgenstein, Bachtin, Prager Schule) mit Wygotskis Ansatz verglichen und synthetisiert[50]. Aber Peirces Arbeiten zur pragmatischen und semiotischen Philosophie entstanden früher als die anderen Ansätze und in direkter Auseinandersetzung mit Hegel, dessen allgemeine Theorie der Entwicklung und Geschichte des Geistes - vermittelt über Marx - sowohl Wygotski selbst, als auch alle nachfolgenden kulturhistorischen Psychologen beeinflußt hat. Daher vermag die Beschäftigung mit Peirce bisher unbeachtete Möglichkeiten der Theorieentwicklung im gemeinsamen Erbe des Deutschen Idealismus aufzudecken.

Daneben gibt es einen speziellen Grund, in diesem Papier mit Peirceschen Konzepten zu arbeiten: Seine triadisch-semiotische Logik gestattet, wie noch zu zeigen sein wird, eine umfassende Systematisierung von Methoden, Regeln und Konzepten der wissenschaftlichen Arbeit. Damit läßt sich ein Rahmen schaffen, in dem auch die analytischen und strukturalistischen Wissenschaftstheorien ihren Platz finden.

1.1 Semiotische und produktive Mittel der Tätigkeit

Die grundlegende Erkenntnis über die menschliche Tätigkeit besteht in der Anerkennung der notwendigen materiellen Vermittlung zwischen dem Subjekt und den Objekten einer Tätigkeit. Die daraus entstehende triadische Struktur hat Wygotski aus dem "Kapital" entnommen[51], wie in der folgenden Abb. 1a dargestellt. "Werkzeug" sollte hier als ein vorläufiger Name für den verallgemeinerten Begriff der produktiven Mittel verstanden werden, der im Sinne der Leontjewschen "Operation" bzw. des "funktionalen Systems" (Bernstein, Anochin) zu entfalten ist[52]. Durch produktive Mittel kann

---

[50] Vor allem durch James Wertsch (1985, 1989).
[51] Marx, MEW 23, Kap. 5, S. 193: "Die drei einfachen Momente des Arbeitsprozesses sind die zweckmäßige Tätigkeit oder die Arbeit selbst, ihr Gegenstand und ihr Mittel". Das Subjekt tritt hier nur in Gestalt seiner zielbewußten Tätigkeit auf. - Die Übernahme ist nachzulesen in Vygotsky 1978, S. 52-57 und Wygotski 1989.
[52] Raeithel 1983, Kap. 2.

das Subjekt auf die Objekte einwirken und sie zum Resultat seiner Tätigkeit transformieren. Sie wirken daher "von innen nach außen", wie Wygotski feststellte.

Die gleiche triadische Struktur, so erkannte Wygotski, gilt jedoch auch für den Umgang mit "Zeichen" (semiotischen Mitteln); diese vermitteln zwischen zwei Subjekten (Abb. 1b) bzw. ermöglichen die bewußte und personale *Selbstregulation* (Abb. 1c). Ihre Wirkung kann in beiden Fällen als "von innen nach innen" gerichtet beschrieben werden - entweder wirkt ein Subjekt auf die innere Struktur eines anderen Subjekts, oder auf seine eigene. Diese räumliche Metaphorik erweist sich jedoch unter einer weitergehenden Interpretation als noch wesentlich produktiver, und zwar wenn wir berücksichtigen, daß Wygotski neben dem gemeinsamen "Außen" - der sich den arbeitenden Menschen entgegenstellenden Wirklichkeit - und dem *personalen* "Innen" - dem individuellen Welterleben samt den wahrgenommenen Möglichkeiten und verfolgten Zwecken - auch die soziale *und semiotische* Vermittlungsebene des *"sozialen Innenraums"* im Blick hatte, also das gesellschaftlich (re-) produzierte System der umlaufenden Bedeutungen.

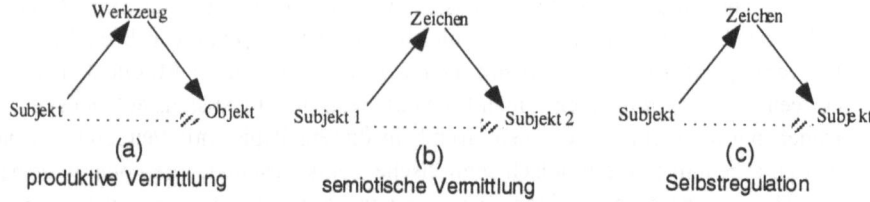

Abb. 1: Wygotskis Ausgangsabstraktion

Diagramm (a) läßt sich so lesen: Ein Subjekt kann nicht direkt (gestrichelter Pfeil) auf ein Objekt einwirken, sondern muß ein "Werkzeug" (s. Text) zu Hilfe nehmen, auf das es selbst direkt einwirken kann, und welches wiederum direkt auf das Objekt einzuwirken vermag. Die weiteren Diagramme sind entsprechend zu verstehen.

So gesehen bedeutet "nach innen" dasselbe wie "auf die innere Struktur eines personalen oder sozialen Selbst gerichtet", und damit kann den semiotischen Mittel im allgemeinen die Funktion der Realisierung von *sozialer Selbstregulation* zugesprochen werden.

Die bisherige Darstellung nach Wygotski schließt jedoch die Zeichen, d.h. semiotischen Mittel, vollständig in die Subjekt/Subjekt-Beziehungen ein und erklärt noch nicht, wie die spezifisch menschlichen, zeichenvermittelten Bedeutungen jemals entstehen konnten. Leontjew hat dies sehr früh bemerkt[53], und hat zur Behebung dieser Schwäche sein eigenes Forschungsprogramm formuliert und durchgeführt: die "Gene-

---

[53]   Vgl. Leont'ev 1990. Die Datierung dieses Manuskripts ist falsch; vermutlich ist der Text im Jahr 1936 entstanden bzw. beendet worden.

se des Psychischen" aufzuklären. Die Notwendigkeit einer solchen Erweiterung läßt sich formal zeigen, wenn wir die in den Diagrammen von Abb. 1 allein gezeigte Wirkungsrichtung vom Subjekt auf das Objekt umkehren, und beide Richtungen getrennt in einem Diagramm darstellen (Abb. 2).

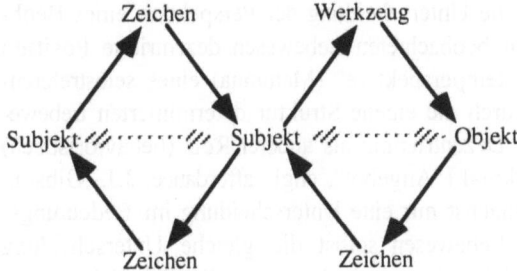

Abb. 2: Zeichenvermittelte Tätigkeit
Ein Subjekt steht in vermittelter Beziehung (gestrichelte Pfeile) mit einem Objekt und mit sich selbst. Sein "Werkzeug" (s. Abb. 1) realisiert die Einwirkung auf das Objekt. Drei Typen von "Zeichen" (s. Text), die allesamt wesentlich vom Subjekt mitgestaltet wurden, realisieren die drei übrigen Vermittlungen. Das Subjekt wird in diesem Diagramm in ein regulierendes und ein realisierendes Subsystem aufgespalten, diese wechselwirken jedoch über Zeichen, und damit ist keine absolute Autorität des regulierenden Teilsubjekts möglich.

Im linken Teil dieses Schemas kann die Vermittlungsinstanz der Rückwirkung des zweiten Subjekts auf das erste problemlos benannt werden: Es ist schlicht ein weiteres "Zeichen". Dagegen ist es sowohl psychologisch als auch philosophisch hochproblematisch, auf der rechten Seite einen allgemeinen Begriff für die Vermittlung der Wirkung der Objekte auf das Subjekt der Tätigkeit zu bilden. Wie am Namen "Zeichen" auch für diese Art der Vermittlung ersichtlich, folge ich hier Peirce und behaupte also den semiotischen Charakter von Wahrnehmung und Erfolgskontrolle.
  Diese Entscheidung macht eine Erweiterung des üblichen Zeichenbegriffs auf natürlich-organische Signale notwendig, wie es Peirce schon erkannt und teilweise durchgeführt hat. Eine solche Begriffsentwicklungs-Strategie ist außerdem in der kulturhistorischen Psychologie durch die Arbeiten von Leontjew und Holzkamp zu natürlichen Bedeutungssystemen bei Tieren schon gut vorbereitet. Aber wir haben uns nun zusätzlich der Aufgabe zu stellen, die spezifische Besonderheit der semiotischen Mittel der menschlichen Tätigkeit zu benennen. Bevor dies in Angriff genommen werden kann, muß jedoch die Charakteristik und Funktion semiotischer Mittel der produktiven Tätigkeit bei Tieren[54] und Menschen noch genauer erläutert werden.

---

54   Im folgenden unterstelle ich den Erkenntnisstand der biologischen Koevolutionstheorie, wonach die materielle Weltveränderung keineswegs eine Spezifik des Menschen darstellt, sondern im dynamischen Gegeneinander von Ökonischen und biologischen Arten immer schon stattgefunden hat. Daher

1.2   Sinnliche Erkenntnis in der Produktion als semiotisch regulierter Prozeß

Nach der jüngsten erkenntnistheoretischen Diskussion mit Radikalen Konstruktivisten kann Sergej Rubinsteins psychologisches Prinzip des Determinismus[55], wonach äußere Ursachen nur "gebrochen" durch innere Bedingungen in der Tätigkeit zur Wirkung kommen, auf entscheidende Weise präzisiert und umgestaltet werden. Von größter Bedeutung hierbei ist die Unterscheidung der Perspektive eines Beobachters, der eine im Verhältnis zum beobachteten Lebewesen dezentrierte Position einnimmt, von der zentrierten "Systemperspektive" (Maturana) eines selbstreferentiellen, operativ abgeschlossenen, durch die eigene Struktur determinierten Lebewesens (Maturana 1982). Was aus der Dezentrierung als äußerer Reiz (behavioristisch) oder als objektiv feststellbares Merkmal ("Angebot", engl. affordance, J.J. Gibson, 1979) der Situation erscheint, ist zunächst nur eine Unterscheidung im Bedeutungssystem des Beobachters. Ob das Lebewesen selbst die gleiche Unterscheidung (Figur/Grund-Trennung) macht, und insofern ein bedeutungsvolles Anzeichen (Signal) wahrnimmt, hängt allein von seiner kognitiven Organisation und Struktur ab. Insofern gibt es streng genommen *keine* äußeren Ursachen des Verhaltens von Lebewesen, sondern nur "Anlässe" in ihrer Umwelt für selbst-determiniert geänderte Fortsetzungen der laufenden Aktivität.

Rubinsteins "innere Bedingungen" - die regulativen Strukturen der Lebewesen - müssen daher als die eigentlichen Ursachen verstanden werden. Durch sie werden "äußere Bedingungen" überhaupt erst in der Form konstituiert, in der sie Anlaß zu Aktivitätsänderungen geben. Diese subjektrelative Erkenntnistheorie, die in romantischer Form schon vom Deutschen Idealismus, und - ebenfalls auf biologischen Erkenntnissen begründet - von Jean Piaget vertreten wurde, darf jedoch nicht so weit getrieben werden, daß die allzu bekannten solipsistischen Paradoxien entstehen. Aus der Perspektive der Philosophie von Peirce, die man schematisch als semiotischen objektiven Idealismus bezeichnen kann, läßt sich die solipsistische Sackgasse dadurch vermeiden, daß die inneren Gesetzmäßigkeiten von Zeichenprozessen (Semiosen) aufgedeckt werden. Dies verlangt vorrangig die Berücksichtigung der evolutionären, sozialen und gesellschaftlichen Zusammenhänge, in die sie eingebettet sind.

Die pragmatische Maxime von Peirce[56] enthält den Schlüssel zu der benötigten subjektrelativen, aber zugleich dezentrierungsfähigen, objektiven Erkenntnistheorie:

(1.1) Überlege,
welche Wirkungen, die denkbarerweise praktische Bezüge haben könnten,
wir dem Gegenstand unseres Begriffs in Gedanken zukommen lassen.

---

macht es auch Sinn, von tierischer Produktionstätigkeit zu reden und die menschliche Arbeit dadurch zu charakterisieren, daß die Form, "worin sie dem Menschen ausschließlich angehört" (Marx a.a.O., Fußnote 31), genauer bestimmt wird.

[55]   Vgl. Rubinstein 1963. In unserem Zusammenhang ist anzumerken, daß Rubinstein ein erklärter Gegner der semiotischen Auffassung des Denkens war (Brushlinsky 1989). Zur Diskussion des Radikalen Konstruktivismus vgl. Raeithel 1990.

[56]   Hier wiedergegeben in der Übersetzung von Klaus Oehler: Peirce 1985, S. 63.

> *Dann ist unser Begriff dieser Wirkungen das Ganze unseres Begriffs des*
> *Gegenstandes.*

Diese Formulierung ist noch auf den wissenschaftlichen Forschungsprozeß bezogen und muß zunächst durch die konkrete Angabe des Gegenstandes psychologisch konkretisiert werden:

(1.2) Überlege,
> *welche Wirkungen, die denkbarerweise praktische Bezüge haben könnten,*
> *wir den signalischen Zeichen in Gedanken zukommen lassen.*
> *Dann ist unser Begriff dieser Wirkungen das Ganze unseres Begriffs der*
> *organismischen Signale.*

Zur Befolgung dieser Maxime können wir mit großem Gewinn eine biologische "Brückentheorie" benutzen: Jakob von Uexkülls "Umwelt- und Bedeutungslehre" (Uexküll & Kriszat 1983) vermittelt zwischen Maturanas Autopoiesiskonzeption und Leontjews Tätigkeitstheorie vor allem durch die Heraushebung des "Wirkmals" aus dem üblichen Merkmalsbegriff. Die folgende Abb. 3 zeigt Uexkülls "Funktionskreis", der zugleich als Diagramm einer Leontjewschen Operation gelten kann.

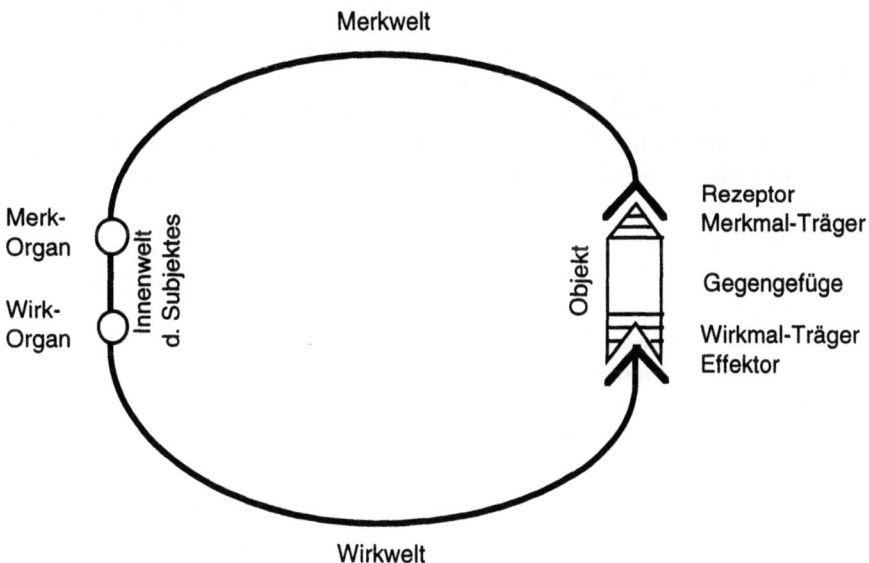

Abb. 3: Jakob von Uexkülls Funktionskreis

Ein lebendiges Subjekt (auch Tiere sind gemeint) kann seine eigenen Wirkungen nur als sog. Wirkmale inmitten seiner Merkwelt wahrnehmen. Seine Wirkwelt ist dem Lebewesen nur effektiv, durch Einsatz seiner Wirkorgane zugänglich. Über die Erscheinung dieser Wirkungen als Wirkmale entscheidet die objektive, subjektunabhängige Eigendynamik des natürlichen Gegengefüges in Interaktion mit den funktionalen und strukturellen Eigenschaften der Merkorgane des Lebewesens. Wirkwelt, artspezifisches Gegengefüge und Merkwelt machen gemeinsam die Umwelt des Lebewesens aus. Zur Beschreibung der Innenwelt verwendet Uexküll im wesentlichen Metaphern aus dem Sinnesbereich des Hörens (Sinnestöne setzen "sich" zu Situationsmelodien zusammen...).

An diesem Diagramm ist abzulesen, daß dem Lebewesen die eigene "Wirkwelt" - also die Gesamtheit seiner realen Wirkungen in der Umwelt - nur semiotisch vermittelt, nicht aber direkt zugänglich ist. In seiner "Merkwelt" verwertet das Lebewesen besonders die Signale für die eigene Wirkung - die Wirkmale - neben den übrigen Signalen, die auf subjektunabhängige Änderungen der Umwelt (Ereignisse) verweisen. Auf höheren Stufen der Aktivitätsregulation entwickelt sich aus diesem Bemerken der eigenen Wirkungen, d.h. der selbstproduzierten Wirklichkeit, auch eine innere Repräsentation, ein Gewahrwerden der Wirkungsgesamtheit anderer Lebewesen oder Naturprozesse in einem komplexen Signal. Diese Signale sind jedoch stets nur perspektivisch (in the limit) auch zutreffende Widerspiegelungen der nur über sie vermittelt zugänglichen Prozesse. Es genügt nämlich, wenn das Lebewesen seine Aktivität fortsetzen kann. Absolute Voraussicht ist nicht notwendig. Täuschung ist nicht nur möglich, sondern alltäglich. Wesentlich in erkenntnistheoretischer Hinsicht ist die strukturelle Übereinstimmung von Signalzusammenhängen und Wirkzusammenhängen, also mit Uexküll gesprochen: Die Merkwelt muß der Wirkwelt "kontrapunktisch" so weitgehend entsprechen, daß die Selbsterhaltung von Individuen, Arten und Ökosystemen nicht unterbrochen wird.

Die pragmatische Maxime von Peirce, oben eingeführt als eine Regel zur Theoriebildung, läßt sich nach dieser Argumentation in eine Definition (Ausgangsabstraktion) von organismischen Zeichen umwandeln, die zugleich eine Forschungsaufgabe formuliert:

(1.3) Signalische Zeichen - Merkmale und Wirkmale - sind bestimmt durch ihre
Wirkungen auf die praktischen Auseinandersetzung des Lebewesens mit seiner
Umwelt.
Unser Begriff dieser Signale
muß daher die Gesamtheit ihrer Wirkungen berücksichtigen,
und zwar so, wie sie vom Lebewesen selbst
durch dessen Lebenspraxis zu seiner eigenen Wirkwelt organisiert werden.

Was von Klaus Holzkamp als funktionale bzw. operative Widerspiegelung bei der Herausbildung von "Realabstraktionen" analysiert wurde (1983, Kap. 3.), kann somit auch als im allgemeinen konvergente, gelegentlich (bei der Entstehung des Neuen) divergierende Semiose verstanden werden; als organismischer Zeichenprozeß, durch den die Lebewesen sich während ihrer Evolution verläßliche Wirk- und Merkmale schaffen[57]. Diese semiotische Kreativität des Lebens darf jedoch nicht in eins

---

[57]   Hier wird nicht weiter darauf eingegangen, daß schon auf der Stufe der Einzeller eine soziale Ordnung durch Signalbeziehungen zwischen Organismen der gleichen Art erzeugt wird (vgl. Grüter 1989); diese Erkenntnis wurde von Holzkamp (1983, s. etwa S. 113) noch nicht berücksichtigt. Eben-

gesetzt werden mit der völlig neuen Fähigkeit der Menschen, sich einen sozialen Innenraum von - als Zeichen *materiell*, nicht nur potentiell existierenden - Möglichkeiten zu schaffen.

1.3 Menschliche Kommunikation als semiotische Modellierung auf drei Stufen

Um die menschlichen Fähigkeiten der Kognition, Selbstregulation und kommunikativen Verständigung auch im Detail zu begreifen, ist es unumgänglich, neben den semiotischen auch die produktiven Mittel der Tätigkeit zu analysieren; neben den "Zeichen" sind - zumal in einer kulturhistorischen Begriffsentwicklung - auch die "Werkzeuge" einzubeziehen. Der Gebrauch und die Herstellung von Werkzeugen vervielfältigt nicht nur die operativen Möglichkeiten der Lebensgewinnung, sondern zugleich auch die Zahl der Bedeutungen, die in der gegenständlich gegliederten, menschlichen Lebenswelt erfaßt werden können. Schon für die Primaten signalisieren die möglicherweise verwendbaren Natur-Werkzeuge bedürfnis- und situationsabhängig ihre eigene Nützlichkeit, wie Wolfgang Köhler eindrücklich gezeigt hat. Kurt Lewins Konzept des Aufforderungscharakters - eine kulturelle Variante von Gibsons Begriff des Angebots - und Leontjews Erklärungsfigur des Zusammentreffens von Bedürfnis und Gegenstand sind Ansätze für eine umfassendere Erklärung dieses Phänomens.

Vor und nach dem tatsächlichen Einbezug in die Aktivität haben demnach auch Werkzeuge Zeichencharakter. Während der Verwendung jedoch sind dem Subjekt die zuhandenen Mittel selbst normalerweise nicht präsent[58], sie sind ja in seine - ohne gesonderte Vermittlung unzugängliche - Wirkwelt einbezogen. Für die Beobachter des tätigen Subjekts gilt die soeben gemachte Einschränkung aber nicht. Im Gegenteil kann er oder sie neben dem Werkzeug auch die gesamte Tätigkeit der beobachteten Person zum Zeichen für deren Handlungsabsichten, inneren Zustand usw. nehmen[59]. Sobald diese Möglichkeit reflexiv wird, entsteht die erste der drei zu

---

falls nur nebenbei erwähnen will ich hier das neueste Paradigma der Kognitionswissenschaft: die konnektionistischen Modelle (vgl. McClelland & Rumelhart 1987), mit deren Hilfe der Uexküllsche Funktionskreis wohl sehr bald streng simulierbar sein wird, ebenso wie das funktionelle System von Anochin (1979).

[58]   Die Heideggersche Formulierung soll nicht andeuten, daß ich sein Werk anders als über Sekundärliteratur kenne. Mein Kontakt mit dieser Philosophie beschränkt sich bisher auf deren Diskussion in der Informatik (Winograd & Flores 1989).

[59]   Die hier zutage tretende konstitutive, aktive Rolle des Beobachters (als verallgemeinerter Anderer - George Herbert Mead - nämlich Zuschauer, Zuhörer) für die Entstehung der Kommunikation ist vom radikalen Konstruktivismus bisher nicht ausreichend beachtet worden, wohl wegen seiner wissenschaftspolitischen Frontstellung gegen den herrschenden Typus des Beobachters. Diesen können wir plakativ charakterisieren als maximal dezentrierten, objektivitätsbemühten, an Naturbeherrschung durch Vorhersage und kontrollierenden Eingriff interessierten Wissenschaftler in naturwissenschaftlichen Labors. Die ethno-soziologische Wissenschaftsforschung (Karin Knorr, Bruno Latour u.a.) hat jedoch gewichtige theoretische und empirische Argumente *dagegen* vorgebracht, daß diese Selbstcharakterisierung vieler Kollegen auch ihre wirkliche Tätigkeit (speziell in ihren kommunikativen Aspekten) angemessen beschreibt.

unterscheidenden Stufen der Modellierung (d.h. der Darstellung im Zeichen): Wenn
eine Person zu einem kommunikativen Zweck ihre Tätigkeit *bewußt inszeniert* und
nicht bloß des Resultats wegen durchführt, produziert sie ein *dramatisches Modell*,
d.h. ein verallgemeinertes, typangebendes, ikonisches Tätigkeits-Zeichen, das auf
alle ähnlichen, konkret-einzelnen Tätigkeiten verweist[60].

Diese erste und grundlegendste Fähigkeit zur semiotischen Modellierung teilen
wir Menschen mit unseren nächsten tierischen Verwandten, wie neueste ethologische
Studien gezeigt haben (Byrne & Whiten 1988). Dies gilt nicht mehr für die *diskursive Modellierung,* die durch die entwickelten, syntaktischen Sprachen der Menschen
ermöglicht wird. Wie Martin Hildebrand-Nilshon gehe ich davon aus, daß neben
den Produktionstheorien der Sprachentstehung, in denen vorrangig die Werkzeugbe-
deutungen und deren vokale Signalisierung betrachtet werden (die "operative Sprache"), auch Kooperationstheorien entwickelt werden müssen; in diesem Fall wird
eine der entwicklungsbestimmenden Funktionen der Sprache in der Reproduktion
des sozialen Zusammenhangs von konkreten Gemeinwesen gesucht (Hildebrand-
Nilshon 1989, Raeithel 1985, 1988 u. 1989), ein durchaus Habermasscher Gedanke,
der in mehreren, auch kontrastiven Varianten konkretisiert werden kann.

Gegenüber der dramatischen, ikonischen Modellierung ist die sprachliche Darstellung (die wir uns hier noch vor der Schriftentstehung, aber nach der ersten Verwendung bildlicher Darstellungen vorstellen müssen) vor allem durch die Indexikalität
geprägt[61], d.h. durch den Verweis eines nicht-ikonischen Zeichens auf den gemeinten Gegenstand. Erst mit der diskursiven Modellierung entsteht das Bedeutungspro-
blem, das die Philosophie so lange beschäftigt hat. Ludwig Wittgensteins Theorie
der Sprachspiele erklärt die notwendige Kopplung von Namen und Gegenständen
aus der sozialen Praxis des eingreifenden Handelns, und ist damit eine implizite
Anwendung der pragmatischen Maxime auf diskursive Modelle. Merrill und Jaakko
Hintikka haben kürzlich gezeigt (Hintikka & Hintikka 1990), daß es unumgänglich
ist, primäre Sprachspiele - zum Beispiel die physiognomische Sprache von Körperhaltungen und -bewegungen - von sekundären Sprachspielen (eigentlichem Sprechen
und Schreiben/Zeichnen etc.) zu unterscheiden. Primäre Sprachspiele und dramatische Modelle gehören also zur gleichen Klasse von Semiosen.

Mit der größeren Vielfalt indexikalischer Zeichen in diskursiven Sprachen werden
explizite Selbstreferenz und Negation in der Kommunikation wesentlich leichter.
Zum Beispiel ermöglichen die Personalpronomen den mehrfachen, schnellen Refe-
renzwechsel in einer einzigen Äußerung, und es wird möglich, über Nichtexistieren-

---

[60] Hier wird Peirces erste Zeichentriade: tone, token, type (s. Schönrich 1990: 18), verwendet. Die
Unterscheidung von Token (Zeichen für eine Einzelheit) und Typus (Zeichen für eine Klasse von Ein-
zelheiten) ist inzwischen in der Informatik und Kognitionswissenschaft allgemeiner Standard. Konkrete
Tätigkeiten als komplexe Zeichen sind demnach die Token eines Typus, der dramatisch kommuniziert
werden kann. - In einer revidierten Fassung dieses Textes muß diese Unterscheidung schon im
Abschnitt 1.2 eingeführt und konkretisiert werden. Interessant auch, daß neuere englischsprachige
Autoren für die Phänomen-Zeichen wie schon Uexküll ein Wort gewählt haben, das gleichermaßen für
optische, wie akustische Dingzeichen zutrifft: Farbton, Klangton.
[61] Die mittlere Stufe in Peirces zweiter Zeichen-Triade: icon, index, symbol (s. Schönrich 1990: 18).

des, über Verbote und über die verschwundene Vergangenheit nachzudenken. Die typisch menschliche Zeit - die "Dauer" nach Henri Bergson - kann nunmehr entfaltet werden: in den Erzählungen und Mythen über die Ahnen, im Gespräch über die gegenwärtige Situation und im Versuch, das Kommende zu ahnen oder magisch vorherzubestimmen.

Während die Entstehung dieser vorherrschend diskursiven, sprach-gestischen Modellierung im Dunkel der Vorgeschichte bisher nur logisch rekonstruiert werden kann, ist die nächste und letzte Entwicklungsstufe semiotischer Objekte (u.a. durch Arbeiten von Peter Damerow) historisch-empirisch sehr klar zu verorten. Die symbolisch-gegenständliche Modellierung durch überdauernde und konventionelle Zeichen[62], mit denen unabhängig vom indizierten Referenzbereich wie mit anderen Gegenständen auch gearbeitet werden kann, wurde erst in größerem Umfang notwendig, als nach der Erfindung des Ackerbaus und der Tierhaltung die entstehenden sozialen Großgebilde in einigen Erdregionen (Mesopotamien, Ägypten, Indien, China, Mittelamerika) nicht mehr traditional regulierbar waren. Auf eine kurze Formel gebracht: Schrift, Mathematik, Landkarten, Bauzeichnungen und andere komplexe Symbolsysteme entstehen parallel mit den ersten Staaten, sie sind zunächst Planungs-, Verteilungs- und Herrschaftsmittel[63]. Die weitere Geschichte dieser semiotischen Mittel geht bereits in die Vorgeschichte der Wissenschaft über, sie kann daher hier ausgespart und später wieder aufgenommen werden.

1.4 Semiotische Selbstregulation: Drei Modi der Reflexion

Im Abschnitt 1.2 wurden die Zeichen in ihrer phänomenalen Gestalt (Peirces "Erstheit") analysiert, in der sie dem Subjekt Möglichkeiten des Handelns präsentieren. Im Abschnitt 1.3 wurde die historische Entwicklung der komplexen Zeichen zu unabhängig vom Subjekt existierenden, widerständigen Objekten skizziert; das sind Darstellungen und Modelle, die Peirces "Zweitheit" (Existenz und Widerständigkeit) aufweisen. Aus der triadischen Logik folgt nun die Aufgabe, die "Interpretanten" oder pragmatischen Vermittlungen (die "Drittheit") der Zeichen zu zeigen, aus denen ja die Wirkungen erst hervorgehen, die nach der pragmatischen Maxime zum vollen Begriff des Zeichens notwendig gehören. Damit kehren wir zugleich zurück zu Wygotskis allgemeiner Charakterisierung von semiotischen Mitteln, aber fragen jetzt genauer nach dem *Wie?* der sozialen Selbstregulation.

Durch die Einführung von (signalischen) Zeichen auch in die produktive Tätigkeit konnten wir das Wygotskische Selbstregulationskonzept aus der Einschließung in

---

[62] Der Zusatz "gegenständlich" verweist auf den Werkzeugcharakter, den "Symbole" auch im Peirceschen System haben. In meinen früheren Texten zu den drei behaupteten Stufen der Kommunikationsentwicklung habe ich "Symbol" nicht in diesem Sinn gebraucht, sondern als allgemeinen Namen für alle "Zeichen" (wie ich nun mit Peirce sage).

[63] Die von Norbert Elias begründete Figurations-Soziologie (vgl. "Theory Culture & Society", special issue on Figurational Sociology, No. 2/3, Vol. 4, 1987) ist für eine weitere Ausarbeitung des skizzierten Zusammenhangs unerläßlich.

die Subjekt-Subjekt-Verhältnisse befreien. Es beschreibt ja in dieser erweiterten Form auch die nicht-reflexive Aktivitätsregulation von Tieren und Menschen durch am Resultat orientierte Veränderungen der regulativen Struktur - also das einfache, adaptive Lernen durch Realisieren (Piagets Akkomodation der operativen Strukturen). Diese unspezifische Basis-Stufe der sozialen Selbstregulation steht jedoch nicht im Zentrum dieses Abschnittes. Vielmehr geht es um die spezifisch menschlichen Entwicklungsstufen des *reflexiven Handelns,* das mit einer Unterbrechung der praktisch-realisierenden Tätigkeit beginnt, und vollständig semiotisch vermittelt ist, wie in Abb. 4a gezeigt.

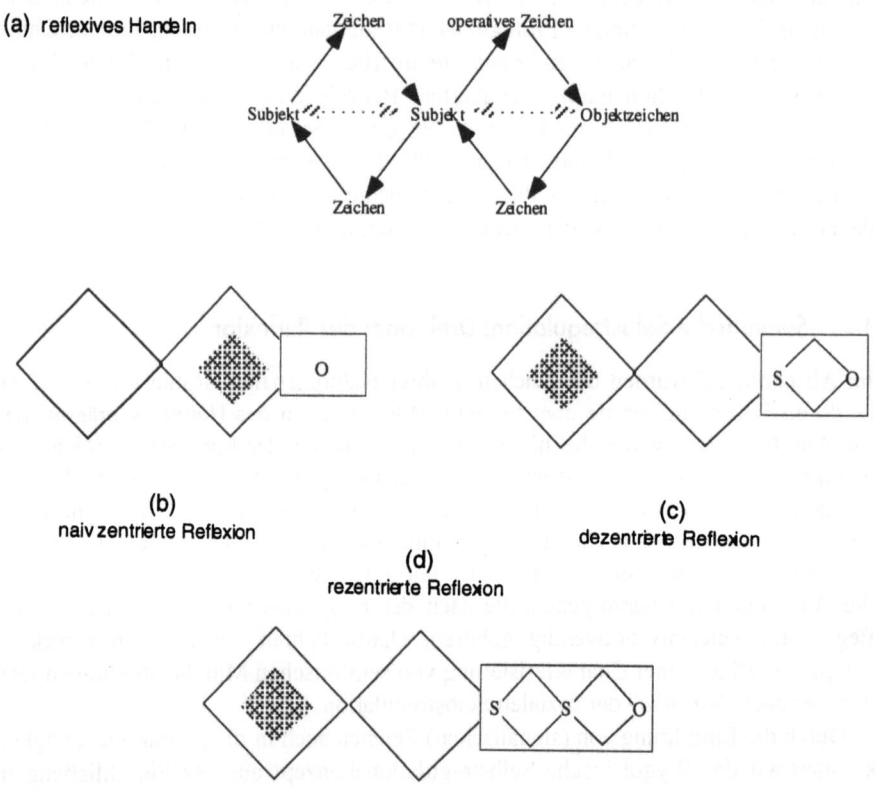

Abb. 4: Reflexives Handeln und Reflexionsmodi

(1) Vereinfachung der erscheinenden Gegenstandsordnung (Unmittelbarkeit der Qualitäten)

Auf der ersten Stufe der Reflexion (Abb. 4b) ordnet das Subjekt die Zeichenobjekte gemäß seinen aktuellen Zwecken neu. In den Zeichen sind die Eigenschaften (Qualitäten) des Objekts direkt präsent, ohne daß die von ihm selbst realisierte Vermittlung dem Subjekt bewußt würde. Mehr noch: In der Regel ist dem Subjekt nicht einmal klar, daß es jetzt mit Zeichen operiert, die in diesem Modus noch fest mit den Objekten verbunden sind. Durch die neue Anordnung der Zeichen/Objekte kann das Problem, das die Reflexion nötig machte, in vielen Fällen bereits gelöst werden. Andernfalls muß die nächste Stufe der Reflexion entfaltet werden.

(2) Analyse der Wechselwirkung von Gegenstand und Tätigkeit (Objektivität der Mittel)

Auf dieser Reflexionsstufe (Abb. 4 c) nimmt das Subjekt in bezug auf die zu reflektierende Tätigkeit die (dezentrierte) Position eines Beobachters ein, das Reflexionsobjekt wird dadurch komplexer und umfaßt jetzt das tätigkeitsrelevante Verhältnis von Subjekt und Objekt einschließlich der produktiven und semiotischen Vermittlungen. In diesem Modus geschieht die Entwicklung neuer Begriffe und neuer "Werkzeuge", die für die Lösung des Ursprungsproblems nützlich sein könnten. Dies beinhaltet auch die neue Anordnung alter Mittel, die Übertragung von Wissen aus anderen Tätigkeiten, und so fort. Die Hervorhebung des rechten Doppeldreiecks (wie in Abb. 4 b) verweist jedoch darauf, daß der Zweck der Reflexion weiterhin durch die anfangs fixierte Problemstellung gegeben bleibt. Eine Änderung des zu bearbeitenden Problems erfordert nämlich die Wahl zwischen Möglichkeiten und damit den Übergang zur nächsten Stufe.

(3) Wertende Interpretation der reflektierten Vorgänge (Wahl von Möglichkeiten)

In diesem Modus wird das beobachtende Subjekt selbst reflexiv, wodurch sich das Reflexionsobjekt noch einmal erweitert und nunmehr die gesamte zeichenvermittelte Tätigkeit umfaßt (Abb. 4 d). Wie auf der vorigen Stufe ist das doppelt reflexive Subjekt in kommunikativer Position (Markierung im linken Doppeldreieck), aber hier stimmen Position und Reflexionszweck wieder (wie in Abb. 4 b) überein - eine erneute Zentrierung hat stattgefunden. Im Dialog mit sich und anderen kann das Subjekt nun mehr auch die Teile des sozialen Systems von Bedeutungen reflektieren, umgestalten oder neu erfinden, die die Problemsicht bestimmen.

Der Rückweg zum praktischen Handeln führt zunächst wieder in die Dezentrierung (die Planung bzw. erneute Problemlösung bei geändertem Problem) und über das schlichte Ordnen der Zeichen auf der ersten Stufe ganz aus der Reflexion heraus[64].

---

[64]   Die erste Ausarbeitung der dargestellten Reflexionsfigur findet sich in Raeithel (1983, Kap. 3 und 4), eine neuere Fassung in Raeithel (1990). Nach meinem bisherigen Peirce-Studium scheint es, als ob

Diese Figur ist selbstverständlich zunächst als analytische, abstrakt-allgemeine Charakterisierung gemeint; ob sich die beschriebenen Modi empirisch an konkreten Handlungen eindeutig aufzeigen lassen, muß in der Forschung geprüft werden.

1.5 Regelgeleitetes und intuitives Handeln

Zum Abschluß des inhaltlich-psychologischen Teils ist es noch nötig, auf die Tatsache einzugehen, daß sich in allen Handlungsbereichen und Tätigkeiten deutlich unterschiedene Grade des Könnens und Wissens der handelnden Personen aufzeigen lassen[65]. Übereinstimmend wird die Entwicklung zum Experten beschrieben als Übergang von einer anfänglichen abstrakten Regelorientierung zum situierten, äußerst kontextsensitiven, dabei eher intuitiven als reflexiv bemühten Handeln der "Meister" im jeweiligen Fach.

Wenn es richtig ist, auch reflexive Aktivitäten als Handeln zu begreifen, wie das oben ohne weitere Rechtfertigung unterstellt wurde, müssen wir auch mit *Reflexions-experten* rechnen, und schon dies sollte uns von vornherein davon abhalten, wissenschaftliche Tätigkeit als allein und streng regelgeleitet zu konstruieren.

---

mir eine unabhängige Wiederentdeckung seiner drei Basis-Kategorien gelungen wäre. Jedoch habe ich - wie früher Peirce, aber autodidaktisch - von Hegels "Logik" gelernt.

[65]   Zur Expertenforschung vgl. Dreyfus & Dreyfus 1987, Bromme 1988.

Vorläufige Gliederung der weiteren Abschnitte[66]:

2 Systematische Arbeit an wissenschaftlichen Modellen

2.1 Wissenschaft muß die empirische Objektivität, die soziale Allgemeinheit und die individuelle Handhabbarkeit ihres Wissens methodisch sichern

2.2 Dies geschieht über die geregelte Reproduktion einer semiotischen Struktur: Drei Arten der Verallgemeinerung

  (1) Phänomenbeschreibung, Definition, Datengewinnung, explorative Datenanalyse

  (2) Hypothesengenerierung und -prüfung, Konstruktion von Darstellungen, von Methoden und Modellen (Theorien...)

  (3) Diskursive Entscheidung von Geltungsansprüchen und soziale Verallgemeinerung

2.3 Logisch/empirische Verallgemeinerung: Dekontextualisiertes Operieren und nomothetische Erklärung

2.4 Reproduzierbarkeit nomothetisch und idiographisch (Differenz von Natur- und Kulturordnung) nach Entdeckung des deterministischen Chaos

2.5 Pragmatische Maxime, Begründung durch Entwicklung und soziale Verallgemeinerung

2.6 Entwicklung semiotischer - modellierender, kommunikativer und selbstregulativer - Mittel ist die zentrale Aufgabe der Wissenschaft

3 Methoden in der Psychologie

3.1 Dominieren die Methoden oder das Gegenstandsverständnis ?

3.2 Historische Gewordenheit aufklären heißt hier: Selbstregulation des Psychologenhandelns rückverfolgen

  Fallbeispiel: Wundts drei Dimensionen und ihre empirische Reproduktion im Polaritätenprofil (Osgood) und in Anwendungen der Kelly-Matrizen-Methodik

3.3 Idiographie, Möglichkeitsverallgemeinerung: Situiertes Handeln und historische (kontextsensitive) Erklärung

3.4 Aufweis von Möglichkeiten und Kritik der Wirklichkeit

---

[66] Ist nur Programm geblieben (Anmerkung des Hrsg.)

4   Folgerungen für das Methoden-Curriculum der Psychologie

4.1 Gründe für die heutige Dominanz der formalen und quantitativen Methodik

(1) Kontextualisierte Handlungsregeln und ihre intuitive Wahl

(2) Formalisierte Regeln: Sicherheit und Angst der Forscher vor kollegialer Kritik

(3) Gegenwärtige Dominanz der Formalisierung bedeutet auch Distanz zum Gegenstand

(4) "Qualitative Methoden" - Ein Streit über die Berechtigung für historische Erklärungen

(5) Schlichtungsvorschlag: Ebenenspezifik und der unstrittige Platz quantitativer Methodik

4.2 Das Hamburger Methodencurriculum:
Einführung, explorative Analyse, konfirmatorische Analyse (mit Computerunterstützung)

4.3 Folgen der neuen Ausgangsabstraktion: Kommunikativ gerechtfertigte Forschung und die Verankerung qualitativer Methoden im Grundstudium

4.4 Selbstanwendung entwickelter Praxismethoden der Psychologie auf die Diskussion von Geltungsansprüchen und die soziale Verallgemeinerung

4.5 Die Chancen einer Initiative zur Erneuerung psychologischer Methodik

Zur Ethnographie der kooperativen Arbeit

Die psychologische Erforschung der kooperativen Arbeit steht noch ganz am Anfang, was die Entstehung, Nutzung und Erweiterung von gemeinsamen Denkformen, von besonderen Sprachen und gruppenspezifischen Handlungsweisen angeht. Was es schon gibt, ist eine unüberschaubare Menge von Kleingruppenstudien in Labor und Feld. Über sie zu berichten, will ich hier gar nicht erst versuchen.

Vielmehr sollen zunächst einige charakteristische Merkmale der zeichenvermittelten Kooperation herausgearbeitet werden, um in empirischen Projekten die richtigen Fragen stellen zu können. Dann werden geeignete Methoden zur Beantwortung dieser Fragen vorgestellt.

1 Das Konzept der semiotischen Selbstregulation von Gruppen

Der folgende Text baut in den Grundpositionen auf Erkenntnissen auf, die von marxistischen Sozialphilosophen und Psychologen erarbeitet wurden. Hier soll aber kein Beitrag zur marxistischen Analyse der Kommunikation (Habermas 1981, Krüger 1990) vorgelegt werden. Vielmehr versuche ich, im Sinne eines philosophisch-politischen Backtrackings auf eine von mehreren gemeinsamen ‚Wurzeln' der heutigen Kommunikations- und Kooperationstheorien zurückzugehen. Eine treffendere Metapher wäre: ‚Knoten im Netz der Diskurse', in dem viele frühere Stränge zusammenliefen und von dem aus alles wieder auseinander strebte. Bei diesem Knoten, dieser Wurzel handelt es sich um den Deutschen Idealismus, eine spezifisch deutsche Mischung aus rationaler Aufklärung, romantischer Subjektemphase und Naturschwärmerei, Religionskritik und ökonomischer Analyse der kommenden Industriegesellschaften, die durch Nennung der Namen Kant, Goethe, Fichte, Schelling, Humboldt, Hegel, Feuerbach, Marx erinnert werden kann.

Die grandiose, uns heutigen größenwahnsinnig erscheinende Idee eines in den Texten dieser Autoren zu Bewußtsein kommenden Weltgeistes (vgl. P.M. 1980) ist auch heute noch virulent, wurde jedoch säkularisiert und an der Empirie konkretisiert. Die wesentlich bescheideneren Ansprüche des symbolischen Interaktionismus (Blumer 1969), der Theorie der sozialen Konstruktion von Wirklichkeit (Berger & Luckmann 1973) und der interpretenzentrierten Semiotik (Eco 1990) waren wohl der entscheidende Faktor für das Überleben und die Ausbreitung dieser objektiv idealistischen Weltsicht. Heute stimmen Kognitionswissenschaftler, Semiotiker und die meisten Kulturwissenschaftler darin überein, daß Menschen nur an symbolischen Repräsentationen - eingeschlossen dramatische Medien, Sprache und Schrift, sowie formale Zeichensysteme jeglicher Art - mit den *Formen* (der Syntax) ihrer Handlungen operieren und so *neue Möglichkeiten* ihres Handelns konstruieren können.

Die "historische Selbstveränderung der menschlichen Tätigkeit" (Marx) kann also mit Bewußtsein nur durch die kommunikative Reflexion der Handlungen eines "ver-

allgemeinerten Anderen" (Mead) betrieben werden. Dabei werden die Regelmäßigkeiten und funktionalen Muster von verallgemeinerbaren Handlungsweisen zum
Gegenstand der vorausgreifenden, antizipativen Form der Arbeit. Gemeint sind hier
die Planung und Steuerung der Produktion, die Suche nach Gründen für fehlgegange-
ne Intentionen, die kommunikative Verständigung über verwirklichbare Möglichkeiten, das Streiten und das Beschließen.

Marx selbst und die orthodoxen Marxisten haben diese *symbolische Konstruktion*
von Möglichkeiten nie ausführlich behandelt. Die Einsicht, daß Sprache und andere
Symbolsysteme genau wie alle anderen Mittel der Tätigkeit funktionieren, wurde in
materialistischer Tradition vor allem von Lew Semjonowitsch Wygotski (1978) entwickelt. Seine Analyse kommt zu sehr ähnlichen Resultaten wie die semiotische
Philosophie von Charles Sanders Peirce (1986). Das inhaltlich gleiche Resultat
beider Forscher erklärt sich durch eine realistische Interpretation der Objektivität von
Ideen: Als Zeichen existieren Allgemeinbegriffe und Möglichkeiten real und physisch
in der Gegenwart der Handelnden (Peirce). Und Zeichen können praktisch verwendet
werden zur Steuerung des eigenen Handelns, sind praktisch gesehen die Werkzeuge
des Wollens der Handelnden (Wygotski).

Wygotskis "kulturhistorischer" Ansatz ist durch unterschiedlich vermittelten Bezug zu Hegel und zur Semiotik bzw. Sprachwissenschaft auch eng verwandt mit
George Herbert. Meads "Sozialbehaviorismus", und beide teilen die zentrale Einsicht, daß die Bedeutungen der Zeichen nur im sozialen Verkehr stabilisiert und
reproduziert werden können, mit dem älteren Ludwig Wittgenstein (vgl. Hintikka &
Hintikka 1990).

Ich stelle mir vor, daß meine psychologisch spezialisierten Leser schon von Wygotski gelernt haben, auf den symbolischen Austausch in Gruppen zu achten. Andere
Leser werden auf Raeithel (1991 a,b) und dort zitierte Quellen verwiesen.

Wygotskis Formel für den Unterschied von produktiven und kommunikativen
Mitteln lautet: *Herkömmliche Werkzeuge und Maschinen wirken ,nach außen',*
während Sprache und Zeichensysteme ,nach innen' ausgerichtet sind. Bei dieser
Raumsymbolik erhalten wir ein gemeinsames Außen für Personen und für Gruppen -
ihre physische Umwelt. Die Partner einer Kooperation werden nicht als Teil der
jeweiligen Umwelten von ,Individuen' gesehen, sondern als Ko-Akteure in einem
gemeinsamen Innenraum[67]. Zwei Formen einer ,inneren' Wirkung lassen sich unterscheiden und zugleich im Begriff der *semiotischen Selbstregulation* (einer Person
oder einer Gruppe) zusammenfassen: Sprechen und anderes Zeichenhandeln wirkt ,in
die Köpfe hinein', verändert also das Denken, Wahrnehmen und die Handlungsregulation. Sprechen wirkt aber auch ,in die Kooperation hinein', und verändert die
sozial geteilten Denkweisen, die tradierten Formen der Welterfassung und die
kulturell typisierten, habituellen Handlungsmuster.

---

[67]   Analog: Die Wohnung einer Familie ist ihr Innenraum, der Stadtteil der gemeinsame Außenraum
Dies gilt für jedes Mitglied, wenngleich es innerhalb der Wohnung und ,in ihren Köpfen' weitere,
ineinandergeschachtelte und einander überschneidende, intimere Zonen des Innen gibt. Zur Topologie
der äußeren Handlungsräume s. Busse & Lampe 1987.

Unter der Problemstellung "semiotische Selbstregulation" wird nach der Art und Weise gefragt, wie sich die Akteure in kooperativer Arbeit durch den Austausch oder gemeinsamen Gebrauch von Zeichen im weitesten Sinn koordinieren. Damit lautet die inhaltliche These dieses Beitrags: Kooperative Arbeit ist in wesentlichen Anteilen Kommunikation - wie Horst Oberquelle schon in der Einleitung schreibt (1991) - und diese kann funktional als Prozeß der semiotischen Selbstregulation analysiert werden. Nun wird zwar die Übertragung von Erkenntnissen der Semiotik und anderer Kulturwissenschaften in die Psychologie notwendig, aber die neuen Perspektiven für eine psychologische Erforschung von Kooperation sind diese Mühe sicherlich wert, wie ich im folgenden zeigen möchte.

2 Die ethnographische Forschungsstrategie

Meine zweite These ist, daß wir Arbeitspsychologen dann auch lernen müssen, Gruppenarbeitsplätze und die dort arbeitenden Menschen auf neue Weise zu erforschen. Mein Vorschlag für eine adäquatere Herangehensweise ist die Übertragung von ethnologischen, kultur-anthropologischen Methodologien in die Psychologie. Es geht also nicht allein um die im vorigen Abschnitt umrissenen Theorie, sondern mehr noch um eine dazu passende Herangehensweise, um eine andere Strategie der Forschung.

Die Kulturanthropologie geht davon aus, daß fremde Völker und kulturelle Gemeinschaften ihr je eigenes System der Welterklärung haben, in dem sie auch ihre Praktiken begründet sehen (Sahlins 1981). Jegliche festgefügte Theorie der sozialen Welt im Kopf der Forscher würde zum Verstehenshindernis, erst recht die psychologische Standardmethodik (vgl. Oesterreich & Volpert 1983, Holzkamp 1986), in der man gewöhnt ist, Variablen zu definieren und zu messen, ohne daß man zeigen müßte, daß damit die wesentlichen Elemente irgend einer, geschweige denn einer *fremden* Kultur erfaßt sind. Ethno-Forscher versuchen dagegen, so weit wie möglich ihre eigenen, gewohnten Sichtweisen auszuklammern, um das Fremde zunächst einmal wahrnehmen zu können.

Dazu werden "qualitative Methoden" benötigt (Lofland & Lofland 1984, Lamnek 1988): In dichter zyklischer Abfolge von vermutungsgeleiteter Beobachtung - eingeschlossen Gespräche und Interviews - und detaillierter Analyse von dabei entstandenen oder gefundenen Dokumenten und Dialog-Transskripten wird versucht, die markanten und handlungsleitenden Unterscheidungen der fremden Lebenswelt in der eigenen Sprache zu rekonstruieren und die zugehörigen Praktiken so genau zu beschreiben, daß sie aus jenen Unterscheidungen nachvollziehbar werden.

Zur qualitativen, ethnographischen oder "naturalistischen" (vgl. Hammersley 1989: ch. 7) Forschungsstrategie gehört weiter, daß möglichst kontrastierende Einzelfälle im Feld systematisch aufgesucht werden, um alle typischen Perspektiven der Akteure erfassen zu können (Kleining 1989). Die Methodik der Zufallsstichproben hat hier keinen Platz. Was dem experimentellen Methodiker nämlich als auszumittelnder Störfaktor, als ‚lästiges Rauschen' erscheint, ist in der qualitativen Forschung das zentrale Signal: Kontextuelle Unterscheidungen, die das "situierte Handeln" (Suchman 1987) der Akteure erklären; ich komme darauf zurück.

Die ethnographischen Berichte haben schließlich einen typischen Stil: Erläuterungen über die Struktur und Funktion kultureller Elemente wechseln ab mit längeren, typografisch abgesetzten Belegstellen aus den Dokumenten oder Transskripten. Die Belege sind *exemplarisch und prototypisch* ausgesucht und sollen eine "dichte Beschreibung" (Gilbert Ryle) des Lebens im Feld liefern, indem dieses als eine Art Text aufgefaßt und in die Sprache des Ethnographen übersetzt wird:

> Ethnographie betreiben gleicht dem Versuch, ein Manuskript[68] zu lesen (im Sinne von ‚eine Lesart entwickeln'), das fremdartig, verblaßt, unvollständig, voll von Widersprüchen, fragwürdigen Verbesserungen und tendenziösen Kommentaren ist, aber nicht in konventionellen Lautzeichen, sondern in vergänglichen Beispielen geformten Verhaltens geschrieben ist (Geertz 1987: 15)

Die Anwendung ethnographischer Methoden in der Arbeitsforschung beginnt damit, daß wir jede Arbeitsgruppe oder Organisation als eine kulturell fremde Gemeinschaft ansehen, deren Weltmodell und Praktiken wir aus den Äußerungen und dem situierten Handeln der Arbeitenden rekonstruieren müssen. An zwei Beispielen möchte ich nun diese Strategie einerseits exemplarisch vorführen, und andererseits schrittweise herausarbeiten, welche Einsichten dabei gewonnen werden können.

3 Ein Physiker versucht, einen TEA-Laser zum Leuchten zu bringen

> Knowledge is like a [bottle-] ship because once it is in the bottle of truth it looks as though it must always have been there and it looks as though it could never get out again.
>
> Collins (1985: vii)

Der Feldforscher im ersten Beispiel ist ein Wissenschaftssoziologe, der sich als Kulturwissenschaftler versteht. Sein Feld befindet sich im gegnerischen Lager der "zwei Kulturen", er beobachtet einen Laserspezialisten im naturwissenschaftlichen Labor (Collins 1985, ch. 3). Dieser Physiker versucht gerade, eine neuentwickelte Variante des Lasers technisch zu reproduzieren, und hat dabei große Schwierigkeiten. Collins beobachtet ein Herumrätseln und Probieren an dem apparativen Aufbau, das mit dem Lehrbuchbild eines theoriegeleiteten experimentellen Vorgehens wenig gemein hat. Auf Nachfragen stellt sich heraus, daß der Physiker die Einzelteile des Lasers - die Elektroden, Kondensatoren, die gasgefüllte Kammer - nur jeweils für sich einigermaßen versteht. Die spezielle neue Anordnung jedoch gibt immer neue Rätsel auf und produziert unerwünschte Blitze zwischen allen möglichen Einzelteilen statt der angezielten Laserpulse. Fast sechs Monate lang lassen sich nicht einmal die

---

[68] Ein ‚dramatisches Somaskript', das uns in der ganzen physischen Bewegung der Körper (soma) von Mitgliedern einer Gemeinschaft mitgeteilt wird, und nicht bloß als Spur der Bewegung der Hand (manus) eines Autors. Zur dramatischen Kommunikation s. Raeithel 1989: 57.

Gasmoleküle in der Kammer zum Leuchten bringen, was ja die Vorbedingung für die Ausbildung kohärenten Lichtes wäre.

Während dieser Zeit stellt der Physiker sein Wissen fast an allen Stellen in Frage und erklärt dem Soziologen die bisher unentscheidbaren alternativen Theorieansätze. Weil ihm klar ist, daß die Meisterung der Hochspannungstechnik bei ultrakurzen Pulsen entscheidend von der Erfahrung und Intuition der Techniker abhängt, besucht er erneut das Labor, in dem der TEA-Laser erstmals entwickelt wurde. Dort stellt er fest, daß er früher viele Einzelheiten des Aufbaus übersehen hat, und kehrt mit neuen Vermutungen über mögliche Gründe des Nichtfunktionierens zurück. Er geht diesen nach, erhöht dabei die Ähnlichkeit der beiden Laser-Apparaturen, aber das erwünschte Leuchten stellt sich dennoch nicht ein. Als er endlich, schon recht verzweifelt, während eines Telefongesprächs mit dem Spezialisten des anderen Labors erwähnt, daß die Anode Funkenspuren aufweist, vermutet dieser, daß die Polarität von Anode und Kathode vertauscht sein könnte. Der Physiker hält dies zwar für extrem unwahrscheinlich, testet jedoch diesen elementaren Sachverhalt und entdeckt, daß der Spezialist richtig geraten hat. Nach Umkehr der Polarität zeigt sich nun endlich die ersehnte Glimmentladung und wenig später auch der Laserpuls. Der Physiker kommt sich reichlich dumm vor und vergißt schleunigst seine Zweifel am physikalischen Wissen, das sich letztlich doch - am Effekt - als richtig erwiesen habe.

Dem Feldforscher Collins war die Praxis der Naturwissenschaft aber fremd genug, um die Zwischenphase des Zweifelns für wichtiger zu halten als das am Ende wieder erreichte Lehrbuchbild. Er hält für sich fest, daß die Praxiserfahrung eines Physikers offenbar darin besteht, die wichtigen Unterschiede zwischen zwei Apparaturen von den unwichtigen trennen zu können - eine Fähigkeit, die in den Veröffentlichungen nie erwähnt wird und durch sie auch nicht erlernbar ist, die sich vielmehr im sozialen Verkehr der Spezialisten unsichtbar reproduziert.

Fünf Jahre später hat Collins Gelegenheit, den gleichen Physiker dabei zu beobachten, wie er ein zweites Exemplar seiner eigenen, seither klaglos funktionierenden Apparatur zum Lasern zu bringen versucht. Es ergeben sich die schon gewohnten Schwierigkeiten. Hochspannungsüberschläge statt Glimmentladung zeigen an, daß irgend etwas nicht stimmt. Der Physiker stellt sein Wissen wieder in Frage, aber nicht mehr an denselben Stellen wie früher. Die Tatsache, daß die Anode erneut Funkenspuren aufweist, wertet er diesmal nicht als Zeichen für eine falsche Polarität und überzeugt den Soziologen mit einer kurzen Messung.

Während der zwei Tage, die Collins zur Beobachtung aufwenden kann, gelingt es nicht, eine Ursache für den fehlenden Lasereffekt zu finden. Anfang der nächsten Woche aber kann der Physiker nach einer Stunde Arbeit dem Soziologen mitteilen, daß der Laser leuchtet, und diesmal die Gaspumpen nicht wie theoretisch vorausgesetzt gearbeitet hatten. Wieder meint der Physiker, einen dämlichen Fehler gemacht zu haben, während der Soziologe die Phase des Zweifelns als Zeichen für den Lernprozeß wertet, in dem sich das professionelle Können des Spezialisten, sein "implizites Wissen" (tacit knowledge, Polanyi 1985) ausbildet:

One might say that learning tacit knowledge, or acquiring culture, is a matter of learning this indefinitely long list of what is insignificant and, *inter alia*, learning what is significant. It entails learning that what might seem to the unskilled, or the uncultured, as going on in a different way is in fact going on in the same way and that what might seem to the uncultured as going on in the same way is in fact going on in a different way. (Collins 1985: 71)

Das rasche und mühelose Bemerken der wesentlichen Merkmale und gleichzeitige Übersehen irrelevanter Unterschiede ist nur für Fremde eine besondere und erstaunliche Leistung. Für die Einheimischen im Feld ist es selbstverständlicher Alltag, während die Phasen der Instabilität ihres bisherigen Wissens - wenn sich das typische Resultat nicht einstellen will und daher die "Wirkmale" (Uexküll 1983) des erfolgreichen Handelns fehlen - von ihnen nur ungern und als untypische Ausnahmen erinnert werden.

4 Handlungserklärungen und das Dilemma des Ethnographen

Das typische und totale Verschwinden des Zweifels in der endlich erreichten Problemlösung zeigt, daß sogar die Praktiken der Naturwissenschaftler auf einem selbstverständlichen, normalerweise unbefragten Zusammenhang von subjektiv bemerkten Zeichen mit den intendierten Wirkungen beruhen. Andere Studien der ethnographischen Wissenschaftsforschung haben sehr ähnliche Resultate erbracht (s. Latour 1987).

Wenn die Beobachter im Feld - wie hier - keine Einheimischen sind, können sie die Stimmigkeit der expliziten und veröffentlichten Theorien und Erklärungen nicht aus der eigenen Erfahrung beurteilen. Bei einer kritischen Einstellung zum Feld werden sie sogar dazu neigen, den Einheimischen mythologisches Denken und die "Fabrikation von Erkenntnissen" (Knorr-Cetina 1990) im abwertenden Sinn zu unterstellen. Im Fall der Naturwissenschaft erfordert dies einigen Mut. Wenn jedoch sogenannt primitive Kulturen oder auch gewöhnliche Arbeitsplätze der Industrie untersucht werden, fällt es den Feldforschern oft schwer, die ihnen auffallenden Diskrepanzen zwischen Erklärungen und Praktiken nicht als Aberglauben oder Praxismythen abzutun. Im folgenden Schema 1 sind die komplementären Stärken und Schwächen der Sicht des Akteurs und der Sicht des Beobachters festgehalten.

Das Dilemma der qualitativen Forschung (Hammersley 1989) besteht darin, daß der Ethnograph die subjektive Sicht aufzeichnen möchte, aber gerade dadurch dem Ideal der Aufklärung objektiver Zusammenhänge nicht näherkommt, weil er feststellen muß, daß die Sicht des Akteurs zwar zu praktischen Erfolgen führt, aber diese nach seinem Urteil nicht ausreichend erklärt. Es zeigt sich, daß Akteur und Beobachter zwar jeweils privilegierte Zugänge haben (im Schema durch dicke Umrandung hervorgehoben), aber ebenso zwei komplementäre Blindheiten: Der Forscher kann die Situation nicht so sehen wie der Akteur, und diesem bleiben wiederum wichtige Teile des eigenen Handelns unbewußt. Die hier aufscheinende Kluft kann zwar im Dialog zwischen Fremden und Einheimischen teilweise überbrückt werden. Aber es bleibt der nagende Zweifel beim Ethnographen, daß er auf Scheinerklärungen hereingefallen sein könnte.

Solche Dialoge über die ‚richtige' Erklärung einer Vorgehensweise können natürlich auch im Feld selbst, zwischen den Einheimischen stattfinden und dort vom Forscher beobachtet werden. Im nächsten Beispiel ist dies der Fall. Es ist um eine Stufe komplexer als die Beobachtung eines einzelnen Akteurs und betrifft die Möglichkeit und Notwendigkeit der globalen Erklärung für Praktiken ganz allgemein.

Handlungsweise eines Akteurs	wahrgenommene Merkmale der Situation	tatsächliche Vorgehensweise
aus Sicht des Akteurs	selbstverständlich, vertraut	ohne Reflexion nicht bewußt
aus Sicht des Beobachters	fremdartig, bloß erschlossen	offensichtlich abweichend von den Erklärungen

Schema 1 : Komplementäre Zugänge und Blindheiten von Akteur und Beobachter

5 Ein Navigationsteam berechnet die Schiffsposition während einer Havarie

> Knowledge may reside in the mind, but minds reside in communities of minds, and the fate of knowledge in a mind is in part shaped by interaction with other minds in the community.
>
> (Hutchins 1988: 40)

Das Feld, das sich der Ethnologe und Kognitionswissenschaftler Edwin Hutchins ausgesucht hat, ist in mehr als einer Hinsicht verschieden vom vorigen Beispiel der naturwissenschaftlichen Forschung: Es handelt sich um die Arbeit von Navigatoren auf einem Schiff der US-Marine, die durch stets wiederkehrende Routinehandlungen nach einem strengen Reglement gekennzeichnet ist. In Abständen, die je nach Küstennähe kürzer oder länger sind, hat das Team eine aktuelle Schiffsposition zu bestimmen, auf der Karte einzuzeichnen und ins Logbuch einzutragen. Die Arbeit ist ereignisgesteuert und streng zeitgebunden - besonders in schwierigen Navigationssituationen (Nebel, Untiefen etc.). Die Korrektheit des Ergebnisses ist lebenswichtig für das Schiff, und die vorgeschriebene Prozedur gestattet es daher, an dem Ergebnis selbst die Fehlergröße abzulesen: Da die Position aus drei Peilungen ermittelt wird, ergibt sich stets ein Dreieck auf der Karte, dessen Fläche zur Unsicherheit der ermittelten Position proportional ist. Der endgültige Test auf Fehlerfreiheit ist selbstverständlich immer eine erfolgreiche, schadenslose, physische Schiffsbewegung. Die Arbeit seiner Navigatoren ist jedoch rein semiotisch und unterstützt an absolut zentraler Stelle die Selbstregulation der Gemeinschaft, die sich für die Dauer der Fahrt auf dem Schiff ausgebildet hat.

Der Ethnologe ist in diesem Fall selbst Experte für die Theorien und Methoden der Navigation (s.a. Hutchins & Hinton 1984) und beobachtet über Tage die gut eingespielte Routine des Teams, die nur gelegentlich durch Anfängerfehler von jüngeren Mitgliedern unterbrochen wird. Dann hat er jedoch das Glück, eine Ausnahmesituation mitzuerleben: Die Dampferzeugung fällt plötzlich total aus, für längere Zeit ist kein Strom zum Antrieb oder Bremsen verfügbar und auch das große Ruder kann zunächst nur noch von Hand bewegt werden. Das Schiff fährt gerade 10 Knoten in einem engen Wasser und ist schon in Sichtweite des Hafens. Einige Segelboote kreuzen vor dem Schiff, man muß dauernd mit einem Unfall rechnen. In solchen Fällen hilft nur, das Schiff solange einigermaßen auf Kurs zu halten, bis es langsam genug geworden ist, daß man Anker werfen kann.

Der Kapitän übergibt dem Navigator das Ruder, er soll den nächstmöglichen Ankerplatz ansteuern. Das Navigationsteam muß jetzt besonders genaue Arbeit leisten, denn bei einem Unfall oder gar Verlust des Schiffes würde das Logbuch im Marinegerichtsverfahren zum zentralen Dokument. Aber ein Folgeschaden des Stromverlusts, für den im großen Regelbuch der US-Marine keine Prozeduren zu finden sind, macht die Arbeit plötzlich sehr viel schwieriger: Der Kreiselkompaß ist ausgefallen, weil die vorgesehene Notstromversorgung nicht angesprungen ist, und der zweite Kreisel ist gerade an Land in Reparatur. Das Team muß also jetzt mit dem Magnetkompaß arbeiten, und dies bedeutet, daß zur Ermittlung der wahren Richtung des Schiffs oder einer Peillinie sowohl die regionale Mißweisung eingerechnet werden muß, wie auch die besonderen Abweichungen, die durch die Magnetfelder und Eisenmassen des Schiffs selbst verursacht werden. Diese Abweichungen sind für jede Kompaßrichtung verschieden, werden in Abständen empirisch ermittelt und sind in einer Tabelle am Kompaß aufgeschrieben.

Kein Mitglied des Teams ist darauf richtig vorbereitet. Selbst der erfahrene Navigator erinnert sich nur dunkel an die einschlägigen Formeln und zunächst gar nicht an die Abweichungstabelle. Das Kopfrechnen macht Probleme und auch der ,neumodische' Taschenrechner will richtig bedient sein. In gemeinsamer Anstrengung, mit vielen Fehlern und Korrekturen produziert das Team während der dreißig folgenden Positionsbestimmungen allmählich ein neues kooperatives Handlungsmuster.

Hutchins konzentriert sich in der zitierten Studie auf die Analyse der Mikrostruktur der Interaktionen bei der Berechnung und grafischen Bestimmung der Schiffsposition. Am Transskript der Videobänder kann er genau zeigen, daß zwar kein Mitglied des Teams die ganze Prozedur vollkommen überblickt oder organisiert, aber jeder Akteur in seinem lokalen Handlungsfeld mehr und mehr Überblick und Sicherheit gewinnt. Der Kognitionswissenschaftler zeigt uns hier ein Paradebeispiel für parallelverteiltes soziales Denken (*socially distributed cognition*) in einer Gruppe:

In this system, how an actor organizes knowledge to deal with a task may depend not only upon what he ‚knows‘, but upon his location within the task performing group. The organization of knowledge then affects the social organization for the task, which in turn influences the properties of locations of individual actors within the system. Thus, rather than thinking of it as a linear machine, the system of socially distributed cognition is better thought of as a set of mutually interdependent processes that mutually constrain each other. The solution arrived at represents a minimization of computational stress at the system level rather than individual level. (Hutchins 1988: 21)

Die einzelnen Teilaufgaben eines solchen Teams sind also ursprünglich keine linearen Schritte, sondern sie entstehen und verwandeln sich in der fortlaufenden Aufgabenbewältigung. Handlungsmöglichkeiten werden von einem Akteur ergriffen, von einem anderen beobachtet und mit leichten Änderungen übernommen. Sie werden langsam zu erkennbaren Teilen, zu verteilbaren Einzelaufgaben, deren Lösung an kritischen Stellen kurz diskutiert wird, und die vielleicht sogar einen Eigennamen erhalten. Bestimmte Zwischenprodukte werden zur Veröffentlichung ausgewählt und regelmäßig ausgerufen oder notiert. Im verteilten Einsatz all dieser neuen Mittel spielen die Akteure sich aufeinander ein. Ein Beobachter, der nach Abschluß dieser Selbstorganisation hinzustieße, würde wahrscheinlich nur eine weitere Routine erkennen - es sei denn, die typisch beschwingte Stimmung im erfolgreichen neuen Handlungsmuster würde ihm anderes signalisieren.

6 Selbstorganisation von sozial verteilten Handlungsweisen

Alle ethnographische Studien von Teamarbeit zeigen, daß die innere, semiotische Abstimmung zwischen den Arbeitenden sehr stark auf situativen Faktoren beruht und nur schwer in explizite Regeln gefaßt werden kann. Lucy Suchman (1987) hat begonnen, aus dieser Einsicht eine Theorie des "situierten Handelns" (*situated action*) zu entwickeln. Aus den bislang unveröffentlichten Vorträgen eines von ihr, Edwin Hutchins und Yrjö Engeström organisierten Symposiums[69] habe ich das folgende allgemeine Bild der semiotischen Selbstregulation in professionellen Teams (Navigatoren, Flugzeugbesatzungen, Dispatcher, etc.) mitgenommen.

Die im Arbeitsraum verteilten Zeichen-Objekte (Notizen, Tabellen, Wandtafeln, Bildschirme, etc.) werden von den Akteuren recht unterschiedlich genutzt. Viele Personen haben ihre besondere Stimmlage oder Satzmelodie für wichtige Nachrichten, die den anderen vertraut ist und nicht fehlen darf. Jedes Team entwickelt andere Gewohnheiten, Eigennamen und vokale oder dramatische Signale für die wichtigsten Problemtypen im Arbeitsfeld. Für die meisten Nachrichten über den Stand der Aufgabenbewältigung gibt es mehrere unabhängige ‚Kanäle‘, weil die Akteure auch für andere mithören, um gegebenenfalls aushelfen zu können. Eine globale Sicht auf die Arbeit wird nur höchst selten in Worte gefaßt, die Akteure sind sich jedoch

---

[69] Second International Congress for Research on Activity Theory, Lahti, Finnland, Mai 1990.

immer *lokal bewußt* über die wichtigen Vorgänge und die notwendigen Operationen in ihrem Handlungsfeld.

Die positive Formulierung des letzteren Faktums: "Lokales Bewußtsein ist hinreichend", ist auch methodologisch von einiger Bedeutung: Erinnern wir uns an das Dilemma der qualitativen Forschung aus dem vorigen Abschnitt! Dort waren die komplementären Stärken und Schwächen der Sicht des Akteurs und des Beobachters - und die fehlenden Kriterien für eine Stichhaltigkeit der Erklärungen des Akteurs für seine Handlungsweise - diagnostiziert worden.

In einem Team sind die Akteure nun in der Regel abwechselnd auch einheimische Beobachter der anderen Akteure. Sie verfügen über gemeinsam erarbeitete Erklärungen für das richtige Vorgehen, die bloß lokal und sozial ‚stimmig‘ zu sein brauchen. Sie kennen meist auch die Arbeitsaufgaben der anderen aus eigener Erfahrung, weil sie eine typische Entwicklungsfigur vom ‚Lehrling‘ zum ‚Meister‘, von peripheren zu zentralen Teilarbeiten durchlaufen (Lave & Wenger 1989). Durch dauernden Austausch und probeweisen Einsatz ihrer lokalen Einsichten und operativen Verbesserungen im Dialog ergibt sich eine globale und kooperative Arbeitsweise, die zum Teil im gruppenspezifischen ‚Gemeinwissen‘ semiotisch repräsentiert ist. Die lebendige, selbstorganisierte Koordination der lokal optimierten Operationen durch eingespielte Akteure kann nicht in einem Text oder Regelbuch festgehalten werden. Sie ist aber pragmatisch gerechtfertigt (Peirce 1985) durch die fortdauernd gelingende Selbstorganisation der kooperierenden Gruppe, letztlich ablesbar an der Produktion des gewünschten Resultats.

sozial verteilte Handlungsweise	Merkwelt: deklaratives, situatives Wissen	Wirkwelt: operatives Wissen, Können (know-how)	Gemeinwissen: episodisch, normativ, konsensuell
aus zentrierter Sicht der Akteure	selbstverständliches, intuitives Erfassen der Situation/Aufgabe	an der Fremd- und Selbstbeobachtung geschärftes Können	globales Orientieren an prototypischen Schlüsselerlebnissen
aus dezentrierter Sicht der Beobachter	distanziertes Bemerken bekannter oder neuer Unterscheidungen	'Aufschreiben'/Erinnern von Operationsabfolgen und -Resultaten	Ausbilden/Erinnern von verallgemeinerten Regeln(Situation -> Operation)
'rezentrierende' Sicht im Dialog	streitiges Bemerken bei institutionalisierten Unterscheidungen	Abändern oder Befolgen der herkömmlichen Vorgehensweise	Bildung von und Orientierung an Metaphern (Gruppenkultur)

Schema 2: Elemente der Selbstorganisation einer sozial verteilten Handlungsweise

Das Schema 2 ergibt sich aus dem ersten, wenn wir die beiden Entgegensetzungen (Akteur/ Beobachter und Merkmalserfassung/Vorgehensweise) jeweils um eine Vermittlungsinstanz (den Dialog und das Gemeinwissen) erweitern - aus der Vierfeldertafel wird damit eine *triadische Tabelle*[70], in deren Zellen wir eintragen können, welche Teilprozesse der sozialen Selbstorganisation bei der spezifischen Kombination einer *Perspektive* der gemeinsam Handelnden (Zeilen) und einer *Form des Wissens* (Spalten) zu unterscheiden sind. Die hier neu auftretenden Begriffe "Merkwelt" und "Wirkwelt" stammen von Jakob von Uexküll (1983) und werden hier in leicht abgewandelter Form verwendet.

Dies alles heißt nun für die ethnographische Forschungsstrategie, daß das Kriterium für die Richtigkeit von Erklärungen im Feld selbst - und ständig erneut - bestimmt wird. Wenn die Akteure großes Vertrauen in eine Erklärung haben, so beruht sie auf sozial verteiltem Gemeinwissen und dem besonderen Können der einzelnen Personen. Solche Erklärungen sind *anschlußfähig im Feld,* aus ihnen folgt für die Einheimischen ,ganz natürlich', was als nächstes zu tun ist, welche Gefahr zu erwarten ist, und so fort. Der Ethnograph braucht also selbst keine unabhängige Kriterien, sondern kann - wieder ist die systematische Variation der Stichproben entscheidend - verschiedene Arbeitsgruppen bei ,derselben' Aufgabe beobachten. Aus den Unterschieden der ,soziosynkratischen' Erklärungen jedes Teams kann er Vermutungen über die jeweilige Verallgemeinerbarkeit ableiten.

Nach dem eingangs erläuterten topologischen Modell konstituieren die in einer Arbeitsgruppe ,umlaufenden' Erklärungen den gemeinsamen *semiotischen Innenraum* der Ko-Akteure, also die autoregulative Kernstruktur ihrer je besonderen und unterschiedlich bedeutungsvollen Arbeitslebenswelt. Die ethnographische Strategie zielt auf die bestmögliche Niederschrift und anschauliche Wiedergabe solcher handlungsrelevanten Bedeutungsräume, und überläßt die Kritik und Verbesserung der arbeitsbereichsspezifischen Erklärungen entweder ganz den Experten im Feld oder übergibt ihren Teil der Forschung einer nachfolgenden theoretischen oder gestaltungsbezogenen Analyse.

7 Schluß und Ausblick

Die gegebenen Beispiele und Erläuterungen für die Ethnographie der kooperativen Arbeit beziehen sich direkt nur auf solche Arbeitsaufgaben, bei denen an Resultaten unmittelbar oder kurzfristig der Erfolg der gemeinsamen Anstrengung abgelesen werden kann. In vielen Bereichen, wo heute Groupware eingesetzt werden soll, ist

---

[70]   Zum Gebrauch von Tabellen in der qualitativen Datenanalyse vgl. Miles & Huberman 198?. Diese semiotischen Mittel sind noch ungenügend erforscht, wenn die Einträge nicht Zahlen sind (Kontingenztafeln), sondern sprachlich formulierte Unterscheidungen. - Die Zeilen des Schemas definieren durch den Unterschied der verwendeten autoregulativen Mittel zugleich drei verschiedene Handlungstypen: Intuitives, regelgeleitetes und gemeinschaftliches Handeln. Eine Entfaltung dieser Unterscheidung ist mir aus Zeitgründen nicht möglich.

dies jedoch nicht der Fall. So gibt es zum Beispiel im Bereich der Organisationsentscheidungen (s. den Artikel von Ina Wagner in Oberquelle 1991) kaum "einzeln zurechenbare Kriterien" für eine optimale Vorgehensweise des Managements - der globale Gewinn/Verlust einer Firma sagt ja noch nichts Deutliches über die Bewährung einzelner Planungs- und Organisationshandlungen. Auch in der institutionalisierten Wissenschaft und in staatlichen oder regionalen Behörden sind die Rückmeldeschleifen so lang und komplex, daß sich manchmal sogar von pragmatisch ausweisbaren Außenkriterien völlig abgekoppelte Gruppen- oder Institutionskulturen ausbilden können.

Die distanzierte Ethnographie von möglicherweise bizarren und dysfunktionalen Sinnwelten kann also nicht das letzte Wort sein, wenn es um die Beurteilung oder Neugestaltung wichtiger Arbeitsbereiche geht. Die Forscher haben nämlich immer auch eine wichtige Rolle als Vermittler zwischen den einzelnen kooperierenden Gruppen und den weiteren institutionellen und gesellschaftlichen Kontexten der erforschten Arbeit und müssen dann selbst Stellung beziehen.

Das Schema 2 ist rekursiv auf das Verhältnis von Forschung und Feld anwendbar, falls wir als Akteure nicht nur Personen zulassen, sondern auch die beteiligten Gruppen. Wenn wir dies einmal durchspielen, so sind die Akteure nun Auftraggeber, Forscher und Beforschte (bzw. Untergruppen oder Zwischenformationen). Sollte man hier von einer "höheren", "allgemeineren" Kultur sprechen? Welche leitenden Metaphern ließen sich identifizieren? - Interessante Fragen, denen nachzugehen hier nicht der Platz ist.

Die marxistischen Arbeitsforscher werden solch hegelianische Betonung des Gemeinwissens immer mit Mißtrauen betrachten. Sie werden sich auf die zweite Spalte des Schemas - auf die Wirkwelt, auf die Handlungsregulation und die funktionale Teilung der Arbeit - konzentrieren wollen. Die ergonomisch interessierten Psychologen werden selten über die erste Spalte hinausblicken - die Merkwelt, und dort die subjektiven Unterscheidungen von Erfolg und Mißerfolg (die Wirkzeichen oder ‚Wirkmale‘), interessieren sie am meisten.

Klarerweise wäre es optimal, wenn die Arbeitsforscher jeglicher Couleur ihre wissenschaftsinterne Kooperation selbst so organisieren könnten, daß "entwickelnde Arbeitsforschung" (Engeström 1987, 1990; vgl. Raeithel 1991 a,b) im größtmöglichen Konsens aller Beteiligten möglich wird - der vorherige Streit würde notwendig dazu gehören, wie auch die Anerkennung von derzeit unüberbrückbaren Differenzen. Man wird sehen, welchen Selektionsdruck die Praxis mit den elektronischen Medien auf die Strategien zu ihrer Erforschung ausüben wird...

Semiotische Selbstorganisation und Arbeit
Eine tätigkeitstheoretische Begründung des Entwerfens, auch des Entwerfens von Software

In diesem Text werden erkenntnistheoretische Fragestellungen als alltägliche Probleme analysiert, die sich den Personen stellen, die irgendeine Form von Arbeit tun, eingeschlossen Hausarbeit und andere unbezahlte Formen. Wir alle kennen den dauernden Wandel von Organisation und Inhalt der Arbeit, über mehrere abgrenzbare historische Stadien hinweg. Dieser ständige Wandel dessen, was Arbeit ist, muß bei jeder Modellierung der menschlichen, sozialen und persönlichen Entwicklung berücksichtigt werden. Wenn wir uns daher die nötigen Begriffe für die Konstruktion eines idealisierten Bildes dieser Entwicklung vergegenwärtigen, dann wird hierbei eine ursprünglich orthodox-marxistische Philosophie durch die Erkenntnis vervollständigt, daß die kulturellen Dimensionen der Menschheit nicht allein im bekannten oder gegenwärtig so benannten "Arbeitsprozeß" gefunden werden können. Wir werden in einer genetischen Entfaltung der Begriffe zuerst die grundlegendere Kategorie der menschlichen Tätigkeit umkreisen. Eine sehr wichtige Einsicht auf diesem Weg wird es sein, Sprache und andere Zeichensysteme als *Mittel der sozialen und personalen Selbstregulation* zu verstehen, die sozial hergestellt wurden, wiederum unterscheidbar nach vielfältigen historischen Stadien.

Damit wird die Kantsche und zeitlose Fassung der erkenntnistheoretischen Frage in der Philosophie - was sind die Voraussetzungen für die Wissensgewinnung über die Welt - durch den tätigkeitstheoretischen Entwurf transformiert in sehr verschiedene empirische Forschungsaufgaben: anthropologische, soziologische, psychologische und biologische. Die neue Fassung der Frage lautet demgemäß: Wie können wir die Entwicklung der verschiedenen Arten von Selbstregulation (auch kognitive Prozesse genannt) modellieren und beschreiben, die es den Tieren und Menschen ermöglicht, ihre Tätigkeiten gemäß ihren sich ständig wandelnden Lebenszielen und Not-Wendigkeiten stets erneut und letztlich erfolgreich zu regulieren?

Computer Science und Informatik erscheinen in dieser Perspektive als bloß zwei der möglichen oder wirklichen Wissenschaften der menschlichen Selbstregulation, spezialisiert auf elektronische und virtuelle Maschinen, die in diesem Prozeß vermitteln. Software-Objekte können, so soll hier gezeigt werden, sowohl als vordefinierte, restringierende und ermöglichende Kontexte ('Formen') für Arbeit und Kommunikation konstruiert werden, wie auch als virtuelle Objekte und Instrumente ('Mittel'), die die Arbeitenden je für sich einsetzen.

1 Möglichkeiten, über computergestützte Arbeit nachzudenken

In ihrem Buch über das Begreifen von Computern und Kognition benutzten Terry Winograd und Fernando Flores (1986) das konzeptionelle Handwerkszeug dreier sehr verschiedener Denkschulen, um ihre neue Begründung des Entwerfens zu erläutern: Die Sprechakttheorie (John Searle), die Philosophie von Martin Heidegger (gefiltert durch die Schriften von Hubert Dreyfus) und die konstruktivistische Theorie der natürlichen Kognition, die Humberto Maturana und Francisco Varela entwickelt haben. Bereits an der Auswahl dieser Theorien wird deutlich, daß Winograd & Flores über Menschen und Computer auf radikal neue Weise nachdenken wollten.

Mit der Sprechakttheorie argumentieren sie überzeugend, daß das Paradigma der Produktion von Waren durch automatische Maschinen - im normalen Blickwinkel auf Computer als informationsverarbeitende Maschinen impliziert - durch ein komplementäres Paradigma ergänzt werden kann, in dem Personen über rechnererzeugte Medien symbolischer Kommunikation Verpflichtungen aushandeln und zu erfüllen trachten. Eine andere Möglichkeit, ebenfalls kontrastiv zur automatisierten Warenproduktion, wäre es gewesen, die Rechner als Hilfen bei der Abstimmung der Arbeitenden zu analysieren (Forschung zur CSCW=computer supported cooperative work).

Statt dessen haben Winograd & Flores einen weniger komplizierten Weg gewählt, um auf den Arbeitsprozeß zu schauen: Die Phänomenologie der Handwerker. Mit der Hilfe der Heideggerschen Unterscheidung von zuhandenen Mitteln und vorhandenen Geräten haben sie eine wichtige Regel für die Gestaltung von Software formuliert: *Sei immer vorbereitet auf 'Zusammenbrüche'*, d.h. Störungen im glatten, fließenden Umgang mit den virtuellen Werkzeugen, weil diese selbst bei optimalem Design regelmäßig auftreten werden. Rechnerbenutzer erwarten Hilfsmittel für die Neuorientierung bei Zusammenbrüchen ihrer Erwartungen und Erfahrungen, und die Designer müssen diese ausdrücklich berücksichtigen, als unverzichtbare Ergänzung zur angestrebten Funktionalität des Systems.

Schließlich bezweifeln Winograd & Flores das simple Modell menschlicher Akteure, das unter Software-Designern immer noch zu dominieren scheint: Das kartesische Ideal des rationalen Geistes, der innere Repräsentationen einer ‚objektiven Realität' benutzt, um einen Handlungskurs zu planen und zu steuern, rationale Methoden anwendet und explizit gegebenen Regeln folgt. Interessanterweise stammt das Modell, das sie statt dessen propagieren, nicht aus jüngeren Arbeiten zur Philosophie oder Psychologie der Handlung (vgl. Harré, Clarke & De Carlo 1985, Frese & Sabini 1985), sondern es wurde von der Biologie direkt in die Informatik importiert. Indem sie die Theorie der Autopoiesis (Maturana & Varela 1987) ausbauen, präsentieren Winograd & Flores ein Bild der menschlichen Akteure als selborganisierte Organismen, die sich ihren eigenen Sinn von ihrer Umgebung machen, und in 'konsensualen Bereichen' wie etwa der Sprache leben, in der Individuen auf spezifisch menschliche Weise miteinander verbunden sind.

Wenn man es kurz, bündig und mit einigen Körnchen Ironie formuliert: In Winograd & Flores' Buch erscheinen die Menschen als sprechende Tiere, die das Aushandeln mehr lieben als die Arbeit an ihren Verpflichtungen. Die umfassendere Theorie des kommunikativen Handelns von Jürgen Habermas wird von Winograd & Flores zwar erwähnt, aber nur in jenen Teilen seines Werkes, die Hermeneutik oder Universalpragmatik berühren. Kritische Gesellschaftstheorie jenseits der Kommunikationsforschung existiert in dem Buch von Winograd & Flores nicht. Kommunikation wird außerdem reduziert auf verbale oder geschriebene Sprache; wir finden nahezu keine Berücksichtigung von Mimesis und Körpersprache. Die Semiotik von symbolischen Repräsentationen wird ganz ausgeklammert, und folgerichtig haben Winograd & Flores auch keinen Begriff von Modellierung - statt den Term 'Modell' zu gebrauchen, sprechen Winograd & Flores strikt nur von 'systematischen Domains'.

Es gibt jedoch wichtige Felder der Gestaltung, die dringend einer philosophischen Klärung des Begriffs der symbolischen Repräsentation oder Modells bedürfen: Informationssysteme für Planungs- und Entscheidungsprozesse, Modellierungsmöglichkeiten für Naturwissenschaftler inklusive gemeinsam benutzter Datenbanken, wissensbasierte Systeme (Expertensysteme) für die Unterstützung (nicht Ersetzung!) von Experten, Rechnerunterstützung für Konferenzen, und so weiter, und so fort. Dennoch - Winograd & Flores' Buch läuft bereits auf eine signifikante Erweiterung des Blickfeldes hinaus, weil es einen wichtigen Aspekt der Kommunikation unter Personen, nämlich das Aushandeln von Verpflichtungen, in den Mittelpunkt der begrifflichen Anstrengungen der Gestalter rückte. In der Konsequenz wird eine Redefinition des Spezialgebiets nötig, das die Gestaltung von Software erforscht und lehrt, denn herkömmliches Ingenieurstraining oder Ausbildung in formaler Logik werden niemals ausreichen, um Kommunikationsmedien für verteilte Arbeitsplätze zu entwerfen, wie Christiane Floyd (1987) klargemacht hat. Es wird nun ganz unübersehbar sozialwissenschaftliches Spezialwissen gebraucht, neben einer guten Theorie, was Software-Objekte sind (Reisin, 1990/92), und letztendlich Methoden, um die Kriterien für existierende oder geplante rechnergestützte Arbeitsplätze zu definieren und zu evaluieren.

Nun kann die Aufgabe einer kritischen Überprüfung der anhaltenden Versuche, jeden denkbaren Typ von Arbeitsplatz zu computerisieren, nicht nur eine exklusive Angelegenheit der Informatik sein. Psychologen, unter anderen, greifen diese Herausforderung ebenfalls auf, hauptsächlich um umfassendere Theorien zu entwickeln, die die Arbeit in ihren essentiellen menschlichen Dimensionen beschreiben (Volpert 1992), und mit dem notwendigen Detail (Carrol 1991). Ein Großteil dieser Arbeit konzentriert sich auf die ‚Interaktion zwischen Menschen und Computern‘, wobei das Problem der Interaktion unter Computer-Nutzern und/oder Designern bis jetzt fast unberührt bleibt, außer bei der Forschung in dem kürzlich neu abgesteckten Feld der 'computerunterstützten kooperativen Arbeit' (CSCW, Greif 1988).

Winograd (1988) hat erläutert, warum die obengenannten und andere mögliche Problemfelder in ihrem Buch bewußt ignoriert worden sind, anerkanntermaßen als eine ‚Blindheit‘ des eigenen Ansatzes. Aber ich muß bekennen, daß mich die Auffassung von Wissenschaft, die in der Rede über ‚Perspektiven‘ und ‚Blindheit‘ durchscheint, nicht wenig verwirrt, weil von dieser Position aus die Möglichkeit einer gesellschaftlichen Konstruktion von konsensualer Wirklichkeit nicht als sehr wahrscheinlich erscheint. In solch einer post-modernen und recht skeptischen Sichtweise zeigen sich menschliche Gemeinschaften und Organisationen als Gewebe oder Netzwerk von wechselseitigen Verpflichtungen von individuellen und unabhängigen Akteuren. Es scheint so, als ob die allgegenwärtige Dynamik solcher Netzwerke von den partizipierenden Personen kaum erfolgreich beeinflußt werden kann.

Auf der anderen Seite gibt es auch Optimismus und eine Menge kreativer Frische in denjenigen Teilen von Winograd & Flores' Buch, die die inhärenten Möglichkeiten ihres eigenen Paradigmas des 'Gesprächs für das Handeln' ('conversation for action') vorstellen. Um den philosophischen Fokus jener Konzepte stabil zu halten, die für die Begründung notwendig sind, war diese wichtige Perspektive sicher eine weise Entscheidung, um ihr immens lesbares und visionenreiches Buch zu lesen. Aber es sollte klar sein, daß wir tiefer zu graben haben als es Winograd & Flores bei ihrer Suche nach einer neuen Grundlegung des Entwerfens möglich war. Um die weitergehenden Probleme in Angriff nehmen zu können, die oben skizziert wurden, wird ein allgemeinerer theoretischer Rahmen hilfreich sein, der ein Sprache herrichtet, in dem der notwendige Dialog zwischen all den Disziplinen, die erwähnt worden sind, stattfinden kann. Das System der Konzeptionen, das dieser Sprache innewohnt, muß auch anwendbar sein auf das Problem der Koordination der verschiedenen unterschiedlichen Perspektiven von Software-Designern und Nutzern.

Und schließlich: Auf dem Weg einer Selbstanwendung dieser allgemeinen Theorie auf die wichtige, aber viel mehr spezialisierte Aufgabe, interdisziplinäre Forschungsarbeit zu organisieren, sollte es auch möglich sein, eine Strategie für die Entwicklung von Software Design selbst zu formulieren. Nach allem, die Tätigkeit der Software Designer fällt auch unter dieselbe Rubrik von computergestützter Arbeit.

Mein bevorzugter Kandidat für eine solche allgemeine Sprache und Strategie ist die 'Tätigkeitstheorie', eine multidisziplinäre Bestrebung in den Sozial- und Humanwissenschaften (vgl. Hildebrand-Nilshon & Rückriem 1988, Engeström 1990). Im folgenden will ich keinen zusammenfassenden Überblick über diese Tradition versuchen, vielmehr will ich meine eigene Version einer systemhistorischen Herangehensweise an die Tätigkeitstheorie (Raeithel 1983) präsentieren, die sehr von einem anderen Kandidaten für solch eine allgemeine Sprache und Wissenschaftsstrategie beeinflußt ist, nämlich der allgemeinen Systemtheorie - wie sie aus marxistischer Perspektive gesehen wird (vgl. Blauberg, Sadowski & Judin 1977).

2 Arbeit ist mehr als Lohnarbeit: Überblick über eine marxistische Konzeption von menschlicher Tätigkeit

Bevor wir uns mit den Details der Tätigkeitstheorie beschäftigen, habe ich vorweg einige konzeptionelle Klärungen über den beabsichtigten Gebrauch der Begriffe 'Tätigkeit', 'Arbeit' und 'Praxis' im folgenden Text zu geben.

Menschliche Tätigkeit: Verfolgung subjektiver Zwecke bei der Produktion objektiver Resultate.

In einer genetischen Begriffsentwicklung kommt der Begriff der Tätigkeit zuerst; mit ihr soll das lebendige Handeln von Menschen, die ihre Ziele zu erreichen versuchen, erfaßt werden. In diese Kategorie können alle Arten menschlichen Handelns eingeschlossen werden, auch das kindliche Spiel und das schulische Lernen. Das wissenschaftliche Ziel dieser Kategorie ist es, zu analysieren, warum, wie und auf welchem Wege die Menschen die Dinge tun, die sie tun und welche gegenständlichen Resultate sie mit ihrem Tun produzieren. Diese Ergebnisse sind zugleich mehr oder weniger solche, die in den Intentionen - den bewußten Zielen - der handelnden Personen vorweggenommen wurden.

Deshalb hat A. N. Leontjew (1978) vorgeschlagen, die zusammenhängende Prozeßebene der konkreten Tätigkeiten - orientiert an Resultaten, die nicht bewußt sein müssen - von bewußt regulierten Handlungen zu unterscheiden, und diese wieder von der Prozeßebene der körperlichen Operationen, mit denen die Person ihre Ziele realisiert - wieder ohne Gewahrwerden aller Details. 'Gegenständliche Tätigkeit', das ist eine Kategorie, die bestimmt ist für das subjektzentrierte Studium menschlicher Handlungen, ihres Kontextes und der Wege ihrer Realisation.

Gesellschaftliche Arbeit: Tätigkeit in gesellschaftlichen Formen und mit einem beschränkten Vorrat an Mitteln.

Um zu analysieren, was Marxisten 'Arbeit' nennen, genügt es nicht, die menschliche Tätigkeit nur 'von innen' heraus zu verstehen. Es ist genauso notwendig, die objektive Realität (i.S.v. entgegentreten und entgegenwirken) zu reflektieren, in der die heute lebenden Personen ihren Lebensunterhalt verdienen müssen. Damit können wir die Kategorie der gesellschaftlichen 'Arbeit' oder 'Work' herausbilden - einfach gesagt: tägliche, sich wiederholende Pflicht von Frauen und Männern. Nun können die Tätigkeiten der Personen begriffen werden in ihrer Entfaltung in bestimmten gesellschaftlichen Formen, die im wesentlichen charakterisiert werden können durch die Beschränkung der verfügbaren Mittel für das Handeln und Leben.

Diese Beschränkungen sind in dem zusammengeführt, was Marx die gesellschaftliche Distribution jener Mittel nennt. Hieraus erwachsen die ganzen Probleme der Eigentumsrechte und der Regelungen (nicht nur der ökonomischen) Beziehungen unter den Menschen. Gesellschaftliche Formen, um sicher zu gehen, sind überall präsent - nicht nur in der Lohnarbeit. Das bedeutet, daß jede Tätigkeit, soweit sie in bezug auf die Formen analysiert wird, in denen sie sich entfaltet, so betrachtet werden muß als ob sie gesellschaftliche Arbeit im hier näher bestimmten Sinne wäre.

Gemeinschaftliche Praxis: Kooperative Reproduktion der Mittel durch die soziale (Wieder-)Erfindung von gemeinschaftlichen Formen

Obwohl viele glauben, daß der Marxismus bei der Frage nach dem Eigentum an den Produktionsmitteln endet, ist dies nicht wahr. Es gibt eine andere, noch umfassendere Kategorie neben Tätigkeit und Arbeit, die entworfen wurde, um die Möglichkeit zu erfassen, daß soziale Subjekte (Familien, Gruppen, Institutionen, Organisationen, sogar ganze Gesellschaften) über die Formen, in welchen sie leben wollen verhandeln und entscheiden können. Aber, natürlich, ist die hier nicht die wichtigste

Frage, wie wir diese Kategorie der gemeinschaftlichen Praxis am besten theoretisch fassen können, sondern wie wir wirklich neue soziale Mittel erfinden können.

Dies schwer faßbare Ziel der Selbstbestimmung menschlicher Geschichte konstituiert das grundsätzliche marxistische Motiv, eine evolutionäre Theorie aufzubauen. Die laufende weltweite Bewegung der Erfindung und Nutzung menschlicherer, i.S.v. kleinerer (Siefke, in Floyd et al., 1992) und mehr regional verwurzelter Formen unmittelbarer und mittelbarer Demokratie ist mein hauptsächlicher Grund für Optimismus in der Theoriebildung, insbesondere in diesem historischen Moment, in dem alle totalitären Formen des Sozialismus dabei sind, für eine sehr lange Zeit verbannt zu werden, hoffentlich für immer.

3   Ein Diagramm der historischen Verbindungen zwischen philosophisch Arbeitenden

Mit Winograd & Flores' Buch (1986) sollte der oberflächliche Gebrauch des Begriffs 'Philosophie' in der Computerwissenschaft (in der Bedeutung einer nicht-formalen, 'bloß verbalen' Skizze der Ziele der Gestaltung) rechtzeitig verschwunden sein. In dem vorliegenden Buch sehen wir ein anderes Beispiel für eine wahrhaftig philosophische Diskussion der Technik und Gestaltung computer-basierender Systeme. Hoffentlich wird dieser Versuch eine solidere Verankerung der Informatik im Kreis der Grundlagen- und Angewandten Wissenschaften fördern.

Ein Blick zurück in die Ideengeschichte (Abb. 1) enthüllt die verwickelten Verbindungen zwischen den philosophischen Schulen, die Winograd & Flores zu integrieren versuchen. Obwohl viele professionelle Philosophen die Ergebnisse ihrer theoretischen Arbeit als eine Art Patchwork (Flickwerk) beurteilt haben, ist mein eigener Eindruck, daß diese Autoren demonstriert haben, wie wichtig solche Integration ist, und daß sie vollzogen werden kann, wenn wir nicht zu sehr an unserer philosophische Heimat haften bleiben.

Was das Diagramm auch noch zeigt, ist, daß meine bevorzugte Richtung, Tätigkeitstheorie, viele gemeinsame Vorfahren mit Winograd & Flores post-moderner philosophischer Orientierung in der Informatik hat, während die Verwandtschaft des Hauptstroms der Computerwissenschaftler (die ich als 'Logiker' bezeichne) sich relativ nahesteht und isoliert ist von den beiden anderen Endpunkten. Dies Diagramm ist sicherlich eine (subjektiv-)interessierte Darstellung, aber ich denke, es spiegelt die allgemeine Stimmung der Gruppe von Autoren wider, die das vorliegende Buch produziert haben.

Nun, da das moderne Zeitalter unserer Eltern zu Ende geht, wird es höchste Zeit all unsere Vorfahren mit der gleichen Zuneigung zu betrachten, wobei einem der moralische Impetus der folgenden Beobachtung von Marshall Sahlins, einem Anthropologen, im Gedächtnis bleiben sollte: 'So weit wie ich weiß, sind wir (die Erben der europäischen Tradition) die einzigen Leute, die glauben, daß sie von den Wilden abstammen; alle anderen glauben, daß sie von Götter abstammen" (Sahlins 1983, 52f.).

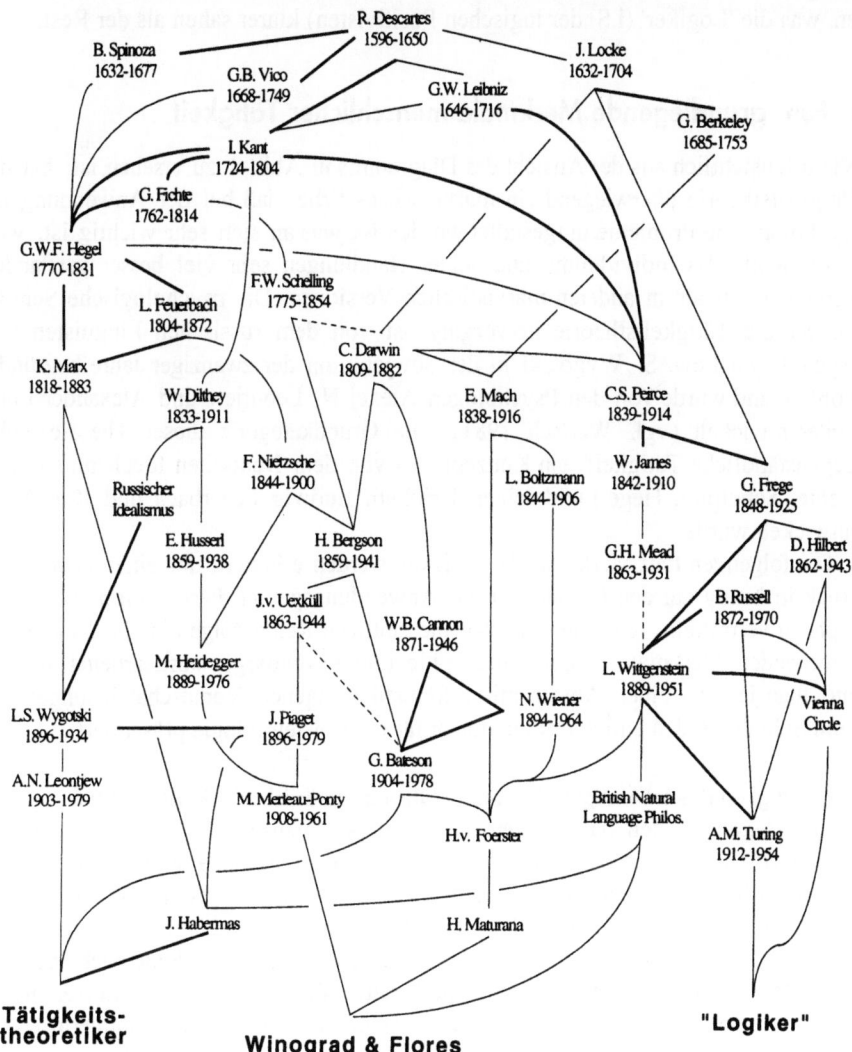

Abb. 1: historische Verbindungen unter philosophisch Arbeitenden

Die fetteren Linien markieren Diskussionen, Kontroversen oder Kritiken durch spätere Autoren. Dünne Linien zeigen Wege des kontinuierlichen Einflusses. Gestrichelte Linien markieren ähnliche Orientierungen, Einflüsse sind ungewiß

Das Diagramm kann auch vom Leser zu Rate gezogen werden, wo immer historische Referenzen gegeben werden. Und schließlich, es kann betrachtet werden als Hintergrund für zukünftige Diskussionen, in denen eine beständigere Begründung für

Design entwickelt werden könnte. Um wirklich solide zu sein, muß es auch beinhalten, was die 'Logiker' (i.S. der logischen Positivisten) klarer sahen als der Rest.

4 Fünf grundlegende Merkmale menschlicher Tätigkeit

Wie offensichtlich aus der Ansicht des Diagramms in Abb. 1 zu ersehen ist, hat die Tätigkeitstheorie überwiegend ein marxistisches Erbe, daß bei der Anwendung auf psychologische Probleme umgestaltet worden ist, was an sich sehr wichtig ist, weil so die Rolle des Individuums und seiner Handlungen sehr viel besser verstanden werden konnte als in anderen marxistischen Versionen. Die psychologische Schule, aus der die Tätigkeitstheorie hervorging, ist von dem russischen Linguisten und Psychologen Lew. S. Wygotski in der Sowjetunion der zwanziger Jahre begründet worden, und wurde von den Psychologen Alexej N. Leontjew und Alexander Luria weiterentwickelt (vgl. Wertsch 1981). Die Grundkategorie dieser Theorie heißt 'gegenständliche Tätigkeit', ein Konzept, das von dem Deutschen Idealismus (Kant, Fichte, Schelling, Hegel) und seinen Kritikern Ludwig Feuerbach und Karl Marx entwickelt wurde.

Die folgenden fünf Merkmale der Tätigkeit werden erläutert, um einen ersten Eindruck in bezug auf den Gehalt und das Anwendungsgebiet dieses komplexen Konzepts zu vermitteln. Ich halte ungefähr die zeitliche Reihenfolge ein, in der die entsprechenden Merkmale in der Philosophie und Psychologie ausgearbeitet wurden und füge jeweils einen Absatz mit informatikbezogenen Veranschaulichungen an. Zum Schluß werden einige Implikationen für die Epistemiologie präsentiert.

(A1) Tätigkeit des lebendigen Körpers - Nutzung 'natürlicher' leiblicher Mittel

Gegen Hegel, für den das Denken die wichtigste menschliche Aktivität war, hat Feuerbach eingewandt, daß wir Menschen lebendige, sinnliche Wesen sind, die in einer natürlichen Welt leben, die wir mit unseren Sinnen erfassen. Obwohl Feuerbach auch die Praxis betonte, war seine Philosophie eher kontemplativ als revolutionär. Dies änderte sich, als Marx (der ein Hegelianer war) 1843 Feuerbach las, und diese Philosophie in seinem Kontext politischer Tätigkeit interpretierte (er mußte nach Paris emigrieren). In seiner Kritik an Hegel und Feuerbach formulierte er die grundlegende These, daß menschliche Praxis vor allem als lebendige, sinnliche Tätigkeit, die die physikalische und soziale Welt produziert und verändert, verstanden werden müsse.

Ein herausragendes Merkmal computerisierter Arbeit ist die 'Entsinnlichung' der menschlichen Tätigkeit (Volpert, 1987), im Sinne einer Reduzierung der Arbeitsgegenstände und -werkzeuge auf die graphische Anzeige von Texten und Diagrammen auf Computerbildschirmen, die auf Tastatur- und Maus-Operationen ansprechen. Auch bei solchen Tätigkeiten sind die natürlichen Fähigkeiten der Menschen unentbehrlich, die sich natürlich in historisch veränderten Fertigkeiten ('einverleibten Mitteln') manifestieren müssen - daher die Anführungszeichen in (A1).

(A2) Tätigkeit eines erweiterten Körpers - Nutzung technischer, semiotischer und sozialer Werkzeuge

In seinen politischen und ökonomischen Studien erkannte Marx, daß die gesellschaftlich produzierten Werkzeuge den Gang der Geschichte veränderten, oft gegen den Willen der handelnden Individuen. Dementsprechend verstand er menschliche Tätigkeit daher nicht nur als Bewegung lebendiger Körper, sondern als Aktivität funktional erweiterter Körper, durch die die Natur in einem bisher unbekannten Umfang transformiert wurde (wie Vico und Hegel auch schon erkannt hatten). Zusammen genommen machen diese erweiterten Tätigkeiten die Produktionsweise einer Gesellschaft aus, und sie werden in sozialen Verkehrsformen verwirklicht, in denen ebenfalls neue Werkzeuge, neben den natürlichen Kommunikations- und Kooperationsmitteln, verwendet werden.

'Körperliche Arbeit' ist daher stets umfassender als die rein organische Aktivität des lebendigen Körpers, und außerdem sollte sie keinesfalls der 'geistigen Arbeit' entgegengesetzt werden, weil die letztgenannte Tätigkeit natürlich auch durch Bewegungen des menschlichen Körpers verwirklicht wird, die funktional durch soziale Mittel erweitert ist. Nur in ganz wenigen Fällen (z.B. Stephen Hawkings) können Theoretiker ohne äußerliche Zeichen und Operationen arbeiten, und selbst dann werden ihre körperlichen Denkprozesse von den objektiven (ihnen entgegentretenden) Charakteristika der 'systematischen Domains' des Denkens (Winograd & Flores 1986) angeleitet, die von Generationen anderer Theoretiker konstruiert worden sind.

In bezug auf die Arbeit mit elektronischen Computern offenbart diese Perspektive, daß Teile der virtuellen Maschinen als Erweiterungen des 'dynamischen Körpers' der Arbeitenden angesehen werden müssen. So wie Schreibmaschinen von Sekretär(inn)en als Teil ihres Körpers gehandhabt werden, so sollten die virtuellen Design-Instrumente eines CAD-Programms geeignet sein für eine 'natürliche' Eingliederung in die Tätigkeit der Designer, denen es dann möglich wird, die virtuellen Gegenstände 'durch die Schnittstelle hindurch' (Bödker 1987) zu erreichen und zu handhaben.

(A3) Tätigkeit formt Gegenstände und wird von ihnen geformt

So ist eine sehr wichtige Einsicht, daß wir Menschen buchstäblich eine neue Wirklichkeit produzieren : Gegenständliche Tätigkeit erzeugt eine Welt voll von neuen Objekten, die physisch (körperlich) als eine materielle Erbschaft existieren, die von der nächsten Generation bewältigt werden muß, und durch welche auch die Tätigkeit der Älteren und der Kinder gleichermaßen umgeformt (d.h. kontextuell mitbestimmt, nicht aber determiniert) wird. Obwohl Marx kein moderner Ökologe war, und sein spätes Werk auf die industrielle Produktion konzentrierte, hat er die problematischen Aspekte dieser entfesselten Wirklichkeitsproduktion wahrgenommen, die heute so offensichtlich sind.

Die Erscheinungsweise der Gegenstände und Mittel von rechnergestützter Arbeit wird durch die Schnittstelle produziert, die die virtuellen Objekte und Handlungsmöglichkeiten vergegenwärtigt. Die zugrundeliegenden Datenstrukturen bzw. Algorithmen sind den Arbeitenden in der Regel nicht bekannt. Deshalb muß im Software-Entwurf die Korrespondenz zwischen Erscheinungs- und Wirkungsweise möglichst weitgehend gesichert werden (z.B. durch die Strategie der objektorientierten Programmierung; Nygaard: in Floyd et al., 1992, Bödker 1987).

Unabhängig von der Qualität der Software in dieser Hinsicht, können wir erwarten, daß alle neu computerisierten Arbeitsplätze wahrnehmbare Effekte bezüglich der Tätigkeitsstruktur der Arbeiter, und das betrifft (auch) die Persönlichkeit, produzieren wird (Raeithel & Volpert 1985).

(A4) Tätigkeit kann selbst zum Gegenstand anderer Tätigkeiten werden - deshalb ist gesellschaftliche Koordination möglich

Die Selbstveränderung der menschlichen Tätigkeit wird nicht nur indirekt durch die Konfrontation mit den Produkten der vorangegangenen Generationen hervorgebracht, sondern kann auch durch Kommunikation und Reflexion geschehen: In diesem Fall wird die Tätigkeit eines Verallgemeinerten Anderen (George Herbert Mead), deren Regelmäßigkeiten und funktionale Muster zum Gegenstand einer antizipativen Form der Tätigkeit. In der Sprache (gesprochen oder geschrieben, natürlich oder formal) können wir mit den Formen der Tätigkeit operieren, und so neue Möglichkeiten des Handelns konstruieren. Marx hat diese symbolische Konstruktion von Möglichkeiten nicht ausführlich behandelt.

Die marxistische Sichtweise, daß Sprache und andere Symbolsysteme genau wie alle anderen Werkzeuge der Tätigkeit funktionieren, wurde vor allem von Wygotski entwickelt.

Seine Analyse kommt zu sehr ähnlichen Resultaten wie die semiotische Philosophie von Charles Sanders Peirce. Wygotskis kulturhistorischer Ansatz gleicht damit auch George Herbert Meads symbolischem Interaktionsmus (der indirekt von Peirce beeinflußt wurde), und teilt die zentrale Einsicht, daß die Bedeutungen der Zeichen nur im sozialen Verkehr produziert und reproduziert werden können, mit der Philosophie des (späten) Wittgenstein.

Wygotski hat eine sehr einfache Formel gefunden, um den Unterschied zwischen produktiven und semiotischen Mitteln auszudrücken, oder einfacher, zwischen 'Werkzeugen' und 'Zeichen' (vgl. Wygotski 1978, S.55):

(TS) Werkzeuge und Maschinen haben 'äußere Effekte', während Sprache und andere Zeichensysteme 'nach innen' gerichtet sind, und so Selbstregulation bewirken.

Abb. 2 erklärt diese methodologische Regel in drei Diagrammen. Zusammen bilden sie Wygotskis 'Ausgangsabstraktion', i.S. einer sehr simplen symbolischen Form, von der aus die ganze Bedeutung von vermittelter menschlicher Tätigkeit durch eine stufenweise konkretere Verwirklichung der anfänglichen elementaren Beziehungen erzeugt werden kann. Beide, die strukturelle Ähnlichkeit und der wesentliche Unterschied der produktiven und der semiotischen Vermittlung sind bereits sichtbar in dieser Diagrammserie.

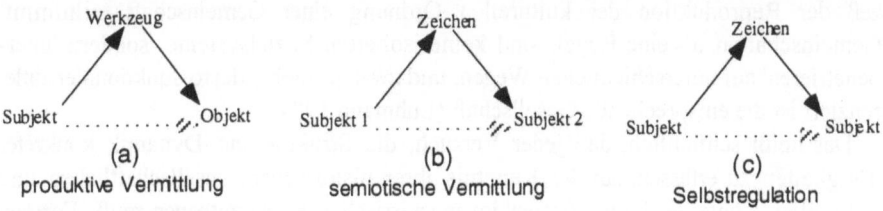

Abb. 2: Wygotskis Ausgangsabstraktion

Diagramm (a) läßt sich so lesen: Ein Subjekt kann nicht direkt (gestrichelter Pfeil) auf ein Objekt einwirken, sondern muß ein "Werkzeug" (s. Text) zu Hilfe nehmen, auf das es selbst direkt einwirken kann, und welches wiederum direkt auf das Objekt einzuwirken vermag. Die weiteren Diagramme sind entsprechend zu verstehen.

Um die simple, aber wesentliche Formel (TS) zu nutzen, die den Unterschied zwischen 'Werkzeug' und 'Zeichen' darlegt, müssen wir zwei Bedeutungsschattierungen von 'Innen' im Hinblick auf die menschliche Subjekte unterscheiden: Das semiotische Handeln wirkt 'in die Köpfe hinein', verändert demgemäß das Denken, Wahrnehmen und die Handlungsregulation - eine triviale Tatsache für die meisten modernen Philosophen. Aber semiotisches Handeln wirkt auch 'in soziale Gruppen hinein', verändert folglich gemeinsam geteilte Denkweisen, gemeinsame Weltauffassungen und schließlich kulturelle Handlungsmuster selbst. Die grundlegende Einsicht wird auch ausgedrückt in Gregory Batesons großartiger Vision des 'Geistes als ein Dazwischen', als 'die Muster', die die individuellen Lebewesen miteinander und mit sich selbst durch die Zeit 'verbinden' (Bateson 1980). Jedes solche soziale Dazwischen ist Innen für die Gemeinschaft der Handelnden, und konstituiert die kulturelle Ordnung (Sahlins 1983), i.S. des Bedeutungssystems dieser Gemeinschaft.

Während Batesons Formulierung sich für viele seiner Leser sehr ungewöhnlich anhört, könnte Wygotskis Formel viel zu simpel erscheinen. In der Tat muß seine Ausgangsabstraktion erheblich angereichert werden, wie im Unterkapitel 6 gezeigt werden wird. Aber selbst diese erste Version wird genügen, um eine erhebliche Herausforderung für die Informatik zu präsentieren: Wenn wir glauben, daß die Informatik im wesentlichen die Wissenschaft der Maschinisierung von Zeichenprozessen ist, dann haben wir uns, als Informatiker, im Licht von (TS) zu fragen: Sind wir uns hinreichend unserer Funktion und Wirkung in bezug auf die gesellschaftliche Selbstregulation bewußt? Können wir die sozialen Veränderungen, die durch unsere eigene Arbeit produziert werden, mit unseren sehr individuellen Wegen der Evaluation und aktuellen Einschätzungsmethoden genügend einschätzen?

(A5) Tätigkeit ist im wesentlichen gesellschaftlich, sie existiert nur als Kooperation

Natürlich sind die Informatiker nicht die einzige Personengruppe, deren Arbeit eine tiefe Wirkung auf die zukünftigen Kooperationsmuster haben dürfte. Auf der anderen

Seite folgt aus den Merkmalen (A3) und (A4), daß jeder individuelle Akteur am Prozeß der Reproduktion der kulturellen Ordnung einer Gemeinschaft teilnimmt. Gemeinschaften, als eine Regel, sind keine isolierten Sozialsysteme, sondern 'interpenetrieren' auf unterschiedlichen Wegen, und zwar je mehr, desto funktionaler differenziert ist die entsprechende Gesellschaft (Luhmann 1984).

Das heißt schließlich, daß jeder Versuch, die Struktur und Dynamik konkreter Tätigkeiten zu erfassen, auf der Kenntnis ihrer historischen, gesellschaftlichen und kulturellen Kontexte (ihrer 'Formen' im marxistischen Sinn) aufbauen muß. Formen in diesem Sinne sind sozial stabilisierte Muster der Kooperation (s. Unterkapitel 5), und bestimmen, demnach, die '(Guß-) Formen' oder 'Flußbetten', in denen jede einzelne und alle Personen ihre eigene Version von jeder einzelnen Tätigkeit entfalten kann, und so auch die notwendigen kognitiven Strukturen für die bewußte Regulation dieser Tätigkeiten entwickelt (Wygotski 1978, Ilyenkov 1977).

(IF) Denkformen - der Aneignung der eigenen Wirklichkeit und Möglichkeiten - entwickeln sich als internalisierte Formen aktueller menschlicher Kooperation

Wenn wir vorläufig diese These der Internalisation für gegeben halten, dann folgt sofort eine andere Implikation für die Informatik: Wenn Computersysteme entworfen werden, um eine Wirkung auf die Struktur und den Inhalt der Kooperation von Arbeitsgruppen zu erzielen, dann werden sie notwendigerweise auch eine zwingende (einengende) Wirkung darauf haben, auf welche Art die Mitglieder dieser Gruppe normalerweise über ihre Welt denken werden, in oder außerhalb ihrer Arbeit.

Wenn dies so ist, dann gibt es einige Gründe über jetzt noch ganz unvorhersehbare zukünftige Folgen von computerisierten und verteilten Arbeitsplätzen besorgt zu sein.

Von der existentiellen Position der 'prometheischen Schande' aus (Günther Anders), von der aus man sich hilflos und winzig angesichts der sich selbst reproduzierenden 'Mega-Maschine' fühlt, kann eine Person leicht ihre gewohnte Bindung an die wissenschaftlichen Unvoreingenommenheit verlieren (Elias 1956), und in den emotionalen Wirbelsturm jener kulturpessimistischen Alpträume wie George Orwells '1984' hineinfallen, wo staatlich entfesselte Kooperationsmuster alle denkbaren Handlungen der Individuen, wenn auch nicht alle Gedanken, vordeterminieren.

Aber sie kann sich auch von dem starren Blick auf diesen Fetisch befreien - sobald sie erkennt, daß es hauptsächlich das emotionale Engagement und die unhinterfragt erwartete Gehorsamkeit einer Mehrheit von Handelnden ist, die die Erscheinungsweise von Macht und Größe der totalitärstaatlichen Autorität produziert.

Was aus einer etwas distanzierteren Position sichtbar wird, ist die Vielfältigkeit von ineinander verzahnten Gemeinschaften und Organisationen, und die widersprüchlichen Muster von konservativen und revolutionären Kräften, die nicht mehr als nur einige Jahrzehnte umfassend kontrolliert werden können.

Auf keinen Fall schließt diese realistische Sichtweise auf Gesellschaften die Möglichkeit aus, daß Formen menschlicher Kooperation lokal entworfen werden können, jeweils nur für einige wenige konkrete Arbeitsgruppen. Aber diese werden sich auf dem Weg der Ko-Determination aller partizipierenden Personen entwickeln, und sobald eine neue Form schrittweise stabilisiert ist, kann sie auch gesellschaftlich verallgemeinert werden, entweder durch unkontrollierte 'imitierende' Vervielfältigung oder durch den Gebrauch der Theorie, die von den ursprünglichen Gruppen als Internalisierung ihrer eigenen Praxis produziert worden ist.

Erkenntnistheoretische Implikationen der fünf Merkmale menschlicher Tätigkeit
Aus diesem folgt, daß es eine sehr wichtige Entscheidung bei jeder Strategie für erkenntnistheoretische Untersuchungen gibt: Die vorrangige Rolle, die den individuellen menschlichen Akteuren bei der Produktion menschlichen Wissens und von Wirksamkeit zugestanden oder verweigert wird.

Meine Position dazu ist, daß sich jegliche Form von postmoderner Philosophie durch die Kulturpsychologie (kulturhistorische Psychologie) 'hindurchschlängeln' muß, um in der Lage zu sein, eine wirklich umfassende Weltsicht vorzulegen, in der sich die Einheit von Natur und Kultur als permanente historische Realität offenbart, die von der sozialen und produktiven Tätigkeit aller menschlichen Wesen hervorgebracht worden ist.

Eine psychologische Phase der Untersuchung ist unentbehrlich, weil der Gegenstandsbereich der Psychologie mit dem Kern des Problems zusammenfällt, die Beziehung zwischen Natur und Kultur zu verstehen: Gesellschaften bestehen aus menschlichen Wesen, und jedes beginnt sein Leben als eine 'bloß' einzellige Lebens-Form, die sich in der zutiefst menschlichen Umwelt der mütterlichen Gebärmutter entwickelt. Die Ontogenese der Menschen - das Problemfeld der Entwicklungspsychologie - ist ein Prozeß, in dem sich die 'natürlichen Anlagen' oder 'Begabungen' des Kindes in kulturellen Formen entwickeln, und all dies muß in groben Zügen verstanden werden, wenn das Erkenntnisvermögen der Menschheit erklärt werden soll, wie Jean Piaget und andere evolutionäre Erkenntnistheoretiker häufig betont haben (vgl. Kesselring 1988).

Damit wird die Kantsche und zeitlose Einfriedung der erkenntnistheoretischen Forschung in der Philosophie - was sind die Voraussetzungen für die Wissensgewinnung über die Welt - vom tätigkeitstheoretischen Entwurf transformiert in verschiedene anthropologische, soziologische, psychologische und biologische Forschungsaufgaben: Wie man die Entwicklung der verschiedenen Arten von Selbstregulation (auch kognitive Prozesse genannt) modellieren und beschreiben kann, die es den Tieren und Menschen ermöglichen, ihre Tätigkeiten gemäß ihrer Lebensziele und Notwendigkeiten zu regulieren.

In Alexej N. Leontjews frühem Werk (A. N. Leontjew 1981) finden wird die Grundlage für eine Theorie der natürlichen Kognition und ihrer Evolution zu den menschlichen Wegen der Realitätsaneignung. In seinen späteren Arbeiten hat er diese Theorie durch eine Konzeption der Persönlichkeitsentwicklung erweitert, die auf der wohlbekannten, aber inhaltlich doch recht dunklen sechsten Feuerbachthese aufbaut (Marx, zitiert von Kamenka, 1983, 157):

(EM) ... das menschliche Wesen ist kein dem einzelnen Individuum innewohnendes Abstraktum. In seiner Wirklichkeit ist es das ensemble der gesellschaftlichen Verhältnisse'

Ich habe bei der Erläuterung von (A4) und (IF) versucht, ein erstes Gefühl dafür zu vermitteln, was dies bedeutet könnte. Leontjew geht einen Schritt weiter und modelliert die Persönlichkeit als System konkreter Tätigkeiten und Bedeutungen, das durch die andauernde Verwirklichung dieser Tätigkeiten in der sozialen Kooperation als eine widersprüchliche oder harmonische Ganzheit reproduziert wird.

Es ist dieser ganzheitliche Prozeß, der in Leontjews Sicht das produziert, was der Einzelne als seinen persönlichen Lebenssinn erfährt oder als Ermangelung eines klaren Gefühls von Sinn oder als die existentiell beunruhigende Offenbarung, daß es keinen gibt und nur einen vorherbestimmen Sinn des Lebens auf der Erde.

Während Leontjew seine Bemühungen auf die Erklärung der Persönlichkeitsentwicklung in kooperativen Zusammenhängen konzentriert hat, haben andere unlängst den Bereich der Tätigkeitstheorie auf das gesamte Feld der Kommunikation (A. A. Leontjew 1981), auf Erziehungsprozesse innerhalb und außerhalb der Schule (Davydov 1982), auf kulturvergleichende Psychologie (Scribner 1985, Cole 1988) ausgedehnt; kurz, die Renaissance des Wygotskischen Ansatzes einer gesellschaftlichen Ausgestaltung des Geistes (Wertsch) ist am Laufen. Die Entwicklung einer interdisziplinären und wissenschaftlichen Theorie der Ausgestaltung und Entwicklung von sozialen, kollektivem Wissen scheint nun möglich, wenn die vielen wertvollen Beiträge im Hinblick auf dieses Ziel berücksichtigt werden, die von Schulen mit anderem Hintergrund (z.B. Mead 1934, Elias 1987, Bourdieu 1977) produziert worden sind. Aus meiner Sicht wird der marxistische Ansatz der gesellschaftlichen und kulturellen Entwicklung diese Aufgabe erfüllen können - gerade weil er momentan durch eine heilsame Krise geht.

Neue Möglichkeiten in bezug auf politische Aktivität, in bezug auf verschiedene andere Praxisfelder, unter ihnen die Gestaltung computerisierter Arbeit, werden überall entworfen. Um dies alles zu verstehen und die Tätigkeitstheorie den neuen sozialen Entwicklungen anzupassen, halte ich es für notwendig, zu den Wurzeln des marxistischen Denkens mit der Aufgabe zurückzugehen, die grundlegenden Konzepte dieser Theorie zu rekonstruieren. Die folgenden Kapitel präsentieren, was aus dieser Bestrebung herausgekommen ist.

5 'Mittel und Formen': Wie man die natürliche Evolution und kulturelle Geschichte verstehen kann

Von Hegels großartiger Vision der Entwicklungsgeschichte des objektiven (gesellschaftlichen) Geistes hat die marxistische Philosophie ihre charakteristische historische Orientierung geerbt. Karl Marx und Friedrich Engels konnten so entdecken, was sie für die Triebkraft der Geschichte hielten: Die Dialektik von Produktionsmitteln und Produktionsformen (i.S.v. -verhältnissen). Als Charles Darwin seine

Theorie der Evolution veröffentlichte, wurde dies von Marx enthusiastisch als eine Art biologischer Unterstützung seines eigenen Denkens begrüßt. Und tatsächlich läßt sich heute erkennen, daß die Polarität der natürlichen Variation der leiblichen Mittel der Tiere und der natürlichen 'Zuchtwahl' durch die Bedingungen der ökologischen Nische sehr der historischen Dialektik von Mitteln und Formen ähneln. Um diese Verwandtschaft klar zu sehen, sind die Koevolutionstheorien der Neuen Biologie (vgl. Bateson 1980, Thompson 1987) sehr hilfreich, weil wir durch sie erkennen können, daß die ökologischen Nischen von den Tierarten ko-produziert werden, im Unterschied zu der Ansicht, daß Tiere sich äußeren Bedingungen anpassen, die unabhängig von ihren Aktivitäten existieren.

(M) Operative Mittel: subjektiv kontrollierte Strukturen, objektive entgegengerichtete Prozesse und vermittelnde, flexible Realisierung je nach wahrgenommenen Bedingungen
Natürlich müssen nach Anerkennung der grundsätzlichen Ähnlichkeiten zwischen Evolution und Geschichte, die sehr unterschiedlichen Zeitmaße der natürlichen Evolution und der kulturellen Geschichte beachtet werden, und auch die Tatsache, daß die notwendigen Strukturen der kulturellen Reproduktion in einer Welt menschlicher Gebrauchsgegenstände 'gespeichert' sind, deren wichtigster Kern die gesellschaftlich produzierten Zeichensysteme sind (vgl. Cole 1990, Norman 1991). Von diesem 'Speicher' können Menschen die Werkzeuge nehmen, die sie für ihre Arbeit brauchen. Es ist hilfreich, sie zwei allgemeinen Klassen (vgl. Elias 1987) zuzuordnen: *Mittel der Orientierung* und *Mittel der Produktion*. Beide Klassen haben Vorläufer bei allen lebenden Spezies: die perzeptiven, kognitiven und explorativen Anlagen, die in der *Orientierungsphase* der tierischen Aktivität gebraucht werden, und die verschiedenen Fertigkeiten, die die Tieren gebrauchen, um ihre artspezifischen Ziele in der *Realisierungsphase* der Aktivität zu erreichen (Holzkamp 1983).

In seinem letzten Werk hat A. N. Leontjew ausführlich erklärt, warum es notwendig ist, die Arbeitsinstrumente als integrale Teile der Tätigkeit der menschlichen Individuen zu begreifen, die sie in Bewegung setzen. Dies läuft auf die Regel hinaus, daß die beiden orientierenden und produktiven Werkzeuge immer im Kontext ihres Gebrauchs analysiert werden sollten (vgl. Bannon & Bödker 1991), besonders wenn wir die Innovationen verstehen wollen, die normalerweise mit neuen Wegen des Gebrauchs alter Werkzeuge beginnen. In dem parallelen Fall der natürlichen Fähigkeiten der Tiere scheint dies selbstverständlich, soweit die meisten ihrer Mittel, abgesehen von einigen Ausnahmen wie etwa den Zweigen und Ästen, die die Biber verwenden, letztlich nicht von ihren Leibern 'geschieden' werden können.

Um die Verwendung von Gebrauchsgegenständen im Rahmen der menschlichen Tätigkeit zu verstehen, kann das allgemeine Konzept der 'operativen Mittel' (das die beiden, orientierenden und produzierenden Mittel umfaßt) als ein *operationales, funktionales und entwicklungsfähiges System* definiert werden, das die folgenden drei 'einfachen Momente des Arbeitsprozesses' (Marx im 'Kapital') umfaßt:

(SM)   - das subjektive Moment, nämlich die regulativen, steuernden Strukturen, die die einzelnen Arbeiter zu ihrer Verfügung haben, als kognitives Wissen und/oder als 'bloßes Können' (implizites, aber wirksames Wissen). Es ist hilfreich, das 'epistemische Wissen', das einer Person von einem Beobachter zugeschrieben wird, von dem 'kognitiven Wissen' zu unterscheiden, das dieselbe Person dem Beobachter ohne weiteres mitteilen kann (Bromme 1988). Implizites Wissen ist somit ein Teil des epistemischen, aber nicht des kognitiven Wissens.

(OM)   - das objektive Moment, nämlich der entgegengerichtete materielle (physische oder symbolische) Prozeß, der in ein Produkt umgeformt worden ist, dabei jedoch seinen 'Eigensinn' (seine natürliche oder soziale Eigendynamik) behält, der von dem arbeitenden Subjekt nie völlig verstanden wird. Wegen dieser dynamischen Autonomie gegenüber dem Subjekt schlage ich vor, ihn 'counterprocess' zu nennen. Dies ins Deutsche übersetzt heißt 'Gegenprozeß', ein neuer Ausdruck, den ich als Abkürzung für 'gegenständlicher Prozeß' vorgeschlagen habe, und als Ersatz für 'Gegenstand', weil der letztere Begriff zu viele Konnotationen von statischen physischen Strukturen wie Tische und Hämmer hat. Diese Ersetzung ist besonders hilfreich, wenn reproduktive oder kommunikative Tätigkeiten analysiert werden sollen (Raeithel 1989).

(MM)   Das Vermittelungsmoment, nämlich (rekursiv) die operativen Mittel, durch welche die Einwirkung des Subjekts auf das Objekt (und vice versa) verwirklicht wird. Diese rekursive Organisation endet beim physischen Kontakt von Subjekt und Objekt auf einer sehr elementaren Grenzfläche. Auf einigen ganz frühen Ebenen der Rückwirkung verlieren die arbeitenden Subjekte die Möglichkeit einer bewußten Kontrolle über alle Einzelheiten und delegieren sie soweit an ihre 'natürlichen', körperlichen, selbstorganisierenden Fähigkeiten der Orientierung und Realisierung (vgl. Haken & Stadler 1990).

Diese Konzeptualisierung der operativen Mittel hat ihre relative Autonomie in bezug auf die Subjekte zur Folge, die sie verwenden. Im Fall der tierischen Aktivitäten erscheint dies wiederum selbstverständlich, weil wir uns Tiere normalerweise nicht als arbeitende Subjekte vorstellen, die ihre Tätigkeit mit mehr als mit einem simplen Bewußtsein ihrer unmittelbaren Bedürfnisse und der ökologischen Bedingungen, die sich darauf beziehen, regulieren. Aber in unserem eigenen Fall gibt es immer noch eine große Überschätzung der Möglichkeit einer rationalen Kontrolle von Handlungen, insbesondere in den Gestaltungs-'Philosophien' des Hauptstroms der Computerwissenschaften.

Die Tätigkeitstheorie warnt vor dieser modernen Hybris, und betont, daß alle unsere Mittel der Orientierung und Produktion für die menschlichen Akteure kontrollierbar bleiben müssen, die zu allererst Lebewesen sind, die sich nicht auf ihre 'natürlichen Begabungen' verlassen können, es aber dennoch tun.

Was die menschliche Arbeit (und daher die historische Entwicklung) von der tierischen Aktivität (und der natürlichen Evolution) unterscheidet, sind im wesentlichen die sehr unterschiedlichen operativen Mittel, die die Menschen in Bewegung setzen können. Sie umfassen die Spannweite von den einfachsten hergestellten Werkzeugen bis zu den heutigen automatisierten Produktionsanlagen, von verbal übertragenen Handlungsregeln bis zu computergestützten Simulationsgeräten. Selbstverständlich erfordern diese Mittel wesentlich komplizierte und flexiblere Regulationsstrukturen, für deren Ausführung das menschliche Gehirn im Vergleich mit fast allen anderen Spezies eine wesentlich größere Kapazität besitzt, und sie ermöglichen die Transformation (aber nicht die endgültige Herrschaft!) eines wahrlich universellen Bereichs von Gegenprozessen, mehr als irgendeine andere Tierart zu beherrschen vermag.

(F) Gesellschaftliche Formen:
Operativer Abschluß und reproduktive Kooperationsmuster

Die Kategorie der operativen Mittel ist ohne ihr polares Gegenteil unvollständig: Die gesellschaftlichen (internationalen, nationalstaatlichen, organisationstypischen, institutionellen, kulturellen, mikro-sozialen) Formen der Nutzung dieser Mittel. Wenn wir die konzeptionellen Ausführungen der Zweiten Kybernetik (von Foerster, Pask, Maturana, Varela, von Glasersfeld) verwenden, können wir gesellschaftliche Formen als operativ geschlossene, selbstreferentielle Systeme im folgenden Sinn definieren: Sie bestehen aus einer bestimmten Auswahl aller operativen Mittel zusammen mit einem einschränkenden Kooperationsmuster inmitten dieser ausgewählten Mittel, das eine beträchtliche Flexibilität und den Bereich ihrer Nutzung mehr oder weniger offen läßt. Der Abschluß wird erzeugt durch den Einschluß der Reproduktion der ausgewählten Mittel auf dem Weg der anderen Mittel in dieser Form (reproduktiver Systemabschluß: Raeithel 1983, 2. Kapitel).

Es ist wichtig zu erkennen, daß die Abgrenzung und Auswahl der Mittel normalerweise durch die faktischen Machtverhältnisse zwischen kooperierenden Personen aufrechterhalten wird. Von daher können gesellschaftliche Formen nicht ohne weiteres mit 'autopoietischen Systemen' (Maturana & Varela 1982) gleichgesetzt werden, da diese wesentlich durch ihre Autonomie definiert sind. Auf der anderen Seite war ja eine der tiefsten Einsichten des Marxismus die Erkenntnis, daß die gesellschaftlichen Formen eine bestimmte Autonomie in Beziehung zu den Personen besitzen, die sie zu produzieren oder zu beherrschen versuchen, ohne vollständiges Bewußtsein darüber, was sie tun. Das gibt Nahrung für weiteres Nachdenken: Wie können wir die verschiedenen Grade und Schattierungen der Autonomie unterscheiden? Wie können wir die Beziehungen zwischen den individuellen menschlichen Akteuren und den sozialen Systemen beschreiben, die beide als relativ autonom betrachtet werden, und zwar präziser und konkreter als es Luhmann (1984) möglich war?

Ein sehr wichtiger Punkt in der Dialektik von Mitteln und Formen ist jedoch klar genug: Gesellschaftliche Formen können, was normalerweise auch geschieht, in operative Mittel umgewandelt werden. Als Beispiel kann man die mechanischen Werkstätten des späten 19. Jahrhunderts, in denen die Kooperationsmuster durch sozialen Zwang und gleichzeitiger Selbstbeherrschung der Akteure aufrechterhalten wurden, mit den neusten automatisierten Werkzeugmaschinenzellen vergleichen, bei denen das kooperative Muster nunmehr im Prozeßrechner programmiert ist und somit das System zu einem einzigen operatives Mittel wird, das von einem einzigen Arbeiter gesteuert werden kann. Ein anderes Beispiel für das Gebiet der orientierenden Mittel würde sein, die Forschungsaktivitäten eines Mathematikers im 19. Jahrhundert, der einer ganz rigiden Disziplin bei seinen symbolischen Berechnungen folgen mußte, mit dem heutigen Gebrauch eines computerunterstützten 'Systems für mathematische Arbeiten' (Wolfram 1988) zu vergleichen: Diese frühere Selbstbeherrschung des mathematischen Akteurs hat sich in programmierte Regeln der virtuellen Maschine verwandelt.

(PL) Figurationen, Akteure und Mittel: Drei Prozeßebenen der kollektiven Tätigkeit und historischen Entwicklung

Es ist nicht so klar, wie die gesellschaftliche Produktion neuer Formen, zum Beispiel im Gefolge der technologischen Erneuerungen, zustande gebracht wird. Es gibt Diffusions-Modelle der innovatorischen Verbreitung (analog zu der Diffusion von Krankheiten), die eine ziemlich gute Vorhersage der Verbreitungszeiten erlauben, aber sie erklären nicht, warum einige Formen des Gebrauchs neuer Geräte sich weit verbreiten und andere eine regionale Besonderheit bleiben. Von einer tätigkeitstheoretischen Perspektive aus gesehen, schenken solche Modelle dem Anteil, den die Individuen in diesem Prozeß spielen, nicht genug Aufmerksamkeit. Statt dessen konzentrieren sie sich auf die relative Autonomie der operativen Mittel und erwarten von den Prinzipien der physischen Selbstorganisation Hilfe bei der Erklärung der zum Vorschein kommenden neuen Formen.

Auf der anderen Seite wird die oben angeführte Definition der gesellschaftlichen Formen zum Gegenstand derselben Kritik, und es gibt vergleichbare Defizite in den meisten post-modernen Erkenntnistheorien, die sich die Entwicklung sozialer Muster der Realitätsaneignung als einen selbstorganisierten Prozeß von autonomen 'Diskursprozessen' vorstellen - i.S. der Terminologie, die wir hier benutzen: von relativ autonomen Orientierungsmitteln -, ohne die wesentliche Rolle der menschlichen Akteure bei der 'Vermittlung' (eine zweite Schattierung der Bedeutung dieses sehr allgemeinen und abstrakten Verbs) zwischen Mitteln und Formen zu erläutern. Das Gegenmittel gegen all diese Defizite kann sich meiner Meinung nach auf die 'Figurationssoziologie' von Norbert Elias stützen.

Das revolutionärste Konzept der Eliasschen Theorie heißt 'Figuration', und "lenkt die Aufmerksamkeit auf die sich verändernden Mustern gegenseitiger Abhängigkeit, die die Leute (beide, Verbündete und Gegner) miteinander verweben; [es] muß verstanden werden als 'ein sich ständig änderndes, dehnbares Gleichgewicht, eine Machtbalance, die sich hin- und her bewegt, sich mal auf die eine Seite hinneigt und dann zu der anderen'[Elias]. Im Zentrum des Figurationsprozesses verlagern sich dann die Machtbalancen" (Featherstone 1987, S.203). Wenn wir die oben entwickelten Konzepte benutzen, dann können wir nun festhalten, daß der Prozeß der gesellschaftlichen Formierung durch die Figurationen der menschlichen Akteure angetrieben wird, und dabei behalten wir die folgende Beobachtung von Elias im Blick, die implizit an die orthodoxen Marxisten gerichtet ist: "Im Hinblick auf die Machtverteilung in einer Gesellschaft kann man sagen, daß die Monopolisierung der Mittel der Gewalt oder Mittel der Orientierung, keine geringere Rolle als Machtquelle spielt als die Monopolisierung der Produktionsmittel" (Elias 1987, S.230).

Gerade so wie wir oben eine im wesentlichen subjektbezogene Klasse von Werkzeugen, die orientierenden Mittel, von einer hauptsächlich objektbezogenen Klasse (Mittel der Produktion) unterschieden haben, sollten wir nun differenzieren zwischen den objektivierten Aspekten der gesellschaftlichen Formen - die 'ungleiche' (um es milde auszudrücken) Verteilung der Lebensmittel, die kontinuierlich durch die Machtbalance der internationalen, nationalstaatlichen oder organisatorischen Einrichtungen der Gewaltenkontrolle reproduziert wird -, auf der einen Seite und den subjektivierteren Aspekten, die die Machtbalance 'aus dem Inneren der Akteure heraus' erzwingen, auf der anderen Seite: verkörperte soziale Regeln, gewohnheitsmäßige interindividuelle Orientierungen usw., deren Arbeit Elias die 'Selbstkontrolle der Akteure' genannt hat.

Wenn wir alles zusammenführen, dann erhalten wir das Drei-Ebenen-Diagramm in Abb. 3, das - genau wie das Leontjewsche Schema der drei Prozeßebenen der menschlichen Tätigkeit (Unterkapitel 2) - auf bewußt handelnde Personen zentriert ist.

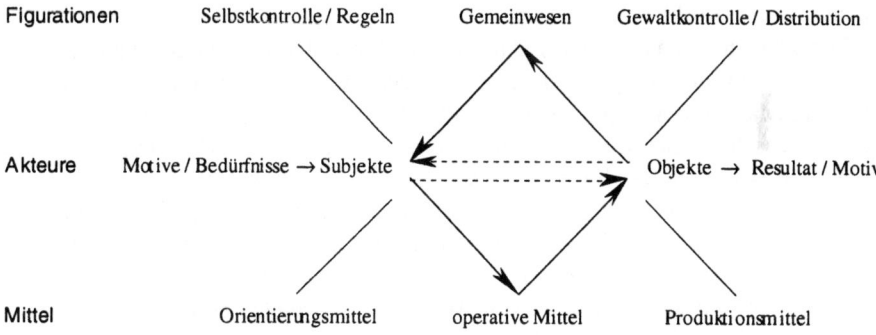

Abb. 3: Drei Prozeßebenen der kollektiven Tätigkeit

Es besitzt die gemeinsame Tätigkeit einer konkreten Gemeinschaft, i.S. ihrer Figuration, als *synchrone* Zusammenhangsebene - im Gegensatz zu dem biographischen und *diachronen* Zusammenhang, der durch Leontjews zentralem Konstrukt, dem personalen System konkreter Tätigkeiten (Unterkapitel 4 [EM]) dargestellt wird.

Die Handelnden werden durch ein duales 'Mächte'system motiviert: durch ihre personalen Bedürfnisse, die sich im Verlauf ihrer Biographie entwickeln, und durch die gesellschaftlich bestimmten 'Resultate' oder Produkte ihrer Arbeitsgemeinschaft. Die Produkte werden verteilt sowohl innerhalb wie zwischen den Arbeitsgemeinschaften, und dieser Prozeß der Bedürfnisbefriedigung durch die Konsumtion von Produkten konstituiert eine dritte Art von Vermittlung (oberes Dreieck im Diagramm): die *kontextuelle Vermittlung* zwischen den Arbeitsobjekten und -subjekten - die dialektische Umkehrung der ersten Art; operative Vermittlung zwischen Subjekten und Objekten (das untere Dreieck).

In den Ecken des Diagramms finden wir Elias' Unterscheidung von vier '*Prozeß-universalien*', "die allen Gesellschaften gemeinsam sind und mit denen überprüfbare theoretische Modelle über die Struktur und Richtung von Langzeitprozessen entworfen werden können. Um zu überleben, müssen diejenigen, die zu Gruppen gehören, eine Reihe elementarer Funktion füreinander und für die Gruppe ausführen: die ökonomische Funktion, die Gewaltkontrolle, die Wissensentwicklung und die Entwicklung der Selbstkontrolle" (Featherstone 1987, S. 202f.). In dieser Konzeption ist die höchste Prozeßebene - die traditionellerweise 'Überbau' genannt wird - nicht mehr länger ideell und ideologisch wie in jenen orthodoxen Versionen des Marxismus, die für die philosophische Kriegsführung entwickelt wurden. So kann die wissenschaftliche marxistische Forschung neu ausgerichtet werden von einer streng verbindlichen Tätigkeit, die an angeblich klare und selbstverständliche 'Klasseninteressen' gebunden bleibt, zu einer gelösteren Beobachtung der sich verändernden, nicht endgültigen Muster, in denen sich die sozialen Figurationen entwickeln. Die Ergebnisse dieser Forschung sollten nicht als objektive Tatsachen, sondern als neue Mittel verstanden werden, die zwecks Orientierung angeeignet werden können in bezug auf alle Gegenstände, die einer Erklärung bedürfen.

Wir können hier eine interessante und direkte Folgerung anschließen: Wissenschaft erscheint nun lediglich als eine besondere Art von Figuration unter anderen (Elias & Martins 1982, vgl. Amann, in Floyd et al., 1992), somit kann das Konzept der 'wissenschaftlichen Gemeinschaft' (Thomas Kuhn) wesentlich präzisiert werden. Ferner, in bezug auf das Hauptziel dieses Beitrags im vorliegenden Buch, nämlich der Explikation einer nützlichen, und erkenntnistheoretisch klingenden Methodologie der Gestaltung, kann dieses Diagramm als ein allgemeines Orientierungsschema dienen, seitdem es einige wesentliche Unterscheidungen beinhaltet, mit denen die Organisation und die Werkzeuge von Arbeitsgemeinschaften beschrieben, analysiert und eventuell gestaltet werden können. Yrjö Engeström hat ein sehr ähnliches Diagramm entwickelt, daß bereits ausgiebig bei der Organisation einiger Projekte der 'entwickelnden Arbeitsforschung' benutzt worden ist (Engeström 1987).

Wäre es lediglich für die Erklärung gesellschaftlicher Arbeit im allgemeinen gewesen, dann könnte dieses Kapitel hier enden. Aber es geht um computerisierte Arbeit, die wir zu analysieren haben - und ein Allgemeinplatz der aktuellen Diskussion ist, daß Computer Symbolverarbeiter sind. Folglich haben wir zum Schluß zur Frage zurückzukehren, was Symbole und symbolische Prozesse sind und wie sie überhaupt von Menschen erfunden werden konnten.

6 Evolution der semiotischen Selbstregulation
Von natürlichen Signalen zu symbolischen Modellen

Es ist an der Zeit zu Wygotskis Ausgangsabstraktion (Abb. 2) zurückzukehren, in der die semiotische Vermittlung definiert worden ist als der Gebrauch von Zeichen, um Wirkungen bei anderen Subjekten oder bei sich selbst zu erzielen.

Wir können nun zwei Unzulänglichkeiten in seiner Serie von drei Diagrammen feststellen: Die Subjekte scheinen ihre werkzeugvermittelten Wirkungen auf die Objekte vollständig zu kontrollieren, und zwar anscheinend ohne letztlich einer Rückwirkung zu bedürfen, und es sieht so aus, als ob die semiotische Vermittlung ausschließlich zwischen oder in den Subjekten selbst stattfindet. In dem nächsten Diagramm (Abb. 4) sind die beiden möglichen Mißverständnisse dadurch eliminiert worden, daß die vorher getrennten Diagramme zu einem zusammengefügt worden sind und die rückwirkenden Effekte hinzugekommen sind. Es ist leicht, das zu benennen, was die Wirkung eines zweiten Subjekts auf ein erstes vermittelt: es ist einfach ein weiteres Zeichen. Wie auch immer, es ist höchst problematisch für die Erkenntnistheorie, einen guten Namen für die vermittelnde Entität zu finden, die den rückwirkenden Effekt eines Objekts auf ein Subjekt verwirklicht. Wie man es aus meinen Gebrauch des Namens 'Zeichen' ableiten kann, folge ich hier Peirce, der den *semiotischen Charakter von Wahrnehmung und Erfolgskontrolle* behauptet.

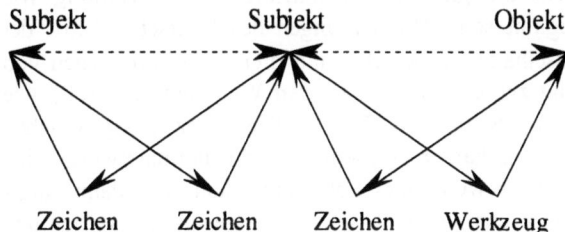

Abb. 4: semiotische Selbstregulation der menschlichen Aktivität

Diese Entscheidung bringt eine Erweiterung des üblichen Konzepts der Zeichen und der semiotischen Vermittlung auf natürliche und organismische Zeichen mit sich. Weil Zeichen im wesentlichen von Subjekten produziert und gebraucht werden, ist dies keine unbedeutende Angelegenheit. Ganz im Gegenteil ist die sich ergebende Strategie der Theoriebildung nichts weniger als eine Revolution in bezug auf die Art und Weise, wie wir über Tieraktivität und natürliche Kognition denken können: Wir müssen nun die ganze Macht der Realitätsproduktion auch diesen 'niederen Formen des Lebens' zugestehen, uns von unserem Cartesianischen Erbe lossagen, Tiere als komplizierte, aber geistlose Typen von mechanischen Maschinen zu behandeln.

Gerade so wie Maturanas und Varelas Neue Biologie beginnt die Tätigkeitstheorie daher mit der grundlegenden These, daß alle Tiere - einschließlich der Menschen - ihre eigene Realität hervorbringen. Was Tiere erfahren, während sie in ihrer Welt agieren, ist eine Realität, die kontinuierlich gegenwärtig ist, weil der Zeichenstrom von ihrem körperlichen Sensorium produziert wird. Aber wie Jakob von Uexküll, der Begründer der ökologischen Biologie, hervorgehoben hat, sind die Zeichen, die die Tiere mit ihren Um-Welten (Uexküll 1957) verbinden, nicht auf die perzeptiven Zeichen der Prozesse und Dinge reduzierbar, die Tiere weder erwarten noch plötzlich entgegenstehen als wenn sie 'aus dem Nichts kommen' würden (Maturana 1988, 27). Sehr viel wichtiger für eine erkenntnistheoretische Sichtweise sind die Male an den Objekten, die von den operativen Mittel der Tiere produziert werden. Diese 'Wirkmale' gewähren dem Tier die Verifikation seiner eigenen Aktivität an den Objekten, sobald es sie als wirkende Zeichen aufgreift. Deswegen besteht die komplette Um-Welt für jedes individuelle Tier aus zwei komplementären Unter-Welten: Der Merkwelt, einer komplexen Verflechtung von Wirk-Zeichen und Merk-Zeichen, und der Wirkwelt, die nie unmittelbar erfahren werden kann außer von einem Beobachter, aber dennoch die ganzen physischen Leistungen enthält, all die Wirkungen, die das Tier auf die Natur haben kann. Uexküll hat seine Erkenntnistheorie in einem Diagramm (Abb. 5) zusammengefaßt, daß wir als ein Bild von dem natürlichen Vorläufer der menschlichen zeichenvermittelten Tätigkeit interpretieren können (in Abb. 4).

Bei dem Neuentwurf des Diagramms habe ich die Übersetzung (Uexküll 1957) von C. H. Schiller korrigiert, der noch immer eine behavioristische Terminologie benutzt, und offensichtlich nicht die gleiche erkenntnistheoretische Haltung wie Uexküll einnimmt. Schiller beginnt seine 'Anmerkungen des Übersetzers' mit der folgenden Beobachtung: "Die rätselhaftesten Begriffe sind diejenigen, mit denen von Uexküll versucht, die Beziehung zwischen der objektiven Welt und der Welt, wie sie dem Tier begegnet, abzubilden" (Schiller 1957, XIII). Diese Beziehung zwischen der Welt, wie sie dem Naturwissenschaftler erscheint und die normalerweise 'eine objektive' genannt wird, und der 'Umwelt' eines Lebewesens kann nur dann aufgeklärt werden, wenn die Naturwissenschaften von Grund auf umgewandelt werden und von einem subjektzentrierten Standpunkt ausgehen wie James Jerome Gibson überzeugend dargelegt hat. Er hat ein sehr wichtiges Konzept konstruiert, das 'Angebot (affordance) der Umwelt' genannt wird, um die physikalischen Charakteristika von UexKülls 'Gegengefüge' (oder meinem 'Gegenprozeß') zu beschreiben, das in der Natur vorausgesetzt werden muß, um die Evolution der Merk- und Wirk-Organe letztlich zu ermöglichen (Gibson 1979, vgl. auch Turvey, Carello & Kim 1990). Nebenbei gesagt, ist dies die genaue Kontroverse des Kantschen Problems, das nach den Voraussetzungen für die Möglichkeit von Erfahrungen auf seiten des Subjekts fragt.

Der Raum erlaubt keine sorgfältige Diskussion der Geschichte der erkenntnistheoretischen Revolution, die in Uexkülls Funktionskreis verkörpert ist (s. aber Abb. 1). Ein wichtiger Beitrag der Neuen Biologie war es, eine präzisere Konstruktion der grundlegenden Gleichheit aller Lebewesen vorzulegen: Sie alle sind Subjekte, die ihre Um-Welten aktiv produzieren, und jede denkbare Vorherbestimmung ihrer

Aktivität ist *internal*, ist eine Selbstdetermination durch ihre ureigene Natur als lebende Körper und als ko-evolutionierende Gemeinschaften - vgl. die beiden Bedeutungen von 'innen', die oben unterschieden wurden (Unterkapitel 3 [A4, TS]).

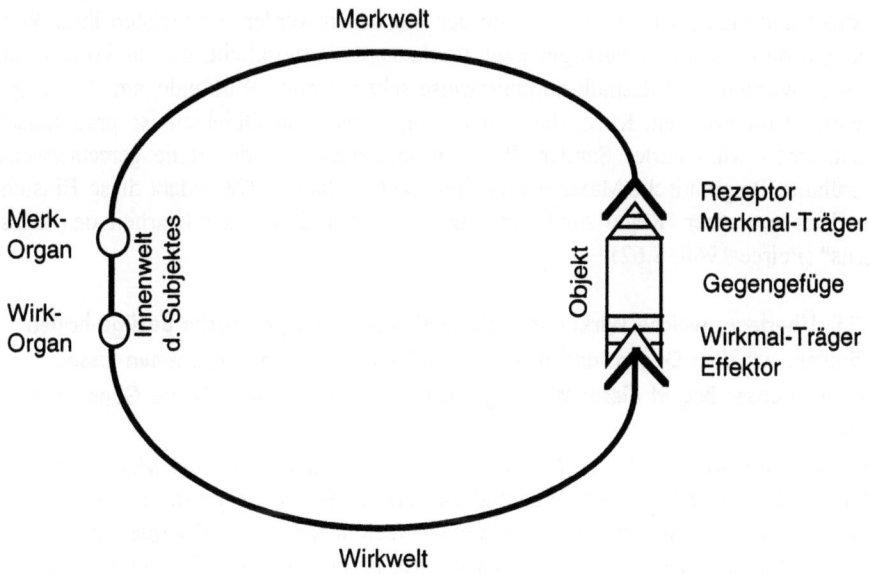

Abb. 5: Jakob von Uexkülls Funktionskreis tierischer Aktivität

Es muß gerechterweise gesagt werden, daß der Begründer der Tätigkeitstheorie, Lew Wygotski den Unterschied zwischen Tieren und Menschen so konstruiert hat, daß Tieren noch nicht die volle Freiheit und Macht der Realitätsproduktion zugestanden wird (Wertsch 1985). Leontjew (1981) hat diese frühen Unzulänglichkeiten der Tätigkeitstheorie teilweise behoben, indem er eine erste Skizze der Evolution der bedeutungsvollen Strukturen der Um-Welten bzw. Lebenswelten im Falle der Menschen geliefert hat. Damit kann die Tätigkeitstheorie diese theoretischen Weiterführungen zur post-modernen Weltanschauung beisteuern, und - sie umsichtig ausbauend - diejenigen von Klaus Holzkamp (1983), die beide psychologisch erklären, was die menschliche Geschichte zu einem von der natürlichen Evolution qualitativ unterschiedenen Prozeß werden läßt. Wie für die marxistische Tradition erwartet werden dürfte, erhalten die praktischen Erträge der Tätigkeit, i.S.v. materiellen und objektiven Ergebnissen, einen vergleichbar wichtigen konzeptionellen Ort wie die selbsterzeugten Ziele und Intentionen.

Die Objekte treten für die Subjekte nur in ihrer eigenen Merkwelt in Erscheinung, aber diese Objekte treten als komplexe Zeichen auf, die nicht vollständig antizipiert werden können, wobei sie einige Teile enthalten, die mehr oder weniger deutlich auf die versteckten Eigendynamiken des Objekts anspielen. Erkenntnistheoretisch ist es sehr wichtig festzuhalten, daß die Differenz von antizipierten und erfahrenen Wirk-Zeichen bei allen Lebewesen leicht festgestellt werden kann, weil ihre eigenen Bewegungen vollständig selbst-determiniert sind, also nichts weiter als Leistungen ihrer Körper und Gemeinschaften. Im Falle der Menschen werden die meisten ihrer Wirkungen durch den Gebrauch gewisser Werkzeugen verwirklicht, die im voraus entworfen wurden, und deshalb normalerweise sehr vertraute Wirkmale am Arbeitsgegenstand hinterlassen. Kurz, die Erscheinungsweise von Objekten ist pragmatisch bestimmt - wie Charles Sanders Peirce gesagt haben würde. Seine gerechterweise berühmte 'Pragmatische Maxime' (veröffentlicht im Jahre 1878) erfaßt diese Einsicht in der Form einer "Regel zur Erlangung des dritten Grades der Klarheit des Erfassens" (Peirce 1968, S.62):

(PM) Überlege, welche Wirkungen, die denkbarerweise praktische Bezüge haben könnten, wir dem Gegenstand unseres Begriffs in Gedanken zukommen lassen. Dann ist unser Begriff dieser Wirkung das Ganze unseres Begriffs des Gegenstandes.[71]

Konsequenterweise sollte die *Objektivität* der Wirklichkeit von der *Materialität* der Natur unterschieden werden. Während die letztere Kategorie gerade anerkennt, daß Tiere und Menschen gleichermaßen in einer Welt leben, deren Komplexität niemals vollständig von ihnen beherrscht werden wird, betont die erste Kategorie die grundlegende Ko-Determination der Um-Welten durch die Aktivität der Individuen und Gemeinschaften. Dies ist kein rein philosophisches Ergebnis, weil die gewöhnlichen, flüssigen Aktivitäten aller Lebewesen die praktische Wahrheit des organismischen Wissens bezeugen. Praktische Wahrheit in diesem Sinne bedeutet nicht absolute Voraussicht. Im Gegenteil: Täuschung und Irrtümer sind nicht nur möglich, sondern alltäglich. Der wesentliche Aspekt für die Erkenntnistheorie ist die wiederkehrende Koppelung oder 'kontrapunktische Übereinstimmung' (Uexküll) der Merkwelt und der Wirkwelt, eine selbstproduzierte Kohärenz, die notwendig ist für die fortlaufende Reproduktion der Individuen, der Gemeinschaften und der Arten.

---

[71]   [Peirces eigene Fußnote, die 1893 beigefügt wurde:] Bevor wir uns vornehmen, diese Regel anzuwenden, wollen wir kurz über ihre Folgen nachdenken. Man hat sie ein skeptisches und materialistisches Prinzip genannt. Sie ist aber nur eine Anwendung des einzigen Prinzips der Logik, welches Jesus empfohlen hat: 'an ihren Früchten sollt ihr sie erkennen', und sie ist mit den Gedanken des Evangeliums eng verwandt. Wir müssen uns hüten, diese Regel in einem Sinne aufzufassen, der zu individualistisch wäre. Zu sagen, ein Mensch erreiche nur das, wonach er strebt, würde bedeuten, den größten Teil der Menschen gefühllos zu verurteilen, die nie die Muße haben, für irgendetwas anderes zu arbeiten als für ihren Lebensunterhalt und den ihrer Familien. In der Tat aber, ohne ihr Streben unmittelbar darauf zu richten, geschweige denn, es zu begreifen, tun sie alles, was die Zivilisation von ihnen verlangt, und bringen eine neue Generation hervor, die die Geschichte noch einen Schritt weiter vorantreibt. Ihre Früchte sind also kollektiv, nämlich die Leistung des ganzen Volkes ... [Peirce 1968, S.62].

Unmittelbare Möglichkeiten für Lebewesen und der semiotische Bereich der Tierkommunikation

Wenn wir uns nun dem Problem zuwenden, wie Selbstregulation möglich ist, dann zählen zu dem wichtigsten Aspekt der tierischen Um-Welten die *selbstproduzierten Merk- und Wirkzeichen*, die den Subjekten die Möglichkeiten der kontinuierlichen Aktivität vergegenwärtigen. Es ist absolut wesentlich für die Erkenntnistheorie festzuhalten, daß der Gebrauch von 'Selbst' in den vorangegangenen Sätzen kein 'Ich' impliziert oder ein Zentrum des Bewußtseins, das weiß, daß - abgesehen davon, wie - diese Zeichen hervorgebracht worden sind. So weit wie wir aus unserer eigenen Phänomenologie ableiten können, zeigen 'sich' die Möglichkeiten direkt und unmittelbar dem Tier, wobei sie streng an den situationalen Kontext gebunden bleiben, der aus der Bedürfnislage der Tiere und den Angeboten (affordances) der Umwelt besteht. Nur als Beobachter sind wir in der Lage anzugeben, daß die Zeichen, die diese Möglichkeiten darstellen, von den Merk- und Wirkorganen der Lebewesen produziert worden sind, das in diesem höchst grundlegenden Sinne bei 'sich selbst' ist. Als eine Konsequenz können wir feststellen, daß die grundlegende Selbstregulation dem Leben und der Realitätsproduktion inhärent ist.

Bis zu diesem Punkt haben wir gerade eine undifferenzierte Klasse von Objekten in der Um-Welt erkannt. Nun haben wir die Ausgangsabstraktion von Uexkülls Funktionskreis anzureichern; die allgemeinen Muster der Tieraktivitäten, die dort geschildert werden, müssen differenziert werden in einige unterschiedliche Typen entsprechend der verschiedenen Objektklassen, auf die die Tiere stoßen. Aus einer psychologischen Perspektive besteht die wichtigste Objektklasse aus den artgenössischen Tieren derselben Gemeinschaft, weil die Signale, die die Artgenossen verbinden, einen semiotischen Bereich sozialer Koordination bilden, der vollständig internal, i.S.v. vollständig selbst-determiniert, für die miteinander verbundenen Spezies ist, und dieses System sozialer Zeichen ist absolut notwendig für die soziale Selbstregulation und Reproduktion, insbesondere für den Schutz der Jüngeren bis diese in der Lage sind, für sich selbst zu sorgen (vgl. Bischof 1990).

Im vorliegenden erkenntnistheoretischen Kontext, ist eine andere Folgerung der Existenz dieses semiotischen Bereichs, die in jeder Tiergemeinschaft 'internal' ist, wichtiger: Ein Tier kann die Haltung eines beobachtenden Subjekts einnehmen, das die Signale, die für seine Art spezifisch sind, gebraucht, um die Bedürfnisse, Intentionen und Aktivitätsmuster der anderen Mitglieder seiner Gemeinschaft wahrzunehmen. Diese Möglichkeit beruht in den imitativen, mimetischen Fähigkeiten aller 'höheren' Tiere (z.B. den meisten Säugetieren), in ihrer eigenen Aktivität die Körperhaltungen und Gesten aufzugreifen und zu rekreieren, die dem Zeichenstrom innewohnen, der ein lebendiges, familiäres oder sogar intimes Subjekt-Objekt - ein Partner in der sozialen Interaktion - dem beobachtenden Tier vergegenwärtigt. Indem sie diese Fähigkeit benutzen, sind die höheren Säugetiere, insbesondere die Primaten, in der Lage, Muster der Bewältigung natürlicher oder sozialer Probleme von ihren älteren Partnern persönlich zu lernen, und somit können sich Tiertraditionen in denjenigen Gemeinschaften entwickeln, i.S.v. ursprünglichen sozialen Formen der semiotischen Selbstregulation, die sich ohne schwere Unterbrechungen über genügend lange Perioden reproduzieren.

Es ist entscheidend, für das Verständnis von Kommunikation anzuerkennen, daß das beobachtete Tier sich nicht darüber bewußt sein braucht, daß seine sichtbaren Bewegungen vom Beobachter als Zeichen aufgegriffen werden. Es muß gesagt werden, daß die *Mimesis,* i.S.v. in der Lage zu sein, die Aktivitäten der anderen zu beobachten und nachzuahmen, die eigentliche Grundlage der Kommunikation ist, und nicht wie die vorherrschende, aber simplifizierende Sichtweise der Informationstheorie es gerne hätte: in der Lage zu sein, abgepackte Bedeutungen zu 'empfangen' und zu 'dekodieren', die von irgendeinem 'Sender' produziert worden sind. Somit sollten wir, wo immer irgendein Text die Tätigkeit eines 'Informationsempfängers' beschreibt, überprüfen, ob diese Beschreibung grundsätzlich umgewandelt werden kann in eine Erklärung der Tätigkeit des entsprechenden Produzenten eines 'Interpretanten' (Peirce), i.S. eines bedeutungsvollen Zeichens. Wenn nicht, dann wird die Beschreibung normalerweise nur die Eigenschaften der technischen Informationsumwandlung einfangen, und zwar im Sinne des grundlegenden Paradigmas des physikalischen Kanals mit einem bestimmten diskreten oder kontinuierlichen Zeichenvorrat, einer Bandbreite, Störpegel, usw. Daß dieses Modell völlig inadäquat ist, um die tierische oder menschliche Kommunikation zu verstehen, wurde oft gesagt, insbesondere in Originalarbeiten zur Informationstheorie (MacKay 1969). Es ist interessant, daß diese konzeptionelle Tatsache nun allgemeiner akzeptiert wird als Folge der ausgedehnten Kritik an den frühen Versuchen, den Gebrauch von Computern als 'Mensch-Maschine-Kommunikation' zu verstehen.

Die von Tieren produzierten Signale verwirklichen jedoch nur die ersten fünf Typen in Peirces neunteiliger Klassifikation von Zeichen ('tone', 'token', 'type', 'icon', 'index') da Signale keine Zeichen in dem vollständigen Sinne sind, der die Möglichkeit umfaßt, Zeichen wie irgendein anderes Objekt zu behandeln und ebenso die notwendige Kapazität fordert, rationale Argumente mit ihnen zu konstruieren. Wir müssen nun einen kurzen Blick zurück auf die unmittelbare Vorgeschichte menschlicher Lebewesen werfen, um die Herausbildung (i.O.: 'invention') menschlicher symbolischer Kommunikation zu verstehen.

(M1) Dramatische Modellierung: Ikonische Darstellung einer Tätigkeit zum Nutzen einer Gemeinschaft von Beobachtern

Die Fähigkeit nachahmend ('mimetically') Absichten und Aktivitätsmuster anderer wahrzunehmen kann in eine bewußte Inszenierung einer bestimmten Aktivität durch einen Akteur umschlagen, um ein komplexes Zeichen mittels 'Körpersprache' zu kommunizieren, lautliche Signale und statische ikonische Zeichen (z.B. auf eine Oberfläche eingekratzte Linienzeichnungen) eingeschlossen. Solch ein dramatisches Zeichen konstituiert einen allgemeinen semiotischen Typus ('type'), der verschiedene konkrete Aktivitäten mit der gleichen Bedeutung besetzt wie seine 'token' ("Konkrete Tätigkeiten als komplexe Zeichen sind die Token eines Typus, der dramatisch kommuniziert werden kann"; vgl. Raeithel 1990). Alle 'höheren' Bedeutungen der folgenden Stufen hängen demgemäß von den "primary language games" (Hintikka & Hintikka 1986) physiognomischer Kommunikation ab, welche durch die hoch entwickelten mimetischen Fähigkeiten von Primaten und unseren vormenschlichen Vorgängern ermöglicht wurden.

Neuere ethologische Studien (Byrne & Whiten 1988) haben den Glauben daran erhärtet, daß (Menschen-)Affen in der Lage sind, ihre Partner durch 'dramatische Lügen' irrezuführen. Wir dürfen nun sicher annehmen, daß auch andere Formen des Aufteilens von unmittelbaren praktischen Absichten und offensichtlichem Inhalt der Kommunikation den menschlichen Vorgängern zur Verfügung standen - schon vor der Entwicklung einer vollständigen syntaktischen Sprache.

(M2) Diskursive Modellierung: Indexikalisches Äußern von Begebenheiten und das Durchbrechen der Zeitbarriere

M. Hildebrand-Nilshon hat deutlich gemacht, daß die Entstehung einer vollständigen syntaktischen Sprache eine Konsequenz der objektiven Erfordernisse hinsichtlich komplexer Organisationsstrategien ist, welche für eine soziale, Lebensmittel teilende Spezies wie die unsere entstanden, die feste Heimstätte für den Schutz der sehr jungen und sehr alten Mitglieder der Gemeinschaft baut und benutzt (Hildebrand-Nilshon 1989). Verglichen mit der dramatischen Modellierung erlaubt die Präsentation eines diskursiven, sprachgebundenen Modells nicht das unmittelbare Aufnehmen von Bedeutung, wie dies bei einem ikonischen Zeichen möglich ist. Anstelle dessen ist die indirekte, indexikalische Referenzbeziehung zu dem, was in dem Bezeichnenden re-präsentiert wird konstitutiv für diese Ebene der Kommunikation. Andererseits jedoch - aufgrund der höheren kognitiven Anstrengung, die für die Deutung notwendig ist - gewährt dieser Modus der Modellierung eine weitaus größere Flexibilität bezüglich der Ausdruckskraft und dem Verstehen von selbstreferentiellen Botschaften. Zum Beispiel ist die Negation einer vorhergehenden oder folgenden Äußerung plötzlich sehr einfach, indem ein innersprachlicher Index wie 'nicht' oder 'Tabu' verwandt wird. Weiterhin sind vielfältige und schnelle sprachliche Wechsel der Referenz zu bestimmten Akteuren einer sich bewegenden Geschichte ('ich', 'du', 'die Fremden') in der dramatischen Modellierung nicht ausführbar - außer für die begnadetsten Meister der Pantomime.

Die Möglichkeit der Referenz oder Bezugnahme auf etwas oder jemanden außerhalb der aktuellen Kommunikationssituation bricht zeitliche Grenzen und öffnet die typisch menschliche Fassungskraft von Zeit: Die Dauer (Henri Bergson) des Gedächtnisses, welches zurückreicht in die Zeit der Vorfahren, die gegenwärtige 'Wieder-Aufführung' (re-enactment) von Problemsituationen und das effektive Vorhandensein verschiedener möglicher Zukünfte - so weit sie in Worten auszudrücken sind. Der Rückschritt ('drawback') ist natürlich, daß Bedeutungen nun nicht länger einfach von einer analogen Ähnlichkeit zwischen Zeichen und Objekt aufgenommen werden können. Anstelle dessen sind Bedeutungen nun abhängig von der kontinuierlichen sozialen Reproduktion der jeweiligen 'Sprachspiele' (Wittgenstein, s. Hintikka & Hintikka 1986).

(M3) Symbolische Modelle als Objekte für theoretische Arbeit: physikalische Token, Nummern, Diagramme etc.

Während das allmähliche Auftauchen syntaktischer Sprache, versteckt hinter dem Nebel von Mythen und Sagen, nur logisch zu rekonstruieren ist, kann die letzte Station der Entwicklung menschlicher Kommunikation präzise durch historisch-empirische Fakten festgehalten werden. Das Vorhandensein von physikalischen, vergegenständlichten Symbolen wie die berühmten tönernen Scheidemünzen Mesopotamiens (Schmandt-Besserat, 1978) verlangt von den Menschen, die sie benützen, reine theoretische und organisatorische Arbeit. Während man nach einer Ordnung in einer Reihe von Münzen sucht, ist es nicht notwendig, überhaupt über den Objektbereich auf den die Münzen vielleicht referieren nachzudenken. Nachdem man ein interessantes oder angestrebtes symbolisches Resultat gefunden hat, darf dies allein 'de-referenziert' sein, um einen praktischen Ertrag zu bringen. Es ist klar, daß sich nun menschliche, soziale Selbstregulation genauso schnell entwickeln kann wie neue 'systematische Bereiche' erfunden werden können; vorausgesetzt, daß die operationale Struktur dieser Gebiete ausgearbeitet werden kann zu der operationalen Struktur von einigen oder verschiedenen Arbeitsaufgaben.

Diese allgemeine Leistungsfähigkeit symbolischer Modelle kann natürlich nur von Akteuren benutzt werden, die genug freie Zeit haben, um Meister in diesen rein formalen 'Sprachspielen' zu werden. Dementsprechend überrascht es nicht festzustellen, daß Symbolsysteme wie die Mathematik, Astronomie und das Schreiben größtenteils von Mitgliedern der herrschenden Klassen archaischer Staatsgesellschaften erfunden wurden, und daß diese Erfindung schon bald von den ersten Formen der Schule in der Geschichte begleitet wurde. All dies passierte nach der Erfindung der Landwirtschaft und der Viehzucht - und wir können einen drückenden sozialen Bedarf an symbolischen Modellen vor ungefähr zehntausend Jahren annehmen - als die wachsenden Ansammlungen ländlicher Dörfer in verschiedenen Regionen der Welt bessere Mittel benötigten, um den Gütertausch, die Errichtung größerer Gebäude, die Kontrolle von Wasserwegen etc. zu organisieren, zu planen und zu überwachen (Damerow 1988). Ich kann hier aus Platzgründen nicht näher auf die folgende Entwicklung der symbolischen Modellierung eingehen (vgl. z.B. Goody 1977), die schließlich zu den heutigen elektronischen Symbolprozessoren führte. Wir nennen diese immer noch 'Computer', weil das Paradigma eines regelgeleiteten Symbolsystems immer die berechenbaren Nummern gewesen sind.

Ergebnis: Symbolverrechnung durch künstliche Maschinen ist lediglich eine Oberflächenschicht semiotischer Selbstregulation

Der Entwicklungspfad von Computermitteln erscheint sich im Licht des vorher skizzierten zurück in die Geschichte zu bewegen und könnte schließlich die historischen Wurzeln der Semiose erreichen mit einer im Moment utopischen Re-Kreation organischer Selbstregulation. Aber im Moment sind künstliche Maschinen, die mit symbolischen Modellen arbeiten können alles, was wir haben, ebenso wie Medien, die lediglich die Verteilung der eher grundlegenderen Modelle unterstützen - vorherrschend hierbei sind textuale Repräsentationen diskursiver Modelle. Die heutigen Softwareobjekte der künstlichen Intelligenz ahmen nur einen klar umschriebenen Bereich menschlicher Aktivität nach: regelgeleitete Symbolverrechnung. Es gibt keine einzige überzeugende Simulation der nächsten, darunterliegenden Fähigkeit der Menschen: Die Konstruktion, das Verstehen und die kritische Bewertung von Argumenten im sozialen Diskurs.

Einige Bruchstücke, die für das wissenschaftliche Modellieren des menschlichen Diskurses in künstlichen Maschinen notwendig sind, mögen sich im gegenwärtigen Arsenal der Kognitionswissenschaft versteckt halten. Meine Vermutung ist die, daß die momentane Welle von konnektionistischen Modellierungen einige weitaus beeindruckendere Fortschritte produzieren wird, weil das Problem der Bewältigung von Ungenauigkeiten und Ähnlichkeiten (Rorty 1961) nun durch die ersten Vertreter von selbstorganisierenden künstlichen Maschinen lösbar zu sein scheint. Aber all dies ist nur für die Grundlagenforschung interessant, weil die massiven Ansprüche an Anwendbarkeit - leider immer noch typisch für die Kognitionswissenschaft - lediglich Verschiebungen sind im Sprachspiel des Handelns um Forschungsgelder.

Für das Design in der Lebenswelt anzuwendender Softwareobjekte ist es weitaus wichtiger zu wissen, wie arbeitende Gemeinschaften gegenwärtig zusammenarbeiten und ihre gemeinsame Tätigkeit regulieren (vgl. Lave 1987, Suchman 1987, Hutchins 1990), um dann unterstützende Systeme zu entwickeln, die die menschlichen Fähigkeiten semiotischer Selbstregulation vergrößern. Am Ende wird nun eine philosophische und psychologische Skizze der drei genetischen Stufen der Anwendung semiotischer Modelle vorgestellt, welche sowohl für Designer als auch für Forscher hilfreich sein könnte. Ich werde im folgenden nicht weiter von Computern reden, weil sie eine noch zu 'frische' Erfindung sind, um einen erkennbaren Einfluß auf diese sehr allgemeinen und alten Typen des Erfassens symbolisierter Realität gehabt zu haben.

7 Drei Modi der Reflexion: Urzentrierung, De-Zentrierung, Re-Zentrierung

Jede Strategie menschlicher semiotischer Selbstregulation verlangt für ihre Anwendbarkeit die Grundfähigkeit mit symbolischen Modellen zu arbeiten; wobei diese wiederum unterscheidbar sind in dramatische, diskursive und diagrammatische Varianten abhängig davon, welcher dieser reinen Typen der Modellierung der dominante ist. In der folgenden Skizze der drei Stufen der Benutzung symbolischer Modelle werden diese feineren Abstimmungen nicht gemacht.

(C1) Die Position des naiven Problemlösers: Urzentrierung oder das Aussortieren symbolischer Möglichkeiten

Wie schon erwähnt, sind wir Menschen die einzige uns bekannte Art, die bewußt ihre eigene Praxis reflektieren kann, indem sie sich der Inhalte einer 'zweiten Welt' von symbolischen Mitteln und Formen bedient. Diese sind natürlich genau von dieser Praxis abhängig, weil es außerhalb der Gesellschaft keine Symbole gibt. Aber als Objekte sind Symbole zu gleicher Zeit unabhängig von einer einzigen Beobachterin, da sie sie im Laufe ihrer Überlegungen benutzen oder aber nicht beachten kann.

Die erste Ebene einer solchen Reflexion ist erreicht, wenn der Aktionsfluß durch Ereignisse gebrochen wird, die nicht erwartet waren, und das Subjekt in die Rolle eines Beobachters wechseln muß. In diesem Modus wird die umgebende Welt als eine abgetrennte, entfernte Ansammlung oder Aufreihung bedeutungsvoller Dinge wahrgenommen werden, die mit dem Ziel geordnet werden kann, eine neue Richtung für Aktionen zu finden, die das ursprüngliche Ziel realisieren wird - trotz der Behinderung, die den ungestörten Fluß der Aktion gebrochen hat. Die ganze Zeit bleibt das Subjekt hierbei naiv zentriert auf sich selbst (Piaget hat diesen Modus 'egozentrisch' genannt) und ist sich nicht bewußt, daß das Auftreten der Objekte, die es wahrnimmt grundsätzlich von der eigenen Tätigkeit hervorgebracht ist. Daher ist die Bedeutung von Objekten immer noch diesen innerlich, d.h. daß die symbolische Struktur von der wahrgenommenen Realität nicht abzutrennen ist. Die Lebenswelt erscheint als das eigene symbolische Modell des Subjekts.

Unsere normale Art der Problemlösung besteht also darin, die Realisierung unserer Ziele zu verfolgen und zu versuchen, uns so im Raum symbolisierter Möglichkeiten zu re-orientieren. Die Dinge um uns herum haben ihre Namen sozusagen auf ihren Gesichtern und im Mittelalter glaubten die Menschen allgemein an die Möglichkeit, einfach zu schauen und 'im Buch der Natur zu lesen'. Seit dem haben wir schmerzhaft gelernt zu unterscheiden zwischen dieser zweiten, ausschließlich menschlichen Welt von symbolisierten Bedeutungen und der ersten Welt sensueller und effektorischer 'Dinge', die stabil erscheinen, aber Prozesse mit komplexer, ordnungsgemäßer Dynamik sind. Aber diese Unterscheidung hätte nie mittels naiv zentrierter Reflexion erreicht werden können, wie als nächstes erklärt werden wird.

(C2) Die Position des distanzierten Beobachters: De-Zentrierte Analyse der Funktionalität von Mitteln

Ein zweiter, de-zentrierter Modus von Reflexion wird erreicht, wenn das Subjekt die Tätigkeit eines anderen Subjekts beobachtet. Genommen als der 'generalisierte Andere' (G.H. Mead) zeigt dieses andere Subjekt die Beziehung von Tätigkeit und Gegenprozeß und damit eröffnet sich die Möglichkeit funktionaler Analyse. In der Informatik haben wir vor einigen Jahren gelernt die konzeptuelle Unterscheidung zwischen Algorithmen und Datenstrukturen zu benutzen. In Beziehung auf unsere Diskussion spiegelt dies die fundamentale Unterscheidung von Tätigkeit und Gegenprozeß in einer Art wider, welche eine funktionale Analyse und Kontrolle einfach macht.

Das Subjekt kann sogar versuchen sich selbst distanziert zu betrachten (indem es das 'Generalized Me' konstruiert). Dies zeigt, daß die volle Kraft dezentrierter Reflexion nur mit hoch entwickelten symbolischen Mitteln erreicht werden kann, da im Falle eines wirklich harten und dringenden Problems der Fluß der Tätigkeit so komplex ist, daß es in einem *Prozeßmodell* re-präsentiert werden muß. Solch ein Modell zeigt die Beziehung zwischen Aktivität, Gegenprozeß und den möglichen Mitteln in einer Art und Weise, welche das Subjekt von Zeitdruck befreit und die volle Erkundung des Raums von Möglichkeiten erlaubt. Wenn Modelle existieren, wird es möglich, den Unterschied zwischen realen, d.h. sensuellen und effektorischen Objektbereichen und ihren analogen symbolischen Bereichen zu verstehen und produktiv einzusetzen.

Es gibt noch einen weiteren sehr wichtigen Aspekt: In diesem Modus der Reflexion können nicht nur andere Personen, ihre Tätigkeiten und benutzten Mittel erklärt werden. Ebenso kann auch die natürliche Welt re-präsentiert und analysiert werden als ein geordneter und 'gesetzmäßiger' Prozeß. Es scheint, daß die Fähigkeit von Menschen, die Naturwissenschaft zu erfinden, eine Generalisierung unserer Fähigkeit ist, andere Menschen zu beobachten und zu verstehen. Dies ist ein sehr wichtiger Punkt, wenn wir versuchen eine neue und ökologischere Orientierung zu unserer natürlichen Umwelt zu gewinnen. In grundsätzlichem Sinne ist alle Grundlagenwissenschaft und auch viel der angewandten Wissenschaft abhängig von dem dezentrierten Modus der Reflexion, obwohl wissenschaftliche Tätigkeit nicht darauf reduziert werden kann. Sie ist auch persönliche und interaktive Praxis und verlangt weiterhin die Wahl zwischen alternativen Möglichkeiten (vgl. nächsten Abschnitt), die sich nicht auf das unparteiische und 'wertfreie' Studieren von Modellen reduzieren läßt.

(C3) Die Position des beteiligten Beobachters: Re-Zentrierung oder das Produzieren der Stimme einer Gemeinschaft

Es gibt eine Gefahr für die radikal de-zentrierte Reflexion: Die Welt wird offengelegt als ein großes Netzwerk funktioneller Beziehungen, die die Subjekte 'von außen' durch 'funktionelle Gesetze' determinieren. Um diesem Bild zu begegnen ist es hilfreich zu erinnern, daß symbolische Modelle lediglich Möglichkeiten und nicht 'die' Realität für uns darstellen. Daher ist ein weiterer noch höherer Modus der Reflexion notwendig, um die Freiheit und Kraft menschlicher Realitätsproduktion zu re-etablieren: Wir können aus Möglichkeiten wählen (in vollem Sinne dieses Wortes), um diejenigen zu finden, welche wenn möglich in Wirklichkeit umgesetzt werden sollten. In diesem Prozeß interner Schlußfolgerung werden die reale und die symbolische Welt wieder verknüpft - nach der Dissoziation, die durch die De-Zentrierung entstand. Eine Perspektive, eine Domäne antizipatorischer Wirklichkeit, kann sich nun konstituieren, welche aufgrund ihrer Orientierungskraft vollständig vom reflektierenden Subjekt abhängig ist. Natürlich müssen die operativen Mittel zur Verfügung stehen oder konstruiert werden, um eine Umsetzung in wirksame Realität zu erreichen und es steckt in ihnen, daß die richtige Dynamik der Objekte wird erkannt werden müssen.

Dieser Modus der Reflexion ist wieder zentriert und dies in seiner höchsten Form: nicht wie die strategische Aktion eines einzelnen, ökonomischen Akteurs in einem individuellen Subjekt, sondern in der Gemeinschaft, der das Subjekt angehört.

Dies bedeutet ebenfalls, daß die Trennung zwischen beobachtendem und beobachtetem Subjekt, welche den Anfangspunkt des de-zentrierten Modus bildete, nun in eine dialogische Beziehung entwickelt werden wird. Um die kollektiven Subjekte zu befähigen unter Möglichkeiten zu wählen, müssen sich die Beteiligten bei der Produktion der Stimme der Gemeinschaft miteinander abwechseln, was die Bewertung von Möglichkeiten und Optionen *zwischen den Beteiligten öffentlich* macht. Schließlich wird diese auftauchende Stimme die letztendliche Entscheidung der Gemeinschaft ausdrücken - normalerweise wird nicht richtig erinnert, welche Person die ausschlaggebende Äußerung produzierte; zumeist wird dies einer anerkannten Führungsperson zugeschrieben.

Es ist nur in solchen vielstimmigen Dialogen möglich, daß menschliche Subjekte diese höchste Ebene von bewußter Selbstregulation erreichen - und geteiltes Bewußtsein kann nicht anders produziert werden. Obwohl das Paradigma der Re-Zentrierung ein aktueller Dialog unter Leuten ist, die sich am selben Platz mit dem Ziel gegenseitiger Verständigung versammeln (Habermas 1984), ist es wichtig die Reichweite dieses Reflexionsmodus auf unmittelbare Zusammentreffen zu beschränken: Re-Zentrierung ist natürlich ebenso durch andere semiotische Mittel als die Sprache möglich - als Beleg dafür mögen wir an dieses offene Buch vor uns denken - obwohl ich den Eindruck habe, daß für *konsensuelle Entscheidungen* die geteilte Anwesenheit der Beteiligten notwendig ist, ebenso wie die gleichzeitige emotionale Qualität der Erfahrung, die andauernde Verbindlichkeit versichert.

8 Schlußfolgerung

"Alles was gesagt wird, wird von einem Beobachter gesagt" (Maturana). Der anwesende Beobachter hat sein bestes getan um konstruktiv am vielstimmigen Dialog über epistemologische Fundierungen von Entwürfen zwischen Philosophen, Sozial- und Naturwissenschaftlern sowie Informatikern teilzunehmen. Natürlich werden andere fähig sein, bestimmte 'Blindheiten' der Tätigkeitstheorie aufzuzeigen, wie das bei jeder anderen Perspektive ebenfalls der Fall ist. Ich hoffe dennoch gezeigt zu haben, daß wir einige sehr allgemeine Strategien zur progressiven Eliminierung jedes einzelnen blinden Punktes im epistemologischen Blickfeld zu unserer Verfügung haben - sobald wir uns jedenfalls ausreichend über die Blindheit selber bewußt werden, über ihre potentiell schädlichen Konsequenzen und über den daraus resultierenden Bedarf nach öffentlicher re-zentrierter Reflexion.

Die symbolische Herstellung sozialer Kohärenz
Die Entstehung dramatischer, diskursiver und objektivierter Bedeutungssysteme

Dies ist eine Fallstudie in historischer Empirie in dem Bemühen, eine überzeugende Darstellung der Entwicklung der menschlichen Kommunikation und Erkenntnis zu liefern. Geleitet wird die Darstellung von Holzkamps (1983) Fünfschritteregel zur Erklärung eines qualitativen Sprungs der Evolution. Aus archäologischen und anthropologischen Quellen wird Material zur Untermauerung der Hauptthese herangezogen: Die grundlegende gesellschaftliche Rolle der Kommunikation besteht darin, den sozialen Zusammenhang von Gemeinschaften zu reproduzieren, die habituellen "Stile des Machens" (Bourdieu). Das komplexe kulturelle Muster von Tätigkeiten mit ihren inneren Spannungen und dialektischen Widersprüchen wird während der Reproduktion durch die Generationenfolge ständig verändert. Es wird gezeigt, wie die menschliche Natur- und Sozialgeschichte sich als Erweiterung der Formen und Mittel der gesellschaftlichen Selbstregulierung verstehen läßt. Der Einsatz von menschlichen Kommunikationsmitteln könnte in drei Phasen entstanden sein: die mimetische, diskursive und objektsymbolische Kommunikation entwickeln sich jeweils nacheinander als vorherrschendes Regulativ der sozialen Kohärenz. Zum Schluß werden einige Schlußfolgerungen für eine künftige Revision des historischen Materialismus vorgeschlagen.

1 Einführung und Überblick

Es gab Zeiten in den siebziger Jahren, wo zahlreiche Texte von der Art des nun folgenden produziert und erörtert wurden, aber diese Zeit ist jetzt so gut wie vorbei, weil eine Phase des Aufruhrs im marxistischen Denken sichtbare Risse im Theoriegebäude hinterlassen hat. Heute arbeiten wir Materialisten in einem zersplitterten Umfeld, das sich aus ein paar kritischen Psychologen und Tätigkeitstheoretikern, ein paar Habermas-Schülern, etlichen postmodernen Philosophen, Linguisten und Soziologen, einer wachsenden Schar radikaler, auf die wissenschaftstheoretischen Grundsätze von Maturana und Varela verpflichteten Konstruktivisten zusammensetzt, und natürlich aus der üblichen Handvoll kritischer Rationalisten und eingestandener Empiristen.

Was Habermas treffend das "Produktionsparadigma" in den Sozialwissenschaften genannt hat, indem er die zentrale Rolle von Werkzeugen, von symbolischen Vermittlungstechniken und von historischen Formen - zum Beispiel Figurationen[72], Kulturen, Produktionsverhältnissen - für die gesellschaftliche, kooperative und

---

[72] Figuration" ist ein Begriff von Norbert Elias (1969), mit dem ein kooperatives Prozeßmuster unter Menschen bezeichnet wird, das heißt, eine Art und Weise, zusammen Arbeit zu leisten.

individuelle Entwicklung betonte, ist altmodisch geworden; es soll angeblich für empirische Forschung brauchbar sein und hat es nicht geschafft, sich institutionell zu verankern, da nur drei bis fünf Professoren in der Bundesrepublik Deutschland sich immer noch als in diese Tradition gehörig bezeichnen.

Ich möchte argumentieren, daß dieses düstere Bild beträchtlich aufgehellt werden kann, aber nur dann, wenn wir einige schwere Mängel in der traditionellen materialistischen Theorie anerkennen und wenn wir diese Mängel durch Wiederaufbau des Gebäudes mit Hilfe einer neuen Hauptfrage bewältigen: Wir sollten fragen, wie die Individuen, Familien, Gruppen und Organisationen ihre eigenen Lebenswelten[73] durch kommunikative und kooperative Prozesse erzeugen. Dies impliziert außerdem, daß wir uns verkneifen sollten, sogenannte "objektive Gesetze" der gesellschaftlichen Entwicklung zu formulieren, bevor wir nicht die Rolle der sogenannten subjektiven Faktoren der Individual- und Gesellschaftsgeschichte besser verstanden haben.

Die Forschung auf diese Art zu re-zentrieren ist heutzutage um so wichtiger, als die postmodernen Philosophen einerseits alles Denken "dekonstruieren" wollen, das weiterhin auf der persönlichen Freiheit und Autonomie des aufgeklärten bürgerlichen Subjekts aufbaut. Die radikalen Konstruktivisten andererseits vertreten eine naturwissenschaftliche Version der Autonomie jedes Lebewesens, die das Vorhandensein anderer Lebewesen nur als Einbruch in gewisse innere Zyklen anerkennt und die Kooperation mit ihnen nur als eine Form der Liebe.

Im folgenden will ich mich auf einen notwendigen ersten Schritt der Rekonstruktion konzentrieren und versuchen, das Problem des phylogenetischen Ursprungs der Kommunikation zu lösen. In der kulturhistorischen Philosophie ist dies die Suche nach einer evolutionären Erklärung der gesellschaftlichen Hervorbringung "des Idealen" (Ilyenkov 1977, Mikhailov 1980, vgl. auch Bakhurst 1988). Ausgehend von Wygotskis bahnbrechenden Arbeiten werde ich eine historische Analyse der symbolischen Vermittlung als Erzeugung sozialer Kohärenz skizzieren.

Der Hauptgedanke, der mich zu dieser Forschung bewog, lautete, daß *Kommunikation gemeinsame Bewegung* ist. Hieraus läßt sich schließen, daß das Denken als verinnerlichte Kommunikation eine gemeinsame Bewegung ist, die die Bewegung des gegenständlichen Prozesses zu reproduzieren versucht (die zentrale Erkenntnis Baruch Spinozas, vgl. Ilyenkov 1977, 27 - 74). Wenn sich das Denken das Gesellschaftssystem, in dem es lebt, zum Gegenstand nimmt, wird es die Prozesse des sozialen Umgangs als zusammenhängendes (aber nicht unbedingt harmonisches) Bewegungsmuster reproduzieren wollen und kann so womöglich eine Rolle in der Reproduktion der sozialen Kohärenz spielen.

Die Aufgabe besteht nun darin, aus diesem sehr abstrakten Begriff eine (skizzierte) Theorie der Entwicklung der Kommunikation zu entwickeln.

---

[73]   Eine "Lebenswelt" ist eine individuell wahrgenommene bedeutsame Umwelt, die sich zusammenlebende Menschen teilen.

2 Wygotski und das Verhältnis zwischen Werkzeugen und Symbolen

Wygotski Erkenntnis war von zweierlei Art: Zunächst, daß das, was als gemeinsame Tätigkeit zwischen Jungen und Alten beginnt, später die innere Tätigkeitsstruktur der einstmals jungen und jetzt erwachsenen Individuen werden wird. Zweitens, daß die in beiden Fällen verwendeten symbolischen Mittel analog den Werkzeugen der materiellen Produktion sind.

In unser Computerzeitalter verpflanzt, mutet letztere Erkenntnis fast trivial an, wenn wir uns die heutigen "Software tools" ansehen. Doch es ist noch mehr daran, wenn wir behaupten, daß der zweite Teil von Wygotskis Entdeckung untrennbar vom ersten ist. Eine radikale Umformulierung dessen, was gewöhnlich als Wygotskis Problemformulierung bezeichnet wird, wird uns helfen, diese Behauptung zu stützen.

Wygotskis Frage wird gewöhnlich so formuliert: "Wie können die Elemente der Sprache als Werkzeuge verstanden werden?" Weil Werkzeuge gewöhnlich im Kontext der materiellen Produktion verstanden werden, stellt diese Formulierung auch die Sprache und andere Symbolsysteme in einen ähnlichen Kontext. Entsprechend wird die Funktion der Sprache für die Hervorbringung symbolischer Modelle und in Anbetracht der Verwendung von Modellen auch für die materielle Produktion im allgemeinen hervorgehoben.

Kehren wir dieses völlig um und fragen: "Wie können Werkzeuge als Symbole verstanden werden?" Wenn wir die Frage so stellen, tritt die *Funktion von Werkzeugen für die Herausbildung eines gemeinsamen Bedeutungssystems* in den Vordergrund.

Man beachte, daß die Richtungsumkehr der Fragestellung ziemlich ähnlich ist wie die Wende in der Philosophie, wenn wir uns statt einer Korrespondenztheorie der Wahrheit der entgegengesetzten Möglichkeit zuwenden: einer Kohärenztheorie, die die Wahrheit als eine bestimmte Eigenschaft der Verbindung von Gedanken erklärt. Doch der Begriff "Kohärenz" bedeutet mehr als geordnete Ideenverhältnisse, er soll auf die kooperativen Beziehungen zwischen Individuen verweisen, auf die Verbundenheit ihrer individuellen Absichten, auf die Kohärenz des gemeinsamen Richtungssinns.

Da läßt sich die zweite Frage wie folgt formulieren: *Können wir sozial kohärente Tätigkeiten mit Werkzeuggebrauch unmittelbar als symbolische Prozesse verstehen, die schon von sich aus bedeutungsvoll sind?* Wenn wir das können und dann den ersten Teil von Wygotskis Entdeckung hinzufügen, haben wir zugleich auch die Quelle der Kohärenz von Bedeutungen in individuellen oder wissenschaftlichen Weltanschauungen gefunden: Es muß die soziale Kohärenz der werkzeugvermittelten Tätigkeiten sein.

Dann hätten wir nachgewiesen, daß Werkzeuge genau wie Symbole Bedeutungen haben, oder in David Bakhursts Formulierung:

> Man könnte mit Ilyenkov sagen, daß gesellschaftliche Tätigkeitsformen in Gestalt eines Dings objektiviert worden sind und so einem Klumpen roher Materie zu einem Gegenstand mit von besonderer Bedeutung erhoben haben (Bakhurst 1988, 37).

Häufig wird diese zentrale These der kulturhistorischen Schule in Kurzform gebracht: "Bedeutungen sind in den Werkzeugen und materiellen Produkten kristallisiert." Ich

aber halte das für eine schlechte Metapher, weil der Umkehrprozeß, in dem Bedeutungen wieder "fließend" werden, als Einwirkung irgendeines Lösungsmittel auf
Kristalle veranschaulicht werden müßte. Dies kann gewiß nicht als Erläuterung dafür
dienen, wie ein System von Artefakten, das von kooperierenden Individuen eingesetzt wird, zu einem System gemeinsamer Bedeutungen führt.

Daher glaubten viele Philosophen, besonders die Konstruktivisten, daß Bedeutungen jedesmal aufs neue in der emergenten Kohärenz interagierender Personen geschaffen werden. Viele sind nicht davon überzeugt, daß Tätigkeiten mit Werkzeuggebrauch als Interaktion zwischen Menschen und physischen Gegenständen die einzige Quelle der Sprache sein können und heben statt dessen interpersonale Beziehungen hervor. Unter diesen ist Jürgen Habermas (z. B. 1982) der bedeutendste lebende
Gelehrte.

In den Texten der kulturhistorischen Psychologen wird die Einbindung von Werkzeuggebrauch in der Tätigkeit in die umfassenderen Zyklen des sozialen Umgangs
stets hervorgehoben mit wenig Ausnahmen (z. B. Leontjew 1982). Dieser Begriff
wird nicht genügend entwickelt. David Bakhurst hat dieses Problem erkannt, weil er
nach dem letzten Zitat wie folgt fortfährt:

> Nachdem man Ilyenkovs Grundgedanken im Fall der Artefakte erfaßt hat, ist der näch-
> ste Schritt, seine Erkenntnis zu verallgemeinern. Ilyenkov ... hebt hervor, daß der
> Mensch mit seiner Tätigkeit die Natur umwandelt. Aber ... diese Umwandlung muß
> als ... umfassende *Idealisierung* [der Naturwelt] gesehen werden: Der Mensch wan-
> delt die Natur in eine qualitative andere Art von Umwelt. Durch gesellschaftliche
> Formen menschlicher Tätigkeit stattet der Mensch seine natürliche Umwelt mit dauer-
> haften Werten und Bedeutungen aus und schafft so einen Bereich idealer Eigenschaf-
> ten und Relationen. Ilyenkov stellt diesen Bereich als das *Gesamtgebäude der
> Institution des sozialen Lebens* dar, erschaffen und erhalten durch die Tätigkeit der
> Gemeinschaften, deren Leben von diesen Institutionen geleitet wird ... Erst vor dem
> Hintergrund eines derart strukturell organisierten Bereichs idealer Beziehungen
> werden einzelne Gegenstände ... mit der Bedeutung ausgestattet, die ihre Idealform ist
> (Bakhurst 1988, 37, Hervorhebungen von mir).

Ich nehme dieses Argument sehr ernst und verstehe es wie folgt: Die logische Kohärenz hochentwickelter Tätigkeiten mit Werkzeuggebrauch ist die logische Kohärenz
eines operativ abgeschlossenen Systems. Ein Dutzend derartiger Systeme gibt zusammengenommen die Gesamtheit etwa eines neolithischen Gemeinwesens (das
System der Hauswirtschaft, das System der Tierzucht, das System des Ackerbaus
usw.). So weit wir wissen, waren manche dieser abgeschlossenen Tätigkeitssysteme
der ausschließliche Bereich eines der beiden Geschlechter (in der sogenannten natürlichen Arbeitsteilung). Daher besteht ein Bedarf, sozusagen der Meta-Kohärenz zwischen Tätigkeitssystemen zu erklären. Es muß Symbolsysteme geben, die zwischen
verschiedenen Bereichen der gesellschaftlichen Praxis vermitteln, und diese Symbole
können nicht Werkzeuge im genauen Wortsinne sein.

Mein Ziel besteht im weiteren in dem Nachweis, wie eine Theorie der Entwicklung der symbolischen Vermittlung aussehen könnte, wenn wir vom Problem der
sozialen Kohärenz ausgehen.

3 Regeln für die historische Analyse der symbolischen Vermittlung

Zunächst eine Bemerkung zu der von mir angewandten Methode: Sie ähnelt Klaus Holzkamps Fünf-Schritt-Analyse evolutionärer Innovationen (Holzkamp 1983), und außerdem Yrjö Engeströms "allgemeinem Zyklus der Expansion" (Engeström 1987, 188f). Die beiden methodologischen Schemata lassen sich überlagern[74] und aus dieser Entsprechung habe ich die folgenden zustandsdefinierenden Regeln entnommen [75]:

$S_{1.x}$ Das Gesellschaftssystem, das sich auf dem alten Entwicklungsniveau befindet, muß als ein selbstorganisierendes und in bezug auf seine eigene Reproduktion geschlossenes System nachgewiesen werden. Das typische Muster von Tätigkeitssystemen innerhalb dieses Systems muß nachgezeichnet werden.

$S_{2.x}$ Die Chance, ein neues Entwicklungsniveau zu erreichen, muß als eine [sich eröffnende] Möglichkeit gezeigt werden:
Entweder als Lebensnotwendigkeit des Wandels, weil alte Lebensweisen auf irgendeine Weise ökologisch oder innergesellschaftlich gefährdet sind (schrumpfende Grenze), oder als Anreiz zum Wandel, weil der Pfad [Weg] des wandernden Gesellschaftssystems es zu neuen Prämissen geführt hat (Grenzausweitung).

$S_{3.x}$ Von mindestens einer, meist aber einer Gruppe von Fähigkeiten (funktionaler Systeme) von Individuen oder Gesellschaftssystemen muß nachgewiesen werden, daß sie in einer neuen Art und Weise genutzt werden und Ergebnisse hervorbringen (akkumulieren), die ebenfalls neu sind und immer stärker nachgefragt werden (funktionaler Wandel).

$S_{4.x}$ Ein neues Tätigkeitssystem oder ein neues Muster der Kohärenz, das aus dem funktionalen Wandel entsteht, muß nachgewiesen werden. Es muß gezeigt werden, daß es eine Art "Vorherrschaft" erlangt, die entscheidend zu einem neuen, qualitativ anderen Entwicklungsstadium beiträgt.

$S_{5.x}$ Das gesamte daraus resultierende Gesellschaftssystem auf dem neuen Niveau muß wiederum als selbstorganisiert und reproduktiv abgeschlossen nachgewiesen werden (siehe $S_{1.x}$)

Ich beginne nun mit einer Charakterisierung des vormenschlichen Niveaus der gesellschaftlichen Kohärenz und sozialen Kooperation durch Zeichensprache und zeige dann auf, welche Abfolge qualitativer Veränderungen zu den bekannten Mitteln für die Reproduktion der Kohärenz in archaischen Gesellschaften geführt haben könnte: Die Hierarchie von Verfügungsgewalt und Eigentumsrechten, vergegenständlicht in Symbolsystemen wie geschriebener Geschichte, Gesetzen, Inventarlisten, Kalendern, Rezepten und so weiter.

---

[74] Holzkamps Methode ist eine Regel für den Forscher, die hervorhebt, was dieser beweisen muß, damit eine stringente Argumentation zustande kommt. Engeströms Schema besagt, welche Art von Übergangsprozessen in Bewegung gesetzt werden müssen, wenn der Forscher Teil des Entwicklungsprozesses werden will. Engeströms fünf Phasen fügen sich zwischen Holzkamps Schritte ein (NOTLAGE ist aber der Übergang von der stabilen alten Form zur Eröffnung einer Chance für Innovation usw.).

[75] Die später verwendete Schreibweise $(S_{i.j})$ bedeutet: Zustand i von Stadium j.

Das folgende beruht hauptsächlich auf der Arbeit von André Leroi-Gourhan (1980), Klaus Eders Untersuchung der "Entstehung staatlich organisierter Gesellschaften" (1976), Norbert Bischofs Werk (1985) über die biologischen und historischen Wurzeln der Intimität und auf einem illustrierten Werk von Richard Leakey und Roger Lewin (1978), in dem sie ein fesselndes Bild vom Leben der frühen Menschen zeichnen. Ich hatte weder die Zeit noch den nötigen Überblick über die anthropologische Literatur, um die folgende Skizze mit detaillierten Verweisen zu untermauern.

4 Ausgangspunkt:
Die soziale Kohärenz unter Vormenschen mit aufrechtem Gang, Nahrungsteilung, Obdach und natürlichen Werkzeugen

Die Vormenschen, die eine oder zwei Millionen Jahre vor unserer Zeit in Afrika lebten, gingen aufrecht, nachdem sie ihre Hände völlig von der Fortbewegung entlastet und so die Fähigkeit erlangt hatten, Nahrung, natürliche Werkzeuge und Baumaterial über große Strecken zu tragen. Die Aufteilung der Nahrung wurde zum Wesensmerkmal der Vormenschen im Vergleich zu den Großaffen von heute, vermutlich hatten sie matrizentrische Heimstätten und benutzten auch zeitweilige Stützpunkte für die Arbeit oder die Jagd.

Wir können mutmaßen, daß die sozialen Bindungen zwischen Individuen der Australopithecinen nicht nur auf den Faktoren beruhten, die die Soziobiologen am schärfsten herausstellen (sexuelle Anziehung, Reproduktionserfolg, Verwandtschaft), sondern ebenso auf überlieferten, gemeinschaftlich erfundenen und reproduzierten *Stilen* des "Tuns", die wir als evolutionäre Vorläufer kulturell stabilisierter Tätigkeitsmuster interpretieren dürfen.

Die Gruppen von Vormenschen müssen sich relativ oft aufgeteilt haben und konnten folglich auch nach ein paar Generationen wieder aufeinandertreffen. Wenn dieselben Tätigkeitsstile in allen Tochtergruppen erhalten geblieben waren, konnten die Gruppen einander als ähnlicher denn unverwandte Gruppen wahrnehmen. Dies bedeutet, daß der entferntere Verwandtschaftsgrad der Fremden nicht die dieselbe Schranke gegen eine Verschmelzung von Teilen beider Gruppen gewesen sein dürfte, wie bei anderen Arten. Auf diese Weise könnten Verwandtschaftsselektion und eine Neigung, Tätigkeitsstile über Generationen durch Nachahmung stabil zu halten, zusammengewirkt haben, um eine traditions- und gruppenspezifische und nicht eine artspezifische ökologische Nische für die Weiterentwicklung der menschlichen Natur zu schaffen. Die besondere Art der Gruppenselektion (zum Unterschied zwischen Verwandtschafts- und Gruppenselektion vgl. Maynard Smith 1978, 22) könnte unter den Vormenschen wirksam gewesen sein, bei der die reproduktive Vereinzelung nicht räumlich, sondern "vorkulturell" gewesen ist: Die wahrgenommene Fremdheit zwischen Gruppen mit verschiedenen Tätigkeitsstilen könnte ähnlich wie die Reproduktionsbarriere zwischen eng verwandten Arten gewirkt haben, die sich nicht mehr miteinander fortpflanzen können, auch wenn die Fortpflanzung untereinander möglich blieb, aber sehr viel seltener wurde als zwischen Gruppen auf ähnlicher vorkultureller Stufe.

Tätigkeitsstile, die die Kohärenz einer Gruppe stärken und darum unter Bedingungen der Nahrungsteilung auch Fortpflanzungserfolg verwandter Individuen steigern, dürften besser reproduziert werden als andere Stile. Man könnte dies als "Nachahmungserfolg" traditioneller Formen bezeichnen. Dieser Erfolg ist stabiler, wenn zu diesen Stilen physische Mittel gehören, die in sich schon stabil sind (wie Werkzeuge, Behälter und Wohnhöhlen) und nicht von jedem neuen Individuum (wie körperliche Mittel) neugeschaffen werden müssen, weil auf diese Weise ein äußeres Gedächtnis geschaffen wird, das als generativer Kern für die Reproduktion des Tätigkeitsstils fungieren kann. Das bedeutet, daß der von den traditionellen Formen beigetragene Teil des Selektionsdrucks auch die Verwendung und allmählich sogar die Herstellung äußerer physischer Werkzeuge begünstigt. Knapp ausgedrückt: Werkzeuge, Behälter und Wohnhöhlen sind nicht nur notwendig, um Nahrung und Wetterschutz zu erlangen und miteinander zu teilen, sondern sind auch indirekt für die Reproduktion der sozialen Kohärenz zwischen Individuen der Gruppe von Bedeutung.

Es ist an diesem Punkt der Argumentation von Bedeutung, zu erkennen, daß diese Kohärenz nie von irgendeinem Einzelstil abhängig ist, sondern von einem *Muster komplementärer Stile* (wie ich von Gregory Bateson gelernt habe). Als bedeutendstes dieser Muster betrachte ich die Art und Weise, wie männliche und weibliche Tätigkeitsstile miteinander verwoben wurden, um die typische menschliche Arbeitsteilung hervorzubringen, die auch eine Aufteilung der Sorge für den Nachwuchs umfaßt (Mutterarbeit und Vaterarbeit).

Meine ganze Argumentation beruht auf der Annahme, daß die Fähigkeit und das subjektive Bedürfnis des Nachwuchses, den Tätigkeitsstil der Älteren *nachzuahmen,* genetisch reproduziert wird und viel höher ist, als bei unseren nächsten tierischen Verwandten zu beobachten. Wie konnte eine derartige Fähigkeit selektiert werden? Die Antwort habe ich zum Teil bereits oben gegeben: Der größere Fortpflanzungserfolg von Gruppen mit "eigenen" kohärenten Stilmustern hängt vom Nachahmungserfolg dieser Muster ab und daher werden die Gene für Nachahmungsfähigkeit und - bedürfnis häufiger. Ein weiterer Teil der Antwort ist die Erkenntnis des folgenden: Auch wenn die "vorkulturelle Vereinzelung" zu gesonderten unvereinbaren Mustern von Tätigkeitsstilen geführt haben mag, wirkte der Selektionsdruck dennoch in allen vereinzelten Gruppen in dieselbe Richtung: Selektiert wurde nicht ein spezifisches Verhaltensmuster, sondern die anfänglich unspezifische Fähigkeit zum Erwerb beliebiger Muster, die die Älteren vormachen mochten.

Wenn man diesen Zusammenhang mit der verlängerten Kindheit und Jugend bei allen höheren Primaten sieht, erkennt man, daß es eine große Vielzahl von Vorkulturen gegeben haben muß, die alle entscheidend abhängig waren vom Nachwuchs. Das bedeutet auch, daß diese Vorkulturen in alle möglichen Richtungen verschoben und abtrieben, weil Nachahmung ein Prozeß ist, der vom imitierenden Individuum geregelt wird, und folglich jede Mischung von Formen aus zwei oder drei Gruppen zur Form einer neu gegründeten Gruppe werden kann.

5 Erstes Stadium:
Dramatische Vorbildung und die Ritualisierung gesellschaftlicher Überlieferung (Unteres und mittleres Paläolithikum)

Nun bin ich soweit, den Systemzustand zu Beginn der ersten Evolutionsphase der symbolischen Erzeugung sozialer Kohärenz ($S_{1.x}$) zu schildern: Die Gruppen der Australopithecinen wurden nicht nur durch Verwandtschaft und intime Vertrautheit zusammengehalten, sondern auch von ihrer Vorkultur: Nämlich durch die überlieferte Art des "Tuns", die durch die hochentwickelte Fähigkeit zum für die Menschheit typischen Nachahmungslernen reproduziert wurde. Verschiedene Arten natürlicher Werkzeuge waren Teil der Tätigkeitsstile geworden (und sie bestanden keineswegs ausschließlich aus Werkzeugen, auch wenn diese der haltbarste Kernbestand waren), und zwar wegen der Notwendigkeit, Nahrung in ausreichender Menge zu beschaffen und miteinander zu teilen.

Es kann mit einiger Sicherheit angenommen werden, daß die Australopithecinen bereits die typische "Unternutzung von Ressourcen und Arbeitskraft" aufwiesen, die üblicherweise als Kennzeichen archaischer Menschengesellschaften angenommen (Sahlins 1972, Leakey & Lewin 1978), so daß ihr Tageslauf einen großen Anteil geselliger und müßiger Tätigkeiten enthielt. Die dort verwendeten Artefakte hatten vermutlich hauptsächlich die Funktion die Identität des Individuums oder der Gruppe als Ganzes zu demonstrieren und zu stabilisieren. Infolgedessen mußten sie nicht formstabil sein wie die Werkzeuge der Produktion, weil diese Funktion durch allmähliche Verschiebungen in Form oder Verwendung dieser Werkzeuge nicht beeinträchtigt wird. Ich denke hauptsächlich an Werkzeuge der Selbstverzierung oder andere "Körpertechniken" (Mauss 1936), möchte aber die "Kommunikationswerkzeuge" nicht auf diese Verfahren einschränken.

Die Chance zum Erreichen einer weiteren Phase ($S_{2.1}$) könnte eine der großen Klimaveränderungen durch die letzten drei Eiszeiten gewesen sein, oder sie ergab sich daraus, daß die umherziehenden Gruppen einen ganz anderen Lebensraum besetzten wie zuvor. Für meine Argumentation ist wesentlich, daß die Notwendigkeit oder Herausforderung, *ein vollkommen neues Muster von Produktionstätigkeiten in relativ kurzer Zeit zu erfinden*, sich häufig ergab, daß der Mechanismus des genetischen Wandels eine genetische Grundlage dafür herausarbeiten konnte, was ich "Unterrichten durch Ko-Imitation" nennen möchte. Mit diesem Begriff bezeichne ich Tätigkeiten, die von älteren Individuen bewußt mit dem Ziel ausgeführt werden, den Nachwuchs zur Nachahmung genau derselben Arten des "Tuns" zu veranlassen, die ihnen vorgeführt werden. Diese Arten dramatischer Vorführung sind sowohl reale Tätigkeiten mit den üblichen Ergebnissen, als auch *bewußte* Symbolisierungen ihrer selbst mit dem Ergebnis, den Stil im Verhalten des Nachwuchses zu reproduzieren.

Die Logik dieser Argumentation beruht auf der Annahme, daß selbstinitiierte Nachahmung allein für die Stabilisierung radikal neuer produktiver Tätigkeitsmuster nicht ausreicht. In anderen Worten: Die Fähigkeit und das subjektive Bedürfnis zur *Unterrichtung des Nachwuchses* muß eine der letzten Ergebnisse einer rein biologischen Evolution gewesen sein, weil sie als Teil der menschlichen Natur die Möglichkeit für den radikalen Wandel in den Produktionsweisen gewährleistet, die für die Gesellschaftsentwicklung typisch sind.

Was waren die alten Fähigkeiten, die eine neue Funktion erwarben ($S_{2.1}$)? Das ist leicht zu beantworten. In ihrer Kindheit können alle höheren Primaten kleine Dramen ausagieren, die wie folgt funktionieren. Ein Jungtier beginnt, ein anderes mit leichter Abwandlung und mit der Absicht nachzuahmen, daß das andere Jungtier es wiederum imitiert. Im Ergebnis entfaltet sich *eine nachahmungsorientierte Figuration*, innerhalb derer die Spielpartner die jeweilige Tätigkeit in allen interessanten und anspruchsvollen Varianten praktizieren können, die sie zu erfinden imstande sind. Es ist gewiß, daß die Vormenschen diese Fähigkeit zum nachahmungsorientierten sozialen Spiel in hohem Ausmaß besaßen.

Die Notwendigkeit oder Herausforderung, radikal neue Muster von Produktionstätigkeiten zu erfinden, erzeugte eine sozioökologische Bedingung, in der sowohl der reproduktive als auch der Nachahmungserfolg der Erfindungen stark von der Fähigkeit der erfinderischen Gruppe abhingen, ihre neue Vorkultur in einer kürzeren Zeitspanne und präziser zu stabilisieren, als vorher nötig gewesen war, als die Muster sich mit der allmählichen Veränderung der ökologischen Bedingungen verschieben durften. Nur diejenigen Gruppen, in denen die Gene[76] für ko-imitatives Unterrichten häufig genug waren, konnten darauf hoffen, schrumpfende Grenzen (Gefahr des Aussterbens) zu durchbrechen, oder die Bedingungen neu entdeckter Lebensräume zu meistern und so der Grenzausdehnung folgen (einem Entwicklungsanreiz).

Wichtig ist die Erkenntnis, daß es nicht erforderlich ist, daß alle Gruppenmitglieder die neue Fähigkeit der Unterrichtung des Nachwuchses haben, weil hierfür auch drei oder vier von den dreißig oder achtzig Individuen ausreichen. Diese Fähigkeit kann sogar bei einigen Schwestergruppen von Nachkommen eine Zeitlang verloren gehen, sofern das neue Tätigkeitsmuster nur so stabil geworden ist, daß es durch selbstinitiierte Nachahmung allein reproduziert werden kann. In diesem Fall wäre entweder eine Verschmelzung mit einer verwandten Gruppe (in der die Unterrichtsfähigkeit immer noch lebendig ist) oder eine Reproduktion des genetischen Wandels nötig, um die Gruppe ohne Unterrichtende zu befähigen eine weitere Umwälzung des Musters produktiver Tätigkeiten zu erfinden und zu stabilisieren.

Man könnte die Gruppenfähigkeit, die durch die neue Funktion des nachahmungsorientierten Unterrichts erlangt wird, am Übergangserfolg der Überwindung drastischer ökologischer Veränderungen oder der Eroberung radikal neuer Lebensräume messen. Und der Übergangserfolg der Frühmenschen war tatsächlich sehr groß, da sie sich offenbar über alle drei miteinander verbundenen Kontinente von Afrika, Asien und Europa verbreiteten und alle möglichen neuen Lebensräume bevölkerten, ohne sich wie die anderen Arten zu spezialisieren. Sie bewahrten im Gegenteil unversehrt die typische Offenheit und scheinbar unbegrenzte Flexibilität der Menschheit,

---

[76] Man gestatte mir diese Kurzfassung für den längeren Ausdruck "Gene, die wesentlich zur genetischen Grundlage beitragen." . . . Ich glaube (selbstverständlich) *nicht*, daß es ein Lehrergen gibt.

die auch in diesen längst vergangenen Zeiten durch die Merkmale der Teilung von
Gütern und Erfindungen und die selbstinitiierten Nachahmung der Alten ermöglicht
worden war.

Bis hierhin habe ich nicht konkret angegeben, welche radikal neuen Muster von
Produktionstätigkeiten tatsächlich erfunden wurden. Für die meisten Hauswirtschafts-
und Sammeltätigkeiten ist das schwer zu sagen, da weder die Tätigkeiten selbst noch
die meisten Werkzeuge irgendwelche Spuren hinterlassen haben. Die Ausnahme sind
natürlich Steinwerkzeuge, die vermutlich hauptsächlich bei der Jagd und Fleischzu-
bereitung benutzt wurden, und das Mehrzweckwerkzeug, das wir als Feuer bezeichnen. Natürlich konnten beide auch für andere Zwecke als für Fleischbeschaffung verwendet werden, nämlich zum Bau von Schutzdächern, zur Bearbeitung von Tierhäu-
ten, zur Bekleidung usw.

Danach können wir aus der Entwicklung von Steinwerkzeugen eine sehr abstrakte
Tatsache ableiten. Die radikalste Neuerfindung war die Herstellung von Werkzeugen,
das heißt, der *Einsatz von Werkzeugen zur Herstellung von Werkzeugen*. Diese Erfindung wurde vor mindestens einer halben Millionen Jahre gemacht. Sie ist von den
Schlagsteinen Faustkeiltradition aus Abbévillien belegt (vgl. Washburn 1975), die
durch Absplittern von einer Feuersteinknolle erzeugt wurden. Ich kann nicht sagen,
ob dieses Verfahren bereits so kompliziert ist, daß es durch ko-imitativen Unterricht
reproduziert werden mußte, doch können wir getrost annehmen, daß an irgendeinem
Punkt in der langsamen Entwicklung der Verfahren der Werkzeugherstellung ein
Punkt der Unumkehrbarkeit erreicht wurde, an dem Unterricht für die Reproduktion
der jeweiligen Fertigkeiten unerläßlich wurde. Dies bedeutet nun, daß die Fähigkeit
und das Bedürfnis des nachahmungsorientierten Unterrichts für die Reproduktion der
Gruppe auf demselben Produktionsniveau zur Notwendigkeit geworden war.

In den Worten von Leontjews Tätigkeitstheorie: Ein stabiles neues Motiv wurde
geschaffen, dessen Gegenstand die Reproduktion von Fertigkeiten und von "Stilen
des Tuns" beim Nachwuchs waren. Nun müssen wir analysieren, wie die neue
Tätigkeit des ko-imitativen Unterrichts sich verbreitet, um zum vorherrschenden
Merkmal archaischer Menschen zu werden ($S_{4.1}$). Wenn sie erst einmal als eine
Tätigkeit unter den anderen stabilisiert war, konnte sie selbst rekursiv unter Hinzufügung gewisser individuelle Stile in der Ausführung des ko-imitativen Unterrichts
nachgeahmt werden. Die gesellschaftlichen Erfindungen auf diesem Bereich müssen
zahlreich und vielfältig gewesen sein. Darunter muß die gegenseitige Nachahmung
mit Abwechselungscharakter ein sehr wichtiger Schritt zu dem gewesen sein, was im
wesentlichen die Fähigkeit der Kommunikation in der *Protosprache dramatisierter
Körperbewegungen ist.*

Alles bisher gesagte über die Notwendigkeit der Reproduktion von Tätigkeitsstilen zwecks Reproduktion der Gruppenkohärenz gilt um so mehr für besondere Stile
ko-imitativer komplementärer oder paralleler Dramatisierung, weil es sich hierbei
um reine Stile handelt oder weil alle wahren symbolischen Prozesse, philosophischer ausgedrückt, reine Formen sind.

Den gesamten Prozeß der Ausbreitung stilisierter Ko-Imitation in alle Tätigkeitsbereiche möchte ich als *Erfindung der dramatischen Kommunikation* bezeichnen.

Eine Art des Betreibens von Ko-Imitation, die durch ko-imitatives Unterrichten
reproduziert werden kann, ist die Dramatisierung der eigenen Erlebnisse mit der Absicht, daß die Zuschauer dieses Drama beim Zusehen ihrer eigenen Erfahrungen nach-
vollziehen, und später auch in ihrer eigenen Dramatisierung. Nun sehen wir, daß die
Möglichkeit der Mitteilung individueller Weltanschauung eröffnet wird, obwohl es
klare Grenzen für das gibt, was dort im Vergleich zur Sprache durch dramatisches
Agieren mitgeteilt werden kann (auf diese Grenzen komme ich später zurück).

Dennoch wird ein neuer Typ der Kohärenz durch den gemeinsamen Besitz
gemeinsamer Dramen geschaffen, die zusammen eine Sammlung dramatisierten
Gedächtnisses bilden. Dies könnte bereits der Beginn des Totemismus gewesen
sein, da auch die gemeinsame Erinnerung an verstorbene Vorfahren möglich ist,
indem ihr individuelles Lebensdrama am Bestattungstag und später wieder aufgeführt
wird.

Dies läuft darauf hinaus, die Zeitschranke zu durchbrechen, die die Vormenschen
von der Vergangenheit ihrer entfernteren Vorfahren trennte und sie ebenso von der
Zukunft abschnitt[77]. Mit der dramatischen Kommunikation konnten die Frühmenschen so eine *kollektive Erwartung* inszenieren, indem sie die Bewegungen durch-
spielten, die für ein Jagdunternehmen, für die Suche nach seltenen und wohlschmek-
kenden Nahrungsmitteln oder einer neuen Heimstätte usw. erforderlich waren.

Ein weiterer großer Schritt in der gemeinsamen Weltanschauung könnte gemacht
worden sein, als der Jahreszeitenzyklus in einer einzigen strukturierten Gesamtheit
dramatisiert wurde: Dies liefert einen umfassenden Bezugsrahmen für die Jäger- und
Sammlergruppen, weil ihr Unterhalt vom Wissen über die jahreszeitlichen Zyklen
der Vegetation und der wandernden Tierherden abhing. Natürlich erzeugten die Individuen sogar noch vor der Erfindung der dramatischen Kommunikation klare Erwartungen aus ihrer Wahrnehmung der jahreszeitlichen Veränderungen, wie das auch bei
allen Tieren der Fall ist[78]. Doch sobald der Jahreszeitenzyklus insgesamt ins kollektive Bewußtsein gehoben wurde, konnte eine kognitiver Kohärenz aller Erwartungen
kollektiv hervorgebracht werden, der zuvor auch nicht annähernd möglich gewesen
war.

Um dies mehr im einzelnen zu erkennen, müssen wir uns daran erinnern, daß der
Jahreszeitenzyklus formal als räumlicher Kreis eines dramatischen Tanzes dargestellt
werden kann und daß es natürliche Entsprechungen für alle Positionen in diesem
Kreis (eben die vier Himmelsrichtungen) mit den vier Jahreszeiten gibt: Süden ist
Sommer, der Osten ist Frühling, usw. Diese räumliche Entsprechung eröffnet die
Möglichkeit, daß dieser sehr allgemeine Bezugsrahmen sich in eine räumliche
Plazierung physischer Gegenstände (Teile von Tieren, getrocknete Früchte,

---

[77]   Die Bedeutung der Zeit zur Erläuterung der menschlichen Denkfähigkeit war mir nicht klar,
bevor ich nicht Henri Bergsons Buch über "Materie und Gedächtnis" (1982) gelesen hatte.
[78]   Pjotr Anochin (1978) hat diese Fähigkeit "antizipatorische Reflexion" genannt–in einer reizenden
Verneinung des Substantivs durch das Adjektiv.

besondere Steine usw.) "kristallisieren" ließ, die den Jahreszeitenzyklus auch außerhalb einer kollektiven dramatischen Figuration bezeichnen[79].

Dennoch wäre für den Nachwuchs, der diesen hypothetischen "Jahreszeitentanz" nie miterlebt hat, die detaillierte und konkrete Bedeutung einer solchen kreisförmigen Anordnung von Gegenständen nicht offensichtlich, bevor er nicht selbst beim kollektiven Drama zuschauen konnte, und wichtiger noch, bevor er nicht seine individuellen Assoziationen mit seinen eigenen Erfahrungen des jahreszeitlichen Wandels herstellen konnte. Dies ist ein sehr wichtiger Punkt für die Kommunikationstheorie. Das sozial konstruierte System von Bedeutungen wird vom Nachwuchs als eine gewissermaßen feststehende und abstrakte allgemeine Form angeeignet, bevor der Inhalt der Symbole voll erfaßt werden kann.

Peter Berger und Thomas Luckmann (1966) haben diesen grundlegenden Wechsel von schöpferischen Tätigkeiten der Alten, die bestimmte stabile Figurationen mit immer noch fließenden Bedeutungen hervorbringen, zu den feststehenden Formen, die aus diesen selben Figurationen in der Erfahrung des Nachwuchses werden, analysiert und dies als *Institutionalisierung* gesellschaftlicher Bedeutungssysteme bezeichnet. Dieser grundlegende Wechsel erklärt, warum die dramatische Symbolisierung notwendig mehr oder weniger starrer Formen ritualisiert werden muß. Die Aufführung eines überlieferten Dramas mit überlieferter Körpersprache und überlieferten Gegenständen kann von den ausführenden Individuen nie in allen Details voll verstanden werden, weil sie nicht nur als Kinder vor Erreichen eines gewissen Erfahrungsreichtums in dieser Form sozialisiert worden sind, sondern die traditionelle Art der Aufführung des gemeinsamen Dramas symbolische Bestandteile aus sehr verschiedenen Quellen akkumuliert hat. Viele verschiedene Vorfahren haben ihre persönliche Symbolisierung wichtiger Erfahrung eingefügt, ohne diese zu allen anderen Bestandteilen in Beziehung setzen zu können.

Dies erklärt die "dunkle Seite" der rituellen Kommunikation: Die "Institutionalisierung dramatisierter Erfahrung" ermöglicht nicht nur eine kognitive und soziale Kohärenz, die Antizipation und Erinnerung begünstigt, sondern bringt auch Aberglauben und Körpermagie in die Welt der Frühmenschen ein. Nicht nur Hoffen, Freude und neuentdeckte Chancen können mitgeteilt werden, sondern auch Schrekken, Angst und Selbstbeschränkung. Das rituelle Drama kann auch die Stile aller Tätigkeiten in sehr starre Muster zwingen und anschließend "erklären", warum bestimmte kategoriale Unterteilungen der Lebenswelt (zum Beispiel in männliche und weibliche Bereiche) um jeden Preis aufrecht erhalten werden müssen[80] usw.

Dies bedeutet, daß ein ganzes Feld möglicher Entsprechungen zwischen dramatischen Bedeutungssystemen und Sozialstrukturen eröffnet. Mary Douglas (1982) hat

---

[79]   George Thomson, ein britischer Gelehrter mit Spezialisierung auf griechische Sprache und Geschichte hat mich darauf gebracht, nach zirkulären symbolischen Anordnungen Ausschau zu halten (1949).

[80]   Ein sehr überzeugenden Beispiel für eine derartige jahreszeitliche Anordnung geschlechtsspezifischer Tätigkeitsbereiche, wenn auch für eine spätere Zeit, habe ich in Pierre Bourdieus großartigem "Entwurf einer Theorie der Praxis" (1976) gefunden.

versucht, dieses Feld mit den Doppelkategorien von "Raster und Gruppe" zu ver-
messen und ebenso die Bedeutung der körperlichen Symbolisierung hervorgehoben,
die meiner Ansicht nach die entscheidend wichtige "Sprache" in diesem ersten Stadium der Kommunikationsentwicklung ist. Der folgende Abschnitt aus ihrem Buch
kann im Lichte der vorstehenden Argumentation als Veranschaulichung dessen gelesen werden, wie sich die dramatische Kommunikation durch das gesamte Leben der
Frühmenschen zog, nicht nur zu den seltenen Gelegenheit, wo Gemeinschaftsdramen
aufgeführt wurden:

> Der soziale Körper schränkt die Art und Weise ein, wie der physische Körper wahr-
> genommen wird. Das physische Erleben des Körpers, das stets durch die sozialen
> Kategorien modifiziert wird, durch die er erkannt wird, prägt eine bestimmte Sicht der
> Gesellschaft. Es gibt einen stetigen Austausch von Bedeutungen zwischen den bei-
> den Arten der Körpererfahrung, so daß jede die andere verstärkt. Das Ergebnis dieses
> Wechselspiel ist der Körper selbst, ein stark eingeschränktes Ausdrucksmittel. Die
> Formen, die er in Bewegung und Ruhe annimmt, üben auf vielfältige Weise sozialen
> Druck aus. Diese Sorge dafür in Körperpflege, Ernährung und Heilpraxis, die Theori-
> en darüber, wieviel Schlaf und wieviel Bewegung er braucht, welche Stadien er
> durchlaufen sollte, wieviel Schmerzen er aushalten kann, wie groß seine Lebensspan-
> ne ist, alle kulturellen Kategorien, in denen er wahrgenommen wird, müssen insofern
> eng mit den Kategorien aus Sicht der Gesellschaft korrelieren, als diese sich auf die-
> selbe kulturell verarbeitete Idee des Körpers bezieht (Douglas 1982, 65).

Sowohl das Zeitalter vor der Erfindung des Rituals als auch das Zeitalter der rituellen Reproduktion der sozialen Kohärenz der Gruppe und der symbolischen Kohärenz
der jahreszeitlich unterteilten Lebenswelt könnten sich sehr lange Zeit gehalten
haben, aber aus verschiedenen Gründen. Bevor die dramatische Kommunikation
eingeführt wurde, behinderte die Zeitschranke die Ansammlung von Erfahrung über
die Grenze hinaus, die durch die Gegenwart einer lebenden Gruppe gesetzt wird, und
entsprechend verschoben sich die Tätigkeitsmuster wie Treibgut durch die Zeitalter,
ohne irgendwelchen zwingenden Fortschritt. Nach der Institutionalisierung der ritualisierten Kommunikation muß das neu geschaffene kollektive Gedächtnis gegenüber
Wandel sehr beharrend und widerständig gewesen sein, weil die Individuen und
Gruppen keinerlei andere Mittel als diese selbe dramatische Kommunikation hatten,
um Zusammenhanglosigkeiten, Widersprüche und unbegründete Zwänge abzubilden, die sich im Laufe der Zeitalter angesammelt hatten.

Also gibt es genug Erklärungen dafür, daß es zwischen einhundert- und dreihun-
derttausend Jahre dauerte, bis unsere frühmenschlichen Vorfahren das nächste Entwicklungsstadium erreichten.

6 Zweites Stadium:
Diskursive Modelle und das Aufkommen der reinen Möglichkeit
(Oberes Paläolithikum und Mesolithikum)

Der Systemzustand zu Beginn des Übergangs ins zweite Stadium ($S_{1.2}$) ist natürlich derselbe wie der stabile Endzustand des ersten Stadiums ($S_{5.1}$) wie von mir oben beschrieben. Wir können sofort mit der Analyse beginnen, wie sich die Chance zur Erreichung des Stadiums der diskursiven Kommunikation eröffnet haben mag ($S_{2.2}$).

Bis hierhin habe ich die Lautgebung noch nicht erwähnt, die mit Sicherheit sowohl von Vormenschen als auch von Frühmenschen in allen Situationen gebraucht wurde, die entweder starke Gefühle weckten oder einen Warnruf zur Sicherung der Kooperation innerhalb einer Untergruppe erforderten. Unter den Bedingungen einer eingeführten dramatischen Kommunikation ist es auch sehr wahrscheinlich, daß ein ersten Stadium *stimmlicher, operativer Sprache* allmählich entstand. So bezeichnet Martin Hildebrand-Nilshon (1980) einen Typ gesprochener Sprache, der stets im Kontext einer produktiven oder sozialen Tätigkeit gebraucht wird und ein bloßes Mittel für praktische Zwecke ist. Er hat auch die These begründet, daß die ersten Sprachen keine formale Syntax hatten wie jede heutige Sprache, sondern statt dessen ähnlich der "natürlichen Sprache" von Kleinkindern gewesen sein mag, das heißt, daß die ersten Sprachen hauptsächlich aus Sätzen von einem oder zwei Worten bestanden (1987).

Hildebrand-Nilshon hat auch analysiert, wie diese Protosprache aus der Praxis der für Menschen so typischen "Zeigegeste" entstanden sein mag (1980; vgl. auch Tran Duc Thao 1984; Engeström 1987, 42-49). Aus Platzgründen können wir hier darüber nicht detailliert referieren. Was mich am meisten interessiert, ist die Frage, wie wir erklären können, daß Sprache die Rolle übernommen hat, die ich der dramatischen Kommunikation zugeschrieben habe: Nämlich das wesentliche Mittel zur Reproduktion der kognitiven und sozialen Kohärenz in den Praktiken und in der Lebenswelt einer Gruppe von Frühmenschen zu werden.

Infolgedessen werde ich im folgenden unterstellen, daß die Quelle der rein operativen lautgebenden Protosprache gefunden ist. Außerdem glaube ich, daß es recht offensichtlich ist, daß sie allein die dramatische Kommunikation im Hinblick auf die Reproduktion der Kohärenz nicht ersetzt haben kann, einfach deswegen, weil sie im Vergleich zu dem, was meiner Ansicht nach die dramatische Kommunikation damals (vor etwa 50.000 Jahren) leisten konnte, einfach nicht reich genug an formalen Möglichkeiten war.[81]

Das Problem ist nun folgendes: Wie ergab sich die Chance, entweder durch Notwendigkeit oder durch neueröffnete Möglichkeit, daß die Kraft einer durchstrukturierten, syntaktischen und vokalisierten Sprache von unseren unmittelbaren Vorfahren im menschlichen Stammbaum (die ich die "sprechenden Menschen" nennen möchte) erfunden werden konnte?

---

[81] Für diese Zeiten gibt es archäologisches Beweismaterial für eine sehr hoch entwickelte Feuersteintechnik, jahreszeitbedingte Niederlassungen, den ersten sicheren Nachweis von Bekleidung usw.

Natürlich können wir uns wieder auf die Eiszeiten zurückziehen. Das waren die Zeiten, als die letzte Eiszeit zu Ende ging, mit großen Schwankungen und folglich mit einer Art Wetter, die wir "seit Anbeginn der Zeit" nicht erlebt haben (aber welche wir vermutlich wegen unserer Sünden wider die Natur bald besser kennenlernen werden, wie die sprechenden Menschen unser kollektives und fleißiges Treiben heute mit Sicherheit nennen würden). Doch die bloße Erwähnung einer gefährlichen Umwälzungsperiode in der Geschichte der Menschheit genügt hier nicht.

Was ich für die wahrscheinlichste Erklärung halte, habe ich aus einem Buch des deutschen Ethnologen (und eingestandenermaßen Außenseiters) Hans-Peter Duerr erfahren, das den Titel Sedna oder: Die Liebe zum Leben (1984) trägt. Er glaubt, die großen Herdenwanderungen und auch die seit langem bekannten Orte von wildem Obst und Feldfrüchten hätten zu diesen Zeiten so radikal und häufig gewechselt, daß die Frühmenschen buchstäblich gezwungen waren, der Natur wieder ins rechte Gleis zu helfen (natürlich mit Schamanentum). Er hat umfangreiches Beweismaterial aus Mythen und Volksmärchen gesammelt, die für diese These sprechen.

Ich schließe daraus das folgende: Die frühen Menschen konnten Veränderungen erkennen, weil der Verlauf der Jahreszeiten mit den seit langen vertrauten Tieren, Blüten und Früchten, die eine neue Jahreszeit ankündigten, in ihrem kollektiven dramatischen Gedächtnis dargestellt war. Sie konnten auch dramatisieren, wie angsteinflößend (oder seltsam, oder wunderbar, je nachdem) ihnen diese Veränderungen vorkamen. Doch konnten sie sich nicht wirklich denken, wie wir heute in Worten einer syntaktischen Sprache, konnten ihre Phantasien nicht bei der Arbeit dramatisieren (weil man nur entweder produzieren oder schauspielern kann). Kurzum: Sie waren unvorbereitet auf die kognitiven Leistungen, die jetzt erbracht werden mußten. Diese Aussage gilt für beide Typen von Chancen, die ich oben unterschieden habe: Eine Veränderung im Rhythmus der Natur konnte als lebensgefährlich oder als unerhörte Glückssträhne erscheinen (in jedem Falle als Herausforderung, das Geschehen zu begreifen).

Nun müssen wir auf die alten Mittel verweisen, die ihre Funktionen veränderten ($S_{3.2}$). Das ist wiederum leicht: Sie sind in der angenommenen operativen Protosprache enthalten, die jetzt ein Medium wurde, durch das das Dramatisieren von Erfahrung geleistet werden muß, wenn die noch nicht voll der Sprache mächtigen Frühmenschen zu beschäftigt mit produktiver Arbeit waren, um innezuhalten und ihre Phantasien oder Wahrnehmungen zu tanzen[82]. Die rituelle Form der dramatischen Kommunikation wurde nun in der Abfolge kurzer Sätze reproduziert. Langsam entwickelte sich eine Art Grammatik, die wiederum durch die gewohnten Mechanismen des ko-imitativen Unterrichts reproduziert werden konnte.

Wiederum nehme ich an, daß die bestimmende Rolle der vokalisierten syntaktischen Sprache in unserer Zeit durch rekursive Anwendung von Sprache auf gesprochene Sprache hervorgebracht worden ist ($S_{4.2}$), und um dies nachzuvollziehen, ver-

---

[82] Dies ist das vertraute Argument des "zweiten Kanals", welches erklärt, warum wir eine vokalisierte Sprache haben und nur dann auf Gesten zurückgreifen, wenn wir Fremden begegnen oder nicht sprechen oder hören können.

suche man sich bitte vorzustellen, den folgenden Satz: "Ich glaube, daß du in deinem Bericht über unseren letzten Ausflug in die schneebedeckten Berge das Wichtigste ausgelassen hast ..." allein durch Körpersprache mitzuteilen.

In einer sehr überzeugenden Analyse hat Clemens Knobloch (1989) nachgewiesen, daß dieses Merkmal der Sprache, nämlich die Handhabung von Symbolen, die in die Sprache selbst verweisen (und nicht in die natürliche oder soziale Umwelt) historisch am schwersten zu verstehen war, besonders aus einer sensualistischen oder empiristischen Philosophie heraus.[83]

Ein Beispiel hierfür ist besonders überzeugend: Die Verneinung ist notorisch schwierig schauspielerisch darzustellen (und noch schwieriger in bildlichen Darstellungen), weil sie etwas über das folgende (oder seltener vorangegangene) aussagt, und sich damit auf einen symbolischen Gegenstand bezieht. Anscheinend könnte man die obige Argumentation in die folgende Aufgabe verdichten: Vermittle schauspielerisch den ewigen Seufzer "Die Zeiten sind nicht mehr dieselben!"

Doch wir sollten dennoch nicht annehmen, daß die vokalisierte, syntaktische Sprache von Anfang an die volle reflexive Kraft hatte. Wenn die Sprache, wie ich angenommen habe, zu Beginn durch die vorhandenen Muster der dramatischen Kommunikation mit ihrer rhythmischen Bewegung, erfahrungsmäßigen Kohärenz und ritualisierten Formen kanalisiert war, können wir uns vorstellen, daß die diskursive Kommunikation diese Merkmale erbte. Ein Beweis dafür könnte die wohlbekannte rhythmische und stark repetitive Form von Epen wie der Ilias sein, die andere Forscher den mnemotechnischen Anforderungen der Sprache zugeschrieben haben. Im Lichte der obigen Argumentation scheint mir indessen klar, daß solche Anforderungen bei der Reproduktion des Gemeinschaftsdramas sogar noch größer waren und daß die sprachliche Reproduktion gemeinschaftlicher Dramen unter den Bedingungen einer vorhandenen dramatischen Kommunikation keine neuen Merkstrategien erforderte.

Doch natürlich gab es eine Notwendigkeit, neue funktionale Systeme im Hirn zu entwickeln, die die Parallelität von sprachlichen Bewegungen zu den Bewegungen produktiver Tätigkeit erzeugen konnten. Soweit wir wissen, war dies dann die letzte bedeutende genetische Veränderung im menschlichen Stammbaum. Dieser Wandel ist einem Selektionsdruck zuzuschreiben, der noch stärker als im Fall der Fähigkeit zur Ko-Imitation durch den kulturell reproduzierten Teil der ökologischen Nische herbeigeführt wurde, den die Frühmenschen in Ko-Evolution zu den im Wandel begriffenen natürlichen Lebensräumen entwickelt hatten. Ich meine, daß die gemeinsamen dramatischen Bedeutungssysteme den jahreszeitlichen Zyklus der Natur und die Praktiken der Frühmenschen darstellten. Ihre Starrheit infolge der unvermeidlichen Ritualisierung mußte durch eine neue Fähigkeit aufgebrochen werden, die Bedeutungen selbst symbolisch zu bearbeiten.

---

83 Karl Bühler hat Sätze, die ausschließlich auf andere sprachliche Gegenstände verweisen, als "Sätze ohne Zeigefeld" bezeichnet. Douglas R. Hofstadter ist berühmt geworden, indem er sich auf ein noch engeres Zeigefeld begrenzte: auf Sätze, die auf nichts anderes als sich selbst bezugnehmen.

Wir können eine Parallele zur Entwicklung individuellen Kindheitslernens bei den höheren Säugetieren ziehen. Die genetisch verankerten Tätigkeitsmuster von Tieren, die nicht durch Spiel und Erforschung lernen, sind zu starr, um raschen Wandel in den ökologischen Nischen zu überwinden oder die Besiedlung sehr unterschiedlicher Lebensräume zu ermöglichen. Folglich ergab sich eine Chance für eine genetische Entwicklungsrichtung, die die Fähigkeit zum Lernen hervorbrachte. Die Frühmenschen hatten das soziale Analogon zu einem starren, genetischen, prozeßgesteuertem "Gedächtnis" kulturell entwickelt und standen vor einer ähnlich herausfordernden oder riskanten Chance zur Entwicklung *sozialen Lernens durch schöpferisches Spiel mit vokalisierter Sprache.*

Wiederum muß diese Erfindung entscheidend vom Nachwuchs abgehangen haben, weil dieser natürlich exploratives Spiel in jedem Tätigkeitsbereich übt, den ihm die Gruppe bietet. Eine weitere Barriere wird durch diese spielerische diskursive Kommunikation durchbrochen: Die dramatischen Bewegungen, die mitgeteilt werden sollen, müssen für den menschlichen Körper nicht physisch möglich sein, wenn sie hervorgebracht werden, indem ihre Namen in einer dramatisierten Folge ausgerufen werden. Insbesondere gibt es hier die Möglichkeit der sofortigen Rückkehr zu einem früheren Punkt alternativer Entscheidungen, womit ein qualitativ ganz anderer Modus der Planung künftigen Handelns eröffnet wird, sobald die phantasievolle Sprache ernster wird und in der Regulierung der produktiven, sozialen oder freizeitbezogenen Tätigkeit eine Funktion erlangt. Ich möchte diesen Schritt das *Durchbrechen der Barriere der traditionellen Notwendigkeit* nennen, mit dem der Bereich der reinen Möglichkeit im Sinne gemeinschaftlicher Phantasien von derzeit unmöglichen Bewegungen eröffnet wird.[84]

Dieser Zugewinn im Gesamtumfang von Zukunft und Vergangenheit muß so groß gewesen sein, daß er buchstäblich die Absonderung der sprechenden Menschen von ihren Verwandten erzwang, die keine artikulierte Sprache erzeugen konnten (eine derartige Absonderung ist erforderlich, damit die Gruppenselektion funktioniert). Ich bin überzeugt, daß biologisch nicht verwandte sprechende Menschen einander als viel ähnlicher erkannten, als sie jeweils ihre nicht sprachfähigen biologischen Verwandten erlebten. Es scheint auch klar zu sein, daß gemischte Gruppen aus Frühmenschen und sprechenden Menschen nicht stabil sein konnten, da die Reproduktion der Kohärenz durch die *sehr unterschiedliche Geschwindigkeit der dramatischen und diskursiven Kommunikation* schwer gestört gewesen wäre. Zusammengenommen können diese Argumente die explosive Entwicklung der Werkzeugmachertechnik, die Leroi-Gourhand mit dem anatomischen Phänomen zusammenbrachte, daß er als "Sprengung des Orbitalriegels" (1980) bezeichnet, unter Bezugnahme auf eine drastische Veränderung in der Knochenstruktur des menschlichen Schädels, die Raum für das wachsende Vorderhirn schuf.

---

[84]   Im Lichte des dritten Stadiums (vgl. unten) ist diese Art Möglichkeit noch nicht wie die platonische Ideenwelt, weil sie nicht strukturell und stabil ist, sondern inhärent verarbeitend, wie Phantasien und Träume. Sie ist dem von Siegmund Freud so bezeichneten "Primärprozeß" verwandt.

Natürlich läßt sich das mit der recht gut begründeten Hypothese verknüpfen, daß die Hauptfunktion des Vorderhirns in einer Steuerungsrolle für die Integration und Planung von Handlungen bestehen besteht (Luria 1973, 187-225). Es muß einen selbstverstärkenden Zyklus höherer sprachlicher und geistiger Fähigkeiten und entsprechender Mikroveränderungen in der genetischen Grundlage der jeweiligen Funktionssysteme des Gehirns gegeben haben. Von dem Neurophysiologen Jean-Pierre Changeux (1984) habe ich erfahren, daß der größte Teil der hohen Kapazitäten des Menschenhirns schlicht durch die Multiplikation strukturell identischer Einheiten erklärbar sein könnte (man könnte sie "Mehrzweck-Assoziativfelder des Kortex" nennen), so daß keine wesentlich neuen Strukturtypen angenommen werden müssen.

Zusammengenommen gibt dies eine ziemlich logische Erklärung der raschen Entwicklung der sprechenden Menschen und ihrer Kultur - zu der auch die großartigen spanischen und französischen Höhlenmalereien gehören und ebenso all die physischen und kognitiven Werkzeuge, die die heute noch überlebenden Kulturen von Jägern und Sammlern besitzen. Rasch ist diese Entwicklung allerdings nur im Vergleich zum langsamen Fortschritt der frühen Menschen. Im Vergleich zum nächsten Stadium, Neusteinzeit, die nach "nur" siebentausend Jahren den ersten Stadtstaaten Platz machten, dauerte die Entwicklung und der stabile aber sich entwickelnde Endzustand ($S_{5,2}$) der sprechenden Menschen etwa fünf bis sechs Mal so lange.

Als unheilbarer Romantiker glaube ich mit Leakey und Lewin (1978), daß diese vierzig Jahrtausende in der Tat das "goldene Zeitalter" waren, von dem uns die ältesten Bücher erzählten, als das Zurückweichen der Gletscher die Natur wieder zu einem relativ harmonischen zyklischen Ökosystem machten und die sprechenden Menschen sich noch nicht so vermehrten wie nach der Erfindung der Landwirtschaft und Viehzucht. Nein, ich möchte nicht, daß wir zu diesem Lebensmuster (im Wege der Wiederverzauberung der Natur, wie manche sagen) zurückkehren. Ich möchte nur klar machen, daß ich nicht glaube, daß das Leben der sprechenden Menschen voller Elend, Hungersnot, Schrecken und Angst war, wie manche Forscher annehmen - 40.000 Jahre hätte dergleichen nicht dauern können.

7 Drittes Stadium:
Vergegenständlichte Vorbilder und die Herausbildung früher Gesellschaften (Neolithikum)

Der stabile Systemzustand ($S_{1,3}$) zu Beginn der Entwicklung, die zum dritten Stadium in der symbolischen Erzeugung sozialer Kohärenz führten, ist noch nicht detailliert genug beschrieben worden (es ist wiederum dasselbe wie im Endstadium [$S_{5,2}$] des Vorstadiums). Leider ist der Rahmen für diesen Text fast aufgebraucht. Ich muß auf einen anderen Argumentationsstil zurückgreifen und kann mich nicht mehr streng an die Fünf-Schritt-Methode halten.

Statt dessen berichte ich unmittelbar, was ich aus der relevanten Literatur über die mehr oder minder reife Form der Kommunikation durch das neue Mittel der in diesem Zeitraum erfundenen "vergegenständlichten Bedeutungssysteme" entnehmen konnte. Damit möchte ich alle Arten physisch hervorgebrachter Symbolsysteme bezeichnen einschließlich der höchsten Form dieses Zeitalters, des Schreibens und Zeichnens, aber auch ihre "frühesten Vorläufer" (Schmandt-Besserat, 1978), die in Mesopotamien aus kleinen Tontäfelchen bestanden, mit denen wie mit jedem anderen physischen Werkzeug hantiert (zählen, sortieren, verbringen) werden konnte.[85]

Der Mathematiker Peter Damerow hat (zusammen mit zwei Archäologen: Damerow, Englund & Nissen 1988) in einer peniblen Analyse der archaischen Texte aus Uruk (auf Tontäfelchen, vgl. Nissen 1986) nachweisen können, daß der abstrakte allgemeine Begriff der Zahl (und damit auch der des Zählens, "Schätzens" und Rechnens) eine Entwicklungsprodukt von mindestens eintausend Jahren der Verwendung mehrerer gesonderter und nicht leicht miteinander zu vereinbarender Zahlensysteme zur Zählung von Vieh, bestimmter Mengen von Feldfrüchten, zur Vermessung von Äckern usw. war. Dies zeigt wiederum, daß die Kraft der Symbolisierung trotz eines zentralen Merkmals der vergegenständlichten Symbolisierung langsam akkumuliert wird: physisch stabile Symbolstrukturen lassen sich außerhalb jeder laufenden Interaktion mit anderen Menschen vergleichen, wie Jack Goody überzeugend verdeutlicht hat (1977), indem er so verschiedene Systeme wie Listen geschriebener Worte, Tabellen aus übereinander angeordneten Linien, die alphabetische Schrift als solche und weiteres analysiert hat.

Wiederum finden wir dieselben zwei verschiedenen Unterstadien: Die Verwendung der Symbolisierung als Mittel für produktive oder soziale Tätigkeiten einerseits, und die rekursive Anwendung der Symbolisierung der Anwendung auf sich selbst. Wenn wir Goody folgen, hat dieser spätere, engere Zyklus mit dem Erwachsenwerden des Nachwuchses zu tun: Im Verlauf des Lernens, wie diese Systeme physischer Symbole zu gebrauchen sind, werden sie angeleitet, oder sind (selbst) bereit, diese Symbole nach ihrer Form zu sortieren und sich so die abstrakt allgemeinen, idealen (Ilyenkov) Muster der Kohärenz anzueignen, ohne den konkreten, detaillierten Inhalt kennen zu müssen, auf den diese Symbole verweisen.

So wird eine weitere Barriere durchbrochen: Die Grenzen der konkreten Erfahrung - die selbst die wildesten Streifzüge durch das Reich rein diskursiver Möglichkeiten durch die Notwendigkeit assoziativer Verbindungen in einem fortlaufenden Prozeß beschränkten, konnten jetzt überwunden werden.[86] So konnte die Symbolisierung strukturell werden: Die aussprechbaren Regeln, die die sozialen und produktiven Tätigkeiten reglementierten, konnten zu einem zusammenhängenden strukturierten Ganzen (wie zum Beispiel die Säule des Hammurabis bezeugt) zusammengefaßt

---

[85] Diese Entdeckung von Denise Schmandt-Besserat betrachte ich als den besten empirischen Beweis für die Wahrheit von Wygotskys Erkenntnis, daß Symbole Werkzeuge und Werkzeuge Symbole sind. Doch es sollte inzwischen klar geworden sein, daß diese Einsicht nur einen Teil der Gesamtbeschreibung von Bedeutungssystemen erfaßt.

[86] Der eindeutigste empirische Beweis für diese Aussage entstammt der berühmten Forschungsarbeit von Alexander Luria et al. (1986) in Mittelasien, in der Wandel in den Denkstilen durch die Fähigkeit zum Schreiben dokumentiert wird.

werden. Die gesellschaftliche Regelung des Umgangs, des Tausches von Gütern und Eigentumsrechten auf Boden, der ersten Formen der Rechtsprechung konnten nun eine neue Qualität der inneren Kohärenz erheischen, die die frühesten Formen relativ stabiler staatlich regulierter Gesellschaften ermöglichten.

Um das neue Stadium der Erzeugung sozialer Kohärenz voll zu erfassen, müßten wir natürlich die nun entstandenen radikal neuen Produktionsverhältnisse betrachten, weil jede landwirtschaftliche Siedlung ihr territoriales Eigentum verteidigen muß. Wir müßten die wachsende Macht der Mitglieder einer herrschenden Klasse berücksichtigen, die ihre Position entweder aus ihrer Rolle aus Kriegsführende in der Verteidigung gegen aggressiv expandierende Nomaden oder aus ihrer Rolle als Schamanen oder Priester der immer noch laufenden Aufführungen gemeinsamer ritualisierter dramatischer Erinnerung oder sogar aus der Kombination dieser und anderer Regelungs- oder Herrschaftsfunktionen erlangte. Dazu komme ich in diesem Text nicht mehr (vgl. Eder 1976 als einen Ansatz in diesem riesigen Problemfeld).

Ein Thema muß jedoch noch behandelt werden, bevor ich aufhören kann: Ich bin von der Annahme ausgegangen, daß es von der Zeit der Australopithecinen an gesonderte und reproduktiv abgeschlossene Tätigkeitssysteme gegeben hat, die zunächst durch einen besonderen Stil der Ausführung der notwendigen Körperbewegung unterscheidbar waren. Das daraus resultierende Muster aller dieser Systeme zusammengenommen (das heißt, seine Meta-Kohärenz) wird - nach meiner zentralen Annahme - durch symbolische Hervorbringung stabilisiert. Nun ist zum Zeitpunkt des Aufkommens der ersten Königreiche und Klassengesellschaften die Vielzahl der reproduktiv abgeschlossenen Tätigkeitssysteme im Vergleich überwältigend, aber dennoch sind diese vielen Ebenen des sozialen Umgangs durch spezialisierte "Berufe" koordiniert, die die symbolisch vergegenständlichten Regeln zwingend umsetzen (Steuereintreiber, Soldaten, Priester/Beamte und dergleichen).

Doch das gesamte Bild der Meta-Kohärenz kann nicht mehr entfaltet werden, nicht in einem gemeinschaftlichen Drama, nicht im Diskurs, und auch nicht im geschriebenen Text. Die "entsymbolisierten Medien von Geld und Macht" (Habermas) haben ihre "unsichtbare" Zwangs- und Steuerungsfunktion "hinter dem Rücken" sogar der meisten Mitglieder der herrschenden Klasse übernommen. Nun können die symbolisierenden Tätigkeiten (irrigerweise) als reiner "Überbau" wahrgenommen werden, der nur eine rein ideologische Funktion hat, "nichts als eine Rechtfertigung" usurpierter Macht ist und dergleichen. Ähnliches könnte für gewisse Schichten aller drei Bedeutungssysteme gelten, die ich hier unterschieden habe. Aber dennoch: Wenn die vorstehende Skizze der Entwicklung von Bedeutungssystemen überhaupt in ihrer grundlegenden Argumentationslinie überzeugend ist, müssen wir schlußfolgern, daß die Symbolisierungstätigkeiten genauso grundlegend, den materiellen Prozessen der gesellschaftlichen Reproduktion genauso nahe sind, wie die physisch produktiven Tätigkeiten. Das liegt daran, daß sie zu Beginn nichts anderes als die Körperbewegungen selbst waren, und weil jedes höhere Stadium in diese primäre Quelle der Kommunikation eingebettet bleibt: In den laufenden "sozialen Umgang mit seinen Formen, Mitteln und Modi" (Mikhailov).

Kooperative Modellproduktion von Professionellen und Klienten
erläutert am Beispiel des Repertory Grid

1 Motivation und Überblick

Ausgehend von Gigerenzers Darstellung der "Messung und Modellbildung in der Psychologie" (1981) möchte ich eine *Methodik der kooperativen Modellbildung* vorschlagen, die aus der tätigkeitstheoretischen Arbeitspsychologie (vgl. Raeithel 1990, 1993) abgeleitet ist. Hierdurch wird eine *Selbstanwendung der Arbeitspsychologie* zur Basis für die psychologische Methodenlehre. Das sollte eigentlich nicht erstaunlich sein, denn die psychologische Tätigkeit in Kliniken und Beratungseinrichtungen ist doch zweifellos ebenso Arbeit wie die bislang hauptsächlich im Brennpunkt der Arbeits- und Organisationspsychologie stehenden Produktions- und Bürotätigkeiten in Großbetrieben und Behörden. Es hat bloß noch kaum jemand die nötigen Folgerungen hieraus gezogen.

Als Beispiel für ein konkretes psychologisches Modell, das durch die Professionellen und ihre Klienten gemeinsam produziert wird, werde ich hier ausschließlich die Erhebung und Verwendung von Repertory Grids in einer professionellen Beratungs- oder Therapiesituation berücksichtigen. Der Anspruch ist jedoch umfassender, wie der folgende Abschnitt zeigen soll.

2 Entwicklung des Schemas für die kooperative Modellproduktion

2.1 Methodologie als Suche nach Regeln für die Arbeit mit Modellen

Für die Psychologie könnte der berühmte Satz von Heinrich Hertz gelten - aus der Vorrede zu den "Prinzipien der Mechanik" (1894/1984, S. 67):

> Das Verfahren aber, dessen wir uns zur Ableitung des Zukünftigen aus dem Vergangenen und damit zur Erlangung der erstrebten Voraussicht stets bedienen, ist dieses: Wir machen uns innere Scheinbilder oder Symbole der äußeren Gegenstände, und zwar machen wir sie von solcher Art, daß die denknotwendigen Folgen der Bilder stets wieder die Bilder seien von den naturnotwendigen Folgen der abgebildeten Gegenstände. Damit diese Forderung überhaupt erfüllbar sei, müssen gewisse Übereinstimmungen vorhanden sein zwischen der Natur und unserem Geiste. Die Erfahrung lehrt uns, daß die Forderung erfüllbar ist und daß also solche Übereinstimmungen in der Tat bestehen.

Erstaunlicherweise sprach der Naturwissenschaftler hier von "inneren Bildern" wie ein typischer Kognitionspsychologe von heute, dessen fundamentale Annahme die Existenz von mentalen symbolischen Repräsentationen im Kopf von Einzelpersonen ist. Die heutigen Wissenschaftssoziologen verorten im Gegensatz hierzu die symbolischen Modelle der Naturgegenstände in der äußeren Arbeitsumgebung, wenn sie

Naturwissenschaftler dabei beobachten, wie diese sich mit *äußeren* "Scheinbildern oder Symbolen" beschäftigen; zum Beispiel mit Gleichungssystemen an der Wandtafel, mit Spuren in der Blasenkammer, mit bewegten Bildschirmdarstellungen von komplizierten Biomolekülen (vgl. Knorr-Cetina 1990, Latour 1987). Eine dritte Position nehmen diejenigen radikalen Konstruktivisten ein, die eher biologisch vom einzelnen Organismus aus denken. Für sie sind die Begriffe "symbolische Repräsentation" und auch "Modell" mit dem Geburtsfehler aller abbildtheoretischen Auffassungen der Wahrnehmung behaftet. Francisco Varela folgt Gregory Bateson (1973: 429), wenn er sagt: Die Unterscheidung von Landkarte und Landschaft (map and territory) macht keinen Sinn, denn das visuelle Erfassen der Landschaft ist doch ebenfalls eine Konstruktionsleistung. Alles, was uns zugänglich ist, sind Karten.

Dies mag ja so sein, antworte ich. Dann müssen wir jedenfalls immer noch Zeichensysteme verschiedenen Typs unterscheiden (vgl. Raeithel 1985). Erlebte Landschaft und papierene Karte sind jedenfalls nicht dasselbe, und jeder Wanderer tut gut daran, die Karte immer als bloßes Modell der Landschaft zu betrachten, denn sie kann auf gänzlich unkorrigierbare Weise falsch sein, indem sie vorhandene Möglichkeiten nicht enthält oder nichtvorhandene genau wie die echten darstellt. Unsere Wahrnehmung ist dagegen selbstkorrigierend im Zusammenhang unserer Handlungen, sie folgt einer Selbstorganisation, die nicht auf Symbolverarbeitung des logischen oder mathematischen Typs angewiesen ist, und auch nicht auf Bewußtheit des Subjekts. Solche kognitionswissenschaftlichen und wissenschaftstheoretischen Fragen werde ich im folgenden nicht weiter behandeln. Vielmehr werde ich durch die Brille des Arbeitspsychologen, ähnlich wie die Wissenschaftssoziologie, den professionellen Psychologen auf die Finger sehen, wie sie in Kooperation mit ihren Klienten oder Patienten mit symbolischen Darstellungen hantieren.

Die Logik der Modellverwendung, die im Zitat von Hertz ausgedrückt ist, bleibt nämlich in diesem Streit um äußere oder innere Bilder völlig unberührt: Modelle sind dann von höchster wissenschaftlicher Güte, wenn "die denknotwendigen Folgen der Bilder stets wieder die Bilder sind von den naturnotwendigen Folgen der abgebildeten Gegenstände." Oder in heutigen Begriffen: die "berechenbaren Konsequenzen" der symbolischen Darstellungen müssen eine Vorwegnahme der wirklichen Konsequenzen in dem Sinn sein, daß deren Darstellung zu einem späteren Zeitpunkt mit ihnen übereinstimmt.

Dies ist das Hauptkennzeichen einer ausgereiften modernen Wissenschaft, und ich glaube, daß die Psychologie sich langsam in diese Region vorgearbeitet hat.

2.2 Gigerenzers fünfstellige Modellrelation (1981)

Das Schema, das Gerd Gigerenzer in seinem ersten Buch vorstellte, war ein erstes Beispiel für eine semiotisch informierte Methodikauffassung in der Psychologie (es wurde die heute zum Allgemeingut gehörende Semiotik von Morris - s. etwa 1977 - verwendet):

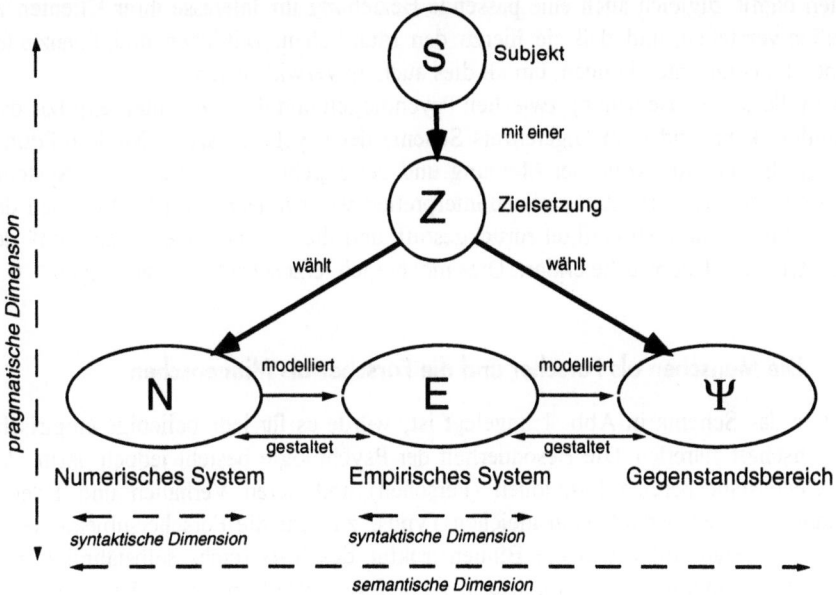

Abb. 1: Modellrelation nach Gigerenzer (1981, S. 31, Abb. 3)

In der älteren Methodenausbildung von Psychologen wurde nur das Verhältnis der N- und E-Systeme thematisiert, also etwa die Beziehung zwischen Fragebogenantworten (E) und den daraus gewonnenen Scores (N). Was Gigerenzer darüber hinausgehend im Diagramm festhält, ist die *Vermittlung,* die zwischen dem eigentlich gemeinten Gegenstandsbereich Ψ und dem "reinen" Modellbereich N (der mathematisierten, häufig bloß numerischen Strukturen) stattfinden muß:

- Einerseits muß eine besondere Sprache E (in psychologischen Begriffen) angenommen werden, die unsere "Versuchspersonen" auch verstehen können - das ist z.B. die Sprache der alltäglichen Selbstbeschreibungen, die in Fragebögen gängig ist, oder es ist die "Sprache" der Repertory-Grids, deren Wörter von den Klienten oder Patienten kommen, deren "Syntax" aber wir Psychologen bestimmen: Nämlich die je besondere Prozedur der Konstrukt-Herausrufung (Evokation, elicitation) und der Beurteilung aller Elemente auf jedem Konstrukt.
- Andererseits gehört auch immer eine besondere soziale Situation als bestimmender Kontext zur Datenerhebung in der praktischen Psychologie: Sei es der "weiße Raum" (Aaron Cicourel) einer antiseptischen, möglichst beobachter-unbeeinflußten Empirie, oder die mannigfaltig "bunten Räume" der psychologischen Praxen und Beratungs-Settings in Stadt und Land.

In Gigerenzers Diagramm kommt der soziale Kontext der Modellbildung implizit (also ein wenig versteckt) zur Geltung, denn das "Subjekt" - die jeweilige PsychologIn - wählt ja je nach Zielsetzung ein passendes Verhältnis von Gegenstandsbereich,

Vermittlersprache und formalem System aus. Zu hoffen steht, daß unsere Professionellen damit zugleich auch eine passende Beziehung im Interesse ihrer Klienten zu schaffen verstehen, und daß sie hierzu den räumlichen, zeitlichen und finanziellen Kontext so einrichten können, um all dies auch zu verwirklichen.

Um die soziale Beziehung zwischen Psychologen und ihren Klienten explizit darzustellen, kann und muß Gigerenzers Schema der psychologischen Modellbildung, das auf die leitende Rolle der Messung und der zugehörigen numerischen Systeme zugeschnitten war, erweitert und neu interpretiert werden. Dabei wird schließlich das N-System zu einem Hilfsmittel zurückgestuft, und die "kooperative Produktion" des E-Systems zur Hauptsache erklärt. Dies möchte ich jetzt schrittweise aufzeigen.

2.3   Die Menschen als Forscher und die Forscher als Mitmenschen

So wie das Schema in Abb. 1 angelegt ist, würde es für jede beliebige empirische Wissenschaft zutreffen. Die Besonderheit der Psychologie besteht jedoch darin, daß ihr Gegenstandsbereich Individuen (Personen) und deren Verhalten und Erleben umfaßt, also Gegenstände vom gleichen Typus, zu dem die Forschersubjekte selbst gehören. Hieraus folgt, daß die Binnenstruktur des Ψ-Bereichs selbstähnlich zum gesamten Diagramm sein muß, wie in Abb. 2 dargestellt und auch bei Gigerenzer (1981, S. 61, Abb. 6) berücksichtigt.

Die gemeinte Selbstähnlichkeit wird mit großer Klarheit in **Kellys Regel** ausgedrückt:

"Die Menschen können mit großem Gewinn so verstanden werden, als verhielten sie sich wie Wissenschaftler"

Obwohl Kellys Regel hier in der Mehrzahl formuliert wurde, ist das übliche Verständnis so, daß eine einzelne Person in ihrer Lebenswelt vorgestellt wird, die mit ihren Konstrukten hypothetisch und fallibilistisch die Wiederkehr von wichtigen Ereignissen voraussagt, und danach auch ihr Handeln ausrichtet[87]. Genau wie Gigerenzer betrachtet Kelly prinzipiell nur ein Subjekt in Interaktion (bzw. Transaktion) mit den Elementen (Objekten) seines Lebensraums, die durch Konstrukte (Merkmale) erfaßt werden.

Das Subjektmodell in Abb. 2 ist jedoch zu einfach für eine praxistaugliche Psychologie, wie ich in meiner Dissertation von 1981 aufgezeigt habe (Raeithel 1983, Kap.1). Ein minimales Subjektmodell für die praktische Psychologie muß zwei kommunizierende und kooperierende Personen vorstellen, wie Abb. 3 es zeigt. Es kommt zustande, wenn wir Gigerenzers Abb. 2 (1981, S. 27), in der ein Alltags-

---

[87]   Im Verlauf der großen Resonanz des auf Ernst Mach zurückgehenden logischen Positivismus kam es jedoch, wie so oft, zu einer entscheidenden Simplifizierung dieser heuristischen Regel, wie in einem neueren Buch von Gigerenzer (zusammen mit Murray) gezeigt wird: "Cognition as Intuitive Statistics" (1987). In mehreren psychologischen Experimentalparadigmen und zugehörigen Theorien wurden methodische Errungenschaften der Statistik und des experimentellen Designs in die Köpfe der normalen Menschen hineingelegt.

Subjekt mit seiner Sprache abgebildet ist, schlicht verdoppeln und die beiden entstehenden Teilschemata so orientieren, daß die beiden Subjekte über ein gemeinsames äußeres Zeichensystem E ($E_1 \approx E_2$) verfügen können.

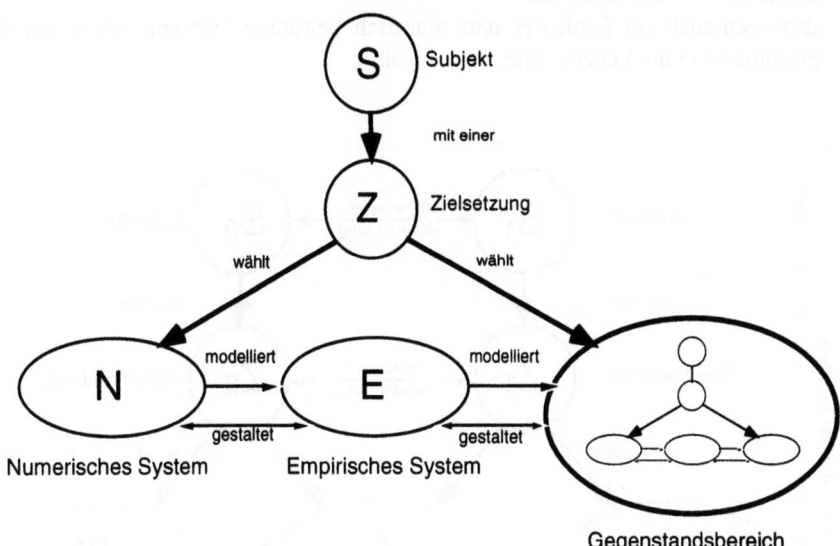

Abb. 2: Der Gegenstandsbereich Ψ ist selbstähnlich zum ganzen Schema

Die Bezeichnung "Sprache" für dieses Zeichensystem wäre nur adäquat, wenn wir "Sprache" sehr weit fassen und mit dem Unterton einer verschrifteten Sprache versehen würden (vgl. Scheerer 1992 zum Unterschied von Mündlichkeit und Schriftlichkeit). Die Hinzufügung eines zweiten Subjekts bedeutet nämlich auch, daß ein Verhältnis zwischen den Zielen beider Subjekte ($Z_1 \neq Z_2$) hinzugedacht werden muß, das kongruent bis widersprüchlich sein kann und eine eigene Kommunikationsweise erfordert: die diskursiv-sprachliche Abstimmung von Akteuren (vgl. Raeithel 1980, Oesterreich & Resch 1985). Eine dritte Ebene finden wir in den (dekontextualisiert nicht gut beschreibbaren) personalen Beziehungen der Akteure, abgesehen von ihrer derzeitigen Arbeits- und Zieilteilung. Auf diese "mimetische Abstimmung" komme ich später noch einmal kurz zu sprechen; sie ist im Kontext der kooperativen Modellproduktion zunächst einmal nicht so wichtig.

Ich möchte nun die Richtung von Kellys Regel auch umkehren können und sagen:

> **"Zur Entwicklung einer praxistauglichen Methodik kann der Wissenschaftler mit Gewinn als gewöhnlicher Mitmensch verstanden werden."**

Gesucht wird damit nach einer Auffassung von Methoden,

• die von einem möglichst umfassenden Modell der alltäglichen kooperativen Handlungsregulation ausgeht,

und bei der die gemachten Beobachtungen - die gefundenen Erklärungen - schließlich
•   in entsprechende Regeln umsetzbar sind, die sozial verallgemeinerbar sein müssen, um der sozialen Selbstregulation dienen zu können,
• wodurch die Psychologie ein noch wichtigeres kulturelles Element werden könnte
  als sie es ohnehin schon ist,
• aber eben auch ein fundiertes und praktisch bewährtes Element schon bei ihrer
  Einführung in die Lebens- und Arbeitswelt.

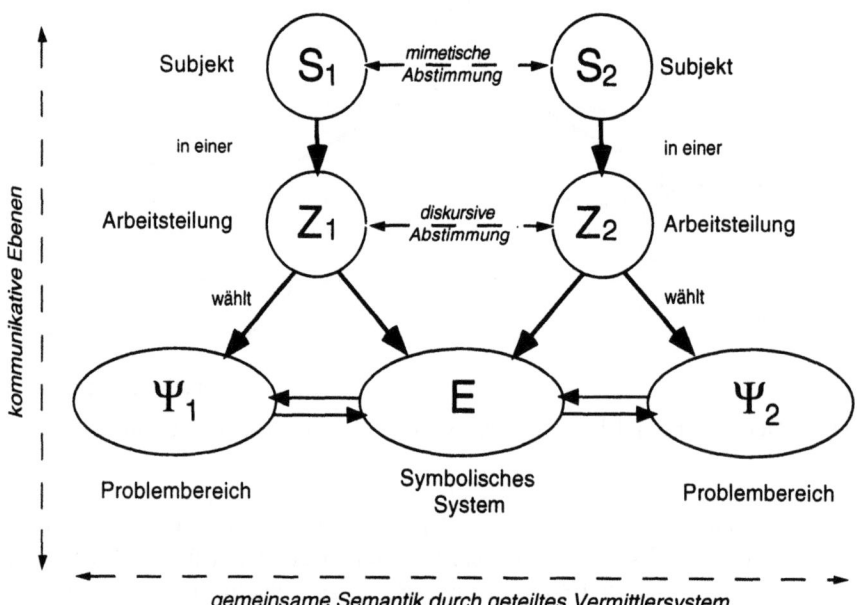

Abb. 3: Minimales Subjektmodell für die psychologische Praxis

Meine Umkehrung von Kellys Regel läuft also auf eine Psychologie des Wissen-
schaftlers hinaus, die schon Mach anstrebte, als er Anfang des Jahrhunderts schrieb
(1905, in der Vorrede zu "Erkenntnis und Irrtum", Untertitel: Skizzen zu einer Psychologie der Forschung):

> Der Naturforscher kann zufrieden sein, wenn er die bewußte psychische Tätigkeit des
> Forschers als eine methodisch geklärte, verschärfte und verfeinerte Abart der instink-
> tiven Tätigkeit der Tiere und Menschen wiedererkennt, die im Natur- und Kulturle-
> ben täglich geübt wird . (Mach 1991/1905, S. V)

Der Sozialforscher sollte heute aber, so meine ich, nicht schon mit dem Wiederer-
kennen des Instinktiven / Habituellen / Intuitiven in der individuellen Forschertätig-
keit zufrieden sein, sondern er sollte danach streben, auch die soziale Kohärenz (und
gegebenenfalls die Zersplitterung) des wissenschaftlichen Wissens semiotisch zu

erklären, immer als regulative Instanz des praktischen Könnens verstanden, um so die Besonderheit der menschlichen Erkenntnisfähigkeit besser zu erfassen, zu der die Tätigkeit der akademischen Forscher nur einen vorgeblich besonders abgesicherten, darum gut bezahlten, Teil beiträgt.

In der Entwicklung eines passenden Schemas für die kooperative Modellproduktion sind wir daher am Ende angelangt, wenn wir das Schema der alltäglichen Kooperation so in das Ausgangsschema der Modellbildung einbauen, daß das Forschersubjekt mit dem beforschten Subjekt auf die gleiche Kommunikationsebene gehoben wird, wie in der folgenden Abb. 4 zu sehen. Die nunmehr hinzugekommenen Abstimmungslinien hätten auch schon in Abb. 2 eingezeichnet werden können - eine wahrlich schräge Veranstaltung, die nun also geradegerückt ist.

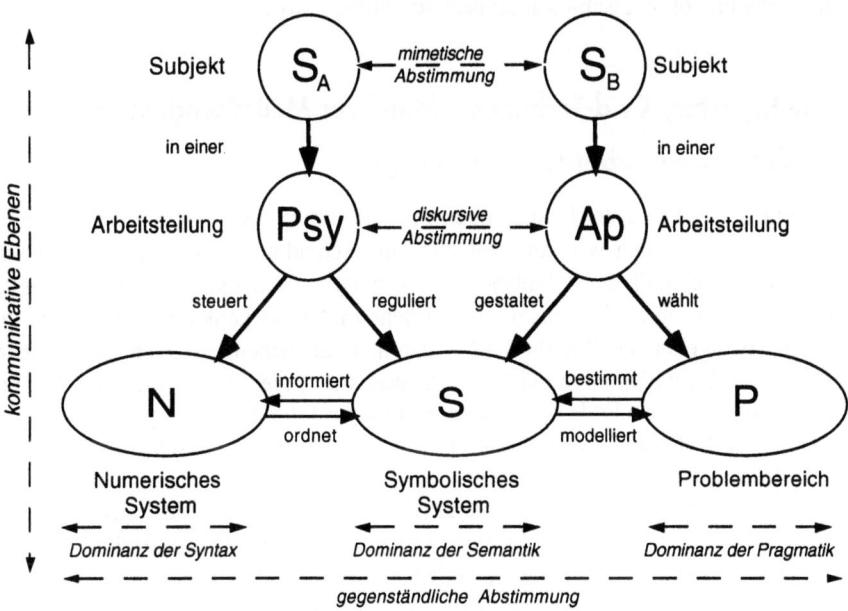

Abb. 4: Kooperative Modellproduktion (im Fall der Repertory Grids)

2.4   Allgemeinster Zweck der Methodenentwicklung: Soziale Selbstregulation

Als allgemeinste Zweckbestimmung der psychologischen Forschung möchte ich aus Peirces belief-doubt-Theorie des Erkenntnisprozesses (Peirce 1991/1887) die Generierung von Regeln der sozialen und individuellen Selbstregulation übernehmen (vgl. Morris 1977, S. 224 ff). Das Arbeitsobjekt der Forscher ist mithin immer eine bestimmte soziale oder individuelle Situation des Zweifelns (eine Problemsituation, wie wir heute sagen), für die allgemeine Lösungsmöglichkeiten gesucht werden. Sie sollen aus dem Problem herausführen, zur Festigung einer pragmatisch gerechtfertigten Überzeugung beitragen und schließlich zu einer neu begründeten Gewohnheit führen.

Außerhalb von einzelnen Anwendungsfällen bedeutet dies, daß wir Psychologen ein allgemeinpsychologisch fundiertes, menschliches Selbstverständnis erarbeiten sollten, eingeschlossen natürlich auch entwicklungs- und sozialpsychologische Aspekte, ohne die eine Psychologie nicht wirklich *allgemeine* Psychologie sein kann.

In den kanonischen (in der Diplomprüfungsordnung festgeschriebenen) Anwendungsfeldern geht es - genauer gesagt - um das Verständnis von existierenden und die Entwicklung von neuen pädagogischen Strategien, um therapeutische Hilfen zur Selbstregulation oder Strategien der Rehabilitation, und um Möglichkeiten der Umgestaltung der Arbeitswelt in Richtung auf persönlichkeitsförderliche, gemeinschaftsverträgliche und ökologisch-ökonomisch vernünftige Arbeit.

3 Die Repertory-Grid-Technik als Mittel zur Modellproduktion

3.1 Abstimmung, Arbeitsteilung und Regeln

Wenn wir das Schema der kooperativen Modellbildung (Abb. 4) als Analysemittel heranziehen, so werden wir zunächst zur Unterscheidung von drei "Ebenen" der Abstimmung innerhalb der Arbeitsbeziehung zwischen Klienten und Professionellen angehalten. In der mittleren (diskursiven) Ebene findet das konkrete Aushandeln und Festlegen der geltenden Regeln statt - durch sprachlichen, gestisch unterstützten Austausch. Gleichfalls einigen sich die Akteure auf dieser Ebene über den Beginn, den Fortschritt und das Ende bestimmter Phasen der Interaktion, besprechen Mißverständnisse und "Fehler", versichern sich der fortdauernden Existenz von gemeinsamen Handlungszielen, und so weiter.

Der Rahmen für diese gesamte Interaktion, die sich beim Grid-Verfahren häufig über mehrere "Sitzungen" erstreckt, wird nur in Ausnahmefällen vollständig besprochen. Er wird stets in wesentlichen Teilen nichtsprachlich abgestimmt - durch den Interaktionsstil, die eingesetzten sozial-kulturellen Muster des interpersonalen Handelns und ähnliches. So läßt sich z.B. eine Klientin nur zögerlich auf die ihr zu streng reguliert erscheinende Vergleichsprozedur des Grid-Verfahrens ein, was der Therapeut durch eine Auflockerung im Sinn eines kognitiv anspruchsvollen Spiels zu kontern weiß, ohne daß dieser "Spielzug" explizit benannt werden müßte, um im Sinn einer besseren Abstimmung wirksam zu werden. Solche "ko-mimetischen" Abstimmungen und ihre Deutungen durch Beobachter bzw. Beteiligte als "szenische Information" sind für alle Therapie- und Beratungsprozesse gleichermaßen bedeutsam (vgl. etwa Argelander 1970 als klassische Abhandlung), also kaum spezifisch für das Repertory-Grid-Verfahren. Sie werden aus diesem Grund hier eher flüchtig behandelt, zumal sich gerade wegen ihres nicht-sprachlichen Mediums kaum methodische Regeln mit strenger Geltung formulieren lassen.

Im größten Kontrast zu dieser "obersten" Ebene steht die dritte und "unterste" Ebene der Abstimmung zwischen den Akteuren, die ganz wesentlich durch das gemeinsam produzierte und bearbeitete symbolische Modell "hindurch" erfolgt. Das gegenständliche Medium - es umfaßt zu Beginn das vorbereitete Grid-Formular, gegen Ende die jeweiligen Auswertungspapiere, dazwischen eine Anzahl von Zwischenprodukten - ist zugleich die Basis des Austausches zwischen den Akteuren, wie auch "selbstdokumentierend" und damit zentrale Datenquelle des Verfahrens, wobei die übliche Vorsicht gegenüber Protokollfehlern auch hier sehr angebracht ist.

Es mag für manche Leser ungewöhnlich sein, den Vorgang des Entstehens zunächst eines Zeichenprotokolles, dann einer interpretierbaren Grafik als Kommunikations- und Abstimmungsprozeß zu betrachten. Vergleichbare Analysen der sog. Massenkommunikation, die zum großen Teil über gegenständlich-symbolische Medien (Presse, Reklame, Buchwesen) erfolgt, können aus Platzgründen nicht referiert werden (s. etwa Keitel, Otte u. Seeger 1980 zur Geschichte und Analyse von Schulbüchern). In der Allgemeinen Psychologie wurden externe symbolische Medien bislang recht stiefmütterlich behandelt. In neuerer Zeit nehmen jedoch die Arbeiten zum externen Gedächtnis zu - in Deutschland haben wohl Muthig und Schönpflug damit begonnen. Merlin Donald präsentiert in seinem Buch "Origins of the Modern Mind" (1991) eine umfassende Begründung für die Unverzichtbarkeit der Analyse von kulturell tradierten, äußeren, aber nicht-sprachlichen und nicht-mimetischen Symbolsystemen sogar für die Allgemeine Psychologie. Seine These von drei Entwicklungsstufen des menschlichen Geistes ist mit meiner Skizze von 1985 (im Abschnitt 2) in den Grundzügen deckungsgleich, jedoch aus kognitionspsychologischer Sicht und weitaus gründlicher dargestellt und belegt.

Außerdem sollte vielleicht kurz angemerkt werden, daß das Gridverfahren schon in der Standardversion neben quantitativen auch qualitative Daten erzeugt (nämlich die "Namen" für die Konstruktpole), sowie, daß es sehr nützlich ist, sowohl in praktischer Hinsicht, wie auch bei der Grundlagenforschung, wenn zumindest die Gespräche zwischen Klienten und Professionellen auf Band gespeichert und als Datenquellen genutzt werden. Wir wissen nicht genug über die Interaktion, aus der letztendlich eine Anzahl von Konstruktdefinitionen resultiert, um den Einfluß des Versuchsleiters genauer abschätzen zu können; hier wären Studien dringend nötig. Aber auch in jedem individuellen Fall einer Beratung ist die Möglichkeit des Rückgriffes auf eine Aufzeichnung der Erhebungssituation sehr nützlich, besonders in der Supervision und professionellen Selbstkontrolle.

Im folgenden wird es hauptsächlich darum gehen, die interpersonalen und modellproduzierenden Vorgänge auf den beiden unteren Stufen näher zu betrachten und dafür entsprechende Regeln zu formulieren. Es geht also um die Zielabstimmung zwischen Klienten und Professionellen und die individuellen Handlungsregulationen, vor allem auf der Seite der Professionellen. Bevor wir zu dieser Detailebene übergehen können, müssen wir den Kontext der Beratung oder Therapie noch genauer analysieren, da er die jeweils besondere Arbeitsteilung zwischen Psy und Ap bestimmt. Dieser soziale Kontext ist durch die Beratungs- oder Therapieinstitutionen in groben

Zügen vorgegeben, er wird von den einzelnen Professionellen ausgestaltet, wobei sie von ihren Klienten vieles lernen, und er wird in seiner aktuellen Entwicklung vor allem auf der mimetischen Ebene reguliert, wie oben bereits betont wurde.

3.2   Arbeitsteilung im Kontext des Beratungs- oder Therapievertrages

Im Überblick zu den Auswertungsmethoden für Repertory Grids (Raeithel 1993a) wurden drei verschiedene Arten der Verwendung der Auswertungsergebnisse definiert, die zugleich grundverschiedene soziale Kontexte bilden:

- Erstens die "rein professionelle" Auswertung, bei der die Therapeutinnen oder Berater ihre eigenen Schlüsse aus den Ergebnissen ziehen und die Klienten nur mit diesen Diagnosen und Deutungen konfrontieren, ohne Ergebnisdarstellungen zu verwenden. Die hier verwendeten Methoden müssen "nur" pragmatisch und gemäß den ethischen Prinzipien der Profession gerechtfertigt sein - es dürfen keine "Kunstfehler" unterlaufen.
- Zweitens die eigentlich kooperative Form des Repertory-Grid-Verfahrens, in der nicht nur die Erhebung der Daten, sondern auch die Analyse und Interpretation der Auswertungen gemeinsam erfolgt (dies ist zugleich ein Fall von konsensueller Validierung; s. Scheele u. Groeben 1988). Hier ergeben sich relativ neuartige Probleme in methodischer Hinsicht, denn es müssen Ergebnisdarstellungen entwickelt und benutzt werden, die auch von den Klienten ohne große Einübung gelesen und interpretiert werden können, was für die üblichen Computerlistings mit Ladungstabellen sicher nicht gilt.
- Drittens die Erzeugung quantitativer Daten aus den Gridprotokollen im Rahmen von empirischen Erhebungen. Hieraus ergeben sich die strengsten Bedingungen für die Erhebungs- und Auswertungsmethoden, stellen sich Fragen der Meßgüte und der externen Validierung. Die Interaktion der Versuchsleiter mit ihren Probanden ist in diesen Fällen so gut wie möglich kontrolliert und standardisiert, außerdem bislang meist (wie im ersten Fall) auf die Erhebungsphase beschränkt.

Alle drei Verwendungsarten des Rep-Grids kann man als kooperative Modellproduktion ansehen, wobei allerdings in den Fällen eins und drei die Rolle der Klienten sich auf das Auskunftgeben im Rahmen einer vom Professionellen bestimmten Prozedur beschränkt. Notwendigerweise wird hier viel stärker eine Rollenteilung in Experten und Ratsuchende bzw. Laien-Probanden realisiert als in der vollständig kooperativen Form. Dort wird eine mehr oder weniger symmetrisch balancierte Interaktion der professionellen Berater ("Reflexionshelfer" bei Jaeggi 1987, "Klärungshelfer" bei Schultz von Thun 1981) mit ihren Klienten angestrebt, die es ermöglicht, daß die Klienten sich selbst als Experten für ihren Lebens- oder Arbeitsbereich verstehen (lernen) können.

Als Konsequenz der symmetrischen Kooperation ergibt sich meines Erachtens, daß eine konsensuelle Validierung erfolgen *muß*, nicht bloß - zur Sicherung des Expertenurteils - erwogen werden *kann*. Unter klinischen Praktikern könnte diese Behauptung auf erheblichen Widerspruch stoßen, denn die Beziehungen zwischen

Ärztinnen oder Therapeuten und Patienten oder Klientinnen sind ja aus anderen Gründen stets mehr oder weniger asymmetrisch, und es ist sicher nicht in allen Fällen angezeigt, die kognitiv anspruchsvolle und emotional distanzierende Auswertung der Grid-Ergebnisse tatsächlich gemeinsam mit den Betroffenen durchzuführen. Die Diskussion solcher Einwände würde hier zu weit führen[88] und auch meine Kompetenz überschreiten, da ich mich vor allem mit arbeits- und organisationspsychologischen, sowie mit wissenspsychologischen Anwendungskontexten beschäftigt habe. Dort ist die symmetrische Kooperation viel selbstverständlicher. Im weiteren werde ich daher eine ideale Anwendungssituation schildern, in der die Interaktionspartner zwar verschiedene Kompetenz haben, aber ansonsten gleichrangig sind.

Allgemeine Rollenteilung

- Psy gibt den Rahmen mit drei Phasen vor und erklärt die Regeln.
- Ap übernimmt die Aufgabe, gibt Auskunft und prüft die Resultate.

Arbeitsteilung in der Erhebungsphase

- Ap ist Expertin für ihren eigenen Bereich.
- Psy notiert die Auskünfte und sucht Verständnis.

Alleinarbeit in der Ordnungsphase

- Psy systematisiert das Zeichenprotokoll und produziert ein gemeinsam lesbares Diagramm.

Arbeitsteilung in der Folgerungsphase

- Ap lernt das Lesen, prüft die Wiedergabe ihrer Urteile und zieht Folgerungen für künftiges Handeln.
- Psy assistiert, korrigiert, kommentiert und berät.

Kasten 1: Arbeitsteilung bei symmetrischer Kooperation
         (Psy = PsychologIn, Ap = Auskunftsperson)

Die Arbeitsteilung bei der kooperativen Griderhebung und -auswertung ist zusammenfassend im Kasten 1 dargestellt. Es werden drei Phasen unterschieden. Zunächst die Erhebung selbst, in der als symbolisches Produkt der Kooperation von PsychologIn (Psy) und Auskunftsperson (Ap) das ausgefüllte Grid-Formular erzeugt wird,

---

[88]   Linda Viney analysiert in ihrem Buch "Interpreting the Interpreters" (1987) die Professionellen und ihre Konstruktionen von Klienten noch gründlicher, als das hier geschehen kann. Sie unterscheidet mehrere Kontexte der Datenerhebung; von ihr habe ich die nachfolgende Einteilung in drei Phasen übernommen.

bzw. eine Datei im Arbeitsplatzrechner oder ähnliches. Das gemeinsame Operationsfeld S (in Abb. 4) besteht hier im möglichst korrekten und verständlichen Aufzeichnen der Auskünfte in standardisierter Form, wobei die Ap als Expertin auf das jeweils in Rede stehende Problemfeld (P) zurückgreift, um ihre Urteile abgeben zu können. Weitere Details werden weiter unten besprochen.

Die folgende Ordnungsphase ist sehr spezifisch für das Rep-Grid: Aus dem Protokoll der Urteile der Ap wird durch besondere Verfahren, heute meist mit einem Computerprogramm, ein Bild der Ähnlichkeitsstruktur von Elementen und Konstrukten erzeugt. Die PsychologIn muß das numerische und das symbolische Operationsfeld (N und S) so koordinieren, daß eine geordnete und leicht lesbare Struktur entsteht. Diese Arbeit wird Psy fast immer allein durchführen, hier ist ja auch vor allem ihr Wissen und Können als Expertin entscheidend.

Schließlich kommen die Interaktionspartner zur Folgerungsphase wieder zusammen. Je nach Erfahrung der Ap mit den Rep-Grids muß sie erst lernen, die von Psy vorgelegten Diagramme zu lesen, und je nach Problemlage kommen unterschiedliche mögliche Konsequenzen aus der dargestellten Wirklichkeitskonstruktion der Ap in Betracht und in die Diskussion. Hier bemühen sich Psy und Ap also gemeinsam um die Koordination von symbolischem Operationsfeld S und Problemfeld P.

3.3 Phasenbezogene Regeln der Grid-Technik

Nach der Erläuterung der Arbeitsteilung können wir uns nunmehr den im engeren Sinn methodischen Problemen zuwenden. In Begriffen der Tätigkeitstheorie (Leontjew 1977) geht es jetzt nicht mehr um die Handlungen der Interaktionspartner, sondern um die einzelnen Operationen, mit denen sie ihre Handlungen verwirklichen. Nur Operationen im Sinn von Leontjew können standardisiert werden, ihr zentrales Kennzeichen ist gerade die Automatisierbarkeit, der Übergang von Handlungsmustern "ins Können".

Um gleich mit einem Beispiel aus der Erhebungsphase zu beginnen: Der Ap werden drei Kärtchen vorgelegt, die Repräsentanten (Tokens) für drei bekannte Personen sind, und sie soll die Frage beantworten: "Welche zwei sind sich am ähnlichsten?" Hierfür sind Vergleichsoperationen nötig, über die wir nur wenig wissen, die z.T. mit äußeren Mitteln (Herumschieben der Kärtchen) unterstützt, jedenfalls so rasch gelernt und automatisiert werden können, daß die meisten Apn schon beim dritten oder fünften Konstrukt keine Hilfe mehr benötigen.

Alle Operationen, die durch die Regeln der Erhebungsphase aufgerufen werden (s. Kasten 2, wo die klassische Variante unter vielen möglichen ausgewählt ist), sind mehr oder weniger kognitiv (mental) oder auf Zeichen bezogen (semiotisch). Es handelt sich bis auf Schritt 6 um ganz gewöhnliche Alltagsoperationen, die hier lediglich systematischer durchgeführt werden. Gerade dieser Schritt, in dem die Konstruktpol-Formulierungen zwischen Psy und Ap ausgehandelt und festgelegt werden, ist aber entscheidend für die Qualität der Folgerungen, die aus der Gesamtauswertung gezogen werden können. In diesem zentralen Aushandlungsprozeß, in dem die Betei-

ligten stets erneut ein Konstrukt akzeptieren und protokollieren, werden die produktiven (aufklärenden, viablen, anschlußfähigen) Unterscheidungen im Problembereich
entweder gefunden oder übersehen. Bei Kelly (1955) finden wir eine Anzahl von
Merkmalen für "nicht akzeptable" Konstrukte, und es gibt vermutlich schulenspezi-
fische Differenzen. So werden etwa konstruktivistische oder systemische Therapeuten
eher darauf achten, daß die Pole auch positiv auffaßbare Ressourcen benennen, andere
Schulen würden vor so viel steuerndem Einfluß vielleicht eher zurückschrecken.

Regeln für die klassische Kelly-Erhebung

1 Für die von Psy sorgfältig ausgesuchten Typen von Elementen wählt Ap je ein
   Token.

2 Jedes Token wird auf einer kleinen Karte dargestellt.

3 Zwei oder drei dieser Karten werden aus allen gewählt;
   entweder systematisch durch Psy oder zufällig durch Ap.

4 Die Ap sucht eine Ähnlichkeit oder eine Differenz in dem Paar oder der Triade,
   hierdurch wird eine Unterscheidung in der Menge der Elemente gefunden
   - ein "persönliches Konstrukt" .

5 Initialpol und Kontrastpol werden sprachlich benannt.

6 Psy prüft das Konstrukt auf Relevanz, Viabilität und allgemeine Verstehbarkeit und
   erreicht zusammen mit Ap eine protokollierbare Version.

7 Alle Elemente werden auf diesem Konstrukt beurteilt.
   Mögliche Skalen sind:
   $\{-1, 0,+1\}$ oder mehrstufig oder kontinuierlich;
   die Null kodiert dabei Nichtanwendbarkeit und Neutralität zugleich.

8 3 bis 7 ergeben eine Zeile der Kelly-Matrix.

9 Insgesamt sind so viele Zeilen zu generieren, daß der Konstruktvorrat für die
   vorhandenen Elemente ausgeschöpft ist.

Kasten 2: Regeln für die Erhebungsphase

Bislang fehlen nach meiner Kenntnis Untersuchungen über die Einflüsse der genannten und weiterer Faktoren auf die Konstruktgenerierung. Sie dürften so erheblich sein
wie bei anderen Verfahren mit qualitativen Elementen, z.B. der Stukturlegetechnik
(s. etwa Birkhan 1987). Hier ist noch großer Raum für Forschung und Entwicklung.
    Ganz anders ist die Lage in der Ordnungsphase. Hier können die PsychologInnen
ihr ganzes Arsenal an Operationen und zugehörigen Methoden einsetzen, um möglichst gute Ordnungen in den Daten der Rep-Grids zu finden und als Tabellen und
Diagramme zu präsentieren. Meine eigene Forschungsarbeit in den letzten Jahren war
vor allem darauf gerichtet, ein Programmsystem zu entwerfen und zu implementie-

ren, mit dem solche Methoden auch für Nichtspezialisten leicht zugänglich werden, die die Forderung nach allgemeiner Lesbarkeit der Diagramme erfüllen (vorgestellt in Raeithel 1993a). Aus dieser Arbeit ergaben sich die vier Generalforderungen an eine gute Gridmethodik, die im Kasten 3 benannt sind und nun kurz näher erläutert werden.

Im folgenden Abschn., der den methodischen Kern dieses Artikels bildet, werden die obigen Zielbestimmungen schrittweise erläutert und begründet. Dabei werden den Lesern gegen Ende mehr und mehr mathematische Darstellungen zugemutet, die vielleicht auch in einem mathematischen Anhang hätten gebündelt werden können. Ich habe dennoch die vorliegende Form gewählt, weil nur sie geeignet ist, die ganze Argumentation schlüssig zu machen.

Zielbestimmungen für die Grid-Auswertungsmethodik

1 Das produzierte Diagramm soll möglichst mit "natürlichen Fähigkeiten der Mustererkennung" gelesen werden können. - *Graphiken.*

2 Die wechselseitige Bezogenheit der Objekte (Elemente) und der Merkmale (Konstrukte) soll sichtbar sein. - *Kohärenzsemantik.*

3 Die Ähnlichkeitsstruktur innerhalb der Objektmenge und innerhalb der Konstrukte ist möglichst getreu zu reproduzieren. - *Relationstreue.*

4 "Spannungen im Konstruktsystem" und "widersprüchliche Objekte" sind versuchsweise zu identifizieren. - *Konfliktkriterien.*

Kasten 3: Anforderungen an die Ordnungsphase

3.4 Graphische und vektorielle Modelle als Resultat der Ordnungsphase

Graphische Datenanalyse

In den letzten zwanzig Jahren, seit John W. Tukey (1971) die "Explorative Datenanalyse" als eine Erweiterung der klassischen "darstellenden Statistik" entwickelt hat, wurden in sämtlichen gängigen Analyseprogrammen graphische Darstellungen integriert, die den Methodikern als Indizien für ihre Detektivarbeit an den Daten dienen können. Leider wird diese neue Handwerkskunst in der Statistik noch zu wenig gelehrt - die gängigen Methodenbücher konzentrieren sich ganz überwiegend auf die schließende Statistik, wo die Wahrscheinlichkeitstheorie und die verschiedenen Testverfahren im Zentrum stehen.

Bei der Auswertung von Rep-Grids für einzelne Beratungsfälle ist die Methodik der Hypothesenprüfung von völlig nachgeordneter Bedeutung, am Anfang steht stets das Bemühen, die Komplexität der Daten überschaubar zu machen, damit Hypothesen zur Konstruktionsweise der Apn überhaupt erst einmal gesucht, gefunden und formuliert werden können.

Von dem französischen Kartographen Jacques Bertin (1982) wurde eine allgemeine graphische Technik für die Darstellung und Ordnung von Objekt-Merkmals-Matrizen entwickelt, die ohne weiteres auf Grids übertragbar ist. Die Zahlen des Grid werden systematisch in Grauwerte oder Farben umgesetzt (am besten durch ein Programm, vgl. Willutzki & Raeithel 1993), mit einer leicht lesbaren Legende versehen, und das so entstehende "Bertin-Diagramm" (Beispiel in Abb. 5) kann auch ohne weitere Ordnung mit entsprechender Erfahrung schon gelesen werden. Auf die Ordnung dieses graphischen Bildes durch Vertauschen von Zeilen und Spalten komme ich im nächsten Abschnitt zurück.

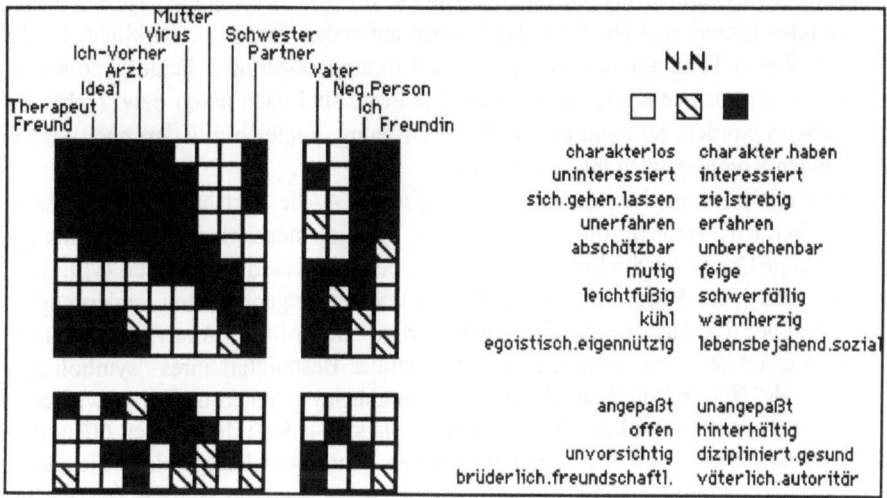

Abb. 5: Geordnetes Bertin-Diagramm mit Circumplex und Reststruktur

Die vollkommen voraussetzungslose Bertin-Methodik ist jedoch nicht die einzige Möglichkeit, die Prinzipien der graphischen, explorativen Datenanalyse in der Gridtechnik anzuwenden. Ein weiteres Beispiel, das ESA-Diagramm, wird im übernächsten Abschnitt (zur Relationstreue) behandelt, bekannt ist auch die Doppelordnung der Matrix mit angehängten Clusterbäumen, die als FOCUS-sierung eines Grids bezeichnet wird (s. Raeithel 1993a). Die Gemeinsamkeit all dieser Darstellungen besteht in folgenden Prinzipien:

• *Angewandte Wahrnehmungspsychologie* - Alles, was die Gestaltpsychologie und die an ihr geschulten Designer über die Wahrnehmung von Punktmustern, die Unterscheidbarkeit von Strukturen und die Lesbarkeit von Graphiken herausgefunden haben, sollte beim Design von datenanalytischen Graphiken beachtet werden. Im Kasten 3 ist die Rede von "natürlichen Fähigkeiten der Mustererkennung".

Damit ist nicht nur das völlig ungeschulte Sehen gemeint, sondern genauso all die angeeigneten Lesefertigkeiten, die zwar auf kulturelle, und nicht auf natürliche Entwicklungen zurückgehen, die wir aber in der Regel "vollkommen natürlich", also intuitiv und ohne Bewußtheit über das genaue Vorgehen als kognitive Operationen einsetzen können.

- *Trennung von Fit und Residue* - Dies ist das zentrale datenanalytische Prinzip: Bestimmte allgemeine Modelle des Zustandekommens der Daten werden auf sie angewendet, und die Fehler dieser Modellanpassung werden in einem folgenden Schritt wieder als Information (und nicht etwa als auszublendendes Rauschen) behandelt. Der Name des Prinzips leitet sich aus der bekannten Methode der linearen Regression ab: Das Modell ist dabei die lineare Funktion der abhängigen Variable, dargestellt als Gerade in einem Koordinatensystem. Die Residuen sind ebenfalls darstellbar als Abweichungslinien, die von der Geraden zu den Datenpunkten führen. In Abb. 5 ist das Prinzip auf andere Weise verwirklicht: Im linken oberen Teildiagramm ist eine klare Circumplex-Struktur herausgehoben, die dabei nicht passenden Konstrukte und Elemente sind nach unten bzw. rechts ausgelagert worden. So kann eine einfache Ordnung, zugleich mit den noch verbleibenden Komplexitäten inspiziert werden.

- *Konventionen zur Vermeidung von Lesefehlern* - Alle Verfahren erfordern Expertise bei den Personen, die sie verwenden. Irren ist menschlich und zugleich eine wichtige Quelle für die Entstehung neuer Ideen oder Handlungsweisen (vgl. Wehner 1992). Das Wissen um die häufigsten und die folgenreichsten Fehlermöglichkeiten bei der Auswertung, das die Experten - neuerdings "Analysten" genannt - im Verlauf der Jahre anhäufen, ist ein zentraler Bestandteil ihres "symbolischen Kapitals" (Pierre Bourdieu), der nicht selten geheim gehalten und privatwirtschaftlich genutzt wird. Im Lauf der Zeit entwickeln sich jedoch die nötigen öffentlichen Konventionen, die sich jedermann aneignen kann, und durch welche die häufigsten, die "dummen" Fehler vermieden werden können. Ein Beispiel aus der herkömmlichen Statistik ist die Angabe von Streuungsbereichen um Mittelwerte, damit deren Unterschied nicht überbewertet wird. Ein anderes Beispiel ist die Ellipse im ESA-Diagramm (s. unten), die nach einer Faustregel bestimmt wird (sie zeigt zwei Drittel der Streuung auf die Achsen), und die davor warnen soll, Punkte innerhalb der Ellipse ohne Kenntnis der Koordinaten auf den weiteren Achsen vorschnell zu interpretieren.

Die vorgenannten Basisanforderungen an Diagramme, die als Produkt der Grid-Auswertung entstehen, gelten genauso für alle andere Datenerhebungsverfahren. Die drei übrigen Auswertungsziele - Präsentation einer Kohärenzsemantik, Relationstreue der Abbildungen und Aufweis von konfliktuösen, widersprüchlichen, darum potentiell das neue verbergenden Stellen in der Klientenkonstruktion - sind dagegen die gridspezifischen Anforderungen, auf die ich nunmehr im Detail eingehen werde.

Kohärenzsemantik - Gegenseitige Bezogenheit von Konstrukten und Elementen

Eine der verblüffendsten Eigenschaften von Rep-Grids ist, daß bei jedem geübten Leser eines Bertin- oder ESA-Diagramms (Abb. 5 bzw. 6) sofort ein Bild der Wirklichkeitskonstruktion der Ap entsteht. "Blinddiagnosen" sind hier besonders einfach, jedenfalls im Vergleich mit Fragebogen-Profilen, die noch eine große Unsicherheit über den Kontext der darin aufscheinenden Erlebensweise einer Ap übriglassen, eigentlich nur zu ihrer abstrakten Einordnung taugen.

Der Grund hierfür ist, daß jeder Grid die entscheidenden Charakteristika seines Entstehungskontextes "in sich trägt": Was ein Element eigentlich ist, wird durch den inneren Sinnzusammenhang derjenigen Konstruktpole beschrieben, die auf dieses Element als Merkmale zutreffen - man liest die Liste und baut dabei ein Bild vom Element auf. Was diese Merkmalsbezeichnungen je für sich bedeuten, wird an der Unterscheidung erkennbar, die durch die beiden kontrastierten Merkmale (Konstruktpole) in der Menge der Elemente erzeugt wird. Schließlich tragen die abstrakten Sinnbeziehungen zwischen den Merkmalen (Ähnlichkeit, Unabhängigkeit, Gegensatz) zusätzliches zur Sinnerfassung bei, und auch die Ähnlichkeiten oder Gegensätzlichkeiten von Elementen wirken "ko-determinierend" auf das schließlich erreichte Verständnis des Element-Konstrukt-Zusammenhangs.

Gleiches gilt im übrigen für alle Objekt-Merkmals-Tabellen, wie sie schon seit Jahrhunderten für die Klassifikation und Ordnung von Naturgegenständen benutzt werden (s. Goody 1977, Damerow & Lefèvre 1981, Ganter, Wille & Wolff 1987). Kelly und seine Schüler haben zu dieser Tradition ein Verfahren zur methodisch geleiteten Produktion solcher Matrizen hinzugefügt. Wichtiger noch ist die forschungsleitende Hypothese, daß wir Menschen bei unserer Handlungsorientierung "persönliche Konstrukte" verwenden, die "dichotom" und werthaltig sind in dem Sinne, daß sich die Person immer schon für einen der beiden Pole - für eines der beiden kontrastierten unipolaren[89] Merkmale (Riemann 1987) - entschieden hat, bevor sie darüber nachdenkt und diese Entscheidung noch einmal bedenken kann. Ein persönliches Konstrukt ist also nicht irgendeine beliebige Unterscheidung der Elemente, gleich gültig wie jede andere. Vielmehr hält es einen *Unterschied* fest, *der für diese Person einen Unterschied macht:* "A difference that makes a difference," wie Gregory Batesons geniale Umschreibung für eine Idee, ein Element des Geistes, lautet (s. Bateson 1981, S. 576-585).

Eine Art hermeneutischer Zirkel muß von den Professionellen in Gang gebracht werden: Aus einigen Einzelheiten und auffälligen Kontrasten entsteht ein erstes, noch vages Gesamtbild und dient sogleich als Rahmen zur Einordnung weiterer, jetzt besser verständlicher Einzelheiten. Jede Auswertungsgraphik sollte dies Hin- und Hergehen zwischen dem Gesamtbild und den Einzelheiten, zwischen Elementen und Konstrukten und zwischen Ähnlichkeit und Gegensatz möglichst einfach machen. Im

---

[89] Die Unipolarität eines Merkmals bedeutet nicht, daß negative Kopplungen eines Elements mit dem Merkmal verboten wären. Für unipolare Merkmale gilt nur, daß der Gegenpol des Merkmals *inhaltlich unbestimmt* ist (vergleichbar mit Kellys "submerged pole") und daher immer mit der Bezeichnung "nicht-x" versehen werden kann, wenn x die Bezeichnung des Merkmals ist.

ESA-Diagramm (Abb. 6) wird dies erreicht durch die deutliche Trennung des Elemente-Musters - die schwarzen Quadrate und ihre Raumfigur im Innenraum - von den sinnhaltigen Merkmalsrichtungen. Die Polbenennungen werden außen an den Richtungslinien angegeben, während die tatsächlichen Endpunkte der Konstruktvektoren durch eher unauffällige Kreuze markiert sind.

Das Bertin-Diagramm und die FOCUS-Graphik ermöglichen eine andersartige Übersicht durch eine Neuordnung der Zeilen und Spalten der Grid-Matrix, von Hand oder mit einem programmierten Algorithmus. - Anfänger in der Datenanalytik sind häufig sehr überrascht zu erfahren, daß die Ordnung der Spalten und Zeilen völlig beliebig gewählt (permutiert) werden kann. Es kommt nur darauf an, daß die "Kopplungen" zwischen Elementen und Konstrukten (Objekten und Merkmalen) nicht gestört wird. Dies kann man nun ausnützen, um die beste lineare Ähnlichkeitsabfolge der Elemente und der Konstrukte zu finden. Hierbei muß man sich denken, daß die am weitesten rechts stehenden Spalten durch Verdoppeln der Matrix direkt neben den am weitesten links stehenden Spalten zu liegen kämen - entsprechendes gilt für die Zeilen. Allerdings ist eine optimale Ordnung nicht in jedem Grid zu erzielen (s. Fit und Residue oben) und es kann sehr wohl mehrere verschiedene Ordnungen geben.

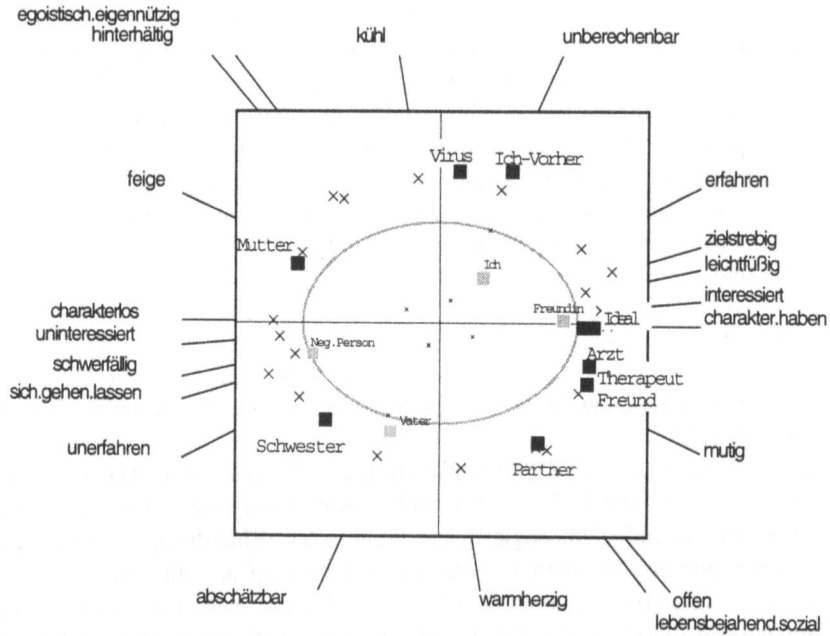

Abb. 6: ESA-Diagramm des Grids aus Abb. 5
Slaterbild für erste und zweite Hauptachse; Elemente und Konstrukte mit hohen Ladungen auf der dritten Hauptachse sind grau bzw. ohne Polbezeichnungen außen

Der gegenseitig verweisende Zusammenhang - die Kohärenzsemantik - von Elementen und Konstrukten kann durch eine bestimmte lineare Anordnung der Spalten und Zeilen im Grid am einfachsten lesbar gemacht werden. Jedoch ist im solchermaßen neugeordneten Grid (ohne Clusterbäume, s. Abb. 5) das Ausmaß der Ähnlichkeit bzw. Unähnlichkeit von Elementen und Konstrukten nicht ohne weiteres ablesbar. Das aber ist Inhalt der nächsten Forderung.

Relationstreue: Sichtbarkeit der Ähnlichkeitsstruktur von Elementen und Konstrukten

Das ESA-Diagramm in Abb. 6 zeigt das Ausmaß der Ähnlichkeit bzw. Gegensätzlichkeit der Elemente durch die räumliche Nähe bzw. Ferne (Distanz) der sie symbolisierenden Quadrate. Man kann Ähnlichkeit oder Gegensatz zweier Elemente ebenso am Winkel erkennen, den die beiden gedachten Verbindungslinien der Elementquadrate mit dem Zentrum aufspannen. Bei zwei Konstrukten sind Ähnlichkeit und Gegensatz direkt am gegenseitigen Winkel der Richtungslinien ablesbar. - Alle diese Aussagen gelten jedoch nur ungefähr, denn die duale Hauptkomponentenanalyse von Repertory Grids - ich bezeichne sie als Eigenstruktur-Analyse oder ESA (s. Raeithel 1991) - ergibt meist eine höherdimensionale Lösung, in der Regel 3 bis 5 Dimensionen. Jedes einzelne Diagramm stellt also lediglich eine zweidimensionale Projektion der Gesamtlösung dar. Man muß mit Verzerrungen der Ähnlichkeiten rechnen, wir brauchen hier im Gegensatz zu Bertin-Diagrammen einige Regeln zur Vermeidung von Ablesefehlern.

Überhaupt gibt es unter den Psychologen einen alten Streit um die Zulässigkeit der Hauptkomponentenanalyse (PCA) bei der Grid-Auswertung (s. Spangenberg & Wolff 1990). Einmal ist die Voraussetzung der *metrischen Datenqualität* durch die üblichen Erhebungsverfahren keinesfalls absolut gesichert. Das gilt zwar auch für viele andere Verfahren der Psychologie, wirft aber die Frage des "richtigen" Ähnlichkeitsmaßes auf, denn je nach Skalenniveau kämen ja ganz verschiedene Koeffizienten in Betracht. Zum anderen ist gerade die Verwandtschaft der Grid-PCA mit der psychologischen Faktoranalyse ein großes Hindernis beim Verständnis ihrer Analyseergebnisse. Es lohnt sich daher, die Gründe, die für die Berechtigung oder sogar für die Bevorzugung der Grid-PCA sprechen, einmal näher anzusehen.

1. Skalenniveau

Genauer gesagt, ist die ESA eine zweifache (duale) PCA der Grid-Rohwerte: Sowohl für die Elemente, wie auch für die Konstrukte werden Koordinaten auf den sog. Hauptachsen direkt aus den Zahlen des Grids errechnet. Dies geschieht ohne irgendwelche Transformationen, die bei der Faktorenanalyse üblich sind (z-Standardisierung und Verwendung von Korrelationskoeffizienten). Wegen des Dichotomie-Korollars müssen die möglichen Scores außerdem um die neutrale Null verteilt sein. Die Null (das Zentrum jedes ESA-Diagramms) hat nämlich eine inhaltliche, nicht bloß statistische Bedeutung: die vollkommene Neutralität eines Elements, bzw. den "Umschlagspunkt" vom Pol in den Gegenpol eines Konstrukts. Damit wird nicht nur die einfachste metrische Skala (eine Intervallskala), sondern sogar eine Ratioskala vorausgesetzt. Die einfachste Ratioskala aber ist: {-1, 0, 1}. Man kann hierbei davon ausgehen, daß alle Einsen (abgesehen von ihrem Vorzeichen) tatsächlich das gleiche messen, nämlich das Zutreffen eines Merkmals (Konstruktpols) auf ein Element. Das Grid von Abb. 5 ff. wurde mit dieser Skala erhoben.

Im folgenden werde ich also so tun, *als ob* in allen Fällen der Grid-Erhebung eine Ratioskala vorläge. Meine Absicht ist es zu zeigen, daß wir dann über ein sehr mächtiges Inventar zur Analyse von Grids verfügen. Erst sekundär würde interessant, welche Auswirkungen bei gravierenden Verletzungen der Annahme zu erwarten wären. Wie gesagt, können diese nur bei mehrwertigen Skalen (z.B. der beliebten Sechser-Skala mit "verbotener Mitte") vorkommen, so daß uns immer noch der Ausweg bliebe, mit der relativ groben Messung der triadischen Skala zufrieden zu sein.

2. Euklidische Distanz, Winkel und Kongruenzkoeffizient

Wenn die Ähnlichkeit zweier Objekte (Gridelemente) anhand von Messungen auf vielen miteinander vergleichbaren Ratioskalen berechnet und als Raumdistanzen dargestellt werden soll, wird normalerweise einfach die euklidische Distanz (die Länge des Differenzvektors) berechnet. Dies ist jedoch nur dann korrekt, wenn vorausgesetzt werden kann, daß die Konstrukte ein orthogonales (rechtwinkliges) Achsensystem bilden. Inhaltlich würde dies heißen, daß die Auskunftsperson alle Konstrukte so benutzt, als wären sie voneinander *unabhängig* und könnten in *jede beliebige Kombination* treten, um ein Element zu bilden. - Genau die gleiche Voraussetzung gilt für die übliche Winkelberechnung und für die Korrelationsrechnung, die davon abgeleitet ist.

In der Literatur und den Programmen zur Gridanalyse finden sich Warnungen vor der Verwendung von Korrelationsmaßen für die Elemente, da sie nicht invariant gegenüber Konstruktreflexionen seien. Der Pearsonsche Korrelationskoeffizient ist auch tatsächlich nicht geeignet, da er eine vorgängige Standardisierung jedes Elementvektors impliziert, damit eine Nullpunktsverschiebung, die bei einer Ratioskala einfach nicht erlaubt ist. Geeignet ist jedoch ein anderes Assoziationsmaß, der Kongruenzkoeffizient (Zegers & ten Berge 1985), der sich schlicht als Kosinus des Winkels errechnet und auch invariant ist gegenüber Konstruktreflexionen. Alle üblichen Interpretationsweisen der Korrelation machen auch mit der Kongruenz Sinn (quadriert ergibt sich z.B. ein Anteilsmaß für die gemeinsame Variation), und zusätzlich kann man auch für ganze Matrizen Kongruenzen berechnen.

Die mit der ESA unterstellte prinzipielle Unabhängigkeit aller Konstrukte voneinander können wir wohl kaum psychologisch begründen, denn wir suchen ja gerade nach einer Abbildung der erlebten Abhängigkeit, daher Ähnlichkeit von Konstruktionen, die sich in einem bestimmten, mehr oder weniger spitzen Winkel (kleiner als 45°) der Konstrukt- bzw. Elementvektoren zeigen soll (entsprechend einer hohen Kongruenz: größer als 0.71). Dennoch sind die ESA-Ergebnisse sehr nützlich, denn sie zeigen, *was der Fall wäre, wenn die Konstrukte tatsächlich orthogonal verwendet würden.* Weiter unten wird im übrigen die "Vektorbalance" besprochen, die keine Orthogonalität voraussetzt.

3. Die duale PCA (ESA) als Rotation zweier Punktwolken in eine optimale Lage

Während es in der Faktoranalyse (FA) um eine Reduktion der Datenmenge geht und eine Anzahl von "Faktoren" oder "latenten Variablen" gefunden werden soll, ist das Ziel der ESA die bestmögliche Darstellung der Unterschiedlichkeit und Ähnlichkeit der Elemente und Konstrukte. Beide Ziele lassen sich zwar mit den gleichen mathematischen Mitteln erreichen, nämlich mit der PCA oder Hauptkomponentenanalyse (Principal Components Analysis, vgl. Jolliffe 1986), die man auf die "Singulärwertzerlegung einer rechteckigen, reellen Matrix" (SVD = Singular Values Decomposition) zurückführen kann. Aber FA und ESA haben eben doch ganz verschiedene Ziele: Bei der Grid-Analyse wird nach der individuellen Struktur einer Auskunftsperson gesucht, während man sich in der Faktoranalyse um die Verbesserung von Beschreibungsdimensionen für Stichproben von Versuchspersonen bemüht.

Die Singulärwertzerlegung ist ein Algorithmus, d.h. eine Rechenvorschrift, der garantiert zu dem Ergebnis führt, daß eine rechteckige Matrix aus reellen Zahlen in drei Teilmatrizen zerlegt ist. Miteinander multipliziert ergeben diese wieder die Ausgangsmatrix. - Wenn X die Kelly-Matrix (d.h. die zusammengefaßten Zahlen des Grids mit den Elementen in Spalten) ist, dann kann man aus ihr immer drei Matrizen U, L und A so berechnen, daß gilt:

$$[1] \quad X \;=\; U \cdot L \cdot A^{T}$$

Um die Koordinaten der positiven Konstruktpole auf den Hauptachsen zu errechnen, wird man die Matrix M (deren Zeilen Merkmals-Bildvektoren sind) wie folgt bilden:

$$[2] \quad M \;=\; X \cdot A$$

Entsprechend findet man die Koordinaten der Elemente auf den Hauptachsen durch Berechnung der Matrix O (Zeilen sind die Objekt-Bildvektoren) durch:

$$[3] \quad O \;=\; X^{T} \cdot U \,.$$

A und U sind orthonormale Rotationsmatrizen, die jeweils eine Punktwolke aus ihrer ursprünglichen Lage in eine neue Lage rotieren - dies gilt streng nur für quadratische Grid-Matrizen (s.u.).

Im Kontext der Repertory Grids bedeutet dies zunächst, daß durch U die Punktwolke der *Elemente* aus ihrer ursprünglichen Lage im Achsensystem der Konstrukte so rotiert wird, daß die neue erste Achse die größte Variation zwischen den Elementen aufweist. Sie wird daher auch erste Hauptachse genannt. Die weiteren Achsen sind nach dem gleichen Prinzip der maximalen Variationsansammlung aus dem verbleibenden Rest konstruiert, und alle Achsen stehen senkrecht aufeinander. Damit ist garantiert, daß die Darstellung der ersten zwei oder drei Hauptachsen die insgesamt größten Unterschiede zwischen den Elementen aufzeigt.

Dual zum Vorgehen beim Rotieren der Elementbilder kann man auch die *Konstrukte* als Punktwolke im Achsensystem der Elemente eintragen und hat dann mit A eine vollkommen vergleichbare Rotationsvorschrift auf die Hauptachsen der Konstrukte.

L ist die Diagonalmatrix der Singulärwerte, die den Streuungen der Objekt- bzw. Merkmalskoordinaten auf den Hauptachsen entsprechen, in fallender Größe angeordnet (Streuung gleich Wurzel aus Variation). Die Tatsache, daß es nur eine Matrix **L** gibt, weist daraufhin, daß die Hauptachsen der Elemente und die der Konstrukte miteinander identifiziert werden können, was wiederum die Biplot-Darstellung in den ESA-Diagrammen erlaubt. Patrick Slater hat diese gemeinsame Darstellung beider Arten von Bildern in einem gemeinsamen Raum als erster für Grids benutzt. In einem "grauen Papier" schreibt Slater 1973 über seine damit eng zusammenhängende Entdeckung, daß auch zwischen Konstrukt- und Elementbildern Korrelationen (bzw. Kongruenzen) berechenbar sind, und über mögliche Konsequenzen: "Now a door has been opened, but what lies beyond has still to be discovered" (Slater, 1982). Einiges davon wird im folgenden berichtet.

Außer der genannten Eigenschaft, in abfallender Ordnung die Variationsgrößen zu maximieren, hat die spezielle Rotation auf die Hauptachsen zunächst keine weitere Bedeutung. So kann man etwa im Raum der ersten drei Hauptachsen durch Handrotation andere zweidimensionale Projektionen finden (Beispiel in Abb. 7), die für eine Interpretation des Grids fruchtbarer sind als die Standardprojektion der Bilder auf die Ebene der ersten beiden Hauptachsen (Abb. 6). Eine beispielhafte Interpretation für die Handrotation in Abb. 7 wird erst im Abschnitt über Konfliktkriterien gegeben; zuvor müssen wir noch weitere Aspekte der vektoriellen Grid-Analyse behandeln.

4. Die ESA als iterative Errechnung der matrixeigenen Ähnlichkeitsstruktur

Etliche Leser dieses Artikels werden, so denke ich, die soeben gegebenen Erläuterungen ("Singulärwertzerlegung," etc.) nur mäßig hilfreich finden. Dennoch ist wohl deutlich geworden, daß das Ganze für entsprechend Eingeweihte recht einfach zu verstehen und daher auch für Nichtfachleute getrost praktisch einsetzbar ist. - Viele Teilnehmer meiner Seminare waren jedoch nicht damit zufrieden, bloß die Erklärungen im Abschnitt 3 zu hören und auch zu begreifen, wie man mit dem ESA-Ergebnis praktisch umgeht. Immer wollten sie zusätzlich so genau wie möglich verstehen, wie diese Lösung berechnet werden kann. Leider habe ich erst spät gelernt, meine Kenntnisse hier im Zaum zu halten und die einfachste und durchsichtigste Methode als einzige zu präsentieren. Der im folgenden erläuterte Algorithmus kann leicht nachprogrammiert werden. Für die kleinen Grid-Matrizen ist diese Berechnungsweise fast immer effizient genug. Die modernen Methoden sind eher gedacht für die gigantischen Matrizen, die etwa bei der Wettervorhersage verarbeitet werden müssen[90].

In der Gleichungssprache lautet der Algorithmus wie folgt - in den folgenden Erläuterungen ist eine quadratische Grid-Matrix **X** (n ist die Zeilenzahl, p die Spaltenzahl, $p = n$) vorausgesetzt:

[4] $\mathbf{A}_0 = \mathbf{Id}_p$ Beginn mit der Einheitsmatrix, der identischen Rotation

---

[90]   Die meisten Mathematikprogramme verwenden einen Algorithmus, der zwar äußerst effizient ist, aber auf sehr tiefliegenden Theoremen der Funktionentheorie basiert (s. etwa Wilkinson & Reinsch, 1971). Inzwischen sind noch bessere Algorithmen entwickelt worden (Godunov et al., 1994). Die iterative Methode, wie hier angegeben, kann sehr lange dauern, sofern zwei oder mehr Singulärwerte nahe beieinander liegen. Große Dauer, d.h. viele Iterationen bis zur Konvergenz, ist aber nicht bloß lästig, sondern sagt auch etwas über die Matrix (s.u.).

Iterationen mit $i = 1, 2, 3 \dots$

[5] $\quad M_i = X \cdot A_{i-1}$ $\qquad$ Bilder der Konstrukte (Merkmale), wie [2]

[6] $\quad U_i = orthonorm(M_i)$ $\qquad$ Orthonormierung der Spalten von M_i

[7] $\quad O_i = X^T \cdot U_i$ $\qquad$ Bilder der Elemente (Objekte),wie [3]

[8] $\quad A_i = orthonorm(O_i)$ $\qquad$ Orthonormierung der Spalten von O_i

[9] $\quad$ Iterationsende, sobald die euklidische Norm der Differenzmatrix
$\qquad \| A_i - A_{i-1} \| < \varepsilon$ wird.

[10] $\quad L = diag(M^T \cdot M)^{1/2} = diag(O^T \cdot O)^{1/2}.$

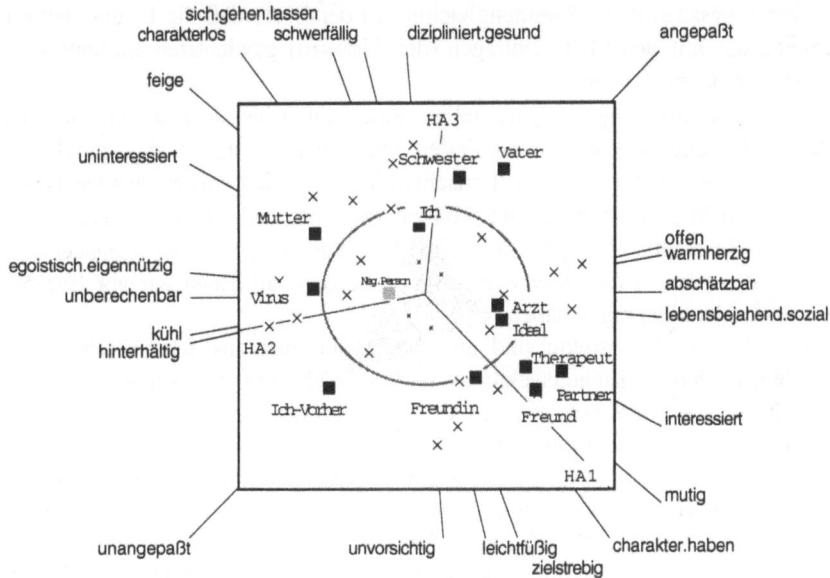

Abb. 7: Alternatives ESA-Diagramm des Grids aus Abb. 5 und 6
Handrotiertes Slaterbild, Projektion auf eine Ebene im Raum der ersten drei Hauptachsen, angestrebt wurde die größte Fläche des schattierten Selbstbilder-Dreiecks.

Um die beiden Rotationsmatrizen A und U zu finden, beginnen wir mit einer identischen Rotation, die aus der Grid-Matrix Bildvektoren in zunächst identischer Lage erzeugt. Aus diesen Merkmalsbildern errechnen wir durch Orthonormierung (s. z.B. Rhenius 1983, S. 112) eine erste Annäherung an U und benutzen diese zur Erzeugung von Objektbildern. Im vierten Schritt gewinnen wir durch Orthonormierung der Objektbilder einen Ersatz für die anfängliche Rotationsmatrix A0. Wenn wir diese Berechnung oft genug wiederholen (iterieren), dann werden die Rotationen sich immer mehr gleichen, und wir können abbrechen, sobald das festgesetzte ε (z.B.: ε = 0.0001) unterschritten wird[91].

Wir haben also gesehen, daß ausgehend von einer völlig neutralen Rotation das hartnäckig wiederholte Rotieren der Gridmatrix schließlich zur Hauptachsenordnung der Bilder führt. Die Hauptachsen sind ein vermittelndes Bezugssystem sowohl für die Elemente, wie für die Konstrukte. Das Bezugssystem wird nicht von außen an die Matrix herangetragen, sondern ist ihr von innen heraus zu eigen - daher der Name Eigenstruktur-Analyse (vgl. Green 1976, Kap. 5). Die *Selbstbezüglichkeit der Eigenstruktur* wird noch anschaulicher, wenn wir die Matrizengleichungen [2] und [3] auf eine der zwei möglichen Weisen in Vektorschreibweise umformen (Raeithel, 1991):

[2'] $\mathbf{m}_{i\bullet} = \sum_j x_{i,j} \cdot \mathbf{a}_{j\bullet}$ für i=1...n und jeweils über alle j=1...p,

[3'] $\mathbf{o}_{j\bullet} = \sum_i x_{j,i} \cdot \mathbf{u}_{i\bullet}$ für j=1...p und jeweils über alle i=1...n

In Worten besagen diese Summengleichungen der ESA, daß die Bilder vektorielle Summen aus mit den Matrixeinträgen (den Urteilen) gewichteten Einheitsvektoren (Zeilen von **A** und **U**) sind.

Die interessante Frage ist: Was stellen diese Einheitsvektoren $\mathbf{a}_{j\bullet}$ und $\mathbf{u}_{i\bullet}$ inhaltlich dar? Bislang sind sie nur als Zeilen einer Rotationsmatrix angesprochen worden. Sie werden jedoch auf algorithmischem Weg aus den entsprechenden Bild-Matrizen **O** und **M** gewonnen, und wir können sie daher auch als alternative Repräsentanten des j-ten Objekts ($\mathbf{a}_{j\bullet}$) bzw. i-ten Merkmals ($\mathbf{u}_{i\bullet}$) ansehen. Genauer gesagt, sind sie die *rotierten Einheiten der Ausgangsachsen,* auf denen wir vor Beginn der ESA die Bilder abgetragen haben.

Die Bilder der Konstrukte sind also bloße Summen aus den mit den Urteilen gewichteten Element-Einheitsvektoren, und zugleich sind die Bilder der Elemente nichts anderes als Summen aus den mit den Urteilen gewichteten Konstrukt-Einheitsvektoren. Das erste ergibt sich aus dem zweiten, und das zweite aus dem ersten. Die gegenseitige Bestimmung, oben Kohärenzsemantik genannt, findet sich auch in der mathematischen Struktur der Grid-Matrizen selbst.

Aus der Orthonormalität folgt nun, daß die Konstrukt- und Elementeinheiten in den Zeilen von **U** und **A** immer noch aufeinander senkrecht stehen[92], während die Bildvektoren der Elemente und Konstrukte im Regelfall große Ähnlichkeiten (kleine Winkel und Distanzen) zwischen einigen - und ziemliche Gegensätze zwischen anderen - zeigen. Der zu einem bestimmten Einheitsvektor gehörige Bildvektor wird also mit diesem im allgemeinen einen kleinen oder größeren Winkel bilden, oder anders

---

[91]   Jede rechteckige Matrix läßt sich (durch Hinzufügen von Nullvektoren) zur quadratischen Matrix erweitern. Die Orthonormierungsprozedur muß dann auch eine orthogonale Basis für den "Nullraum" der Matrix generieren. - Die angegebenen Gleichungen gelten auch für den Fall, daß die Spaltenzahl kleiner ist als die Zeilenzahl. Sollte es gerade andersherum sein (weniger Zeilen als Spalten), müßte man mit $\mathbf{U} = \mathbf{Id}_n$ beginnen. Bei solchen rechteckigen Grids ist eine der beiden Matrizen, **U** oder **A**, keine volle Rotationsmatrix, sondern bewirkt Rotation plus längen- und winkeltreue Projektion in den Unterraum, der die Bilder vollständig enthält.
[92]   Dies ist nur für quadratische **U** und **A** direkt sichtbar. Es gilt jedoch auch für schlanke Projektionsrotationen, wie man durch Hinzufügung der Nullraumbasis leicht nachprüfen kann.

gesagt: Die Raumrichtungen der Einheits- und der Bildvektoren eines Elements oder Konstrukts sind nicht notwendig gleich. Je mehr sie voneinander abweichen, um so weniger war die tatsächliche Verwendung der Konstrukte bei der gegebene Elementen-Menge unabhängig.

Wir haben im Detail gesehen, wie die ESA die prinzipielle Orthogonalität der Konstrukt- und Element-Achsen voraussetzt. Sie wird erzwungen, bzw. dauernd neu erzeugt, durch die Normierungen in [6] und [8]. Die ESA enthält dennoch eine gültige Aussage über die Ähnlichkeit der konkreten Elemente des je einzelnen Grids, sowie die Ähnlichkeit der Konstruktverwendung in diesem besonderen Fall dar - für den Fall der maximalen Unabhängigkeit der Konstruktionsweise.

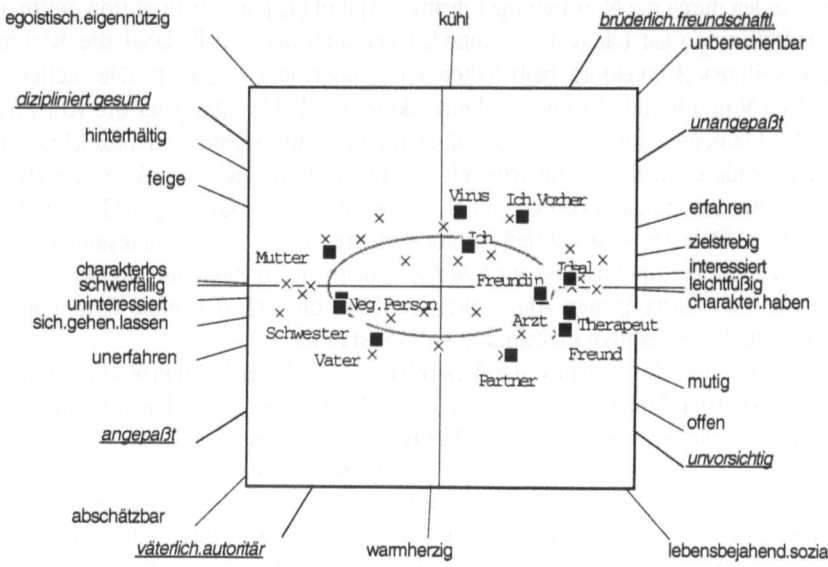

Abb. 8: Vektorbalance-Diagramm des Grids aus Abb. 5 bis 7
Vollständig fehlerfreie Wiedergabe der zweidimensionalen EPA-Lösung. Die Gesamtvariation beträgt hier das vierfache der ESA. Unterstrichen und kursiv: Instabile Konstrukte.

5. Die Vektorbalance (EigenProzeß-Analyse, EPA) als Modell dynamischer Konstruktion
Wenn wir die Voraussetzung der Rechtwinkligkeit von Konstrukt- und Elementachsen fallenlassen, bleibt uns als Alternative die Bestimmung der Achsenrichtungen aus den Richtungen der zugehörigen Bildvektoren. Die nachfolgenden Gleichungen definieren die "Vektorbalance" (Raeithel 1991), in der dies realisiert ist; wiederum ist X die Grid-Matrix. - Wie schon oben ist vorausgesetzt, daß $p \leq n$ gilt (quadratischer Grid oder mehr Konstrukte als Elemente; im anderen Fall müßte mit $V_0 = Id_n$

begonnen werden, dann [14, 15, 12, 13] und geändertes [16]).

[11] $\mathbf{B}_0 = \mathbf{Id}_p$ Einheitsmatrix , orthogonale Element-Richtungen

Iterationen mit $i = 1, 2, 3\ldots$

[12] $\mathbf{C}_i = \mathbf{X} \cdot \mathbf{B}_{i-1}$ Bilder der Konstrukte (constructs),

[13] $\mathbf{V}_i = unitnorm(\mathbf{C}_i)$ Richtungen der Konstrukte (schiefwinklig)

[14] $\mathbf{E}_i = \mathbf{X}^T \cdot \mathbf{V}_i$ Bilder der Elemente (elements)

[15] $\mathbf{B}_i = unitnorm(\mathbf{E}_i)$ Richtungen der Elemente (schiefwinklig)

[16] Iterationsende, sobald die euklidische Norm der Differenzmatrix

$\|\mathbf{B}_i - \mathbf{B}_{i-1}\| < \varepsilon$ wird.

Hier werden durch die Normierungsschritte [13] und [15], in der Funktion *unitnorm*, die Bildvektoren auf Länge 1 "gestutzt". Dies heißt auch, daß dabei die Richtung des jeweiligen Bildvektors beibehalten wird, oder anders gesagt: Die Zeilen der Matrizen $\mathbf{V}$ und $\mathbf{B}$ enthalten die Einheitsvektoren in Bildrichtung für die Konstrukte und die Elemente. Sie werden im folgenden kurz als Richtungen bezeichnet. Bei Iterationsende erhalten wir zunächst eine recht unanschauliche Struktur der Bilder, weil die Achsen (Spalten von $\mathbf{C}_i$ und $\mathbf{E}_i$) nicht sauber nach Größe geordnet sind wie in der ESA. Daher ist es abschließend nötig, die Bilder auf ihre gemeinsamen Hauptachsen zu rotieren, und dies ist auch zulässig, denn eine orthogonale Rotation ändert nichts an der matrixeigenen Ähnlichkeitsstruktur, die sich nun ohne Orthonormalisierung durch die iterative Errechnung [12-15] stabilisiert hat.

Betrachtet man das Ergebnis der Vektorbalance nach der Schlußrotation (Beispiel in Abb. 8), so erlebt man bei den ersten Malen eine große Überraschung: Die Dimensionalität der Lösung ist im Vergleich mit derjenigen der ESA erheblich geringer. Es ist so, als zögen sich die Bildvektoren im Verlauf des Iterationsprozesses gegenseitig an, so daß sie immer weniger Raum benötigen. Es kann sogar vorkommen, daß der gesamte Raum auf eine Gerade zusammenstürzt - dies heißt dann, daß die Auskunftsperson im iterierten Grenzfall nur über ein einziges Konstrukt verfügt. Die Koordinaten auf dieser einzig verbleibenden Achse sind dann gerade die Zeilen- bzw. Spaltensummen der Grid-Matrix, weil die Richtungen nur +1 oder -1 (je nach Vorzeichen der Bilder) sein können. Auch diese Ergebnisse werden in den *Summengleichungen der Vektorbalance* anschaulicher:

[12'] $c_{i\bullet} = \sum_j x_{i,j} \cdot b_{j\bullet}$ für i=1...n und jeweils über alle j=1...p,

[13'] $v_{i\bullet} = c_{i\bullet} / |c_{i\bullet}|$ für i=1...n,

[14'] $e_{j\bullet} = \sum_i x_{j,i} \cdot v_{i\bullet}$ für j=1...p und jeweils über alle i=1...n,

[15'] $b_{j\bullet} = e_{j\bullet} / |e_{j\bullet}|$ für j=1...p.

In der folgenden Abb. 9 ist gezeigt, wie der Iterationsprozeß im Fall unseres Beispiels verlief: Nach 20 Iterationen war die Ähnlichkeitsstruktur bereits auf vier Dimensionen beschränkt - mit folgenden Streuungen der Elementbilder auf die Achsen: 23.13, 10.16, 0.25, 0.04; zum Vergleich die ersten vier Singulärwerte der ESA:

8.04, 5.75, 4.28, 3.77 (Rang von **X** .= r = 13). - Nach 117 Iterationen blieben nur noch die in Abb. 8 gezeigten zwei Achsen übrig.

Auch ohne weitergehende Verwendung der Bilder in **C** und **E** wird übrigens die Suche nach einer algorithmischen Regel für die Bestimmung der Dimensionenzahl der ESA (statt der tradierten Daumenpeilungen, wie z.B. "75 % = drei Viertel der Variation") jetzt bedeutend einfacher. Die Eigenprozeß-Analyse (EPA) liefert nämlich ein klares, vollständig aus der Matrix selbst definiertes Minimum: den sogenannten Strüber-Rang s, das ist die Zahl der sich stabilisierenden, nicht verschwindenden Achsen der EPA-Lösung (im Beispiel ist der Strüber-Rang s = 2, bei einem Matrix-Rang von r = 13). - Hans-Joachim Strüber (1974) hat die zweidimensionale "vektorielle Skalographie" erfunden, die mittlerweile schon mehrfach empirisch eingesetzt wurde und sich gut bewährt hat (z.B. Wehner, Reuter & Franko 1992). Aus dem Studium dieses Algorithmus konnte ich in den Jahren meiner Hamburger Hochschulassistentur die Kenntnisse entwickeln, die ich oben ausgebreitet habe.

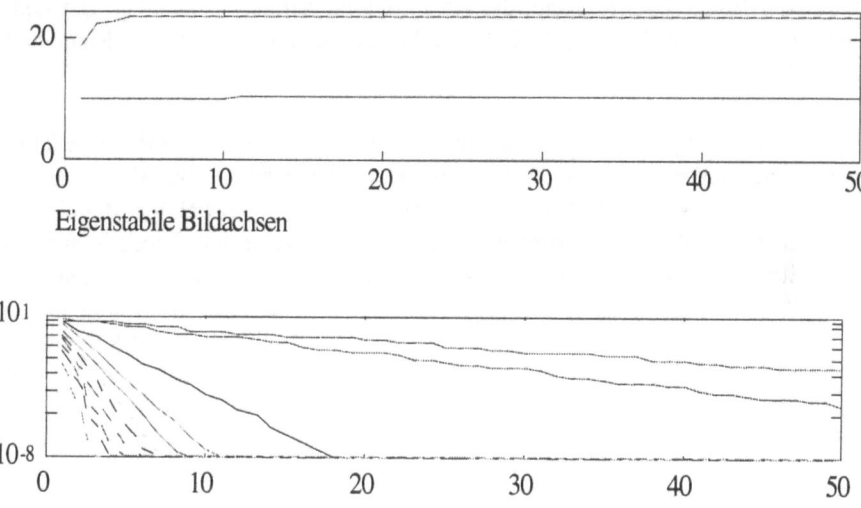

Abb. 9: Konvergenzdiagramm der Vektorbalance von Abb. 8

117 Iterationen bis zur Erreichung der Genauigkeitsgrenze. Nach jeder Iteration wurde die Hauptachsenlage ermittelt, gezeigt sind die Streuungen der Elementbilder auf diese Achsen bei den ersten 50 Iterationen. Man sieht das langsame Verschwinden der 3. und 4. Dimension im unteren Teil (logarithmische Skala).

Denjenigen Lesern und Leserinnen, die bereits Kenntnisse und Erfahrungen mit den neueren mathematischen Modellen des "Konnektionismus" haben, werden die Gleichungen merkwürdig bekannt vorkommen (vgl. McClelland & Rumelhart,

1988; und besonders: Amit, 1989). Es ist also durchaus zulässig, wenn wir annehmen, daß die Iterationen den Einschwingprozeß von zwei gekoppelten Gruppen neuronaler Einheiten zeigen: "Elementknoten" sind nach den Vorschriften der Kelly-Matrix mit "Konstruktpolknoten" symmetrisch verbunden, und das Zusammenbrechen der "hinteren, versteckten" Dimensionen kann als Modell für das Verschwinden von anfänglichen Differenzierungen im längeren Nachdenken gelten. Daher möchte ich in Zukunft die Vektorbalance auch als "Eigenprozeß-Analyse" bezeichnen, denn auch sie verwendet nur matrix-eigene Information.

Das verbleibende, "vordere und offensichtliche" Ergebnis zeigt uns also, was übrigbleibt, wenn der Kontext extrem konstantgehalten wird. Wie im Konnektionismus allgemein üblich, würden wir nämlich Lernen und Entwicklung mit der Veränderung der Kopplungen in Verbindung bringen. Diese können aber im Modell der Vektorbalance und auch im Modell der ESA nicht variieren, denn die Kelly-Matrix wird ja gerade als das unverrückbare Datum behandelt. Im übrigen ist es so leicht wie ein Kinderspiel, aus einer Kelly-Matrix die Daten für eines der existierenden konnektionistischen Modelle zu gewinnen. Ich habe dies 1990 zum ersten Mal für genau das Beispiels-Grid getan, das ich in diesem Artikel als ständige Datenquelle verwende (s. Raeithel 1991, S. 32-46), wobei das Schema-Modell von Rumelhart et al. (1986) benutzt wurde.

Zusammenfassung: Relationstreue, duale Grid-PCA (ESA) und Vektorbalance (EPA)

Der mathematische Exkurs in 5 Abschnitten sollte vor allem zweierlei zeigen: Einmal ist die Relationstreue immer nur in Abhängigkeit vom gewählten Modell zu beurteilen. Zwei Alternativen wurden vorgeführt, die als vektorielle Modelle mit zirkulären Summengleichungen eng verwandt sind, und dennoch verschiedenes aussagen: Während die ESA uns zeigt, welche Differenzierung der Ap gegenwärtig maximal zur Verfügung steht, wird in der EPA eher deutlich, was dabei herauskommt, wenn die gleichartigen Konstrukte sich bei ständiger praktischer Validierung wieder durchsetzen gegen neuartige bzw. vereinzelte andere Unterscheidungen (minimale Differenzierung). Wenn die Urteile zuverlässig auf einer Ratioskala gemessen wurden, dann zeigen die ESA- und EPA-Diagramme diese Verhältnisse in maximal erreichbarer Treue bei allfälligen Projektionsfehlern.

Der zweite wichtige Punkt betrifft einen gemeinsamen Vorzug beider Verfahren, der bislang von den Konkurrenten (duale Clusteranalyse FOCUS, N-MDS-Bilder) nicht annähernd in gleichem Maß erreicht wird: Der "intermodale" Zusammenhang eines Elements und eines Konstrukts, der bereits in den jeweiligen Einzelurteilen des Grids präsent ist, läßt sich aufgrund der globalen Verhältnisse im Grid differentiell quantifizieren, auch wenn die Einzelurteile bloß auf der triadischen Skala gewonnen wurden und damit ja "eigentlich" keinen Unterschied mehr zwischen den Elementen auf dem selben Pol des Konstrukts erlauben. Dies ist Slaters "geöffnete Tür": die Möglichkeit, einen (modellabhängig sogar mehrere) Kongruenzkoeffizienten als Antwort auf diese Fragen zu rechnen: "Wie typisch ist Konstruktpol x für Element y ?" und: "Wie prototypisch ist Element a für den Konstruktpol b ?"

Für Leute, die bislang mit Biplot-Diagrammen gearbeitet haben, dürfte dies keine Überraschung sein, denn die anschaulichen Winkel zwischen einem Elementvektor und einem Konstruktvektor sagen ja genau dasselbe, sofern ein Diagramm ohne Projektionsfehler benützt wird, wie in Abb. 8. - Hier gibt es eine Denkschwierigkeit, die aus dem Umgang mit üblichen Datenmatrizen herrührt: Die ESA einer Datenmatrix erlaubt es, die *Korrelation einer Versuchsperson mit einer Variablen* zu berechnen, und dies erscheint vielen total unvorstellbar, da ja eine Matrixzeile mit einer Matrixspalte korreliert werden müßte. Dennoch ist dies möglich, weil durch die Vermittlung der Hauptachsen sowohl ein Vp-Bild, wie auch ein Variablenbild in gleichen Raum existiert, so daß die Prozedur der Korrelationsrechnung durchführbar ist. Wir erhalten damit einen *Index für Prototypikalität* (im intermodalen Sinn), und sowohl im Grid-Kontext, wie auch in der herkömmlichen Stichprobenstatistik, wird man sich an diese neue Möglichkeit gewöhnen (müssen).

3.5 Konfliktkriterien: Klinische und praktische Bedeutung der Diagramme

Mit der Erfüllung der drei bislang besprochenen Maximen für die Ordnungsphase - graphische Darstellung, Kohärenzsemantik, Relationstreue - ist die Lesbarkeit der Diagramme gesichert. Es fehlen noch Regeln dafür, wie aus den Diagrammen Hinweise auf die spezielle Problematik der Auskunftsperson abgeleitet werden können. - Hier ist noch viel Arbeit zu tun; ich werde mich auf Hinweise und auf die Interpretation des Beispiels beschränken.

Die Möglichkeit, treffende und hilfreiche Deutungen aus den Diagrammen abzuleiten, steht und fällt bereits mit einer guten Planung des Grids, speziell mit der Auswahl der Elemente. Im Fall unseres Beispiels ist der Klient N.N. ein H.I.V.-positiver, homosexuell eingestellter Mann, der sich damit auseinandersetzen muß, was die Infektion mit dem Virus und die Aussicht auf den vollen Ausbruch von AIDS für sein jetziges und künftiges Leben bedeutet (Daten aus dem Bremer HIV-Projekt; Kruse et al., 1993, Klingenberg et al., 1994). Hier liegt es nahe, neben den üblichen Rollen "Wie ich jetzt bin" (Ich) und "Wie ich sein möchte" (Ideal) noch ein drittes Selbstbild: "Wie ich war, bevor ich von meiner Infektion wußte" (Ich-Vorher) einzuführen. Das HIV-Virus ist als "metaphorische Rolle" vorhanden, daneben professionelle Helfer und relevante Personen aus Familie und Bekanntenkreis.

Der genaue Vergleich der Diagramme in Abb. 6, 7 und 8 zeigt, daß N.N. sich selbst gegenwärtig nur widersprüchlich definieren kann. An den folgenden Symptomen läßt sich dies ablesen:

(a)   Im Diagramm der ersten beiden Hauptachsen (Abb. 6) ist "Ich" dasjenige Element, das dem neutralen Zentrum am nächsten liegt. Ein Blick auf das Bertin-Diagramm (Abb. 5 im Teil 2, oder Abb. 10, unten) genügt, um auszuschließen, daß N.N. überwiegend Null-Urteile über sich selbst abgegeben hat.

(b)   Die Vektorbalance (Abb. 8) zeigt das gleiche Muster: Bei minimaler Differenziertheit der Konstruktion (verschwindende 3. und weitere Dimensionen) ist

"Ich" dem "Ich-Vorher" noch sehr richtungsähnlich, wenn auch viel weniger intensiv (salient). Man könnte sagen: N.N. hat sich "bloß zurückgenommen", aber für längere Dauer noch nicht entscheidend geändert.

(c) Ein Blick auf die verschwindende dritte Dimension (Abb. 7) zeigt nun aber doch, daß N.N. sich bei größerer Differenzierung durchaus auch neue Charakteristika zuspricht. An dem umgeordneten und auf die Selbstbilder beschränkten Bertin-Bild (Abb. 10) ist dies genau abzulesen: Er ist jetzt, anders wie früher, sowohl "diszipliniert, gesund" und "offen" (zwei Merkmale des Ideals), als auch "schwerfällig" und "angepaßt" (zwei Merkmale des Anti-Ideals). Die Beiträge dieser vier Merkmalsvektoren zur vektoriellen Summe heben sich gegenseitig fast auf, sie sind im gegebenen Kontext gegenläufig - daraus erklärt sich die Nähe des "Ich" zum Neutralpunkt.

(d) Weiter ist in der Abb. 7 zu sehen, daß N.N. durch die neuen, abgelehnten Eigenschaften seinem Vater und seiner Schwester ähnlicher wird, die vorher doch seine Antipoden waren, wie Abb. 6 und noch krasser Abb. 8 zeigen. Die Achse des Konstrukts "abschätzbar" versus "unberechenbar" war und ist identisch mit dem Selbst-Vater Kontrast bei minimaler Differenzierung.

(e) In der Liste der Idealeigenschaften, die N.N. an sich (jetzt oder vorher) akzeptiert, liest sich "unberechenbar", gemessen am üblichen Verständnis, einigermaßen seltsam - in Kombination mit "erfahren" und "zielstrebig".

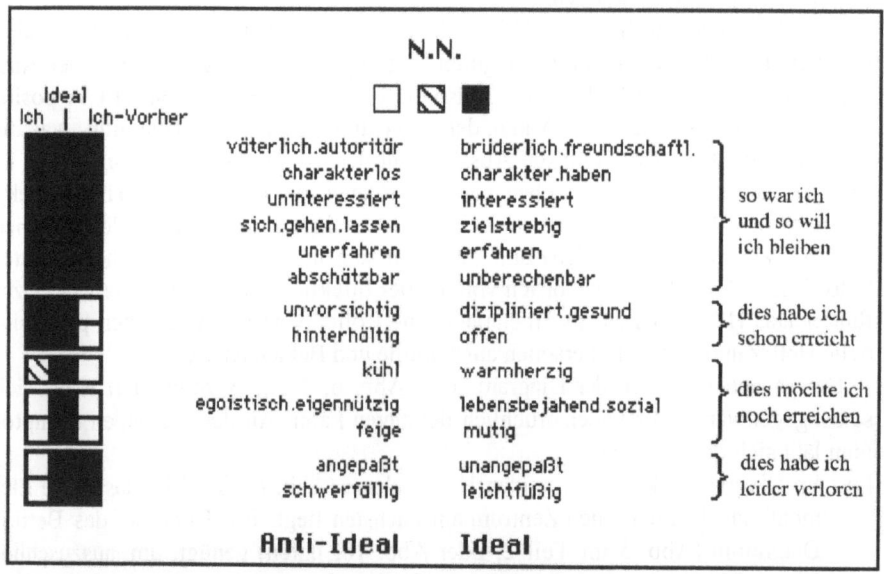

Abb. 10: Selbstbild-Kontraste des Grids aus Abb. 5 bis 8
Diese Darstellungsart wurde angeregt durch Orliks "Selbstkonzept-Gitter" (Orlik et al., 1982)

Ein wichtiges Gesprächsthema mit dem Klienten müßte wohl sein, was diese "Unberechenbarkeit" im Alltag heißt, die kombiniert mit den leider verlorenen Eigenschaften "unangepaßt" und "leichtfüßig" immer noch angestrebt wird. Was hat ihm diese Lebensrichtung bedeutet? Gibt es noch Ressourcen, sie weiterhin zu verfolgen? Wäre eine Änderung im Idealbild denkbar? - Ich möchte die Interpretation des Grids an dieser Stelle beenden. Eine ähnliche Untersuchung müßte für die "instabilen Konstrukte" angestellt werden, die in Abb. 8 nach dem gleichen Kriterium (Neutralpunktnähe) herausgesucht und ausgezeichnet wurden.

3.6 Offenheit der produzierten Modelle für weitere Interpretation

In der internationalen Gemeinde der kellianisch konstruktivistischen Psychologen sind Detailliertheit und Präzision des voranstehenden Abschnitts beileibe nicht unumstritten. Vielmehr findet sich auch hier die Spaltung zwischen rechnender, mathematisierter Naturwissenschaft und den verstehenden, interpretierenden Kultur- und Geisteswissenschaften (vgl. Rickert 1986) wieder, obwohl der sozialkonstruktivistische Grundkonsens mindestens in Deutschland tragfähig und sicher scheint (Scheer und Catina 1993, Wiesner und Willutzki 1992). Vielen Kollegen und Kolleginnen erscheint die Gridmethodik eher als Beschränkung und Einengung einer eigentlich narrativ, erzählend, gemeinten Idee von der individuellen Weltkonstruktion, die jede Person, in ihrem sozialen Zusammenhang und für sich allein, ständig erneut vollzieht und im praktischen Handlungsvollzug validiert.

Für diese "narrativen Kellianer" habe ich die Brücke gebaut, auf der die noch verbleibende Kluft überschreitbar ist: Ein konsequent zeichentheoretisches Grundverständnis der Erhebung, Analyse und Interpretation von Repertory Grids garantiert, daß die Offenheit und Interpretierbarkeit der symbolischen Produkte stets beachtet wird. Für diejenigen Semiotiker, die Peirce folgen, sind Grid-Diagramme nur eine bestimmte, wenngleich hochgeschätzte, Familie der Gattung von komplexen, personbezogenen "Argument-Zeichen". Zur gleichen Gattung zählen auch persönliche Erklärungen von vergangenen Krisen, wichtige Geschichten aus dem Leben, psychodramatische Wiederaufführungen kritischer Situationen, sowie Fotoalben, Memoiren, und andere Erinnerungsgegenstände.

Aus dieser umfassenderen Blickrichtung sind Repertory Grids zwar nicht Erzählungen, aber doch systematische Aufzählungen - mit qualitativen, von der Auskunftsperson erfragten Inhalten. Gerade die Beschränkung auf dichotome Urteile über eine Menge von Elementen anhand persönlicher Konstrukte ermöglicht die Berechnung und automatische Produktion von ESA-Diagrammen und anderen systematischen Karten. Deren Besonderheit gegenüber der Erzählung einzelner Episoden, auch wenn diese als kritische Lebensereignisse typisierbar sind, besteht in der systematischen Ähnlichkeitsordnung von Elementen, die einen freien Umgang damit erlaubt. Ganz analog zu einer Landkarte, denn diese schreibt ja auch keinen einzigen damit planbaren Weg durch die Landschaft zwingend vor, sondern ermöglicht die Prüfung einer Vielzahl von alternativen Wegen.

Fünf Regeln für die Folgerungsphase mit ESA-Diagramm

- Psy fragt Ap, ob die räumliche Nähe ihrem ursprünglichen Ähnlichkeitseindruck entspricht.

- Differenzen werden aufgeklärt, Ap wird auf die Wichtigkeit der Richtungs- unterschiede aufmerksam gemacht.

- Widersprüchliche Objekte und Konflikt-Konstrukte werden ausführlich besprochen.

- "Was wäre, wenn ..."
  - Konstruktionsvarianten werden diskutiert: *Kellys Loosening.*

- "Was soll werden?"
  - Ein Beschluß für die nächste Zeit wird gefaßt: *Kellys Tightening.*

Kasten 4: Ein Beispiel für Regeln in der Folgerungsphase

In der Folgerungsphase einer Repertory-Grid-Anwendung geht es demgemäß vor allem um die Sicherung dieser Neukonstruktionsfreiheit und darum, die Klienten dabei
zu unterstützen sie auch für sich und ihr Leben mit anderen zu nützen. Im Kasten 4
sind - beispielhaft und allein bezogen auf ESA-Diagramme - ein paar Regeln angegeben, die von Professionellen in der Schlußphase befolgt werden sollten. Solche
Regelwerke, die selten explizit festgeschrieben sind, immer aber durch situiertes,
partizipatives Lernen (Rogoff 1990) tradiert werden, dürften ebenso wie die Erhe-
bungstechniken (s. 3.2) schulenspezifisch variieren. Auch hier sind leider kaum ver-
gleichende Untersuchungen gemacht worden - ich kenne keine einzige.

4 Schluß: Kriterien für gute Modellierung

Bis hierher sind fast ausschließlich die interpretativen Möglichkeiten der Repertory-
Grid-Technik beschworen worden. Über ihre Grenzen, insbesondere ihre Güte im
Sinn der Kriterien der klassischen Psychometrie (s. dazu Lohaus 1993), wurde dagegen kaum ein Wort verloren. Jedoch sollte die Brücke zwischen dem rechnenden
und dem interpretierenden Wissenschafts-Stil natürlich in beiden Richtungen began-
gen werden können. Hierzu möchte ich nun den Übergang von einem an Messung
und Voraussage orientierten Verständnis der psychologischen Methoden zu einer auf
Modellierung und deren Interpretierbarkeit ausgerichteten Sichtweise etwas näher betrachten, ausgehend von einem schon etwas älteren Aufsatz (Raeithel und Tröger
1981) über die "regulative Potenz" von diagnostischen Verfahren.

Frage	Messung	Modellierung
Neutralität oder Einfluß der Untersucher?	deutlich, isoliert, störungsfrei *objektiv*	kooperativ, offen, verstehbar *intersubjektiv, konsensuell*
strenge Vorschrift oder flexible Regeln-im-Kontext?	zuverlässig, wiederholbar *reliabel*	nachvollziehbar, lehrbar *professionell*
wissenschaftlich abgesichert oder praktisch bedeutsam?	gültig, ausgewiesen, vernetzt *valide*	produktiv, verwendbar *viabel*

Kasten 5: Die Basiskriterien für psychologische Messung und Modellierung

Mit "regulativer Potenz" meinten wir eine spezifische Qualität von Interpretationen, die kunstgerecht aus den Modellen "abgelesen" werden, nämlich deren ausweisbarer Nutzen für die künftige Problemlösung im Interesse der Klienten, eine Lösung, die wir damals als verbesserte "Handlungsregulation" der Personen, Familien, Arbeitsgruppen, u.dgl. verstanden. Wir stellten fest, daß die methodischen Kriterien der Psychologie die Verwendbarkeit der Modelle für die Problemlösung außer Acht lassen. Sie sollen als professionelle Normen nur sicherstellen, daß zur Konstruktion der Modelle gültige, verläßliche und intersubjektiv unbestrittene Basisdaten vorliegen. Diese Kriterien der "guten Messung" (s. Kasten 5) können nun auf die folgende Weise durch drei parallele Kriterien für die "gute Modellierung" ergänzt werden: Zunächst ermitteln wir die Frage, auf die die Vorschriften des jeweiligen Kriteriums eine Antwort darstellen. Dann suchen wir nach einer alternativen Norm für die kooperative Modellbildung. Schließlich prüfen wir die neuen Kriterien selbst, ob sie zur Abgrenzung gegen "schlechte" Modellierungen taugen.

Auf die Frage: "Welchen Einfluß haben die Untersucher als Personen auf die Daten?" antwortet das Objektivitätskriterium mit der Norm, daß die Versuchsleiter, Diagnostiker, usw. möglichst neutral sein müssen, damit ein intersubjektiv unbestrittenes Datum zustande kommt. Diese Art Intersubjektivität betrifft jedoch nur den Konsens unter den Professionellen selbst, denn in den Meßkriterien wird ja eine asymmetrische Beziehung zwischen Untersuchern und Versuchspersonen vorausgesetzt (s. Teil 1). Wenn wir aber die Kooperation von Professionellen und Klienten, die in der Praxis ja stets in der einen oder anderen Form gegeben ist, voraussetzen, dann geht es um den Einfluß der Untersucher auf die produzierten Modelle, der begrenzt wird durch die Forderung nach Übereinstimmung mit den Klienten darüber, was die einzelnen Daten bedeuten und daß sie auf rechte Weise zustande kamen.

Das Reliabilitätskriterium beantwortet die Frage, ob die Regeln der Datenerzeugung fehleranfällig sind, indem Wiederholbarkeit und Abwesenheit von systematischen Verzerrungen gefordert und geprüft werden. Bei der kooperativen Modellierung wird keine "wahre Struktur" angenommen, die wiederholt abgebildet werden könnte. Vielmehr geht es darum, für jede neue Frage ein Diagramm "kunstgerecht" zu erzeugen und zu interpretieren, eine Fähigkeit, die in der Profession tradiert werden muß, die aber auch an die Klienten weitergegeben werden kann.

Mit dem Validitätskriterium wird der Zusammenhang der einzelnen Messung mit anderen Messungen, mit der übergreifenden Theorie und daraus abgeleiteten Voraussagen gefordert und geprüft. Bei der kooperativen Modellierung ist der Zusammenhang der Daten im Modell präsent und kann selbst nur an der praktischen Bewährung, der "Lebensfähigkeit" (Ernst von Glasersfelds "Viabilität") der "abgelesenen" Bewältigungsmöglichkeiten gemessen werden.

Dies bringt nun aber das Repertory-Grid in eine anrüchige Nachbarschaft: Es ist doch so, daß visuelle Darstellungen wie das ESA-Diagramm für sehr viele KlientInnen eine große Faszination haben, und, daß die Professionellen die intuitions- und erfahrungsabhängige Deutbarkeit sehr gut für ihre je eigenen Zwecke nützen können. Ähnliches gilt in stärkerem Maß für alle esoterischen Diagramme - im Sinn von Peirce sind auch dies sämtlich komplexe Argumentzeichen: die Tarot-Kartenfiguren, die Paare von I-Ging Symbolen ("Wandlungen"), die Horoskop-Diagramme, und so fort.

Was können wir also tun, um den Aufstieg von der sektenförmigen "Konfession" zur einer geachteten "Profession" (Klaus Grawe) zu schaffen? Der eine mögliche Ausweg wäre der in die immer stringentere Absicherung der Erhebung als Messung - dies wäre eine *Begründung der Gültigkeit von Aussagen durch die Kontrolle der Vergangenheit der Daten.*

Ein anderer möglicher Ausweg, möglicherweise ein polarer Gegensatz, ist die *Bedeutungssicherung durch die Kontrolle konditionaler Folgerungen,* die in der "pragmatischen Maxime" von Peirce 1878 erstmals präzise formuliert wurde:
• Überlege, welche Wirkungen, die denkbarerweise praktische Bezüge haben könnten, wir dem Gegenstand unseres Begriffs in Gedanken zukommen lassen. Dann ist unser Begriff dieser Wirkungen das Ganze unseres Begriffs des Gegenstandes. (Peirce 1968, S. 63).

Die futurische Begründung von aus Modellierungen gewonnenen Aussagen verlangt nach Kontrolle der Verwirklichbarkeit von Möglichkeiten: Die Antworten auf die "Was wäre, wenn..."-Fragen in der Phase, die Kelly "Loosening" nannte, müssen möglichst intersubjektiv und professionell erarbeitet sein und sich als lebenskräftig erweisen. - Ob sich so die nötige Abgrenzung von *unverantwortlicher* Esoterik bewerkstelligen läßt, wird sich zeigen.

Zur Naturgeschichte der Zeichenprozesse
Drei Stufen der Entwicklung von Kommunikation und Denken

Zunächst werde ich eine Geschichte über den Ursprung der Menschheit erzählen, die das alte Rätsel der Sprachentstehung auf eine neue Weise lösbar machen soll. Argumente aus der Anthropologie und Archäologie bringe ich mit kognitions- und entwicklungspsychologischen Erkenntnissen zusammen und prüfe diese zunächst disparaten Konzepte auf zeichentheoretische Konsistenz. Es ergibt sich so eine Dreiteilung von "Semiosphären" - Zeichenwelten, die ineinander eingebettet sind und zugleich "Prozeßebenen" der Kommunikation darstellen. Ein *Schema zur Analyse kooperativer Arbeit in einer Praxisgemeinschaft* wird entwickelt, mit dessen Hilfe die Entwicklung (1.) der sozialen Selbstregulation in Gruppen, (2.) der interpersonalen, sprachlichen Kommunikation zwischen Akteuren und schließlich (3) des "öffentlichen Denkens" einer Gemeinschaft - Fantasieren, Planen, Theoretisieren - als *historische Differenzierung der natürlichen Kooperations- und Kommunikationsfähigkeiten unserer Primatenvorfahren* begriffen werden kann.

Bei dieser Erzählung werde ich auf den Vergleich mit älteren Erklärungen zunächst ganz verzichten und nur stützende Literatur heranziehen - vor allem das kürzlich erschienene Buch "Origins of the Modern Mind" von Merlin Donald (1991), in dem ich zu meiner freudigen Überraschung eine vollkommen unabhängig entstandene und viel detaillierter ausgearbeitete Version meiner eigenen Vermutungen (Raeithel 1985, 1988, 1989, 1991, 1992) gefunden habe. Erst im Anschluß an die Darstellung der komplexen Hypothese werde ich im fünften Abschnitt eine Abschätzung ihres zu erwartenden Mehrwerts an Erklärungspotenz und einen Vergleich mit bisherigen Ansätzen versuchen.

1 Überblick

Es soll plausibel werden, daß die menschliche Erkenntnis- und Kommunikationsfähigkeit während der Vorgeschichte und der Geschichte der Menschheit sich in drei Stufen entwickelt hat:

- Die erste Stufe nenne ich die dramatisch-mimetische Selbstregulation von Urgemeinschaften. Diese Stufe ist die Voraussetzung dafür, daß die biologische Evolution der Sprachfähigkeit und die Erfindung der syntaktisch durchgestalteten Lautsprache möglich wurde. Sie hat mehrere hunderttausend Jahre gedauert und wurde vermutlich erst durch die anatomisch modernen Menschen (homo sapiens sapiens) überschritten, vor etwa 150.000 Jahren.
- Die entwickelte Form der mittleren Stufe zeigt sich noch heute im diskursiv-mythischen und öffentlichen Denken und Sprechen der Jäger- und Sammlerinnen-Kulturen. Man hat diese Stufe von Kommunikation und Denken auch als *orale*

Kultur (vgl. Scheerer 1993) bezeichnet. Dies wäre jedoch eine unangemessene Bevorzugung des Redens, denn die mimetische Kommunikationsweise der ersten Stufe ist ja keineswegs verschwunden, sondern lediglich in den selbstverständlichen Hintergrund gerückt. Außerdem ist bekannt, daß seit mindestens 40.000 Jahren bildliche Darstellungen existieren.

- Seit der Entstehung der archaischen Agrargemeinschaften vor höchstens 15.000 Jahren wird die diskursiv-mythische Kultur mehr und mehr überlagert und schließlich dominiert durch die dritte Stufe der symbolisch-gegenständlichen Kommunikations- und Denkweise, die eng mit der Erfindung und Verbreitung der Schrift zusammenhängt, aber keinesfalls darauf beschränkt werden darf - man denke nur an das Rechnen, den Gebrauch von Landkarten und von Bauplänen (vgl. Damerow & Lefèvre 1981).

Auf der dritten Stufe befinden wir uns noch heute. Natürlich könnten und müßten auf jeder Stufe noch weitere Entwicklungsschritte unterschieden werden - darauf wird hier nicht eingegangen. Es ist jedoch wichtig, gleich hier zu Anfang zu betonen, daß die auf den jeweiligen Stufen entwickelten Formen von Kommunikation und Denken einander nicht etwa ablösen, sondern vielmehr enthalten: Die ältere Form bildet den weiterhin vorhandenen und sich entwickelnden Kontext der jüngeren. So ist zum Beispiel auch das strenge symbolisch-gegenständliche Denken heutiger Mathematiker in ihre alltagssprachlichen Diskurse und ihre ko-mimetische Verständigung eingebunden.

Einen Überblick über die Hypothese der drei Stufen gibt die Skizze in Abb. 1, in der einige wichtige Stationen der Entstehung neuer Formen von Zeichensystemen eingetragen sind. Neben der in die Tiefe gehenden Zeitachse (vom Anfang in die Zukunft) werden die horizontale und die vertikale Achse zur Unterscheidung verwandt: Sie sind um die Akteure zentriert und spannen eine Polarität von Sozialform (außen und oben) und operativen Mitteln (innen und unten) auf. Wenn ein Zeichenprozeß für den allgemeinen Akteur eher als Mittel seiner Aktivität dient, wird er weiter unten und weiter innen eingeordnet. Im Gegensatz dazu stehen solche Semiosen, die der Orientierung des Akteurs in den gemeinschaftlichen Verhältnissen dienen, und die weiter oben und außen dargestellt werden. Damit sind zugleich zwei Prozeßebenen, eine für die Akteure kontextuelle (obere) Ebene und eine von ihnen direkt gesteuerte (untere) Teilprozeßebene unterschieden, deren Entwicklung relativ unabhängig von der mittleren Prozeßebene erfolgt. In dieser zentrale Ebene verlaufen die Semiosen des intentionalen Agierens, die in der Psychologie als Medium des bewußten Handelns aus rationalen und ethischen Handlungsgründen untersucht werden. Die Analogie zu Alexei N. Leontjews Unterscheidung von drei Prozeßebenen der menschlichen Aktivität (1977, 1981) ist gewollt und wird weiter unten näher erläutert und gerechtfertigt (vgl. auch Raeithel, 1983, Kap. 2, zur Unterscheidung von Mitteln und Formen der gegenständlichen Tätigkeit).

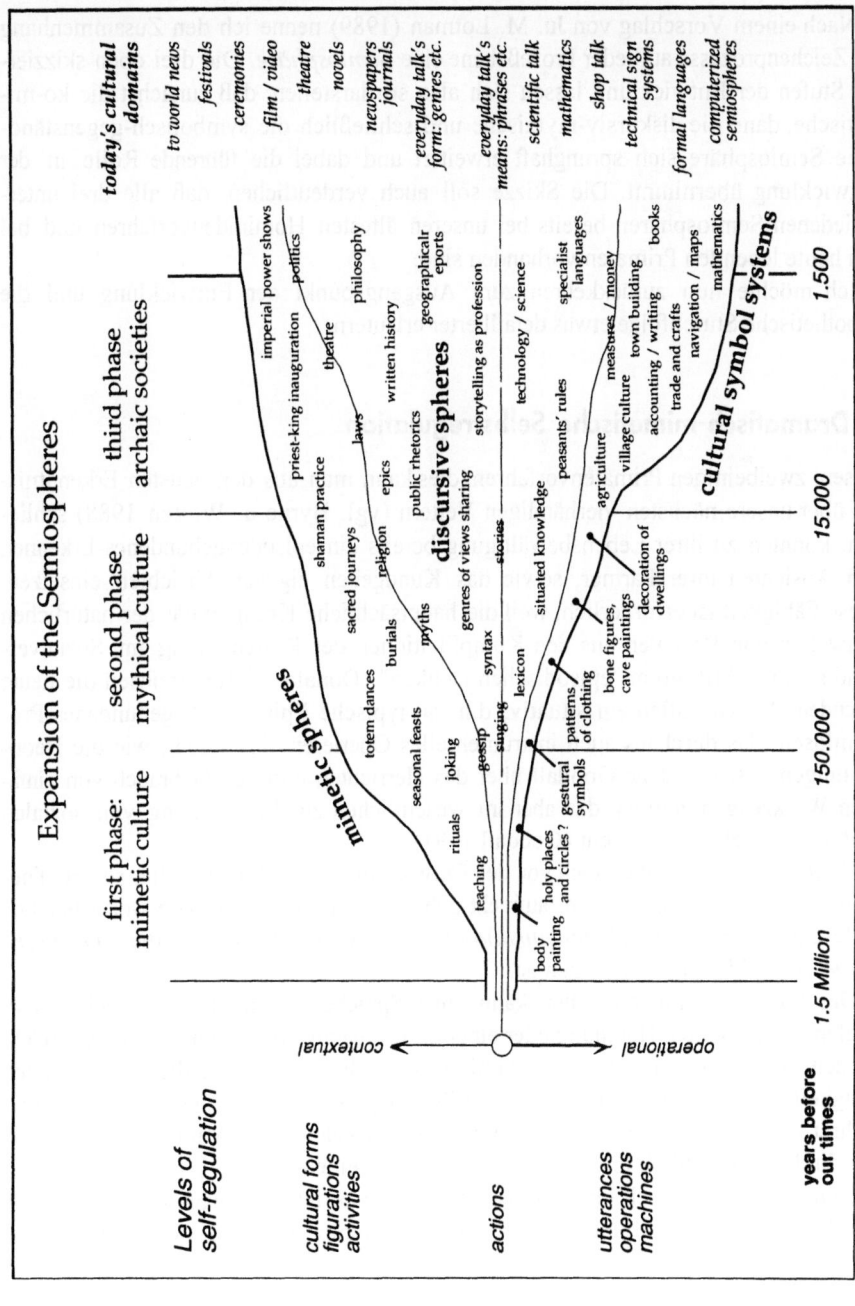

Abb. 1

Nach einem Vorschlag von Ju. M. Lotman (1989) nenne ich den Zusammenhang der Zeichenprozesse auf jeder Prozeßebene eine *Semiosphäre*. Die drei oben skizzierten Stufen der Entwicklung lassen sich also so darstellen, daß zunächst die ko-mimetische, dann die diskursiv-mythische und schließlich die symbolisch-gegenständliche Semiosphäre sich sprunghaft erweitert und dabei die führende Rolle in der Entwicklung übernimmt. Die Skizze soll auch verdeutlichen, daß alle drei unterschiedenen Semiosphären bereits bei unseren ältesten Hominidenvorfahren und bei den heute lebenden Primaten vorhanden sind.

Ich möchte nun zurückkehren zum Ausgangspunkt der Entwicklung und die hypothetische Stufenfolge etwas detaillierter erläutern.

2 Dramatisch-mimetische Selbstregulation

Unsere zweibeinigen Primatenvorfahren, dies kann man aus den neusten Erkenntnissen über unsere nächsten vierhändigen Vettern (vgl. Byrne u. Whiten 1988) schließen, konnten zu ihrer Lebensbewältigung bereits ein episodengebundenes Erkennen von Absichten ihrer Partner, sowie das Kundgeben eigener Absichten einsetzen. Diese Fähigkeit ist erforderlich, weil die hauptsächliche Komplexität der natürlichen Umwelten von Primaten aus den Komplikationen der Rollenteilung im Sozialverbund stammt. Mit ihrem "episodischen Denken" (Donald, 1991) erreichen die heute lebenden Menschenaffen ein situativ, d.h. an typische Episoden[93], gebundenes Problemlösen, das durchaus auch instrumentelles Operieren einschließt, wie die Beobachtungen z.B. von Jane Goodall über das Herrichten und den Gebrauch von einfachen Werkzeugen zeigten, das aber im wesentlichen zur Bewältigung von sozialen Problemkonstellationen dient (Goodall 1991).

Hierauf aufbauend, aber noch vor der Entwicklung einer Lautsprache, so die These, haben unsere menschlichen, aufrecht gehenden Vorfahren als erste weiterführende Stufe eine *dramatische Kommunikationsweise* entwickelt, aus der die *mimetische Kultur* (Donald) hervorgegangen ist.

Das Sich-verständlich-machen kann ohne Sprache nur durch absichtliches Vorspielen der gemeinten Handlung oder einer zu vergegenwärtigenden Situation erreicht werden. Nach Peirce ist dies ein ikonisches Zeichensystem, da die dramatisierten Tätigkeiten vorrangig auf sich selbst, auf ihren eigenen Rollentypus, verweisen, und in ihrer zeitlichen Figur sowie dem Einbezug gegenständlicher Mittel eine natürliche und direkte Ähnlichkeit mit dem haben, was sie meinen.

Dramatisch-mimetisch kommunizieren heißt also, bedeutungsvolle und typisierbare Episoden handelnd und abwechselnd nachzuvollziehen und sie dabei zugleich

---

[93]   Donald unterscheidet leider nicht konsequent zwischen singulären Episoden (Token), an denen er zunächst das Episodische festmacht (1991), und der Generalisierung solcher Ereignisse durch Ansammlung ähnlicher Eposiden um den zunächst entstandenen Proto-Typus. Von episodischem Denken oder episodischer Kognition kann aber, wie leicht einzusehen, nur dann gesprochen werden, wenn die Episode als volles, allgemeines Zeichen (Typus) einsetzbar ist.

neu zu schaffen als Variation eines Grundmusters, das auch zu einem neuen Grundmuster werden kann, wenn die daran anschließenden Kommunikationen die Richtung der begonnenen Veränderung verstärken.

Ein solches dominant ikonisches oder auch "enaktives" Zeichensystem, wie Jerome Bruner wohl sagen würde, erscheint uns modernen Menschen vielleicht als defizitär, aber wir können im Notfall - bei einem organischen Ausfall unserer Sprechfähigkeit, in fremden Ländern, oder wenn uns jemand zum Scharade-Spielen einlädt - immer noch und relativ mühelos auf diese grundlegende Fähigkeit zur dramatischen Kommunikation und zum mimetischen Problemlösen, ohne Worte oder andere Symbolsysteme, zurückgreifen. Daher möchte ich, genau wie Merlin Donald (1991) annehmen, daß diese Kommunikations- und Denkweise bereits so mächtig gewesen ist, daß sie die Entwicklung und die Überlieferung von echten, menschlichen Traditionen ermöglicht hat.

Während hunderttausenden von Jahren, so möchte ich die Geschichte erzählen, haben die Urmenschen der Gattung Homo Habilis mit dieser urtümlichen Form der sozialen Selbstregulation ihre Heimatbasen und Transportwege von und zu den Nahrungsquellen erhalten können, sowie die Verfügbarkeit ihrer typischen Arbeitsmittel der Alt-Steinzeit, worunter keinesfalls nur Werkzeuge im engeren Sinn, sondern etwa auch Behälter und Wetterschutz zu verstehen sind (vgl. Leakey u. Lewin 1978). Für uns Psychologen sind jedoch nicht so sehr diese äußeren Techniken und Produktionen interessant, als vielmehr das dazu unbedingt notwendige Können und Wissen der Individuen. Zu den phylogenetischen Argumenten müssen wir ontogenetische hinzunehmen, denn Kultur im menschlichen Sinne besteht ja in der Weitergabe von Erfahrungen von einer Generation an die nächste auf sogenannt äußerem Weg - nicht über die Gene - und diese Weitergabe gelingt nur, wenn in der individuellen Entwicklung der Kinder das vorhandene Können und Wissen reproduziert werden kann. Die Frage stellt sich also, wie die kulturelle Vererbung entstand oder erfunden wurde.

In den Heimatbasen der Habilinen, so möchte ich annehmen, fand die historisch erste Form der beschützten Erziehung der Jungen statt. Damit ist die These verbunden, daß die Erfindung und Weitergabe des *ko-mimetischen Lehrens*, wie ich es nennen möchte, mindestens gleichrangig ist mit der Erfindung der Werkzeuge und der durch sie ermöglichten artifiziellen Produktionsweise der Lebensmittel.

Wie Tomasello, Kruger und Ratner (1993) darlegen, gibt es nämlich bislang keine Hinweise darauf, daß Schimpansen, Gorillas oder Gibbons ihre Jungen etwas lehren, geschweige denn, daß sie als Eltern auf bestimmten tradierten Sozialformen bestünden, die dann von nahezu allen Mitgliedern der Gesellungseinheit gezeigt werden müßten. Das letztere ist jedoch ohne Ausnahme für alle bekannten menschlichen Gemeinschaften typisch.

Wie Tomasello und andere weiter zeigen, ist das Lehren nur erfolgreich, wenn auf der Seite der Kinder die Fähigkeit zum "imitativen Lernen" vorhanden ist, bei dem vor allem der besondere Typus von Selbstregulation beim Ausüben der Tätigkeit oder Fertigkeit ko-mimetisch angeeignet wird. Das heißt, das Kind schaut dem

Erwachsenen nicht nur die Möglichkeit ab, ein bestimmtes Resultat zu erreichen bzw. dazu ein bestimmtes Mittel zu nutzen, wonach diese Möglichkeit in individuellem Lernen und jeweils idiosynkratisch nacherfunden und realisiert wird.

Diese einfachere Stufe des sozialen Lernens, die alle höheren Primaten erreichen, nennen Tomasello u.a. das "implementierende" Lernen. Das menschliche "imitative Lernen" ermöglicht dagegen neben der Aneignung des Mittels auch die Weitergabe der Art und Weise seines Einsatzes und die nötige Selbstkontrolle, damit also die Reproduktion des kulturell typischen Könnens und der habituellen Formen des sozialen Umgangs einer Gemeinschaft.

Ich glaube darüber hinaus, daß wir hier schon ein typisch menschliches Bedürfnis nach Verbindung mit Gleichartigen, nach intensivem gegenseitigem Kontakt, nach Mitschwingen und Mittun annehmen dürfen, ohne jedoch die gleichzeitig vorhandenen Differenzierungen in komplementäre Rollen zu übersehen (vgl. Haselmann 1984). Es scheint mir eine der Antriebsgrundlagen der Enkulturation zu sein, ohne die nicht verständlich wäre, wie die langandauernden Lernprozesse in Gang gehalten werden können.

3 Diskursiv-mythische Kultur

Wenn wir jedoch danach fragen, ob auf der Stufe der mimetisch-dramatischen Kommunikation auch so etwas wie unser heutiges Wissen übermittelt werden könnte, dann wird erkennbar, wo die eigentliche Begrenzung dieser Stufe liegt. Zwar ist es mit rein mimetischen Mitteln möglich, den Partner als intentionalen Akteur zu verstehen und seine handlungsgebundenen Orientierungen nachzuvollziehen. Ebenso können wir annehmen, daß die Habilinen schon rituelle Totemtänze, gemeinsame Feste und dergleichen kannten, in denen immerhin dramatisch-handlungsgebundene Geschichten über den Zusammenhang der Gruppe und ihre Verbundenheit mit den anderen Naturwesen zum öffentlichen Ausdruck kamen. Aber all dies konstituiert noch kein selbständiges, von den alltäglichen Lebenspraktiken deutlich geschiedenes Wissenssystem.

Die rein mimetisch kommunizierbaren Möglichkeiten sind wegen ihrer Köpergebundenheit und dem viel größeren Zeitbedarf (im Vergleich zum Sprechen) recht begrenzt. So können die Gegenstände der gemeinsamen Welt nicht öffentlich benannt und erzählt werden, denn alle Mitteilung muß durch die Praktiken hindurch erfolgen und bleibt an die Körperbewegungen gebunden.

Die zweite Stufe der Menschheitsentwicklung wurde nach unserer Theorie erst mit der Sprachfähigkeit erreicht. Die auf parallele Ereignisse verweisende, indexikalische Zeichenfunktion der primatentypischen Lautsignale wurde, so können wir annehmen, zu einer eigenen, wiederum ko-mimetisch reproduzierten Tradition mit lexikalisch festgelegten Lautbildern für Ereignisse, Objekte und Handlungen fortentwickelt. Diese Entwicklung schließt auch eine neue genetisch-biologische Basis für die kortikalisierte Kontrolle der Lautäußerungen und für die weiteren sprachspezifischen Funktionalsysteme (Module) des Gehirns ein (zu Einzelheiten vgl. Donald 1991). Solche evolutionären Veränderungen der organischen Grundlage von Kommunikation und Denken brauchen Zeit, selbst wenn man, wie hier, davon ausgeht, daß die Entwicklungsnotwendigkeit aus der urtümlichen Kultur selbst hervorgeht und die Evolution daher im hohen Maß selbstverstärkend ist.

Die damit vorgenommene Abtrennung der Lautsprache von einer viel grundlegenderen, aber dennoch ganz spezifisch menschlichen mimetisch-dramatischen Kommunikations- und Denkweise auf der einen, der älteren Seite, und zugleich von symbolisch-gegenständlichen Denk- und Kommunikationsweisen auf der anderen und jüngeren Seite, ist das eigentlich neue an meinem Vorschlag. Ich freute mich sehr, als ich entdeckte, daß völlig unabhängig von mir Merlin Donald (1991) in seinem Buch "Origins of the Modern Mind" zum gleichen Ergebnis gekommen ist. Er nennt die zweite Stufe die "mythische Kultur", und trennt sie von der mimetischen, älteren Kultur, sowie von dem, was er die "theoretische Kultur" von uns modernen Menschen nennt.

Im Ergebnis bedeutet diese dreifache Periodisierung des Übergangsfeldes zwischen unseren Primatenvorfahren (den Australopithecinen) und unserer heutigen Lebensweise eine Einbettung der sprachlichen Kommunikation und des diskursiven Denkens in eine vorgängige, noch nicht sprachliche Kommunikationsfähigkeit. Sie wird als bereits kultureller, im Sinn von: nicht mehr rein natürlicher Hintergrund der Hirn-Sprache-Koevolution betrachtet. Mit anderen Worten: Die besondere Ökonische, in der sich Homo sapiens sapiens entwickeln konnte, war bereits kommunikativ und kooperativ organisiert in einer Weise, die keine gegenwärtig lebende Primatenspezies zeigt. Die Sprachfähigkeit der Menschen ist also ein sekundäres Merkmal, dem unsere primäre Fähigkeit zum Zusammenschluß und zur Entwicklung und Tradierung von kulturellen Tätigkeitsmustern (dem oberen Kontext) zugrunde liegt.

Die Betonung von Kultur und oberem Kontext als notwendige Vorbedingung der Spracherfindung darf aber nicht so verstanden werden, als sei nur die gemeinschaftliche Form das wichtige an der mimetisch-dramatischen Stufe der semiotischen Selbstregulation. Theo Herrmann hat mir dieses mögliche Mißverständnis in seiner Reaktion auf eine frühere Fassung dieses Textes sehr klar vor Augen geführt. Sein Einwand war, daß die Ausbildung verschiedener, individueller Typen von Akteuren mindestens genauso wichtig gewesen sei wie deren reproduzierter Zusammenhang als eine je besondere und wiedererkennbare Kultur des Zusammenlebens.

In der Tat ist eine gemeinschaftliche Form immer ein besonderes Muster von Beziehungen zwischen typisierten Akteuren - wir kennen dies heute als Berufs-Idealtypen oder soziale Rollen. Diese sind ja nicht etwa programmierte Verhaltensweisen, sondern es sind Arten und Weisen, mit professionell geschärftem Verstand eine bestimmte Sachaufgabe zu besorgen oder mit interkulturell mitfühlender Vernunft einen wichtigen dramatischen Part des gemeinschaftlichen Dramas zu spielen.

Als Besonderheit der diskursiv-mythischen Stufe erscheint in semiotischer Sicht die durchgängige Indexikalität des Sprechens und Denkens hervorhebenswert. Damit meine ich nicht etwa die Art des Objektbezugs einzelner Sprachzeichen, sondern die situations- und kontextgebundene Natur der "oralen Traditionen". Das diskursive Wiedergeben von Ereignissen in Geschichten, das schnelle Durchlaufen von möglichen Zukünften und das Verstehen der Welt als aufgezählte, erzählte Resultate der Taten und der Weisheit der Ahnen, all dies verweist stets auf die ko-mimetisch angeeigneten Praktiken und auf die sinnlich präsente Lebenswelt der Interaktionspartner. Die Zeichen des Sprechens sind selbst nicht gegenständlich präsent, sondern verweisen immerzu auf die Dinge, die Praktiken und die vermuteten Intentionen von natürlichen und sozialen Akteuren.

Diese zweite Kulturstufe ist kennzeichnend für alle Jäger- und Sammlerinnen-Kulturen. Sie ist uns allen aus der erzählenden und geschichtlichen Literatur bekannt, uns aber dennoch zugleich fremd und sie erscheint primitiv. Vor allem war dies so zur Zeit unserer Urgroßväter im Ausgang des vorigen Jahrhunderts, denn in dieser Weise des kontextgebundenen Auffassens und Nachvollziehens der Lebenswelt kommen die für moderne Menschen so typischen logisch-rationalen Denkformen normalerweise nicht vor. Deutlich wird dies erstmals in den von Wygotski und Luria geplanten Untersuchungen der prä-literalen Gemeinschaften in Mittelasien (Luria ??, s.a. Cole & Scribner 1978). Schon seit längerem wird daher die These vertreten, daß erst die Erfindung der Schrift, besonders der alphabetischen Schrift, die bislang höchste Stufe der Denk- und Kommunikationsentwicklung eingeleitet hat (Goody 1977).

Es gibt hier jedoch gewichtige Einwände (Hutchins ??), die ich insofern berücksichtige, als ich die Erreichung der höchsten Stufe allgemeiner an *gegenständlichen Zeichensystemen* festmachen möchte und zwar in strenger Kopplung mit der Erfindung von Ackerbau und Viehzucht, die archäologisch mit dem Beginn der Jungsteinzeit zusammenfällt (vgl. Damerow et al., 1988). Die "Schrift" beginnt für mich daher bereits mit der künstlichen Aufteilung der Erde in markierte Territorien, und baut auf Vorformen bei unseren tierischen Vettern und ebenso in den ersten beiden Stufen der menschlichen Entwicklung auf.

Bevor ich jedoch diese letzte Stufe näher erläutere, möchte ich auf die Entwicklung der Lernfähigkeit der Kinder in der mittleren, der diskursiv-mythischen Stufe aufmerksam machen. Tomasello und andere (1993) nennen eine zweite Stufe des Lernens, die den heutigen Kindern etwa ab dem vierten Lebensjahr möglich wird, das "instruierte Lernen". Es unterstellt das bekannte asymmetrische Verhältnis von Eltern/Lehrer und Kind/Schüler und kann wenig später (mit etwa sechs Jahren) durch die symmetrische Form, das "kooperative Lernen" (collaborative learning) unter Gleichrangigen abgelöst werden. Erst die sprachliche Erläuterung macht es möglich, die verschiedenen Regulationsweisen bei der Ausführung bestimmter Handlungen auseinanderzuhalten und mit Gründen zu versehen. Damit erst ist die einfache und die rekursive Intersubjektivität erreichbar, das heißt: die Fähigkeit, die Perspektive eines anderen unter Beachtung von dessen Überzeugungen einzunehmen und seine Handlungen als aus seinen Gründen folgend zu begreifen, sowie weitergehend (rekursiv) die Unterschiedlichkeit der eigenen Handlungsgründe öffentlich klarmachen und bedenken zu können.

Die umfassendsten Gründe sind direkt in den erzählten Mythen und Geschichten enthalten, die daher den miteinander redenden und denkenden Partner gemeinsam geläufig sein müssen. Innerhalb dieser diskursiven Semiosphäre können dann aber durchaus unterschiedliche Positionen in der Rollen- und Arbeitsteilung ausgewählt werden, wodurch sich die Vielfalt der möglichen Handlungsmuster und zugleich das Ineinandergreifen der einzelnen Aufgaben bei der Produktion eines gemeinsamen Resultats aufzeigbar wird.

Kultur der Straßenkinder (King Beach u.a.): Teilen, sich Mitteilen, verteilt handeln und sich wieder treffen, Geschichten austauschen und den Mitteleinsatz gemeinsam verbessern.

4 Zur Entwicklung gegenständlicher Symbolsysteme

Die Fähigkeiten unserer nächsten Vettern, der Schimpansen, zum situationsgebundenen und instrumentellen Denken sind schon sehr weit entwickelt und können (nach Oakley 1985, zit. in Donald 1991) vor allem der hochentwickelten Hand-Auge-Koordination zugeschrieben werden. Es ist sehr unwahrscheinlich, daß diese Fähigkeiten nicht ebenfalls zugenommen haben während der angenommenen ersten zwei Stufen der Kommunikationsentwicklung, denn die heute noch lebenden Jäger und Sammlerinnen stehen uns in ihrer praktischen Intelligenz in nichts nach. Im Gegenteil, sie können durch ihr Wissen und Können in Gegenden überleben, die für uns moderne Menschen bloße Wüsten sind, in denen wir auch in Gruppen sehr gefährdet wären.

Dies heißt nun, daß die Entwicklung der Zeichensysteme, die noch an die natürlichen Objekte gebunden sind - sozusagen die "Zeichenhaut der Dinge" bilden, wie die schöne Formulierung von Frieder Nake lautet (1992) - mit der Entwicklung der mimetisch-dramatischen und der diskursiv-mythischen Kultur immer Schritt gehalten haben muß. Hiermit ist gemeint, daß zum Beispiel die Neandertaler sicherlich eine reiche und differenzierte Kenntnis von Tieren, Pflanzen und Landschaften gehabt haben, neben ihren nachweisbar hochentwickelten Fähigkeiten zur Werkzeugherstellung. Ob sie auch schon über eine volle und syntaktische Sprache verfügten, oder nur über eine Vielfalt von Lautbildern für Gegenstände, Zustände und Merkmale, die sie zusammen mit mimetischen Tätigkeits- und Operationszeichen verwendeten, ist gegenwärtig noch nicht - und vielleicht nie endgültig - entscheidbar.

Semiotisch gesehen ist wichtig, daß die differenzierten sinnlichen Bilder der Welt, die unsere noch nicht sprechenden Vorfahren zur praktischen Problemlösung in der aktuellen Situation einsetzen konnten, bereits durch ein bestimmtes, traditionsabhängiges Zusammenwirken von ikonischen und indexikalischen Zeichen auch symbolisch strukturiert waren. Ihre Lebenswelt zeigte also eine allgemeingültige Ordnung wie die unsere und nicht bloße unverbundene, existierende Einzeldinge, oder gar Reizkonstellationen, für die individuell erst noch Bedeutungen gefunden werden müßten. Gleiches gilt natürlich in noch stärkerem Maße für die sprechenden Menschen vor der Jungsteinzeit, von denen einige Kulturen noch erhalten sind, wenngleich wir nicht wissen, was deren andauernder Kontakt mit entwickelteren

Gemeinschaften und modernen Staaten im Vergleich zum Zustand vor fünfzehn- oder zwölftausend Jahren verändert haben mag.

Der Unterschied der dritten Stufe der Denk- und Kommunikationsentwicklung zum vorhergehenden Typus der mythisch-diskursiven Kulturen darf also nicht so verstanden werden, als ob nun erstmals gegenständlich - symbolische Zeichensysteme in die Welt gekommen wären. Was aber tatsächlich neu ist, besteht in der Abtrennbarkeit dinglicher Zeichen von den Dingen selbst, im "Abziehen der Zeichenhaut" und dem Betrachten der inneren Struktur der so entstandenen "Karte" eines Wirklichkeitsbereichs. Weniger metaphorisch ausgedrückt, besteht die entscheidende neue Erfindung in der Trennung der "Territorien" von den zugehörigen Markierungen und dem Zusammenfassen in einer "Karte", wie es im folgenden Schema[94] erläutert wird.

Erst auf dieser Stufe wird meines Erachtens die bekannte Engelssche These vom Ursprung der "Sprache" in der produktiven Arbeit halbwegs plausibel. Die geschriebene Sprache als ein eigenständiges Symbolsystem und noch vorher die Zahlen- und Meßsysteme werden tatsächlich nur im Zusammenhang der Arbeit mit Zeichen zum Zweck der Regulation der Produktion verständlich. Dagegen glaube ich, und dies dürfte wohl in meiner Schilderung sehr deutlich geworden sein, daß die ursprünglicheren Stufen des Kommunizierens und Denkens viel mehr mit der Reproduktion des sozialen Zusammenhalts und der gemeinsamen Weltsicht von Gemeinschaften zu tun haben, als mit den Einzelheiten der materiellen Produktion, die ja auch so kompliziert noch nicht ist im Vergleich mit den Problemen, die sich aus dem komplexen Sozialleben unserer Vorfahren und aus der Tatsache ergaben, daß sie stets Nomaden bleiben mußten wegen der Rhythmen des natürlichen Nahrungsangebots.

5 Zusammenfassung und Prinzipien

Meine neu erzählte Geschichte ist auf einer radikalen Gleichsetzung von Denken und Kommunizieren aufgebaut: Menschliche Denk- und Kommunikationsprozesse gehören danach in eine gemeinsame Klasse von wissenschaftlich untersuchbaren Vorgängen, und zwar vornehmlich wegen ihrer selbstregulativen Funktion für die Handlungen von kooperierenden Personen. Mit bezug auf Peirces Pragmatizismus gehört diese Klasse von regulativen Prozessen zu den Semiosen, zu den Prozessen, die auf Vermittlung durch bedeutungsvolle Zeichen und nicht auf bloß technischer Informationsverarbeitung basieren.

Diese theoriestrategische Entscheidung bedeutet, daß zunächst die gemeinsamen Bestimmungen von Denken und Kommunikation gesucht werden, und daß ihr Unterschied ausgehend davon und dann aber genetisch erklärt wird, nämlich als historische Selbstdifferenzierung der menschlichen Erkenntnis- und Handlungsfähigkeiten. Die Forderung nach genetischer Erklärung wird zwar schon bei Peirce erkennbar, aber nirgends im Detail durchgeführt. Ich knüpfe hier an die psychologische Tradition

---

[94] Schema 2, Anwendung auf Damerows Ergebnisse, ist im Manuskript nicht enthalten (Hrsg.)

der kulturhistorischen Schule an, die durch Lew Wygotski in den späten Zwanziger Jahren begründet und durch Alexander Luria, Alexei Leontjew und neuerdings durch Klaus Holzkamp fortgeführt wurde. Merlin Donald hat in seinem Buch eine vergleichbare, aber mehr auf Evolutionsbiologie und kognitiver Psychophysiologie fußende Begründungsstrategie verfolgt. Er hat allerdings nur wenige ethnologische und kaum semiotische Überlegungen einbezogen und ist insofern noch ein typischer Kognitionswissenschaftler von heute.

• Die Klasse der Semiosen umfaßt im kulturhistorischen Verständnis entschieden mehr als die spezifisch menschlichen Zeichenprozesse. Mindestens die eingangs kurz skizzierten, höchstentwickelten, episodischen Regulationsleistungen der Tiere müssen hierin einbezogen werden, was natürlich bedeutet, daß die in der Psychologie immer noch weit verbreiteten Begriffe wie "Reiz" oder "Information" semiotisch umgeformt werden müssen. Hierzu können wir uns auf Vorarbeiten von Jakob von Uexküll, Pjotr Anochin und Alexei Leontjew, sowie James Gibson und Klaus Holzkamp stützen. Jedoch sollte die Semiotisierung nicht so weit vorangetrieben werden, daß die ganze für uns verstehbare Welt in Semiosen aufgelöst wird. Dann würden wir nämlich zum Beispiel die Physiker nicht mehr wörtlich nehmen können. Ich komme darauf zurück, warum dies nicht wünschenswert ist, und wie man die Abgrenzung der Semiosen von anderen Prozessen möglicherweise vornehmen könnte.

Meine zweite Vorannahme ist für die hier anwesenden Psychologen vielleicht noch radikaler und betrifft die minimale Analyseeinheit bei der Untersuchung von Denken und Kommunikation. Wie Norbert Elias meine ich, daß Menschen nicht als Einzelwesen in einer natürlichen Umgebung untersucht werden können, weil sie praktisch nur als "Figurationen" vorkommen. Daraus läßt sich in bezug auf das - für Denken doch sicherlich notwendige - Wissen sogleich folgern, daß es nicht nur als Summe der Kenntnisse und Fertigkeiten "in" den Individuen zu verstehen ist. Die Möglichkeit wird denkbar, daß menschliches Wissen nur als besondere Verteilung von sich ergänzenden, einander verstärkenden Teilfähigkeiten funktioniert, daß es also als soziale Realität sui generis, als "objektiver Geist", wie Hegel gesagt hätte, existiert, und daß dies bei der Erklärung sowohl gesellschaftlicher Vorgänge wie auch personaler Handlungen stets eingerechnet werden muß.

Im Effekt heißt dies, daß ich mit dem russischen Semiotiker Lotman (1989) von einer "Semiosphäre", also von einem *sozialen Innenraum*, sprechen möchte, in dem sich die Mitglieder einer Gemeinschaft bewegen, und der von den engeren "Innenräumen" der einzelnen Akteure, das heißt, von denen nur ihnen selbst präsenten Vorstellungen, Ahnungen und wohl auch Ängsten, einerseits deutlich geschieden ist, aber der andererseits auch für die Individuen selbst nur selten als fremde Außenwelt erscheint, wie uns das sowohl die naiv zentrierte Informationsverarbeitungspsychologie wie auch der extrem dezentrierte Behaviorismus immer wieder weismachen wollten. Vielleicht ist dieses xenophobe und cartesianische Grundmodell der heutigen Psychologie ja bloß eine Eigenart der jetzt zu Ende gehenden Phase der Modernität, in der in stets sich steigernder Geschwindigkeit alle althergebrachten Kulturen im

Verlauf des industriellen "Fortschritts" zerschlagen wurden und die Mehrzahl der Individuen sich immer wieder einmal ganz allein in das Chaos der Zeitläufe geworfen sieht.

6 Ertrag für Psychologie und Kognitionswissenschaft

Die erste wichtige Folgerung ist eine Präzisierung der Wygotski-These, daß sich die höheren psychischen Funktionen aus dem sozialen Verkehr und der öffentlichen Arbeit durch und mit Zeichensystemen ableiten, sowohl logisch (Peirce) wie auch genetisch-historisch (Piaget, Wygotski, Leontjew, Holzkamp).

"Methode" (der reflektiven Handlungsregulation) und "Theorie" (des Geistes) lassen sich nicht mehr gut auseinanderhalten. Was ist jetzt zu tun ??

Zweite Folgerung: Den mannigfachen Kritiken an der herkömmlichen Intelligenzforschung können wir nunmehr das Monitum hinzufügen, daß das mimetische, enaktive und öffentliche Denkhandeln bisher ganz und gar im blinden Fleck des Forscherauges verborgen war.

Drittens und letztens ist der heutigen Kognitionsforschung ins Stammbuch zu schreiben, daß die von ihr so heißgeliebten symbolischen Repräsentationen nichts wären ohne die historische Entwicklung der gegenständlichen und "äußeren" Zeichensysteme. Die logifizierende Theorie des inneren Arbeitens mit symbolischen Repräsentationen erscheint als ein Selbstmißverständnis der Schrift- und Diagrammkultur heutiger Wissenschaftler. Das eigentliche, private Denken kann damit so gut wie gar nicht beschrieben werden, wie schon die Psychologen der ersten Jahrzehnte dieses Jahrhunderts wußten. Zu ihrer Art, qualitative Experimente zu treiben, sollten wir nach meiner Meinung dringend zurückgehen, allerdings mit dem heutigen Modellwissen aus der Forschung über neuronale Netze. Dann - so wage ich vorauszusagen - werden wir sehr bald neue Erkenntnisse über die Stärken und die Mechanismen des intuitiven und situationsgebundenen Denkens erhalten. Dies ist dringend nötig, denn es ist ja schließlich das alltägliche Denken unserer Mitmenschen und unser eigenes, wenn wir es, wie meist, ohne große Methodik betreiben.

Nachweis:

Einige Thesen zum Begriff des Gegenstands (unveröffentlicht)

Thesen zu Wissen und Können (unveröffentlicht)

Einige Thesen zur Heterarchie der lebendigen Aktivität (unveröffentlicht)

Neues aus der Handlungstheorie - Die Metapher von den Intuitionen, die im Körper konkurrieren
In F. Breuer, R. van Quekelberghe (Hrsg.): Studien zur Handlungstheorie und Psychotherapie I (Grundlagen) Landau: Erziehungswiss. Hochschule Rheinland-Pfalz 1984, S. 26-54.

Kommunikation als gegenständliche Tätigkeit - Zu einigen philosophischen Problemen der kulturhistorischen Psychologie
In C. Knobloch (Hrsg.): Kommunikation und Kognition. Studien zur Psychologie der Zeichenverwendung. Münster/Westf.: Nodus 1989, S. 21-70.

Umriß einer kulturhistorischen Neubegründung der psychologischen Methodenlehre (unveröffentlicht)
Anmerkung von Arne Raeithel:
Dieser Text entstand als Antwort auf die Herausforderung einer offenen Professorenstelle für Psychologische Methodenlehre am Psychologischen Institut der Freien Universität Berlin. Wegen der besonderen Zeitbedingungen mußte ich die Querbezüge zu anderen Methodenstudien in der Psychologie auf wenige ausgewählte Texte beschränken. Diese Auswahl heißt in der Regel nicht, daß ich die fehlenden Texte nicht gelesen hätte, und schon gar nicht, daß die ungenannten Werke eine Berücksichtigung nicht verdienten.

Zur Ethnographie der kooperativen Arbeit
erschienen in: Horst Oberquelle (Hrsg.): Kooperative Arbeit und Computerunterstützung. Stand und Perspektiven. Göttingen: Hogrefe & Huber 1991, S. 99-112

Semiotische Selbstorganisation und Arbeit - Eine tätigkeitstheoretische Begründung des Entwerfens, auch des Entwerfens von Software
Diesem Beitrag liegt eine von Arne Raeithel vorgenommene nicht ganz beendete Übersetzung - mit von ihm vorgenommenen Ergänzungen - der englischen Urform des Buchkapitels:
Raeithel, A.: Activity Theory as a foundation for design. In C. Floyd; H. Züllighoven; R. Budde; R. Keil-Slawik (Eds.): Software development and reality construction. Berlin: Springer 1992, pp. 391-415)
zugrunde, die etwas ausführlicher und zum Teil anders strukturiert ist. Die Vervollständigung der Übersetzung (einschließlich der Abb.) wurde von C. Dahme durchgeführt.

Die symbolische Herstellung sozialer Kohärenz - Die Entstehung dramatischer, diskursiver und objektivierter Bedeutungssysteme
Dieser Beitrag ist eine Übersetzung des Artikels: Symbolic Production of Social Coherence. The evolution of dramatic, discursive and objectified meaning systems. In: Mind, Culture and Activity, Vol. 1, 1994, No. 1-2, pp. 69-123.

Kooperative Modellproduktion von Professionellen und Klienten - erläutert am Beispiel des Repertory Grid (unveröffentlicht)

Zur Naturgeschichte der Zeichenprozesse - Drei Stufen der Entwicklung von Kommunikation und Denken (unveröffentlicht)
Anmerkung von Arne Raeithel:
Nach einem Vortrag (der Abschnitte 1 bis 3) in der Arbeitsgruppe „Psychologie und Semiotik" (Organisation: Alfred Lang) auf dem 38. Kongreß der Deutschen Gesellschaft für Psychologie vom 28.9.-1.10.1992 in Trier.
Ergänzungen nach meiner Antrittsvorlesung als Privatdozent an der Uni HH, 11. Nov. 93 zum gleichen Thema.
Beginn erneuter Umarbeitung 1995 (August).
Anmerkungen des Hrsg.:
Dieser Artikel wurde auch in der letzten uns verfügbaren Fassung vom 17.10.96 nicht beendet. Es fehlt insbesondere die Abb. 2 und die Literaturangaben sind unvollständig.

Literatur:

Amit, D.J. (1989): Modelling Brain Function. The world of attractor neural networks. Cambridge: Cambridge University Press.

Anochin, P.K. (1978): Beiträge zur allgemeinen Theorie des funktionellen Systems. Jena: Fischer.

Arbib, M.A.: The Metaphorical Brain - An introduction to cybernetics as artificial intelligence and brain theory. New York: Wiley 1972.

Argelander, H. (1970): Das Erstinterview in der Psychoanalyse. Darmstadt: Wiss. Buchgesellschaft.

Ashby, W.R.: Design for a Brein. London: Chapman & Hall 1952. Ashby, WR: An Introduction to Cvbernetics. 1956 (deutsch 1974, Frankfurt: Suhrkamp).

Austin, J.L. (1962): How to Do Things with Words. Cambridge (Mass): Harvard University Press.

Bakhtin, M.M. (1981): The Dialogical Imagination. Four Essays. Ed. by M. Holquist. Austin: University of Texas Press.

Bakhurst, D. (1988): Activity, Consciousness and Communication. The Quarterly Newsletter of the Laboratory of Comparative Human Cognition 10 (2), 1988: 31-39.

Bannon, L. & Bødker, S. (1991): Beyond the interface. Encountering artifacts in use. In: Carroll 1991.

Bateson, G. (1973): Steps to an Ecology of Mind. London: Paladin Books.

Bateson, G. (1980): Mind and Nature. A Necessary Unity. New York: Bantam.

Bateson, G. (1981): Ökologie des Geistes. Anthropologische, psychologische, biologische und epistemologische Perspektiven. Frankfurt am Main: Suhrkamp.

Bense, A. 1981: Klinische Handlungstheorie - Erleben, Verhalten und Handeln in der Klinischen Psychologie. Weinheim: Beltz

Berger, P. & Luckmann, T. (1966): The Social Construction of Reality. Garden City (NY): Doubleday.

Berger, P.L. & Luckmann, T. (1973): Die gesellschaftliche Konstruktion von Wirklichkeit. Eine Theorie der Wissenssoziologie. Frankfurt: Fischer.

Bergson, H. (1982): Materie und Gedächtnis. Eine Abhandlung über die Beziehung zwischen Körper und Geist. Berlin: Ullstein.

Berman, J. (199?, Ed.): Nebraska Symposium on Motivation (37/1989): Cross-Cultural Perspectives. Lincoln: University of Nebraska Press. - in press.

Bertin, J. (1982): Graphische Darstellungen. Berlin: de Gruyter.

Birkhan, G. (1987): Subjektive Theorien der Verantwortung. In: Bergold, J. & Flick, U. (1987): Ein-Sichten. Zugänge zur Sicht des Subjekts mittels qualitativer Forschung. Tübingen: DGVT.

Bischof, N. (1985): Das Rätsel Ödipus. Die biologischen Wurzeln des Urkonflikts von Intimität und Autonomie. München: Piper.

Bischof, N. (1990): Phase transitions in psychoemotional development. In: Haken & Stadler 1990: 361-378.

Bjerknes, G., Ehn, P. & Kyng, M. (1987, Eds.): Computers and Democracy. A Scandinavian Challenge. Avebury: Gowers.

Blauberg, I.V., Sadowski, V.N. & Judin, E.G. (1977): Systems Theory. Philosophical and Methodological Problems. Moscow: Progress.

Blumer, H. (1969): Symbolic Interactionism. Perspective and method. Englewood Cliffs: Prentice-Hall.

Bødker, S. (1987): Through the Interface. A Human Activity Approach to User Interface Design. Aarhus: Aarhus University.

Bourdieu, P. (1977): Outline of a Theory of Practice. Cambridge: Cambridge University Press.

Bourdieu, P. (1982): Die feinen Unterschiede. Kritik der gesellschaftlichen Urteilskraft. Frankfurt: Suhrkamp.

Bourdieu, P: Entwurf einer Theorie der Praxis - auf der ethnologischen Grundlage der kabylischen Gesellschaft. (deutsch) Frankfurt: Suhrkamp 1976.

Brandes, H. (1986): Die Dimension des Unbewußten in tätigkeitsorientierter Psychotherapie. In: van Quekelberghe1986: 1-21.

Bromme, R. (1988): Der Lehrer als Experte. Möglichkeiten und Grenzen des Expertenansatzes in der Lehrerkognitionsforschung. Institut für Didaktik der Mathematik, Universität Bielefeld.

Bruschlinski, A.W.: Über einige Modellierungsverfahren in der Psychologie. In: Schochorowa, E.W. (Hrsg): Methodologische und theoretische Probleme der Psychologie. Berlin: DVW 1974, 202-224.

Brushlinsky, A.V. (1989): Sergei Rubinstein - Founder of the Activity Approach in Psychology. Soviet Journal of Psychology No. 3 1989: 24-42.

Budilowa, J.A. (1975): Philosophische Probleme in der sowjetischen Psychologie. Berlin: Deutscher Verlag der Wissenschaften.

Busse, S. & Lampe, R. (1987): Person, Handlung, Umwelt. Ein Strukturmodell zur individuellen Handlungsfähigkeit. Leipzig: Karl-Marx-Universität, Probleme und Ergebnisse psychologischer Forschung 1/1987.

Byrne, R. & Whiten, A. (1988): Machiavellian Intelligence.Oxford: Clarendon Press.

Carroll, J.M. (1991, Ed.): Designing Interaction. Psychology at the human-computer interface. New York: Cambridge University Press.

Changeux, J.-P. (1984): Der neuronale Mensch. Wie die Seele funktioniert - Die Entdeckungen der neuen Gehirnforschung. Reinbek: Rowohlt.

Clutton-Brock, T.H. & Harvey, P.H. (1978, Eds): Readings in Sociobiology. San Francisco: Freeman.

Cole, M. (1988): Cross-cultural research in the socio-historical tradition. In: Hildebrandt-Nilshon & Rückriem 1988.

Cole, M. (1990): Cultural psychology. A once and future discipline? In: Berman 1990.

Cole, M., John-Steiner, V., Scribner, S. & Souberman, E. (1978, Hg.): L.S. Vygotsky. Mind in Society. The development of higher psychological processes. Cambridge (Mass): Harvard University Press.

Collins, H.M. (1985): Changing Order. Replication and induction in scientific practice. London: SAGE.

Damerow, P. & Lefèvre, W. (1981, Eds). Rechenstein, Experiment, Sprache. Historische Fallstudien zur Entstehung der exakten Wissenschaften. Stuttgart: Klett.

Damerow, P. (1988): Individual development and cultural evolution of arithmetical thinking. In: Strauss 1988: 125-152.

Damerow, P., Englund, R.K. & Nissen, H.J. (1988): Die Entstehung der Schrift. Spektrum der Wissenschaft, Februar 1988, 74-85.

Damerow, P., Englund, R.K. & Nissen, H.J. (1988): Die ersten Zahldarstellungen und die Entwicklung des Zahlbegriffs. Spektrum der Wissenschaft, März 1988, 46-55.

Damerow, P., Furth, P., & Lefèvre, W. (1983, Hg.): Arbeit und Philosophie. Symposium über philosophische Probleme des Arbeitsbegriffs. Bochum: Germinal.

Damerow, P.: Handlung und Erkenntnis in der genetischen Erkenntnistheorie Piagets und in der Hegelschen 'Logik'. 1980 a. In Furth 1980,159-187.

Damerow, P.: Repräsentanz und Bedeutung. In: Furth, P(Hrsg.): Arbeit und Reflexion Zur materialistischen Theorie der Dialektik -.Perspektiven der Hegelschen 'Logik'. Köln: Pahl Rugenstein 1980, 188-232

Davydov, V.V. (1982): The psychological structure and content of the learning activity in school children. In: Glaser & Lompscher 1982: 37-44.

Dawydow, W.W. (1977): Arten der Verallgemeinerung im Unterricht. Logisch-psychologische Probleme des Aufbaus von Unterrichtsfächern. Berlin: Volk und Wissen.

Donald, M. (1991): Origins of the Modern Mind. Three stages in the evolution of culture and cognition. Harvard University Press.

Dörner, D. 1976: Problemlösen als Informationsverarbeitung. Stuttgart: Kohlhammer

Dörner, D. u.a. (Hrsg.) 1983: Lohhausen - Vom Umgang mit Unbestimmtheit und Komplexität. Bern: Huber

Douglas, M. (1982): Natural Symbols. Explorations in Cosmology. 2nd Ed. New York: Pantheon.

Dreyfus, H.L. & Dreyfus, S.E. (1987): Künstliche Intelligenz. Von den Grenzen der Denkmaschine und dem Wert der Intuition. Reinbek: Rowohlt.

Duerr, H.P. (1984): Sedna oder die Liebe zum Leben. Frankfurt: Suhrkamp.

Eco, U. (1990): Lector in fabula. Die Mitarbeit der Interpretation in erzählenden Texten. München: dtv.

Eder, K. (1976): Die Entstehung staatlich organisierter Gesellschaften. Ein Beitrag zu einer Theorie sozialer Evolution. Frankfurt: Suhrkamp.

Eigen, M. & Schuster, P.: The Hypercycle - A Principle of Natural Self-Organization. Berlin: Springer 1979.

Elias, N. & Martins, H. (1982, Eds.): Scientific Establishments and Hierarchies. Dordrecht: Reidel.

Elias, N. (1956): Problems of involvement and detachment. British Journal of Sociology 7 (3), 1956.

Elias, N. (1976/1939): Über den Prozeß der Zivilisation. Soziogenetische und psychogenetische Untersuchungen. 2 Bände. Frankurt: Suhrkamp.

Elias, N. (1987): The retreat of sociologists into the present. Theory Culture & Society 4, 1987: 223-247.

Engeström, Y. (1987): Learning by Expanding. An activity-theoretical approach to developmental research. Helsinki: Orienta-Konsultit Oy.

Engeström, Y. (1990): Activity theory and individual and social transformation. Opening address at the 2nd International Congress for Research on Activity Theory. Lahti, Finland, May 21-25, 1990.

Engeström, Y. (1990): Learning, Working and Imagining. Twelve studies in activity theory. Helsinki: Orienta-Konsultit.

Featherstone, M. (1987): Norbert Elias and figurational sociology. Some prefatory remarks. Theory Culture & Society 4, 1987: 197-211.

Feuerbach, L. (1985/1843): Grundsätze der Philosophie der Zukunft. In: Schmidt 1985: 100-157.

Fischer, P. (1985, Hrsg.): Therapiebezogene Diagnostik - Ansätze für ein neues Selbstverständnis. Tübingen: DGVT.

Floyd, C. (1987): Outline of a paradigm change in software engineering. In: Bjerknes, Ehn & Kyng 1987.

Floyd, C., Züllighoven, H., Budde, R. & Keil-Slawik, R. (Eds.): Software Development and Reality Construction. Berlin: Springer 1992

Frese, M. & Sabini, J. (1985, Eds.): Goal Directed Behavior. The concept of action in psychology. Hillsdale: Erlbaum.

Furth, P. (Hrsg): Arbeit und Reflexion - Zur materialistischen Theorie der Dialektik - Perspektiven der Hegelschen 'Logik'. Köln: Pahl-Rugenstein

Furth, P. (1985): Eine konservative Verteidigung des Marxismus. Arbeit und Dialektik in der marxistischen Philosophie. Düsseldorfer Debatte Heft 10/85: 3-23.

Ganter, B., Wille, R. & Wolff, K.E. (1987, Hrsg.): Beiträge zur Begriffsanalyse. Mannheim: B.I. Wissenschaftsverlag.

Geertz, C. (1987): Dichte Beschreibung. Beiträge zum Verstehen kultureller Systeme. Frankfurt: Suhrkamp.

Gendlin, E.T. 1982: Focusing. 2. Aufl. Salzburg: Otto Müller

Gessinger, J. & von Rahden, W. (1987/89, Eds): Theorien vom Ursprung der Sprache. Bd. 1 u. 2. Berlin: de Gruyter.

Ghiglieri, M. (1985): Die Verhaltensökologie von Schimpansen. Spektrum der Wissenschaft Heft 8/85: 104-111.

Gibson, J.J.: The Ecological Approach to Visual Perception. Boston: Houghton 1979.

Gibson, J.J.: The Senses Considered as Perceptual Systems. Boston: Houghton 1966.

Gigerenzer, G. (1981): Messung und Modellbildung in der Psychologie. München: Reinhardt.

Glaser, R., & Lompscher, J. (1982, Eds): Cognitive and motivational aspects of instruction. Berlin: Deutscher Verlag der Wissenschaften.

Godunov, S.K., Antonov, A.G., Kiriljuk, O.P. & Kostin, V.I. (1994): Guaranteed Accuracy in Numerical Linear Algebra. Dordrecht: Kluwer.

Goody, J. (1977): The Domestication of the Savage Mind. Cambridge University Press.

Green, P.E. (1976): Mathematical Tools for Applied Multivariate Analysis. New York: Academic Press.

Greif, I. (1988, Ed.): Computer-Supported Cooperative Work. A Book of Readings. San Mateo: Morgan Kaufman.

Groeben, N. (1986): Handeln, Tun, Verhalten - als Einheiten einer verstehend-erklärenden Psychologie. Tübingen: Francke.

Grüter, B. (1989): Widerspruch. Individuelle Entwicklung als Systemerneuerung. Eine Studie der Kritischen Psychologie. Phil.Diss., FB Philosophie und Sozialwissenschaften I, Freie Universität Berlin.

Grüter, B.: 'Dialektische Psychologie' Eine Variante kritischer Psychologie ? Forum Kritische Psychologie No. 5, 1979, 157-175.

Gutmann, W.F. & Bonik, K.: Muß der Darwinismus korrigiert werden ? - Historische Belastung des Evolutionskonzepts und ein neuer Entwurf. In: Materialistische Wissenschaftsgeschichte - Naturtheorie und Entwicklungsdenken. Berlin: Argument (AS 54) 1981, 170-192.

Habermas, J. (1976): Zur Rekonstruktion des Historischen Materialismus. Frankfurt: Suhrkamp.

Habermas, J. (1981): Theorie des kommunikativen Handelns. 2 Bände. Frankfurt: Suhrkamp.

Habermas, J. (1982): A Reply to My Critics. In: Thompson & Held (1982): 219-283.

Habermas, J. (1984): The Theory of Communicative Action. Vol 1. London: Heinemann.

Habermas, J. (1985): Der philosophische Diskurs der Moderne - Zwölf Vorlesungen. Frankfurt: Suhrkamp.

Habermas, J. (1986): Entgegnung. In: Honneth & Joas 1986: 327-405.

Hacker, W. Volpert, W. & von Cranach, M. (Hrsg.) 1983: Kognitive und motivationale Aspekte der Handlung. Bern: Huber

Hacker, W. (1973): Allgemeine Arbeits- und Ingenieurpsychologie. Psychische Struktur und Regulation von Arbeitstätigkeiten. Berlin: Deutscher Verlag der Wissenschaften.

Haken, H. & Stadler, M. (1990, Eds.): Synergetics of Cognition. Berlin: Springer.

Hammersley, M. (1989): The Dilemma of the Qualitative Method. Herbert Blumer and the Chikago tradition. London: Routledge.

Harré, R., Clarke, D. & DeCarlo, N. (1985): Motives and Mechanisms. An introduction to the psychology of action. London: Methuen.

Haselmann, S. (1984): Gesellschaftliche Beziehungsformen und psychosoziale Kränkungen. Eine tätigkeitspsychologische Grundlegung. Frankfurt: Campus.

Haug, F., Nemitz, R. & Waldhubel, T.: Kritik der Handlungsstrukturtheorie. Forum Kritische Psychologie 6 1980, 18-85.

Hayek, F.A.: The Sensory Order. Chicago: Uni of Chicago Press 1952.

Hebb, D. 1980: Essay on Mind. Hillsdale: Erlbaum Associates

Hegel, G.W.F.: Wissenschaft der Logik. Erster Teil: Die objektive Logik. Erstes Buch: Die Lehre vom Sein. Nürnberg 1812 (Werke Bd. 5, Frankfurt: Suhrkamp 1969).

Henne, H. & Rehbock, H. (1979): Einführung in die Gesprächsanalyse. Berlin: de Gruyter.

Hertz, H. (1984): Die Prinzipien der Mechanik. Einleitung. Ostwalds Klassiker der exakten Wissenschaften 263. Leipzig: Akademische Verlagsgesellschaft.

Hildebrand-Nilshon, M. & Rückriem, G. (1988, Eds): Activity Theory. A Look into a Multidisciplinary Research Area. Proceedings of the First International Congress on Activity Theory, Vol. 1. Berlin: Hochschule der Künste.

Hildebrand-Nilshon, M. (1980): Die Entwicklung der Sprache - Phylogenese und Ontogenese. Frankfurt: Campus.

Hildebrand-Nilshon, M. (1989): Intersubjektivität und die Semantisierung des Motivsystems. Psychologische Überlegungen zur Sprachevolution. In: Gessinger, J. & Rahden, W.v. (Hrsg.): Theorien vom Usrpung der Sprache, Band 2. Berlin: de Gruyter 1989, 249-319.

Hildebrand-Nilshon, M. & Rückriem, G. (Hrsg.): Proceedings of the 1st International Congress on Activity Theory", Berlin 1988, Vol. 1 - 4.2

Hintikka, M.B. & Hintikka, J. (1986): Investigating Wittgenstein. Oxford: Blackwell.

Hintikka, M.B. & Hintikka, J. (1990): Untersuchungen zu Wittgenstein. Frankfurt: Suhrkamp.

Hodgkin, R.A.: Born Curious - New Perspectives in Educational Theory. London: Wiley 1976.

Hofstadter, D.R.: Gödel, Escher, Bach: an Eternal Golden Braid. New York: Basic Books / Hassocks(Sussex): Harvester 1979.

Holodynski, M. (1986): Zur Rezeption der Tätigkeitstheorie in der BRD. In: Holodynski u.a. 1986: 248-285.

Holodynski, M., Koch-Priewe, B., Seeger, D. & Winter, F. (1986, Hg.): Studien zur Tätigkeitstheorie III. Materialien über die 3. Arbeitstagung zur Tätigkeitstheorie A.N. Leontjews vom 31.1.-2.2.1986 am Oberstufenkolleg der Universität Bielefeld. Bielefeld: Universitätsdruckerei.

Holzkamp, K. (1973): Sinnliche Erkenntnis. Historischer Ursprung und gesellschaftliche Funktion der Wahrnehmung. Frankfurt: Athenäum.

Holzkamp, K. (1983): Grundlegung der Psychologie. Frankfurt/M: Campus.

Holzkamp, K. (1986): Handeln. In: Rexilius, G. & Grubitzsch, S. (Hrsg.): Psychologie. Theorien, Methoden, Arbeitsfelder. Ein Grundkurs. Reinbek: Rowohlt 1986: 381-402.

Holzkamp, K. (1988): Lernen und Lernwiderstand. Skizzen einer subjektwissenschaftlichen Lerntheorie. In: Kruse & Ramme 1988: 227-263.

Holzkamp, K: Genese des Subjekts. Typoskript. Berlin 1980.

Holzkamp, K: Methodische Kriterien der funktional-historischen Analyse. Berlin 19~31 (Typoskript).

Honneth, A. & Joas, H. (1986, Hg.): Kommunikatives Handeln. Beiträge zu Jürgen Habermas' "Theorie des kommunikativen Handelns". Frankfurt: Suhrkamp.

Hutchins, E. & Hinton, G.E. (1984): Why the islands move. Perception 13, 1984: 629-632

Hutchins, E. (1988): Organizing work by evolution and by design. Paper presented at the Conference on Work and Communication, University of California, San Diego, July 1988.

Hutchins, E. (1990): Distributed Cognition. San Diego: USCD, Dpt. of Cognitive Science.

Ilyenkov, E.V. (1977): Dialectical Logic. Essays on its history and theory. Moscow: Progress.

Ilyenkov, E.V. (1977 a): The Concept of the Ideal. In: Philosophy in the USSR. Problems of Dialectical Materialism. Moskau: Progress.

Jaeggi, E. (1987). Macht das Studium wieder interessant! Psychologie heute, September 1987.

Jäger, M: Nichtaussagenkonzeption oder subjektive Rationalität? In: Jäger, M. u.a. (Hrsg): Subjektivität als Methodenproblem. Köln: Pahl-Rugenstein 1979.

Jahnke, H.N.: Zum Verhältnis von Wissensbegründung und Entwicklung in der Mathematik. IDM - Materialien und Studien, Band 10. Bielefeld: Universität Bielefeld (Institut für Didaktik der Mathematik).

Jahnke, H.N.: Zum Verhältnis von Wissensentwicklung und Begründung in der Mathematik Beweisen als didaktisches Problem. Dissertation. Universität Bielefeld: IDM (Materialen und Studien No. 10) 1978.

James, W. 1890: The stream of consciousness. In: Ornstein 1973

Jantsch, E: Die Selbstorganisation des Universums - Vom Urknall zum menschlichen Geist. München: Hanser 1979.

Janzen, W. (1982): Arbeit, Tätigkeit, Handlung, Abbild. Zu einigen Grundfragen materialistischer Psychologie. Forum Kritische Psychologie 9, 1982: 20-81.

Jolliffe, I.T. (1986): Principal Components Analysis. Berlin: Springer.

Kamenka, E. (1983, Ed.): The Portable Karl Marx. Harmondsworth: Penguin.

Kaminski, G.: Studieren als Handeln und als Trauern. In: Laucken, U & Schick, G (Hrsg): Didaktik der Psychologie. Stuttgart: Klett 1977.

Kämmerer, A. 1983: Die therapeutische Strategie 'Problemlösen' -Theoretische und empirische Perspektiven ihrer Anwendung in der Kognitiven Psychotherapie. Münster: Aschendorff

Keiler, P. (1985): Zur Problematik der Tätigkeitskonzeption Leontjews. In: Maiers 1985: 133-139.

Keiler, P. (1988): Von der Schwierigkeit, in der Psychologie Marxist zu sein. In: Kruse & Ramme 1988: 115-138.

Keitel, C., Otte, M. & Seeger, F. (1980): Text, Wissen, Tätigkeit. Das Schulbuch im Mathematikunterricht. Scriptor.

Kelly, G.H. (1955): The Psychology of Personal Constructs. 2 vols. New York: Norton.

Keseling, G. (1979): Sprache als Abbild und als Werkzeug. Ansätze zu einer Sprachtheorie auf der Grundlage der kulturhistorischen Psychologie der Wygotski-Schule. Köln: Pahl-Rugenstein.

Kesselring, T. (1988): Jean Piaget. München: C.H. Beck.

Klaus, G. & Buhr, M. (1969): Philosophisches Wörterbuch. Berlin: deb.

Kleiber, D. & STADLER, M. 1982: Emotionale und kognitive Handlungsregulation - Überlegungen zur Rolle der Emotion in der Tätigkeitstheorie und der kognitiven Therapie. In: van Quekelberghe, & van Eickels, 1982

Kleiber, D. (1981, Hg.): Handlungstheorie in der Anwendung. Tübingen: DGVT.

Klein, F.: Vorlesungen Über die Entwicklung der Mathematik im 19. Jahrhundert. Berlin: Springer 1926, Reprint 1979.

Klein, M. 1971: Die Psychoanalyse des Kindes. Basel.

Kleining, G. (1989): Methodologie und Geschichte qualitativer Verfahren. In: Flick, U. u.a. (Hrsg.) Handbuch der qualitativen Forschung. Weinheim: Beltz 1989.

Klingenberg, S., Kruse, P., Holzhüter, H., Meyer zu Altenschildesche, M., Raeithel, A. & Stadler, M. (1994): Zur Situation professioneller Bertreuer im Kontext HIV und AIDS. In: Kurme, A., Klose, H.J. & Beer, H.J. (1984, Hrsg.): Psychosoziale Aspekte bei Hämophilie und HIV. Ausgewählte Beiträge der „Darmstädter Gespräche" - Seminare zu psychosozialen Problemen chronischer Kranker (1986-1993). Stuttgart: Georg Thieme: 138-152.

Klix, F.: Erwachendes Denken - Eine Entwicklungsgeschichte der menschlichen Intelligenz. Berlin: DVW 1980.

Knobloch, C. (1987): Ansichten über die kommunikative und kognitive Produktivität der Zeichenbildung. Paper read at the Kongreß der Deutschen Gesellschaft für Semiotik.

Knobloch, C. (1989, Ed.): Kommunikation und Kognition. Studien zur Psychologie der Zeichenverwendung. Münster: Nodus Publikationen.

Knorr-Cetina, K. (1990): Die Fabrikation von Erkenntnis. Frankfurt: Suhrkamp.

Krüger, H.-P. (1986): Kommunikatives Handeln oder gesamtgesellschaftliche Kommunikationsweise. In: Honneth & Joas 1986: 216-254.

Krüger, H.-P. (1990): Kritik der Kommunikativen Vernunft. Kommunikationsorientierte Wissenschaftsforschung im Streit mit Sohn-Rethel, Toulmin und Habermas. Berlin: Akademie Verlag.

Kruse, N. & Ramme, M. (1988, Hg.): Hamburger Ringvorlesung Kritische Psychologie. Wissenschaftskritik, Kategorien, Anwendungsgebiete. Hamburg: Ergebnisse Verlag.

Kruse, P., Holzhüter, H., Klingenberg, S., Meyer zu Altenschildesche, M., Raeithel, A., Stadler, M. (1993): Ambulante medizinisch-psychotherapeutische Betreuung von HIV-Positiven und Aids-Patienten. In: Lange, C. (1993, Hrsg.): Aids - Eine Forschungsbilanz. Berlin: Edition Sigma: 323-342.

Lamnek, S. (1988): Qualitative Sozialforschung. (2 Bände). Weinheim: Psychologie Verlags Union.

Latour, B. & Strum, S. (1986): Human social origins. Oh please, tell us another story. Journal of Social and Biological Structures 9, 1986: 169-187.

Latour, B. (1987): Science in Action. Cambridge (Mass.): Harvard University Press.

Lave, J. & Wenger, E. (1989): Situated learning. Legitimate peripheral participation. Palo Alto: Institute for Research on Learning, Report No. IRL 89-0013.

Lave, J. (1987): Cognition and Practice. New York: Cambridge University Press.

Leakey, R.E. & Lewin, R. (1978): Wie der Mensch zum Menschen wurde. Neue Erkenntnisse über den Ursprung und die Zukunft des Menschen. Hamburg: Hoffmann und Campe.

Leiser, E.: Methodische Grundlagen der Kritischen Psychologie I - Widerspiegelungscharakter von Logik und Mathematik. Frankfurt: Campus 1978.

Leiser, E: Widerspiegelungscharakter von Logik und Mathematik. Frankfurt: Campus 1978.

Lektorskij, V.A. (1985): Subjekt, Objekt, Erkenntnis. Grundlegung einer Theorie des Wissens. Frankfurt: Peter Lang.

Leont'ev, A.A. (1982): Psychologie des sprachlichen Verkehrs. Weinheim: Beltz.

Leont'ev, A.A. (1982/1974): Psychologie des sprachlichen Verkehrs. Weinheim: Beltz.

Leontyev, A.A. (1981): Sign and Activity. In: Wertsch 1981.

Leontjew, A.A. (1980): Tätigkeit und Kommunikation. Sowjetwissenschaft - Gesellschaftswissenschaftliche Beiträge 33, 1980: 522-535.

Leontjew, A.N. (1971/1959): Probleme der Entwicklung des Psychischen. Berlin: Volk und Wissen.

Leont'ev, A.N. (1978): Activity, Consciousness, and Personality. Englewood Cliffs (NJ): Prentice-Hall.

Leont'ev, A.N. (1990): Notes on Consciousness (part 2). Multidisciplinary Newsletter for Activity Theory, Nr. 5/6, 1990: classics section.

Leontjew, Alexei N.: Tätigkeit, Wissen, Persönlichkeit, Klett, Stuttgart 1977

Leontjew, A.N.: Tätigkeit, Bewußtsein, Persönlichkeit. Moskau: Polisdat 1975. Deutsch Berlin: Volk und Wissen 1979.

Leontyev, A.N. (1981): Problems of the Development of Mind. Moscow: Progress.

Leontjew, A.N. (1982 a): Psychologie des Abbilds. Forum Kritische Psychologie 9, 1982: 5-19.

Leontjew, A.N. & Dschafarow, E.N.: Mathematical Modelling in Psychology. Soviet Psychology 12 (1973/74), 3-22.

Leontjew, A.N.: Probleme der Entwicklung des Psychischen. Moskau 1959. Deutsch Berlin: Volk und Wissen 1963.

Leroi-Gurhan, A.: Hand und Wort - Die Evolution von Technik, Sprache und Kunst. Frankfurt: Suhrkamp 1980 (Original 1964/65).

Levi-Strauss, C.: Das wilde Denken. Paris: Plon 1962. Deutsch 1968.

Lofland, J. & Lofland, L.H. (1984): Analyzing Social Settings. A guide to qualitative observation and analysis. Belmont: Wadsworth.

Lohaus, A. (1993): Testtheoretische Aspekte der Repertory-Grid-Technik. In: Scheer & Catina (1993): 80-91.

Lomow, B.F. (1980): Die Kategorien Kommunikation und Tätigkeit in der Psychologie. Sowjetwissenschaft - Gesellschaftswissenschaftliche Beiträge 33, 1980: 536-551.

Lorenz, K.: Die Rückseite des Spiegels - Versuch einer Naturgeschichte menschlichen Erkennens. München: dtv 1977.

Lovelock, J.E.: Gaia - A new look at life on earth. Oxford Uni Press 1979.

Lucas, J.R.: Minds, Machines, and Gödel. Philosophy 36, 1961, 112 - 127

Luhmann, N. (1984): Soziale Systeme. Grundriß einer allgemeinen Theorie. Frankfurt/M: Suhrkamp.

Luria, A.R. (1973): The Working Brain. An introduction to neuropsychology. Harmondsworth: Penguin.

Luria, A.R. (1986): Die historische Bedingtheit individueller Erkenntnisprozesse. Weinheim: VCH.

Lurija, A.R. (1982): Sprache und Bewußtsein. Köln: Pahl-Rugenstein.

Mach, E. (1991): Erkenntnis und Irrtum. Skizze zu einer Psychologie der Forschung. Darmstadt: Wissenschaftliche Buchgesellschaft (Reprint der 5. Auflage von 1926, 1. Auflage 1905).

MacKay, D.M. (1969): Information, Mechanism and Meaning. Cambridge: MIT Press.

MacLane S.: Kategorien - Begriffssprache und mathematische Theorie. Berlin: Springer 1972.

Maiers, W. (1985): Methodologische Implikationen des Leontjewschen Tätigkeitskonzepts. Bericht über die Arbeitsgruppe B 9 des III. Internationalen Kongresses Kritische Psychologie, Marburg 1984. Forum Kritische Psychologie 15, 1985: 110-163.

Mandelbrot, B.B.: Fractals - Form, Chance, and Dimension. San Francisco: Freeman 1977.

Marx, K. & Engels, F.: Die deutsche Ideologie - Kritik der neuesten deutschen Philosophie ... (1846). Marx/Engels Werke Bd. 3. Berlin: Dietz 1962.

Marx, K. (1939/1859): Grundrisse der Kritik der politischen Ökonomie. [Fotonachdruck des in Moskau erschienen Erstdrucks]. Frankfurt: Europäische Verlagsanstalt (o.J.).

Marx, K. (1968/1844): [Kritik der Hegelschen Dialektik und Philosophie überhaupt]. In: Marx, K. & Engels, F.: Werke (MEW). Ergänzungsband, erster Teil. Berlin: Dietz. S. 568-588.

Maturana, H.R. 1982: Erkennen - Die Organisation und Verkörperung von Wirklichkeit. Braunschweig: Vieweg

Maturana, H. (1988): Reality. The search for objectivity or the quest for a compelling argument. The Irish Journal of Psychology 9, 1988 (1): 25-82.

Maturana, H.R. & Varela, F.J. (1982/1975): Autopoietische Systeme. Eine Bestimmung der lebendigen Organisation. In: Maturana 1982: 170-235.

Maturana, H.R. & Varela, F.J. (1986): Der Baum der Erkenntnis. Die biologischen Wurzeln des menschlichen Erkennens. Bern: Scherz.

Maturana, H. & Varela, F. (1987): The Tree of Knowledge. Boston: New Science Library.

Mauss, M. (1936): Les techniques du corps. Journal de Psychologie 32 (Mar/Apr) 1936.

Maynard Smith, J. (1978): Group selection. In: Clutton-Brock & Harvey 1978, 20-30.

McClelland, J.L. & Rumelhart, D.E. (1988, Eds): Explorations in Parallel Distributed Processing. A Handbook of Models, Programs, and Exercises. Cambridge (Mass): MIT Press.

McCorduck, P.: Machines Who Think. San Francisco: Freeman 1979.

Mead, G.H. (1934): Mind, Self, and Society. Chicago: Chicago University Press.

Mead, G.H. (1964/1926): The Objective Reality of Perspectives. In: Strauss 1964: 342-354.

Mead, G.H. (1968/1934): Geist, Identität und Gesellschaft - aus der Sicht des Sozialbehaviorismus. Frankfurt: Suhrkamp.

Mecacci, L. (1986): Das einzigartige Gehirn. Über den Zusammenhang von Hirnstruktur und Individualität. Frankfurt: Campus.

Mertz, E. & Parmentier, R.J. (1985, Hg.): Semiotic Mediation. Sociocultural and psychological perspectives. Orlando: Academic Press.

Mies, T. & Trappe, M. (1986): Zum aktuellen Stand der theoretischen Arbeit im Förderverein Gruppentherapie. Münsteraner Arbeitshefte zur Gruppenanalyse, Heft 0/86: 4-21.

Mies, T. (1986): Der Praxisbezug der Sozialwissenschaften. Am Beispiel der angewandten Sozialforschung in den USA 1960-1980. Frankfurt: Campus.

Mikhailov, F.T. (1980/1976): The Riddle of the Self. Moskau: Progress.

Miles, M.B. & Huberman, A.M. (1984): Qualitative Data Analysis. A sourcebook of new methods. Beverly Hills: SAGE.

Minsky, M.: K-Lines: A Theory of Memory. Cognitive Science 4 1980, 117-133.

Mocek, R.: Gedanken über die Wissenschaft - Die Wissenschaft als Gegenstand der Philosophie. Berlin: Dietz 1980.

Morris, C.W. (1977): Pragmatische Semiotik und Handlungstheorie. Frankfurt am Main: Suhrkamp (stw).

Neusüß, C. (1985): Die Kopfgeburten der Arbeiterbewegung. Oder: Die Genossin Luxemburg bringt alles durcheinander. Hamburg: Rasch & Röhring.

Newell, A.: Physical Symbol Systems. Cognitive Science 4 (1980), 135-183.

Nissen, H. (1986): The archaic texts from Uruk. World Archeology 17 (3), 317-334.

Norman, D.A. (1991): Cognitive Artifacts. In: Carroll 1991.

Norman, D.: Twelve Issues for Cognitive Science. Cognitive Science 4 (1980), 1-32.

Oberquelle, H. (Hrsg.): Kooperative Arbeit und Computerunterstützung - Stand und Perspektiven; Göttingen: Hogrefe & Huber 1991

Oesterreich, R. 1981: Handlungsregulation und Kontrolle. München: Urban & Schwarzenberg

Oesterreich, R. & Resch, M. (1985): Zur Analyse aufgabenbezogener Kommunikation. Zeitschrift für Sozialisationsforschung und Erziehungssoziologie, 5, 1985: 271-290.

Oesterreich, R. & Volpert, W. (1983): Ein Plädoyer für die Untersuchung der Prozeßstruktur bei der Erforschung über ,Sozialisation durch Arbeit'. Zeitschrift für Sozialisationsforschung und Erziehungssoziologie 3, 1983: 59-71.

Offe, H. & Offe, S. (1981): Motive und Handlungsregulation. In: Kleiber 1981: 299-316.

Ornstein, R.E. (Hrsg.) 1973: The Nature of Human Consciousness - A book of readings. San Francisco: Freeman

Osterloh, M. (1983): Handlungsspielräume und Informationsverarbeitung. Bern: Huber

Otte, M. (1984): Komplementarität. Dialektik 8 . Köln: Pahl-Rugenstein

Otte, M. (1985): Der direkte Weg des Denkens. Düsseldorfer Debatte Heft 11/85: 64-72.

Otte, M: Zum Verhältnis von Wissenschaft und Unterricht. Schriftenreihe des IDM, Nr. 2 (1974), 156-195.

Ottomeyer, K. (1987): Lebensdrama und Gesellschaft. Szenisch-materialistische Psychologie für soziale Arbeit und politische Kultur. Wien: Deuticke.

P.M. (1980): Weltgeist Superstar. Frankfurt: Stroemfeld / Roter Stern.

Papert, S. (1982): Mindstorms. Kinder, Computer und Neues Lernen. Basel: Birkhäuser.

Pattee, H.H.: Biological Systems Theory - Descriptive and Constructive Complementarity. In: Klir, G.J. (Ed): Applied General Systems Theory. New York: Plenum 1978, 511-520.

Peirce, C.S. (1968): Über die Klarheit unserer Gedanken. How to make our ideas clear. (Zweisprachige Ausgabe mit Vorwort von Klaus Oehler). Frankfurt/M: Klostermann.

Peirce, C.S. (1986): Semiotische Schriften. Bd. 1. (Bd. 2: 1990, Bd. 3 in Vorber.). Frankfurt: Suhrkamp.

Peirce, C.S. (1991): Schriften zum Pragmatismus und Pragmatizismus. Frankfurt am Main: Suhrkamp (stw).

Piaget, J. 1974: Biologie und Erkenntnis - über die Beziehungen zwischen organischen Regulationen und kognitiven Prozessen. Frankfurt: S. Fischer

Piaget, J.: Die Äquilibration der kognitiven Strukturen. Stuttgart: Klett 1976.

Piaget, J.: The Grasp of Consciousness - Action and Concept in the Young Child. (englisch) London: Routledge 1977 (Original 1974).

Polanyi, M. (1985): Implizites Wissen. Frankfurt: Suhrkamp.

Popper, K.R. & Eccles, J.C. (1982): Das Ich und sein Gehirn. München: Piper.

Powers, W.T. ua: A General Feedback Theory of Human Behavior. Part I. General Systems 5 (1960), 63-83.

Powers, W.T.: Behavior: The Control of Perception. Chicago: Aldine 1973.

Powers, W.T.: Quantitative Analysis of Purposive Systems - Some Spadework at the Foundations of Scientific Psychology. Psychological Review 85 417-435.

Prigogine, I & Stengers, I: Dialog mit der Natur. München: Piper 1981.

Radzikhovskii, L.A. (1984): Activity - Structure, Genesis, and Units of Analysis. Soviet Psychology 23, 1984/85 (2): 35-53.

Raeithel, A.: Pädagogik und Mathematik. In: Booss, B & Krickeberg, K (Hrsg): Mathematisierung der Einzelwissenschaften. Basel: Birkhäuser 1976.

Raeithel, A. 1980: Diagnostik - Der regulative Kern von Therapieprozessen. In Volpert 1980, 121-135.

Raeithel, A. (1983): Tätigkeit, Arbeit und Praxis. Grundbegriffe für eine praktische Psychologie. Frankfurt/M: Campus

Raeithel, A. (1985): Symbolische Modelle der Probleme von Klienten. Ein Vorschlag zur Klassifikation und das Beispiel der Kelly-Grids. In: Fischer 1985: 57-81.

Raeithel, A. (1986 a): Über Mütterarbeit. Erneuter Versuch, den Reproduktionsprozeß ins Zentrum zu rücken. Düsseldorfer Debatte 5/86: 60-78.

Raeithel, A. (1986): Zur materiellen Grundlage der 'Oesterreich-Resch-Wellen'. Eine Präzisierung der handlungstheoretischen Analyse menschlicher Kommunikation. Unveröff. Arbeitspapier, TU Berlin, Institut für Humanwissenschaft in Arbeit und Ausbildung.

Raeithel, A. (1987): Work and Communication. Paper presented at the First International Workshop "Activity, Work and Learning", Karjaa, Finland, June 23-26, 1987.

Raeithel, A. (1990): Production of Reality and Construction of Possibilities. Activity theoretical answers to the challenge of Radical Constructivism. Multidisciplinary Newsletter for Activity Theory, Nr. 5/6, 1990: 30-43.

Raeithel, A. (1991): Arbeiten zur Methodologie der Psychologie und zur Kelly-Matrizen-Methodik. Unveröff. Habilitationsschrift, FB Psychologie der Universität Hamburg.

Raeithel, A. (1991 b): Ein kulturhistorischer Blick auf rechnergestützte Arbeit. In Wolfgang Coy und andere (Hrsg.). Sichtweisen der Informatik, S. 125-139, Vieweg, Braunschweig 1992.

Raeithel, A. (1993a): Auswertungsmethoden für Repertory Grids. In: Scheer, J. & Catina, A. (1993, Hrsg.): Einführung in die Repertory Grid-Technik. Band 1: Theorie und Methode. Bern: Huber, 41-67.

Raeithel, A. & Bergold, J.B. (1985): Psychologische Handlungstheorien und ihr möglicher Nutzen für die klinische Praxis. Verhaltenstherapie und psychosoziale Praxis 17, 1985: 7-26.

Raeithel, A. & Tröger, H. (1981): Das Rep-Grid-Verfahren nach G.A. Kelly als Anregung für eine handlungsorientierte Diagnostik. In: Kleiber, D. (Hrsg.): Handlungstheorie in der Anwendung. Sonderheft IV/1981 der Mitteilungen der DGVT. Tübingen: DGVT 1981, 69-95.

Raeithel, A. & Volpert, W. (1985): Aneignung der Computer oder Telematik-Monokultur? Zeitschrift für Sozialisationsforschung und Erziehungssoziologie 5, 1985: 7-26.

Razran, G.: Mind in Evolution - An East-West Synthesis of Learned Behavior and Cognition. Boston: Houghton-Mifflin 1971.

Reisin, F.M. (1990): Kooperative Gestaltung in partizipativen Softwareprojekten. Dissertation am Fachbereich Informatik der TU Berlin (veröffentl. in: Europäische Hochschulschriftenreihe: Reihe 41, Informatik: Band 7, Frankfurt am Main; Berlin,...1992, Lang -Verlag

Resch, Martin (1988): Die Handlungsregulation geistiger Arbeit. Bestimmung und Analyse geistiger Arbeitstätigkeiten in der industriellen Produktion. Bern: Huber.

Rexilius, G. & Grubitzsch, S. (1986, Hg.): Psychologie. Theorien, Methoden, Arbeitsfelder. Ein Grundkurs. Reinbek: Rowohlt.

Rhenius, D. (1983): Mathematik für Psychologen. Bd. 1: Vektoren, Matrizen, Mathematik ohne Zahlen. Berlin: Springer.

Rickert, H. (1986/1926): Kulturwissenschaft und Naturwissenschaft. Stuttgart: Reclam.

Riemann, R. (1987): Struktur und Organisation persönlicher Konstrukte. Regensburg: Roderer.

Rogoff, B. (1990). Apprenticeship in Thinking. Cognitive development in social context. New York: Oxford University Press.

Rorty, R. (1961): Pragmatism, categories, and language. Philosophical Review 70, 1961: 197-223.

Rosen, R. (1985): Anticipatory Systems - Philosophical, Mathematical, and Methodological Foundations. Oxford: Pergamon.

Ruben, P. (1978): Dialektik und Arbeit der Philosophie. Köln: Pahl-Rugenstein.

Rubinstein, S.L. (1963): Prinzipien und Wege der Entwicklung der Psychologie. Berlin, DDR: Akademie-Vertlag.

Rumelhart, D.E., Hinton, G.E. & McClelland, J.L. (1986): A general framework for parallel distributed processing. In: Rumelhart, D.E. & McClelland, J.L. (1986, Eds): Parallel Distributed Processing. Explorations in the Microstructure of Cognition. Vol. 1: Foundations. Cambridge (Mass): MIT Press. 45-76.

Rutenfranz, J. & Kleinbeck,U. (1987, Hg.): Arbeitspsychologie. Enzyklopädie der Psychologie, Themenbereich D, Serie III, Band 1. Göttingen: Hogrefe.

Sahlins, M. (1981): Kultur und praktische Vernunft. Frankfurt: Suhrkamp.

Sahlins, M. (1983): Culture and Practical Reason. Chicago: Chicago University Press.

Sahlins, M.D. (1972): Stone Age Economics. Chicago: Aldine.

Scheele, B. & Groeben, N. (1988): Dialog-Konsens-Methoden zur Rekonstruktion subjektiver Theorien. Die Heidelberger Struktur-Lege-Technik, konsensuale Ziel-Mittel-Argumentation und kommunikative Flußdiagramm-Beschreibung von Handlungen. Tübingen: Francke.

Scheer, J. & Catina, A. (1993, Hrsg.): Einführung in die Repertory Grid-Technik. Bd. 1. Grundlagen und Methoden. Bern: Huber.

Scheerer, E. (1992): Orality, Literacy, and Cognitive Modeling. Paper presented at the Conference on Biological and Cultural Aspects of Language Development (ZiF, Bielefeld Jan 20-22, 1992). Erweiterte Version erschienen als Bericht No. 13 aus dem Institut für Kognitionsforschung der Universität Oldenburg, Mai 1993.

Schiller, C.H. (1957, Ed.): Instinctive Behavior. New York: International University Press.

Schmandt-Besserat, D. (1978). The earliest precursor of writing. Scientific American 238, 1978 (June): 38-47.

Schmidt, A. (1985 a): Einleitung. Für eine neue Lektüre Feuerbachs. In: Schmidt 1985: 5-64.

Schmidt, A. (1985/1967, Ed.): Ludwig Feuerbach. Anthropologischer Materialismus. Ausgewählte Schriften I. Berlin: Ullstein.

Schönrich, G. (1990): Zeichenhandeln. Untersuchungen zum Begriff einer semiotischen Vernunft im Ausgang von Ch. S. Peirce. Frankfurt/M: Suhrkamp.

Schultz von Thun, F. (1981): Miteinander reden. Störungen und Klärungen. Allgemeine Psychologie der Kommunikation. Reinbek: Rowohlt.

Schurig, V. (1988): Reflextheorie versus Tätigkeitstheorie. Pawlows Blockade eines Paradigmenwechsels in der sowjetischen Psychologie. In: Kruse & Ramme 1988: 82-114.

Scribner, S. (1985): Vygotski's uses of history. In: Wertsch 1985 a: 119-145.

Searle, J.R. (1979): Expression and Meaning. Studies in the theory of speech acts. Cambridge: Cambridge University Press.

Seeger, F. & Bromme, R.: Zur Untersuchung der Lehrertätigkeit im Rahmen der kognitiven Psychologie. In: Ueckert, H. & Rhenius, D. (Hrsg): Komplexe menschliche Informationsverarbeitung. Bern: Huber 1978.

Seeger, F.: Relevanz und Entwicklung der Psychologie. Darmstadt: Steinkopff 1977

Seidel, R.: Denken - Psychologische Analyse der Entstehung und Lösung von Problemen. Frankfurt: Campus 1976.

Sellnow, I. u.a.: Weltgeschichte bis zur Herausbildung des Feudalismus Ein Abriß. Berlin: Akademie 1977.

Shaw, R. & Turvey, M.T.: Methodological Realism. The Behavioral and Brain Sciences, 3, 1980, 94-97.

Simon, H.A.: The Sciences of the Artificial. Cambridge: MIT Press 1969.

Simonow, P.W.: Widerspiegelungstheorie und Psychophysiologie der Emotionen. Berlin: Volk und Gesundheit 1975.

Skinner, B.F.: Beyond Freedom and Dignity. Harmondsworth: Penguin 1973.

Slater, P. (1981/1973): Grid Analysis Package. Regional Computer Centre, University of Manchester, 2nd edition 1981, Appendix B.9, S. 63-65.

Sloterdijk, P. 1983: Kritik der zynischen Vernunft. Frankfurt: Suhrkamp

Spangenberg, N. & Wolff, K.E. (1990): Interpretation von Mustern in Kontexten und Begriffsverbänden. Typoskript. Forschungsgruppe Begriffsanalyse, Technische Hochschule Darmstadt.

Stadler, M., Seeger, F., & Raeithel, A.: Psychologie der Wahrnehmung. München: Juventa 1975.

Stadler, M. & Kruse, P. (1986): Gestalttheorie und Theorie der Selbstorganisation. Gestalt Theory 8, 1986: 75-98.

Steinbring, H.: Zur Entwicklung des Wahrscheinlichkeitsbegriffs - Das Anwendungsproblem in der Wahrscheinlichkeitstheorie aus didaktischer Sicht. Bielefeld: Institut für Didaktik der Mathematik IDM 1980 (Diss.).

Strauss, A. (1964, Hg.): George Herbert Mead on Social Psychology. Chicago: University of Chicago Press.

Strauss, S. (1988, Ed.): Ontogeny, Phylogeny, and Historical Development. Norwood: Ablex.

Strüber, H.J. (1974): Untersuchungen zum Problem mehrdimensionaler Bezugssysteme. Unveröff. Habilitationsschrift. FB Psychologie der Westfälischen Wilhelms-Universität Münster.

Suchman, L.A. (1987): Plans and Situated Actions. The problem of human-machine communication. Cambridge: Cambridge University Press.

Thom, R.: Structural Stability and Morphogenesis. Reading: Benjamin 1975.

Thompson, J.B. & Held, D. (1982): Habermas - Critical Debates. London: Macmillan.

Thompson, W.I. (1987, Ed.): Gaia - A Way of Knowing. Political Implications of the New Biology. Great Barrington (Mass.): Lindisfarne Press.

Thomson, G. (1946): The Prehistoric Aegean. Studies in ancient greek society, vol. 1. London: Lawrence & Wishart.

Thomson, G.: Die ersten Philosophen. Forschungen zur altgriechischen Gesellschaft II. London: Lawrence & Wishart 1955. Deutsch: Berlin: Akademie 1968.

Tomasello et al. (1993). Cultural Learning. Behavioral and Brain Sciences Nr. 3/1993.

Trân Duc Thao (1984): Investigations into the Origin of Language and Consciousness. Dordrecht: Reidel.

Tripp, G.M.: Betrifft: Piaget Philosophie oder Psychologie. Köln: Pahl Rugenstein 1978.

Tschuang Tse (etwa 300 vor): Glückliche Wanderung. Neue Bearbeitung von Gia-Fu Feng & Jane English. Haldenwang 1978

Tukey, J.W. (1971): Exploratory Data Analysis. Reading (Mass.): Addison-Wesley.

Turvey, M.T. & Shaw, R. (1979). The Primacy of Perceiving - An Ecological Reformulation of Perception for Understanding Memory. In L.G. Nilsson (Ed.), Perspectives in Memory Research (pp. 167-222). Hillsdale, N.J.: Erlbaum.

Turvey, M.T., Carello, C. & Kim, N.G. (1990): Links between active perception and the control of action. In: Haken & Stadler 1990: 269-295.

Uexküll, J.v. & Kriszat, G. (1983/1934): Streifzüge durch die Umwelten von Tieren und Menschen. Bedeutungslehre. Frankfurt: S. Fischer.

Uexküll, J.v. (1983): A stroll through the worlds of animals and men. In: Schiller 1957: 5-80.

Van Quekelberghe, R. & Van Eickels, N. (Hrsg.) 1982: Handlungstheorien, Tätigkeitstheorie und Psychotherapie. Tübingen: DGVT

Van Quekelberghe, R. (1986, Hg.): Studien zur Handlungstheorie und Psychotherapie 3. Bedingungen und Perspektiven therapeutischen Handelns. Landau: EWH.

Viney, L. (1987): Interpreting the Interpreters. Malabar (Florida): Robert E. Krieger Publ. Co.

Volpert, W. (1975). Die Lohnarbeitswissenschaft und die Psychologie der Arbeitstätigkeit. In P. Groskurth & W. Volpert, Lohnarbeitspsychologie. Frankfurt/Main: Fischer.

Volpert, W. (Hrsg.) 1980: Beiträge zur Psychologischen Handlungstheorie. Bern: Huber

Volpert, W. 1983: An den Grenzen des Modells der hierarchisch-sequentiellen Handlungsorganisation. Berliner Hefte zur Arbeits-und Sozialpsychologie, Heft 3, Juli 1983

Volpert, W. 1983: Das Modell der hierarchisch-sequentiellen Handlungsorganisation. In Hacker, Volpert & von Cranach 1983

Volpert, W. (1984): Maschinen-Handlungen und Handlungsmodelle. Ein Plädoyer gegen die Normierung des Handelns. Gestalt Theory 6, 1984: 70-100.

Volpert, W. (1986): Gestaltbildung im Handeln. Zur psychologischen Kritik des mechanistischen Weltbildes. Gestalt Theory 8, 1986: 43-60.

Volpert, W. (1987): Kontrastive Analyse des Verhältnisses von Mensch und Rechner als Grundlage des Systemdesigns. Zeitschrift für Arbeitswissenschaft 41, 1987: 147-152.

Volpert, W. (1987): Psychische Regulation von Arbeitstätigkeiten. In: Rutenfranz & Kleinbeck 1987:1-42.

Volpert, W. (1992): Work Design for Human Development. In Floyd et al.

Waddington, C.H. (1957). The Strategy of the Genes. London: Allen & Unwin.

Waddington, C.H.: Paradigm for an evolutionary process. In: Waddington C.H. (Ed) Towards a Theoretical Biology. 2: Sketches. Edinburgh Uni Press 1969.

Washburn, S.L. (1975): Tools and Human Evolution. In: Biological Anthropology. Readings from Scientific American. San Francisco: Freeman, 47-68.

Wehner, T. (1984): Im Schatten des Handlungsfehlers. Ein Erkenntnisraum motorischen Geschehens. Bremer Beiträge zur Psychologie 36, 1986: 1-61.

Wehner, T. (1992, Hrsg.): Sicherheit als Fehlerfreundlichkeit. Arbeits- und sozialpsychologische Befunde für eine kritische Technikbewertung. Opladen: Westdeutscher Verlag.

Wehner, T., Reuter, H. & Franko, Z. (1992): Meinungen und Ansichten von Laien und Experten zu sicherheitsbezogenen Normpassagen. In: Wehner (1992): 115-140.

Wehner, T., Stadler, M. & Mehl, K. (1983): Handlungsfehler. Wiederaufnahme eines alten Paradigmas aus gestaltpsychologischer Sicht. Gestalt Theory 5, 1983: 267-292.

Weimer, W.B. (1977). Motor Theories of the Mind. In R. Shaw & J. Bransford (Eds.), Perceiving, Acting, and Knowing - Toward an Ecological Psychology. Hillsdale, NJ: Erlbaum.

Weizenbaum, J. (1978). Die Macht der Computer und die Ohnmacht der Vernunft. Frankfurt/Main: Suhrkamp.

Wertsch, J.V. (1981, Hg.): The Concept of Activity in Soviet Psychology. Armonk: Sharpe.

Wertsch, J.V. (1985 a): Vygotsky and the Social Formation of Mind. Cambridge (Mass): Harvard University Press.

Wertsch, J.V. (1985 b, Hg.): Culture, Communication, and Cognition. Vygotskian perspectives. Cambridge: Cambridge University Press.

Wertsch, J.V. (1985 c): The semiotic mediation of mental Life. L.S. Vygotsky and M.M. Bakhtin. In: Mertz & Parmentier 1985: 49-72.

Wertsch, J.V. (1989): Voices of the Mind (book preprint): Clark University.

Wiesner, M. & Willutzki, U. (1992): Sozial-konstruktivistische Wege in der Psychotherapie. In: Schmidt, S.J. (1992, Hrsg.): Kognition und Gesellschaft. Der Diskurs des Radikalen Konstruktivismus 2. Frankfurt am Main: Suhrkamp: 337-379.

Wilkinson, J.H. & Reinsch, C. (1971, Eds): Linear Algebra. Handbook for Automatic Computation, vol. 2. Berlin etc.: Springer.

Willutzki, U. & Raeithel, A. (1993): Software für Repertory Grids. In: Scheer, J. & Catina, A. (Hrsg.): Einführung in die Repertory-Grid-Technik. Band 1: Grundlagen und Methoden. Bern: Huber, 68-79.

Winograd, T. & Flores, F. (1986/1989): Understanding Computers and Cognition. A New Foundation for Design. Norwood: Ablex (Erkenntnis Maschinen Verstehen. Zur Neugestaltung von Computersystemen. Berlin: Rotbuch).

Winograd, T. (1988): A language/action perspective on the design of cooperative work. In: Greif 1988: 623-653.

Wolfram, S. (1988): Mathematica. A system for doing mathematics by computer. Redwood City: Addison-Wesley.

Wygotski, L.S. (1971/1934): Denken und Sprechen. Frankfurt: S. Fischer.

Wygotski, L.S. (1985): Ausgewählte Schriften. Bände 1 und 2. Köln: Pahl-Rugenstein.

Wygotski=Vygotsky, L.S. (1978): Mind in Society. The development of higher psychological processes. Cambridge: Harvard University Press.

Zegers, F.E. & ten Berge, J.M.F. (1985): A family of association coefficients for metric scales. Psychometrika 50, 1985: 17-24.

Arne Raeithels Schriften

Kutscher, J.; Raeithel, A.; Stevens, U.: Entwicklungslinien einer Pädagogischen Diagnostik. In: Projektgruppe (Hrsg.): Diagnostik in der Schule. München: Oldenbourg 1973, S. 15-52.

Stadler, M. & Seeger, F.; Raeithel, A.: Psychologie der Wahrnehmung. München: Juventa 1975.
(2. Auflage 1977; ital. Übersetzung Milano: Mazzotta 1979).

Raeithel, A.: Pädagogik und Mathematik. In B. Booß, K. Krickeberg (Hrsg.): Mathematisierung der Einzelwissenschaften Basel: Birkhäuser, 1976, pp. 97-135.

Bromme, R., Otte, M. & Raeithel, A.: The Cognitive Viewpoint. The Application and the Growth of Knowledge. Communication and Cognition 10, No. 2, 1977, pp. 145-152.

Raeithel, A.: Diagnostik - Der regulative Kern von Therapieprozessen. In: W. Volpert (Hrsg.): Beiträge zur psychologischen Handlungstheorie. Bern: Huber 1980, S. 121-135.

Raeithel, A.: Handlungstheorie und die Tätigkeit von Psychologen. In: F. Haug (Hrsg.): Gesellschaftliche Arbeit und Individualentwicklung. Köln: Pahl-Rugenstein 1980, S. 73-77.

Raeithel, A.; Tröger, H.: Das Rep-Grid-Verfahren nach G.A. Kelly als Anregung für eine handlungsorientierte Diagnostik. In D. Kleiber (Hrsg.): Handlungstheorie in der Anwendung. Mitteilungen der DGVT, Sonderheft IV/1981, Tübingen: DGVT-Verlag, S. 69-95.

Raeithel, A.: Diagnostik: Der regulative Kern von Therapieprozessen. In W. Volpert (Hrsg.): Beiträge zur psychologischen Handlungstheorie, Bern: Huber 1981, S. 121-135.

Raeithel, A.: Tätigkeit, Arbeit und Praxis. Grundbegriffe für eine praktische Psychologie. Frankfurt/M.: Campus 1983.

Raeithel, A.: Neues aus der Handlungstheorie - Die Metapher von den Intentionen, die im Körper konkurrieren. In F. Breuer, R. van Quekelberghe (Hrsg.): Studien zur Handlungstheorie und Psychotherapie I (Grundlagen) Landau: Erziehungswiss. Hochschule Rheinland-Pfalz 1984, S. 26-54.

Dutke, S.; Frenzel, A.-M.; Raeithel, A.; Schönpflug, W.: Undergoing Surgery. The self-regulative activity of medical patients as a co-determinant of their emotional states. In: R. Schwarzer (Ed.): The Self in Anxiety, Stress, and Depression. Amsterdam: North-Holland 1984, pp. 181-198.

Raeithel, A.: Symbolische Modelle der Probleme von Klienten - Ein Vorschlag zur Klassifikation und das Beispiel der Kelly-Grids. In P. Fischer (Hrsg.): Therapiebezogene Diagnostik Tübingen: DGVT-Verlag, 1985, S. 57-81.

Raeithel, A.; Bergold, J.B.: Psychologische Handlungstheorien und ihr möglicher Nutzen für die klinische Praxis. Verhaltenstherapie und psychosoziale Praxis, 17/1985, S. 7-26.

Raeithel, A.; Volpert, W.: Aneignung der Computer oder Telematik-Monokultur? Zeitschrift für Sozialisationsforschung und Erziehungssoziologie 5, 1985, S. 205-222.

Raeithel, A.: Das Lebendige, das Tote und die Symbolmaschinen. Düsseldorfer Debatte, 1/1985, S. 29-39.

Raeithel, A.: Intuitionen, Algorithmen und künstliche Intelligenz. Düsseldorfer Debatte, 10/1985, S. 41-52.

Raeithel, A.: Statistik. In G. Rexilius und S. Grubitzsch (Hrsg.): Psychologie - Theorien, Methoden, Anwendungsfelder. Ein Grundkurs. Reinbek: Rowohlt 1986, S. 262-282.

Raeithel, A.: Neue Formen der Selbstkontrolle durch das Arbeitsmittel Computer. In: H.-G. Steiner (Hrsg.): Grundfragen der Entwicklung mathematischer Fähigkeiten. (= IDM Reihe "Untersuchungen zum Mathematikunterricht", Bd. 13). Köln: Aulis 1986, S. 152-167.

Raeithel, A.: Über den "Kreislauf der Gaben" als Teilprozeß des Einanderentwickelns. In: van Quekelberghe, R. (Hrsg.): Studien zur Handlungstheorie und Psychotherapie 3. Bedingungen und Perspektiven therapeutischen Handelns. Landau: EWH 1986, S. 57-64.

Raeithel, A.: Über Mütterarbeit. Ein erneuter Versuch, den Reproduktionsprozeß ins Zentrum zu rücken. Düsseldorfer Debatte, 5/1986, S. 60-78.

Raeithel, A.: 1987 Rezension: Klaus Holzkamp, Grundlegung der Psychologie, 1983. In Münsteraner Arbeitshefte zur Gruppenanalyse, Heft 2.

Luczak, H.; Volpert, W.; Raeithel, A.; Schwier, W.: Arbeitswissenschaft. Kerndefinition - Gegenstandskatalog - Forschungsgebiete. Eschborn: RKW Verlag 1987. (3. Auflage Köln: Verlag TÜV Rheinland 1989).

Raeithel, A.: Einleitung zum Workshop 10 "Labour and the Development of Personality - Arbeit und Pers_nlichkeitsentwicklung". In: M. Hildebrand-Nilshon; G. Rückriem (Hrsg.): Proceedings of the First International Congress on Activity Theory (Berlin 1986). Vol. 3: Workshop-Contributions to Selected Aspects of Applied Research. Berlin: HdK 1988, 431-438.

Raeithel, A.: Kommunikation als gegenständliche Tätigkeit. Zu einigen philosophischen Problemen der kulturhistorischen Psychologie. In C. Knobloch (Hrsg.): Kommunikation und Kognition. Studien zur Psychologie der Zeichenverwendung. Münster/Westf.: Nodus 1989, S. 21-70.

Raeithel, A.: Production of reality and construction of possibilities. Activity theoretical answers to the challenge of radical constructivism. Multidisciplinary Newsletter for Activity Theory, No. 5/6, 1990, pp. 30-43.

Raeithel, A.: Zur Ethnographie der kooperativen Arbeit. In: Oberquelle, H. (Hrsg.): Kooperative Arbeit und Computerunterstützung. Stand und Perspektiven. Stuttgart: Verlag für Angewandte Psychologie 1991, S. 99-111.

Raeithel, A.: Activity Theory as a foundation for design. In C. Floyd; H. Züllighoven; R. Budde; R. Keil-Slawik (Eds.): Software development and reality construction. Berlin: Springer 1992, pp. 391-415.

Raeithel, A.: Ein kulturhistorischer Blick auf rechnergestützte Arbeit. In: W. Coy; F. Nake; J.M. Pflüger; A. Rolf; J. Seetzen; D. Siefkes; R. Stransfeld (Hrsg.): Sichtweisen der Informatik. Braunschweig: Vieweg 1993, S. 125-139.

Raeithel, A.: Auswertungsmethoden für Repertory Grids. In: Scheer, J. & Catina, A. (Hrsg.): Einführung in die Repertory-Grid-Technik, Band 1: Grundlagen und Methoden. Bern: Huber 1993, S. 41-67.

Willutzki, U.; Raeithel, A.: Software für Repertory Grids. In: Scheer, J. & Catina, A. (Hrsg.): Einführung in die Repertory-Grid-Technik, Band 1: Grundlagen und Methoden. Bern: Huber 1993, S. 68-79.

Kruse, P.; Holzhüter, H.; Klingenberg, S.; Meyer zu Altenschildesche; M.; Raeithel, A.; Stadler, M.: Ambulante medizinisch-psychotherapeutische Betreuung von HIV-Positiven und Aids-Patienten. In: C. Lange (Hrsg.): Aids - Eine Forschungsbilanz. Berlin: Edition Sigma 1993, S. 323-342.

Raeithel, A. (Ed.): Symbolic Production of Social Coherence. The evolution of dramatic, discursive and objectified meaning systems. In: Mind, Culture and Activity, Vol. 1, 1994, No. 1-2, pp. 69-123.

Raeithel, A.:The look back into History Prolongs the Stretches of Travel Still Lying Before Us. In: A. Raeithel (Ed.): Symbolic Production of Social Coherence. In: Mind, Culture and Activity, Vol. 1, 1994, No. 1-2, 1994, pp. 89-101.

Klingenberg, S.; Kruse, P.; Holzhüter, H.; Meyer zu Altenschildesche, M.; Raeithel, A.; Stadler, M.: Zur Situation professioneller Betreuer im Kontext HIV und AIDS. In: A. Kurme; H.J. Klose; H.J. Beer (Hrsg.): Psychosoziale Aspekte bei Hämophilie und HIV. Ausgewählte Beiträge der Darmstädter Gespräche & Seminare zu psychosozialen Problemen chronischer Kranker (1986-1993). Stuttgart: Georg Thieme 1994, S. 138-152.

Raeithel, A. & Velichkovsky, B.M.: Joint Attention and Co-Construction. New ways to foster user-designer collaboration. In: B. Nardi (Ed): Context and Consciousness. Activity Theory and Human-Computer-Interaction. Boston: MIT Press 1995, pp. 199-233.

Wehner, T; Raeithel, A.; Clases, C.; Endres, E.: Von der Mühe und den Wegen der Zusammenarbeit. Theorie und Empirie eines arbeitspsychologischen Kooperationsmodells. In: E. Endres, T. Wehner (Hrsg.): Zwischenbetriebliche Kooperation. Weinheim: Beltz 1996, S. 39-58.

Dahme, Ch.; Raeithel, A.: Ein tätigkeitstheoretischer Ansatz zur Entwicklung von brauchbarer Software, in: Informatik-Spektrum 20, Heft 1, 1997, S. 5-12.

Raeithel, A.: On the ethnography of cooperative work. In Y. Engeström; D. Middleton (Eds.): Cognition and Communication at Work. Cambridge, Mass: University Press, 1997

Wehner, T.; Clases, C.; Endres, E.; Raeithel, A.: Zwischenbetriebliche Kooperation: Zusammenarbeit als Ereignis und Prozeß. Erscheint in: E. Spieß (Hrsg.): Kooperation (voraussichtlicher Titel des Sammelbands, 1998, im Druck).

Aus dem Programm
Sozialwissenschaften

Michael Schmid
Soziales Handeln und strukturelle Selektion
Beiträge zur Theorie sozialer Systeme
1998. 345 S. Br. DM 58,00
ISBN 3-531-13120-6
Der Band behandelt die zentrale Themen- und Fragestellung der Sozialtheorie: Wie soziale Systeme infolge des kollektiven Handelns vieler Akteure entstehen und ständig Veränderungen unterworfen sind, weil die Akteure keine dauerhaften Lösungen ihrer Koordinations- und Abstimmungsprobleme finden können.

Christian Dahme
Systemanalyse menschlichen Handelns
Grundlagen und Ansätze zur Modellbildung
1997. 316 S. Br. DM 54,00
ISBN 3-531-12885-X
Ausgehend von der Definition eines sozialen Systems als Integration von elementaren sozialen Systemen, die eine systemtheoretische Beschreibung von Tätigkeiten darstellen, verknüpft der Autor System- und Selbstorganisationsansätze mit Tätigkeitstheorie zu einem Systemkonzept menschlichen Handelns. Er untersucht u. a., was sich an einer Tätigkeit bzw. einer Entscheidung objektivieren läßt und in welchem Maße Selbstorganisation und Kooperation als Mittel zur Beherrschung und Reduktion von Komplexität in sozialen Systemen diene.

Matthias Herfurth / Stefan Hradil / Gerhard Schönfeld, unter Mitarb. von Klaus Moske und Jürgen Müller
Bibliographie zur deutschen Soziologie
Band 3: 1987 - 1991
1998. 937 S. Geb. DM 128,00
ISBN 3-531-13171-0
Das dreibändige Werk enthält die soziologische Fachliteratur ab dem Erscheinungsjahr 1978. Band 3 enthält etwa 15.600 Nachweise. Die Bibliographie wird durch ein umfassendes Personenregister, ein Institutionenregister sowie durch ein zweistufiges Sachregister erschlossen.

Änderungen vorbehalten. Stand: August 1998.

WESTDEUTSCHER VERLAG
Abraham-Lincoln-Str. 46 · D · 65189 Wiesbaden
Fax (06 11) 78 78 - 400 · www.westdeutschervlg.de

If you have any concerns about our products,
you can contact us on
ProductSafety@springernature.com

In case Publisher is established outside the EU,
the EU authorized representative is:
Springer Nature Customer Service Center GmbH
Europaplatz 3, 69115 Heidelberg, Germany

Printed by Libri Plureos GmbH
in Hamburg, Germany